JN494240

포스트소셜사회론

AI 문명 시대의 미래

김문조 저

다산출판사

Treatise on Postsocial Society

The Future of AI Civilization

by

Mun-Cho Kim

Dasan Publishing Company

머리말

인류사회는 근 20만 년에 이르는 장구한 역정에서 농업혁명 및 산업혁명이라는 격변을 치렀다. 그뿐만 아니라 20세기 후반부터 '제3의 물결'이라 불리는 정보혁명의 소용돌이에 휩싸여 있다. 이런 와중에 정보혁명에 귀속시키기 힘든 엄청난 후폭풍이 이어지고 있다. AI가 주도하는 제2의 문명 시대가 태동 중이다. 이 책에서는 다가오는 신문명 시대의 세상을 '사회 이후의 사회'를 뜻하는 '포스트소셜사회(postsocial society)'로 규정하고, 그 경과, 특성, 과제 및 대응 방안을 논구해 보고자 한다.

'산업화의 논리'라고 알려진 근대 산업사회의 핵심적 동학은 공업화 · 도시화 · 조직화였고, 탈산업 정보사회의 그것은 정보화 · 지구화 · 개인화였다. 같은 방식으로 포스트소셜사회의 핵심적 동학을 추론하면, ▶가상현실의 등장을 계기로 실제 현실의 독점적 지위가 상실되는 탈실재화(脫實在化), ▶인간 이외의 사유적 존재가 출현해 현존 인간의 위상이 도전받는 탈인간화(脫人間化), ▶사실에 입각한 객관적 지식의 정당성이 약화하는 탈진실화(脫眞實化)라는 세 가지 탈피 명제를 상정할 수 있다. 이러한 진단을 뒷받침하듯, 가상현실과 실제 현실이 혼재된 다양한 유형의 다중현실(multiple realities), 인간-비인간 복합체가 사회활동에 동참하는 포스트휴먼(posthuman), 진실이 존중받지 못하는 탈진정성(post-authenticity)의 징후가 도처에서 드러나고 있다.

과거 어느 때보다 극심한 혼조적 양상을 보일 신문명 시대에는 ① 사회현실의 중첩으로 인한 세계관의 혼란, ② 인간-비인간 혼성체의 출현에 따른 정체성 위기, ③ 물질적 생명관과 정보적 생명관의 충돌, ④ 현실원리를 넘어선 환상원리의 출현이라는 네 가지 사태가 사회체계의 존립이나 향방을 좌우하는 관건으로 대두하게 된다. 이처럼 단수가 아닌 복수적 현실로 혼돈이 가중되고, 모태 인간이 아닌 혼성체가 인간처럼 행세하며, 생동적 역능을 갖춘 사물이 생명체로 활약하고, 현실계를 넘어선 상상계가 욕구 생성의 산실로 병합되는 신문명 사회는 새로운 시각에 의한 대안적 독법을 요청한다.

인류가 이끌어 온 역사의 무대에 AI라는 새로운 동반자가 합류하는 AI 문명 시대의 탐구는 인간이 세상의 주인이자 사회활동의 주체임을 강조해 온 인간중심주의를 넘어 AI나 AI를 내장한 여타 존재들과의 교류를 전제로 한 포스트소셜 상상력을 소환한다. 그러한 발상을 통해 부분에 천착하는 요소주의나 인본적 세계관에 발목잡혀 온 지난날의 사회 담론은 역동적 현실에 뒤처진 지적 답보(intellectual lag) 상태를 벗어나 '포스트소셜사회론'으로 거듭날 수 있다.

이 책은 AI 문명 시대에 펼쳐질 미래 사회를 포스트소셜사회의 시각으로 조명해 보고자 한 학술서이다. 논의에 필요한 여러 분야의 자료를 끌어모으다 보니 쉽게 읽히지 않는 대목이 늘어나 걱정이다. 그렇더라도 미래는 학계 울타리를 넘어선 만인의 공통적 관심사인 만큼 앞날을 생각하는 독자층, 특히 미래 사회를 이끌어 갈 젊은 세대의 적극적 반응을 기대한다.

들꽃 한 송이도 피어나려면 숱한 천둥 번개와 무서리를 감내해야 한다는데, 고뇌와 노력이 부족했다는 자괴심을 감출 수 없다. 그럼에도 집필을 마감할 수 있었던 것은 은사님들의 믿음과 격려 덕분이다. 상상력을 중시하는 사회학의 길을 열어 주신 홍승직, 임희섭, Albeno

Garbin, Barry Schwartz 교수님의 학은(學恩)에 감사드린다. 마무리 작업을 도와주신 이혜수 박사님께 고마움을 전하며, 출간을 맡아 주신 다산출판사 강희일 대표님과 양선용 편집장님께도 사의를 표한다.

2025년 봄
김문조

차 례

제 I 부 | 미래 사회의 문명론적 조망

제Ⅱ부 | 포스트소셜사회의 도전 과제와 대응

표 차례

그림 차례

제 I 부

미래 사회의 문명론적 조망

제1장

서론:
미래 연구의 의의와 방법

1. 미래 연구의 의의
2. 미래 연구 방법
3. 연구의 관점 및 접근법

Designed by Freepik

1. 미래 연구의 의의

미래는 시대에 따라 모습을 달리해 왔다. 고대사회의 미래는 천재지변이 이어지는 불가항력의 황야요, 중세의 미래는 전지전능한 신의 영지(dei terra)였다. 이성을 지닌 인간이 세상을 이해하고 이끌어 갈 수 있다는 계몽사상이 확산된 근대에 이르러 미래는 인위적 탐사와 개조의 대상으로 바뀌게 된다. 따라서 고대사회의 미래는 대자연의 위력, 중세사회의 미래는 신의 섭리, 근대사회의 그것은 인간이 창안한 원리나 법칙으로 이해되곤 했다. 그러나 구조적 복잡성과 과정적 역동성이 증대되는 오늘날의 미래는 온축한 체험이나 믿음 혹은 습득한 지식으로 해명하기 힘들 만큼 불확정성을 더해 가고 있어 본격적 연구를 필요로 한다([그림 1-1] 참조).

그림 1-1 | 미래 연구의 의의

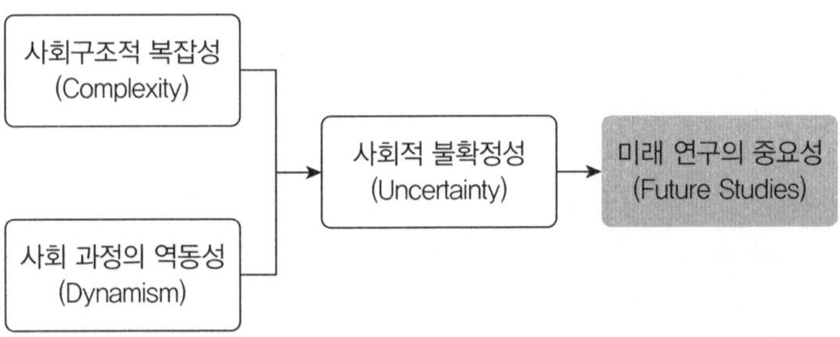

미래 연구의 목적은 크게 다음 네 가지로 구분할 수 있다. 첫째는 미지의 세계를 알고 싶다는 인지적 목적, 둘째는 생존력이나 경쟁력 강화를 향한 실용적 목적, 셋째는 제반 활동영역에 미래 담론을 확산시키려는 공지적 목적, 넷째는 수익 창출을 위한 영리적 목적이다. 요컨대 미래 연구는 불확실성이 강화되어 가는 미래를 '보다 잘 알고, 잘 살며, 널리 알리고, 벌기 위한' 복합적 동기의 소산인 것이다.

이런 취지에서 출범한 미래 연구는 탐구의 학문인 동시에 실행의 학문이라는 이중적 성격을 지닌다. 미래란 예측의 대상일 뿐 아니라 개조의 대상이기도 한 까닭이다. 예견적 현실이자 창조적 구상의 대상인 미래 사회의 이해를 목적으로 하는 미래 연구는 개조적 의지를 동반한다는 점에서 지적 확장을 위주로 하는 통상적 사회과학과 변별된다. 이른바 '3P'로 통칭되는 있음직하고(Probable), 가능하며(Possible), 바람직한(Preferable) 앞날을 탐사하는 미래 연구는 과학적 분석력과 실천적 의지를 동시적으로 요하는 복합적 과업이라고 할 수 있다(Bell, 1998; Candy, 2010).

"만물은 변한다."는 고대 그리스 철학자 헤라클레이토스의 언명, 모든 현상을 음양오행의 운행 원리로 풀이하는 주역, 혹은 대립과 생성을 강조하는 헤겔의 변증논리 등으로 추론할 수 있듯, 항구불변한 존재나 현상은 세상 어디에도 없다. 변화야말로 동서고금을 막론한 보편적 진리인 것이다. 이처럼 상시적이고 편재적인 것이 변화이건만, 그것은 종전의 추세로 가늠할 수 있는 예기적 양상을 보일 때가 있는가 하면 지난날의 궤적을 훌쩍 벗어난 파격적 행로를 취하기도 한다. 그런데 과거의 행적으로 가늠하기 힘든 격변의 소용돌이, 모든 것을 알 듯하면서도 무엇 하나 확신할 수 없는 불확실성이 높아가는 요즘 세상은 날로 파행의 길로 내닫는 듯하다. 따라서 '지식기반 사회' 혹은 '지식 사회'를 이끌어 온 주역이라는 자부에도 불구하고 "어디로 가고 있나(Quo Vadis)?"라는 질문을 되뇌며 살아가는 것이 지금의 우리 실정이다. 존재와 당위, 사실과 가치, 사변과 실천의 예지를 망라한 종합적 통찰로 급변하는 미래를 앎의 영역으로 끌어들이기 위한 미래 연구가 어느 때보다 절실한 시점인 것이다.

2. 미래 연구 방법

'경주'를 뜻하는 그리스어 '드로모스(dromos)'에 비유될 만큼 질주 상태를 지속해 온 현대사회를 반추하듯(비릴리오, 2004[1977]), 지난날을 되돌아보며 새로운 발전 전략을 강구하기 위한 미래 담론이 도처에서 성행하고 있다. 1997년 외환위기 이래 만성적 침체 상태를 벗어나지 못하고 있는 한국 사회도 예외가 아니다. 1970~80년대의 고도성장에 힘입어 경제적으로 큰 성과를 일궈낸 우리 사회에서는 한때 정치 · 사회 · 문화 등 비(非)경제 부문들이 성공적 '일류 경제'를 본받아야 한다는 여론이 팽배했다. 그러나 세계 수위권에 속하는 자살률이나 고소 · 고발률 등으로 미루어 알 수 있듯 삶의 질적 개선이 동반되지 않는 경제성장은 외화내빈(外華內貧)을 재촉할 뿐이라는 각성이 더해 가면서, 균형적 발전을 통해 성숙 사회로 진입할 수 있는 비전 모색을 위한 미래 연구에 대한 기대가 높아지고 있다.

미래 연구 방법은 미래에 벌어질 사태를 탐색, 분석 및 예측하기 위한 접근 방식을 말한다, 그것은 연구 목적, 자료의 성격, 시간 범위, 연구자 참여 여부 및 연구 주도자에 따라 다음과 같은 유형으로 분류할 수 있다(Puglisi, 2001). 우선, 연구 목적에 따라 탐색적 방법과 규범적 방법으로 구분된다. 탐색적 방법은 현시점에서 가능한 미래를 살펴보자는 것이요, 규범적 방법은 원하거나 원치 않는 미래를 상정한 후 어떤 방식으로 그것을 실현하거나 회피할 수 있는가를 추적하는 것이다. 또 활용 자료의 성격에 따라서는 정량적 방법과 정성적 방법, 시간 범위에 따라서는 단기, 중기, 장기, 초장기 접근으로 구분되고, 연구자의 참여 여부에 따라 객관적 방법과 관여적 방법으로 나뉜다. 또 연구 주도자에 따라 미래학자나 주제 전문가와 같은 전문가 주도형과 이해관계자 · 정책결정자 · 지역사회 구성원 등을 포괄하는 참여형으로 대별되는데, AI의 역능이 급성장하는 요즘에는 그에 의존한 기술 주도형이 추가되기도 한다. 이상과 같은 분류 도식을 축약적으로 정리한 미래 연구 방법의 총체적 구도는 〈표 1-1〉과 같다.

| 표 1-1 | 미래 연구 방법의 총체적 구도

분류 기준	유형
연구 목적	• 탐색적 방법 • 규범적 방법
자료의 성격	• 정량적 방법 • 정성적 방법
시간 범위	• 단기적 접근 • 중기적 접근 • 장기적 접근 • 초장기적 접근
연구자 참여 여부	• 객관적 방법 • 관여적 방법
연구 주도자	• 전문가 주도형 • 참여형 • 기술 주도형

그런데 미래 연구가들은 한 가지 기법에 천착하기보다 도움될 만한 여러 기법들을 혼용하는 때가 많다. 기본적으로 트렌드 분석법을 메가트렌드 기법으로 확충해 본 연구에 임하고자 한 필자 역시 다양한 미래 연구 기법들을 접목해 미래를 탐지하고자 하는데, 본 연구에서 참작한 주요 연구 기법들의 요지와 특징을 간추려 소개하면 다음과 같다.

1) 델파이법(Delphi Method)

델파이법은 미국 RAND 연구소의 테드 고든과 올라프 헬머(Theodore J. Gordon and Olaf Helmer)가 창안한 것으로, 전문가 집단에게 시대적 과제에 관한 해법을 강구하기 위한 집단토의 과정을 구조화하자는 취지에서 구상된 것이다. 그것은 전문가 패널에 논의하고자 하는 쟁점에 대한 요인, 추세, 발생 시기, 확률, 중요성 및 내재적 함의 등에 관한 설문조사를 실시한 후, 각 전문가에게 다른 전문가들의 응답 결과를 알려주고 수정할 기회를 제공하는 과정을 반복해 합의적 결과를 도출해 내는 수순을 취한다(Gordon and Helmer, 1964). 이같이 표준화된 절차로 개인적 편견이나 집단적 사고(group think)의 오류를 최소화할 수 있지만, 시간과 비용이 많이 들고 비전문인들의 견해를 도외시한다는 점이 델파이법의 한계로 지적되고 있다.

2) 다층요인분석(Causal Layered Analysis: CLA)

CLA는 복잡한 문제를 다각도로 분석해 미래에 대한 이해를 진작시키자는 목적으로 유네스코 미래 연구 의장 소하일 이나야툴라(Sohail Inayatullah)가 제안한 것이다. CLA는 특정한 미래의 모습을 상정하는 대신 현재와 과거의 다양한 요소들을 동시적으로 개봉해 미래 모습을 탐지하고자 한다. 이나야툴라는 ① 가장 표층적 수준의 일상사나 사건에 대한 진술인 리터니(Litany), ② 그 사회적 · 경제적 · 문화적 · 정치적 요인인 시스템적 원인(Systemic Causes), ③ 시스템적 원인 저변에 자리하는 심층적 요소로서의 세계관(World View), ④ 세계관보다 더 깊은 층위에서 작동하는 무의식적 지각이나 반응을 대변하는 신화/은유(Myth/Mctaphor)라는 네 가지 사항을 분석의 축으로 설정한다(Inayatullah, 2002). 이처럼 상이한 앎의 방식들(different ways of knowing)로 미래를 투시함으로써 단선적 접근이 간과하기 쉬운 많은 현상들을 포괄적으로 고려할 수 있다는 것이 CLA의 최대 강점으로 꼽힌다.

3) 환경 스캐닝(Environmental Scanning)

환경 스캐닝은 조직체가 외부 환경을 검색, 평가, 해석해 조직 운영이나 성과에 영향을 끼치는 기회와 위협을 식별하기 위해 고안된 기법이다. 조직성과에 유의미한 영향을 가하는 외부 요인으로는 정치적 · 경제적 · 사회적 · 기술적 · 생태적 요소들이 일반적으로 거론된다. 그런데 앨빈 토플러(Alvin Toffler) 이후 세계적으로 주목받는 차세대 미래학자 패트릭 딕슨(Patrick Dixon)은 *Futurewise*(Fast, Urban, Tribal, Universal, Radical, Ethical)라는 저작에서 신문, 잡지, TV, 인터넷, 학회, 보고서, 심지어는 SF 소설이나 영화 등 다양한 출처에서 포착되는 동향, 쟁점, 성과 및 쟁점들까지 폭넓게 섭렵하는데(Dixon, 2007), 이처럼 다채로운 자료를 활용하게 되면 발생 확률은 낮아도 일단 벌어지면 엄청난 충격을 야기하는 '돌발요소(wildcard)'를 잡아내는 효능을 겸비하게 된다.

4) 형태학적 분석(Morphological Analysis)

형태학적 분석은 다차원적이되 계량화가 불가한 복잡한 과제의 해결을 위해 우주공학자 프리츠 즈위키(Fritz Zwicky)가 제시한 것으로, 더 이상 환원불가해 보이는 복잡한 현상을 교차적 일관성 평가(Cross Consistency Assessment)를 통해 파악하는 기법을 말한다. 일차적으로 분석하고자 하는 소재의 목적과 범역을 설정한 후 그에 영향을 미치는 주요 변수를 선별하고 각 변수에 가능한 값을 할당한다. 그리고는 식별된 변수와 값들을 조합해 있을 수 있는 모든 조합을 체계적으로 나열한 형태학직 상자(Morphological Box)를 작성한 후, 비현실적이거나 비합리적인 조합들을 제외한 유효 조합들을 심층 분석하여 해법을 모색하는 절차를 밟게 되는데(Zwicky, 1969), 지금까지 신제품 판매 전략의 모색에 많이 쓰여 왔다.

5) 시나리오 기법(Scenario Planning)

시나리오란 사건이나 추세에 근거해 면밀히 구성된 줄거리를 말한다. 불확정한 상황을 진단하고자 한 미래 연구가들이 애호해 온 시나리오 기법은 1950년대에 RAND 연구소가 주관한 군사전략 연구에서 허드슨 연구소(Hudson Institute) 창립 회원인 허먼 칸(Herman Kahn)이 선도한 기법으로(Aligica, 2004), ① 주제 설정, ② 주제와 관련된 주요 변수의 선별, ③ 변수들의 조합에 의거한 다양한 시나리오 작성, ④ 각 시나리오의 가능성과 영향에 대한 평가, ⑤ 시나리오에 대비한 전략 개발이라는 절차로 진행된다. 시나리오 기법은 단일한 예측이 아니라 개연성 지닌 복수의 미래상을 제시한다는 점에서 유연성이 인정되지만, 서사 구축 과정에 주관적 기대가 개입해 객관성을 저해한다고 비판받기도 한다.

6) 시뮬레이션 분석(Simulation Modeling Analysis)

시뮬레이션 분석은 컴퓨터에 기반한 미래 현실의 재현을 도모하자는 것으로(Law, 2015), 요인이나 사건들 간의 연관성에 기초해 사회적 동학을 탐지하는 절차를 취한다. 시뮬레이션 분석은 컴퓨터 기술의 발달과 함께 확산된 것이지만, 기술적 적용 과정에서 다음과 같은 근본적 한계를 노정한다. 사회 현실이 복잡해짐에 따라 출현하는 사회의 모형도 복잡해짐으로써 사회체계의 작동 메커니즘에 대한 이해가 어려워지게 된다. 그래서 요인들을 부분적으로 통제한 간명한 모형에 의존할 때가 많은데, 통제가 지나칠 경우 분석 결과가 실제와 불일치하는 외적 타당도(external validity)의 손상이 수반될 수 있다.

7) 트렌드 분석(Trend Analysis)

트렌드 분석은 구체적이고 객관적인 자료로 드러난 현재의 상황을 지난날의 변화 형태에 대입해 향후의 추세를 전망하는 외삽(extrapolation) 원리를 기초로 하는 탐사 기법이다. 이것은 정량적 데이터를 바탕으로 지난날의 추세를 분석한 후 과거의 패턴이 향후에도 지속될 것이라는 연속성 원리에 기초해 미래를 예측하는 추세외삽법(Trend Extrapolation Technique)과 유사하지만, 정량적 데이터뿐만 아니라 정성적 정보도 분석에 활용할 뿐 아니라 사회, 기술, 경제, 환경, 정치는 물론 인구, 금융, 패션, 질병 등 다양한 분석 대상에 적용할 수 있다는 점에서 지금까지 미래 연구에 가장 널리 사용되어 왔다(Shimeall *et al.*, 2002). 트렌드 분석의 한계로는 과거 데이터에 대한 의존성이 크다든가, 외부 요인의 영향이나 맥락적 효과를 적절히 반영하지 못한다는 점이 빈번히 지적되어 왔다. 그러나 "트렌드는 스스로 말하지 않는다(Trends never speak for themselves)."는 세간의 논평으로 유추할 수 있듯, 사태의 추이에 대한 진술을 넘어선 이유나 설명을 제공하지 못한다는 점이 트렌드 분석의 결정적 한계로 치부되고 있다(김문조, 2010). 그럼에도 추세외삽법보다 훨씬 유연하고 포괄적인 트렌드 기법은 앞서 소개한 다양한 미래 연구 기법들과 접목해 유용성을 강화시켜 나갈 수 있다는 점에서, 단기 예측으로부터 중장기 동향 분석에 이르기까지 널리 활용되어 왔다.

3. 연구의 관점 및 접근법

1) 연구 관점: 문명론적 관점

(1) 페르낭 브로델의 통찰

프랑스 아닐학파 창시자 페르낭 브로델(Fernand Braudel)은 "역사와 사회과학: 장기지속"이라는 논문에서 역사가는 사회적 창조물인 시간을 단지 한 종류로 간주함으로써 역사적 안목을 그르치면 안 된다고 경고한 바 있다. 일차적으로 시간대(timespan)를 길이에 따라 단기지속(short-term), 중기지속(medium-term) 및 장기지속(long-term)으로 구분한 브로델은 그에 속하는 역사를 사건사(l'histoire événnementielle, event history), 국면사(l'histoire conjoncturelle, conjectural history) 및 구조사(l'histoire structurelle, structural history)라고 지정한다(Braudel, 1960).

'언제(when)'라는 물음을 앞세운 육하원칙(5W1H)을 강조하는 개별기술적(idiographic) 연구가들이 중시하는 사건사는 벌어진 사건을 시기별로 기록한 연대기로 구현된다. 하지만 역사의 시간은 비동질적이라는 전제하에 시간의 지속에 다층적 차원을 도입하고자 한 브로델은 "사건은 먼지에 불과하다."는 발언으로 개체적 사건의 역사적 의미를 축소하는 대신, 보다 긴 시간대에 걸친 역사의 중요성을 우리에게 환기시켰다. 일시적 사건들의 저변에 내재하는 주기적 동학, 나아가 장기적 삶의 형태를 좌우하는 추동력과 연관된 구조적 동학이 보다 중요하다는 것이다.

편년적 기록인 사건사는 짧은 시간대에 관찰되는 구체적 사건의 진술에 주력한다. 중기지속 시간대의 국면사는 일정 기간에 주기적으로 나타나는 현상들을 중시한다. 인구 동향, 가격 및 임금 동향, 문화 제도적 동향에 대한 연구들이 이에 속한다. 반면, 장기지속 시간대의 구조사는 인류 역사의 긴 시간 동안 지속적으로 작용하는 기후지리적 조건, 생산과 교역을 지배하는 경제관계, 사회적 위계구조를 규정하는 사회정치적 원리, 이념, 가치체계 등에 관심을 기울인다. 자본주의의 발전 같은 것이 구조사의 대표적 사례로 꼽힌다.

(2) 문명론적 관점

올바른 예측의 중요성이 더해 가는 격동의 시대에 인류사회의 미래를 거시적 관점으로 조망해 보자는 이 책에서는 전술한 브로델의 입장을 외연해, 시간대를 한 단계 확장한 초(超)장기적 시각으로서의 문명론적 관점으로 미래 탐사에 나서고자 한다([그림 1-2] 참조).

장구한 기간과 포괄적 소재를 아우르는 사회동학에 관한 연구의 선도자는 오스발트 슈펭글러(Oswald Spengler), 아놀드 토인비(Arnold J. Toynbee) 혹은 노르베르트 엘리아스(Norbert Elias)와 같은 문명사 연구가들이었다. 그러나 사회 변화의 속도에 비례해 미래의 부가가치가 커져 가는 최근에는 과거 행적에 관한 문명사적 연구를 넘어 향후의 진로에 보다 큰 비중을 두는 전망적 문명론이 사회적으로 각광받고 있다. 유발 하라리(Yuval N. Harari)의 『호모 데우스』(*Homo Deus*)나

그림 1-2 | 페르낭 브로델의 시야를 넘어서

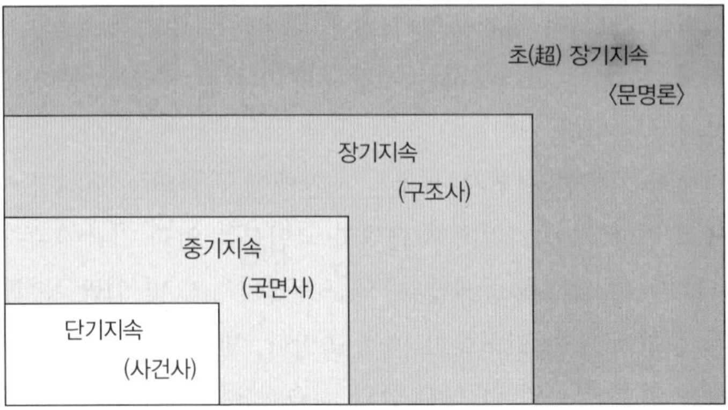

『넥서스』(*Nexus*), 레이 커즈와일(Ray Kurzweil)의 『특이점이 온다』(*The Singularity Is Near*)나 *The Singularity Is Nearer*와 같은 저작들에 대한 세간의 열띤 반응이 그런 경향을 대변한다(커즈와일, 2007[2005]; Kurzweil, 2024; 하라리, 2017[2016], 2024[2024]).

"지난 일을 기술함으로써 다가올 일을 안다(述往事知來者)."는 사성(史聖) 사마천(司馬遷)의 경구처럼, 역사를 알면 미래가 보인다고 한다. 진행된 사건이나 알려진 사실이 앞날을 조망하는 데 보탬이 될 것임은 부인할 수 없다. 그러나 흘러간 과거사는 미래 전망에 도움이 될지언정 결코 미래 담론의 대체제가 될 수 없다. 미래는 추적이나 분석을 넘어선 탐사의 대상일 뿐 아니라 창의적 구상과 개조적 의지가 적용되어야 할 복합적 탐구 대상인 까닭이다(Voros, 2017). 따라서 이 책에서는 종전의 문명사적 연구 전통에 선제적 통찰과 응전적 기대 효과를 부가한 구상적 시각(Envisioning View)으로 미래 사회를 탐구해 보고자 한다.

2) 접근법: 메가트렌드 기법

앞 항에서 소개한 일곱 가지 미래 연구 기법들 중 지금까지 가장 널리 활용되어 온 것이 트렌드 분석이다. 따라서 이 책에서도 트렌드 분석을 출발점으로 삼되, 앞서 소개한 여섯 가지 미래 분석 기법들의 장점들을 보강한 개량형 트렌드 분석법으로 AI 문명사회를 탐방하려 한다. 이때, 우리를 새로운 문명 시대로 이끌어 가는 거시적 동향의 파악이 본 연구의 핵심적 목표이기에, 최종 단계에서는 시간대(time span)를 대폭 확장한 메가트렌드 기법으로 발전시켜 앞으로 본격화할 신문명 미래 사회를 진단해 보고자 한다.

(1) 트렌드 분석의 점검과 보강

힘과 방향이라는 두 가지 요소를 내포한 물리학의 벡터 개념과 마찬가지로, 트렌드는 상하좌우로의 이동이나 변곡까지를 포함한 방향(direction)과 시간별 변위를 뜻하는 움직임(movement)이라는 두 가지 요소로 구성된다. 요컨대 트렌드 분석은 "시간 흐름에 따른 세상 변화의 패턴에 관한 탐구(searching for the patterns over time)"를 목표로 한다(김문조, 2010). 이처럼 간결한 목표를 내건 트렌드 분석은 2015년 1월부터 현재에 이르는 최근 10여 년간 구글 학술검색에 검색되는 논문이 21,200여 건에 달할 정도로 즐겨 채택되어 왔다. 빈도뿐 아니라 적용 분야 역시 국제정치나 국제무역에서 금융시장에 관한 것은 물론이요, 인구변화나 첨단 공학기술 분야에 이르기까지 무척 광활하며, 활용 자료의 측면에 있어서도 방향과 운동을 예측하는 데 적합하다고 간주되는 한 양적 · 질적인 것들에 고루 의존해 왔다. 따라서 트렌드 분석을 통해서는 변화의 방향이나 속도를 넘어 그 직간접적 효과까지 추정 가능하다. 그뿐 아니라 핵심적 변화, 동반적 변화 및 지엽적 변화는 물론이요, 가까운 미래에서 먼 미래까지 널리 살필 수 있기에, 트렌드 분석은 학술적으로는 물론 공공정책의 개발이나 조직의 경쟁력 강화와 같은 실무적 용도로도 널리 활용되어 왔다.

트렌드 분석법은 그것이 지향하는 대상이나 목표에 따라 여러 유형으로 세분할 수 있다. 일차적으로 변화의 관찰 대상인 패턴의 소재 여부에 따라 내적/외적 패턴(internal and external patterns) 분석으로 구분되며, 관심이 주어지는 영역에 따라 시간적 동향(temporal trends), 공간적 동향(spatial trends), 관계적 동향(associational trends), 혼합적 동향(compound trends) 분석 등으로 분류되기도 한다(Shimeall *et al.*, 2002). 이처럼 여타 기법에 비해 포괄적이고 보편적이며 신축적인 것으로 알려진 트렌드 분석법은 분석단위나 영역의 차원에서는 물론이요 시공간적 한계로부터도 비교적 자유롭다. 트렌드 분석이 다른 미래 연구 기법보다 널리 애호되어 온 것은 무엇보다 적용 범역이 넓다는 속성에 기인한다.

그럼에도 트렌드 분석에 대해서는 다음 두 가지 비판이 지속적으로 제기되어 왔다. 첫째는 분석 결과가 단기 전망에는 유효하나 중장기 전망에는 그리 정확지 않다는 비판이다. 이러한 지적은 기본적으로 밝혀진 단서의 외삽에 의존하는 트렌드 기법이 복잡다단한 상태로 변모하는 역동적 현실을 따라잡기 힘들다는 원천적 한계에 인한 것으로 여겨진다. 둘째는 관찰된 동향을 객관적으로 비교 평가할 수 있는 판단 기준이 불분명해 그릇된 해석을 자초할 위험성이 적지 않다는 점이다. 그런데 트렌드 분석법의 보다 결정적 한계는 그것이 미래 사회에 대한 서술적 진단을 뛰어넘는 예견력이나 설명력을 결여하고 있다는 점이다. 통상적 트렌드 분석에 추론적 기능을 강화한 개량형 트렌드 기법이 요청되는 것은 이 때문이다.

따라서 이번 연구에서는 트렌드 분석의 예견력 · 설명력 증진을 위해 다음과 같은 미래 연구 기법들의 장점들을 보강한 개량적 방법을 구축하였다. 즉, 델파이법으로부터 신뢰할 만한 전문가들의 식견을 취합할 수 있는 절차를 보완하고, 시나리오 기법으로부터는 확정적 미래관을 지양한 개방적 시각을 포섭하며, 형태학적 분석으로부터는 비계량적 자료를 다루는 방안을 접목하였다. 또 시뮬레이션 분석으로부터는 엄밀한 자료처리 절차를 보강했다. 그러나 이번 트렌드 기법 개선 과정에서 가장 도움이 컸던 기법은 비계량적 접근을 대표하는 환경 스캐닝과 CLA이다. 사회 각처에서 관측되는 다양한 현상들을 폭넓게 섭렵한다고 여겨지는 환경 스캐닝은 코로나19 사태라는 돌발적 와일드카드를 분석에 포함시키는 데 결정적 보탬이 되었으며, 복잡다기한 변화상을 다면적으로 파악하고자 하는 CLA로부터는 미래 사회를 객관적 환경으로서의 현실, 행위 주체로서의 인간 및 내재적 의식세계라는 세 가지 범주로 나누어 탐구할 수 있는 입지를 확보할 수 있었다.

(2) 미시에서 거시적 트렌드로

개방화 · 유동화 · 분산화 추세로 한국 사회는 인적 · 구조적 · 제도적 이질성과 다양성을 배가해 왔다. 그러한 추세는 우리 사회에 국한된 것이 아니라 지구촌 대다수 국가들에서 나타나는 보편적 동향이기도 하다. 따라서 이 책에서는 기본적으로 국내외에서 관측되는 각종 동향들에 대한 트렌드 분석을 모태로 하되, 다음과 같은 절차로 거시적 동향을 압출해 미래 사회의 행로를 탐지하였다(김문조 외, 2019 참조).

우선 텍스트 마이닝 기법으로 지난 5년간 138개 매체에서 수집한 미래 사회 연관어로 표출된 세부 동향들(sub-trends)을 일단 327개 범주로 구획하고, ② 유사도 검증을 통해 이들을 총 52개의 보편적 동향들(General Trends)로 압축한 후, ③ 거기에 코로나19 사태라는 돌발요인과 직결된 특수 동향들(Special Trends)을 추가하고, ④ 토픽 분석(Topic Modelling) 기법을 적용해 외재적 생활공간(life-space)으로서의 현실, 행위 주체로서의 인간, 내면세계로서의 의식이라는 3대 범주와 연관된 거시적 동향을 압출하였다.

세부적 · 특수적 동향들로부터 거시적 동향을 추출하는 과정에서 필자는 집단 연구가들이 방향성(directionality, 변화의 향방), 유사성(similarity, 변화의 내용), 및 공동운명성(common fate, 변화의 속도)이라는 세 가지 특성에 준거해 집단의 실체(entity of the group)를 파악하는 집단 연구가들의 시도에서 많은 영감을 얻었다. 나무에서 숲, 숲에서 삼림, 그리고 최종적으로 삼림이 들어찬 장대한 산맥을 고공 탐사하여 사회체계를 관류하는 핵심 동향들(key trends)을 메가트렌드로 응축하는 과정은 로터를 고속으로 회전시켜 발생하는 원심력을 이용해 크기, 모양, 밀도 등이 상이한 물질들을 분리해 내는 원심분리법(centrifugation method), 혹은 프리즘이나 회절격자를 사용해 스펙트럼을 만드는 분광학(spectroscopy) 기법에 비견할 만하다. 그러한 압출법에 상당하는 토픽 분석으로 성향이 비슷한 동향들을 포괄적 범주로 정리한 결과가 탈현실화, 탈인간화 및 탈진실화라는 세 가지 메가트렌드이다.

■ 참고문헌

김문조. 2010. "미래연구 방법으로서의 동향학." 『사회과학논집』 41(1): 31-48.

김문조 외. 2019. 『빅데이터를 통해 본 2030년대 한국사회』. 홍디자인.

비릴리오, 폴. 2004[1977]. 『속도와 정치: 공간의 정치학에서 시간의 정치학으로』. 이재원 옮김. 그린비.

커즈와일, 레이. 2007[2005]. 『특이점이 온다: 기술이 인간을 초월하는 순간』. 김명남 옮김. 김영사.

하라리, 유발. 2017[2016]. 『호모 데우스: 미래의 역사』. 김영주 옮김. 김영사.

______. 2024[2024]. 『넥서스: 석기시대부터 AI까지, 정보 네트워크로 보는 인류 역사』. 김영주 옮김. 김영사.

Aligica, P. 2004. "The Challenge of the Future and the Institutionalization of Interdisciplinarity: Notes on Herman Kahn's Legacy." *Futures* 36(1): 67-83.

Bell, W. 1998. "Making People Responsible: The Possible, the Probable, and the Preferable." *American Behavioral Scientist* 32(3): 323-339.

Braudel, F. 1960. "History and the Social Sciences: The Long Duration." *Political Research, Organization and Design* 3(6): 3-13.

Candy, S. 2010. *The Futures of Everyday Life: Politics and the Design of Experiential Scenarios*(PhD. Dissertation). Department of Political Science, University of Hawaii at Manoa.

Dixon, P. 2007. *Futurewise: The Six Faces of Global Change*. IPS-Profile Books.

Gordon, T. and O. Helmer. 1964. *Report on a Long Range Forecasting Study*, R-2982. RAND.

Inayatullah, S. 2002. *Questioning the Future: Futures Studies, Action Learning and Organizational Transformation*. Tamkang University Press.

Kurzweil, R. 2024. *The Singularity Is Nearer: When We Merge with AI*. Viking.

Law, A. 2015. *Simulation Modeling and Analysis*. 5th ed. McGraw-Hill.

Overland, I. 2019. "The Geopolitics of Renewable Energy: Debunking Four Emerging Myths." *Energy Research & Social Science* 49: 36–40.

Puglisi, M. 2001. "The Study of the Futures: An Overview of Futures Studies Methodologies." In D. Camarda and L. Grassini(eds.). *Interdependency Between Agriculture and Urbanization: Conflicts on Sustainable Use of Soil and Water*. CIHEAM: 439–463.

Shimeall, T. *et al.* 2002. *Models of Information Security Trend Analysis*. CERT Coordination Center.

Voros, J. 2017 "The Futures Cone, Use and History." *The Voroscope* (February 24). https://thevoroscope.com/2017/02/24/the-futures-cone-use-and-history/

Zwicky, F. 1969. *Discovery, Invention, Research: Through the Morphological Approach*. Macmillian.

제2장

AI가 열어가는 신문명 시대

1. 발원으로의 정보혁명
2. 정보혁명의 경과, 파장 및 전망
3. 기술-인간 관계의 변천
4. AI, 신문명 시대의 총아
5. AI 시대의 명암
6. AI 시대에 예상되는 주요 난제들

Designed by Freepik

1. 발원으로의 정보혁명

농업혁명 및 산업혁명과 함께 인류사의 3대 문명사적 사태로 꼽히는 정보혁명으로 18세기 말 제1차 산업혁명 이후 약 200여 년간 존속해 온 산업사회와 성격을 달리하는 정보사회가 1960년대에 모습을 드러냈다(Toffler, 1980). 그러자 대니얼 벨(Daniel Bell)은 탈산업 정보사회를 ① 경제생활의 중심이 물질적 생산에서 서비스 생산으로 이동하고, ② 직업분포상으로는 전문직 · 관리직 · 사무직 등 정신노동자층이 전통적 산업사회의 상징인 육체노동자층을 넘어서며, ③ 과학적 · 이론적 지식이 사회혁신과 정책결정의 원천이 되고, ④ 기술통제나 평가를 통한 미래 설계가 이루어지며, ⑤ 대학 및 연구소를 거점으로 한 지식산업이 융성하는 상태로 규정하였다(벨, 2006[1973]). 추후 마스다 요네지(Yoneji Masuda), 데이비드 라이언(David Lyon), 프랭크 웹스터(Frank Webster) 등도 독자적 안목에서 정보사회의 도래를 진단했는데, 3부작 『정보시대: 경제, 사회 및 문화』(*The Information Age: Economy, Society and Culture*)를 위시한 일련의 저작을 통해 정보사회를 문명론적 관점으로 집약한 학자가 마누엘 카스텔(Manuel Castells)이다(Castells, 1996, 1997, 1998).

카스텔은 19세기 중엽부터의 과학기술혁명 이래 서구사회를 거점으로 확산되어 온 자본주의적 생산양식이 오늘날까지 부가가치의 창출과 실현에 주도적 영향력을 행사하여 왔음에 동의한다. 그러나 정보화 시대에 들어서서야 "노동행위가 생산물을 산출해 내는 기술적 과정"으로 규정되는 발전양식이 이윤 극대화를 지향하는 자본주의적 생산양식과 변별되는 고유한 논리를 지향하게 되었다고 말한다. 즉,

① 기존 작업 과정의 합리적 개선, ② 작업 과정의 전면적 혁신, ③ 과정 혁신을 통한 새로운 작업의 창출이라는 세 단계 과정으로 구분되는 발전양식이 차츰 정보화하고 그러한 정보적 발전양식이 기존의 자본제적 생산양식과 교직적으로 결합함으로써 현대사회가 새로운 문명단계로 이행하게 되었다는 것이다(김남옥, 2016).

2. 정보혁명의 경과, 파장 및 전망

그러나 미래학자 앨빈 토플러가 '제3의 물결'로 총칭한 정보혁명을 현시점에서 되돌아볼 때, 그것은 일회적 사태가 아니라 전산화(computerization) – 연계화(networking) – 유연화(flexibility) – 일상화(routinization)로 이어지는 다단계 과정으로 전개되어 왔음을 깨닫게 된다.

첫 단계 전산화는 컴퓨터로 단순반복적 근로활동을 대체하거나 제어함으로써 자동화사회로의 길을 열었다. 인터넷을 통해 개인 간 · 조직 간 · 국가 간 교류가 증폭된 연계화 단계에는 근로 · 비근로 영역 모두를 촘촘히 잇는 연결망 사회가 출현했다. 한편, 초고속통신망을 통한 접속밀도의 증가로 시공간적 한계나 제도적 경계가 이완된 유연화 단계에는 놀며 배우는 놀이학습(edutainment=education+entertainment)이나 진짜와 가짜가 혼재된 허구적 사실(faction=fact+fiction) 같은 혼융이 성행하는 혼성사회가 도래했고, 인터넷에 모바일 앱이 보강된 스마트폰이나 스마트 기기가 보편화한 일상화 단계에 이르러는 언제 어디서 누구하고든 접속하며 살아가는 스마트사회가 구현되었다

(김문조, 2019).

이처럼 정보혁명은 지금까지 전술한 세 단계로 인류사회를 변모시켜 왔는데, 제4차 산업혁명기에 들어선 요즘 우리에게 몰려오는 정보혁명의 후속파는 과거 어떤 시절과 비교할 수 없을 만큼 엄청난 위력을 내포한 초대형 격랑이라는 점에 예의주시할 필요가 있다. 요컨대 인공지능(AI)이라는 지능형 신기술을 주축으로 한 '지능정보화'는 우리를 이전과 판이한 제2의 문명 시대로 이끌어 가고 있으니, 이는 종전의 정보혁명과 결을 달리하는 '정보혁명 2.0'이라는 별도의 범주로 인식하는 것이 옳다고 본다([그림 2-1] 참조).

그림 2-1 | 정보혁명의 진전 과정

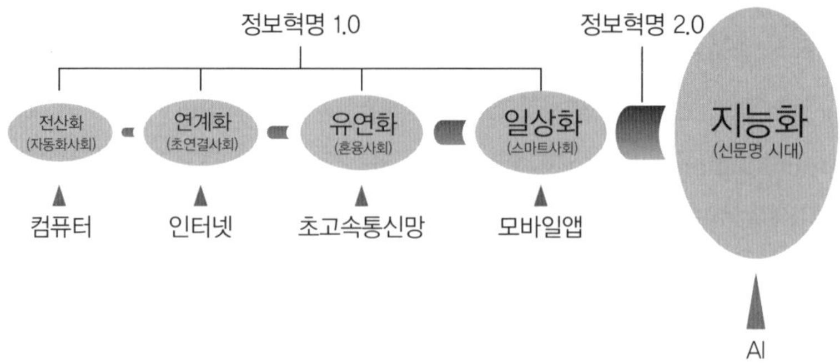

구래의 정보사회와 변별되는 새로운 사회질서의 태동에 관한 논의는 2016년 다보스 세계경제포럼에서 클라우스 슈바프(Klaus Schwab)가 제시한 '제4차 산업혁명론'에서 단초를 찾아볼 수 있다. 슈바프는 증기기관 및 철도의 등장과 더불어 기계제대공업이 융기한 시대를 제1차 산업혁명기, 과학적 관리기법과 조립라인을 통해 대량생산체제가 구축된 시기를 제2차 산업혁명기, 정보통신기술을 기반으로 유연생산체제가 확립된 시기를 제3차 산업혁명기, 그리고 지능정보기

술이 주도하는 맞춤형 생산체제가 등장한 현시점을 제4차 산업혁명기의 출범기로 규정한다(Schwab, 2016). 기술자본주의의 영향 대신 공정 혁신을 통한 대량생산체제의 구축을 강조하고, 지능정보화를 기존 정보화 과정의 후속 단계로 신설한 제4차 산업혁명론은 세계 도처에서 지대한 관심을 촉발했고, 국내에서도 그에 대한 관심이 높았다.

사물인터넷(Internet of Things), 클라우드(Cloud), 빅데이터(Big Data) 및 모바일(Mobile), 여기에 생명공학, 소재공학 및 인지기술 등이 가세해 '시키는 대로 움직이던 기계'가 '스스로 알아서 일하는 기계'로 대체되는 것이 제4차 산업혁명 시대를 특징짓는 기술적 정경이다. 이와 더불어 기술 집적도의 향상으로 중후장대(重厚長大)한 기술로부터 경박단소(輕薄短小)한 기술로의 전환도 동반되어 왔다. 그러나 정보혁명 1.0과 비견되는 정보혁명 2.0의 높은 파고는 AI 기술을 바탕으로 한 지능화 과정에서 결정적으로 드러난다.

예컨대 스마트 팩토리에서의 물품 제조 과정의 경우, 상호 연동된 기계와 설비로부터 생성되는 데이터에 AI를 적용하면 수요에 맞춰 생산량이나 생산 속도를 적절히 조절할 수 있다. 그뿐 아니라, 공급망 시스템에 탑재된 AI 알고리즘은 과거 데이터를 활용해 추세를 예측함으로써 공정을 최적화할 수 있다. 그러나 AI의 엄청난 위력이 사회 전반으로 확산된 것은 2016년 3월 서울에서 치러진 이세돌과 알파고의 'Google DeepMind Challenge Match' 대국을 통해서였다. "인간과 기계의 대결"이라던 5연전이 기계의 4:1 승리로 끝나자, 세상의 주역으로 자처해 왔던 인간과 도전자 기계의 입장이 뒤바뀔지 모른다는 당혹감과 AI가 향도할 새로운 시대에 대한 기대감이 교차했다. 추후 알파고는 세계 정상권 프로바둑 기사들과 대국해 60승 무패의 전적을 기록한 후 바둑계를 떠났으나, 2017년에 딥마인드로 무장한 알파고 제로라는 이름으로 재등장해 선배격인 알파고에게 100대 0이라는 절대적 승리를 거뒀다. AI가 주도하는 신문명 시대의 도래를 세계만방에 알린 예표였던 것이다(임백준, 2024).

3. 기술-인간 관계의 변천

인류사의 초창기부터 불가분의 관계를 지녀 온 인간과 기술은 시대별로 양상을 달리해 왔다. 수렵·농경 시대에 인간이 구사한 기술은 시행착오에 기반한 체험의 산물인 기예(techne)에 불과했다. 기술이 인류사회의 전면에 나서게 된 것은 기계대공업이 발흥한 산업혁명 시대에 들어서였다. 육체적 힘을 대체할 수 있는 기계가 등장하면서 많은 근로자들이 일터를 떠나거나 단순 노동자로 전락했다. 생계 압박에 내몰린 노동자들이 러다이트 운동(기계파괴 운동)과 같은 저항을 시도했지만, 발흥하는 기계의 위력에 필적하기엔 역부족이었다. "인류가 창안한 기계가 오히려 인류를 지배할 것"이라는 기계공포증이 불거진 시기였던 것이다.

그러한 우려는 앎으로서의 방법인 과학과 삶으로서의 방법인 기술이 합체를 이루게 된 19세기 과학기술혁명(Scientific Technological Revolution)을 계기로 공고화한다. 과학기술혁명은 구(舊)혁명인 산업혁명이 결하고 있던 생산 과정에 대한 과학지식의 의도적·목적적 활용을 겨냥한 것으로, 거기에는 최대 수요층인 기업주의 이해나 욕구가 짙게 반영되었다. 즉, 과학기술혁명기를 맞아 과학지식은 생산력 강화를 통해 잉여 확대를 꾀하고자 한 자본가계급의 이윤동기와 밀착하게 된다. 따라서 과학기술혁명은 몇 가지 주요한 기술적 진전으로 특징지어지는 산업혁명의 단순한 연장이 아니라 과학이 자본의 영향 하에 생산기술과 결합됨으로써 과학기술이라는 막강한 사회추동력을 구축하게 된 획기적 사태로 간주되어야 한다(Thompson and O'Doherty, 2009).

그런 정황을 조기에 간파한 카를 마르크스(Karl Marx)는 "산업공정은 이제 주어진 목표를 달성하기 위해 과학을 의식적, 체계적으로 이용하게 되었다."고 논급하면서, 과학기술혁명 이후로는 기술발달이 근로자들의 작업능력을 감퇴시킬 것이라는 '탈숙련화(Deskilling)' 명제를 제기했다(마르크스, 2005[1867]). 추후 그런 발상을 20세기 근로 상황에 적용한 노동과정론자 해리 브레이버만(Harry Braverman)은 "육체노동자들은 물론 정신노동자들까지 숙련도 저하라는 피해를 벗어날 수 없으리라."라는 암울한 전망을 구체적 사례들과 함께 밝힌 바 있다(브레이버만, 1989[1974]). 이 같은 비관적 예견에도 불구하고 근자에 이르기까지 기계로 상징되는 기술은 인간이 삶의 편익을 위해 만들어 활용하는 도구적 존재로 인식되었기에 '기계의 주인은 인간'이라는 생각에는 근본적인 변화가 없었다. 그러나 AI가 출현한 이후 기술에 대한 인간 우위의 관념이 송두리째 흔들리고 있다.

4. AI, 신문명 시대의 총아

AI에 관한 인류의 열망은 고대 그리스, 북유럽, 동유럽, 동아시아, 남아시아 및 중동과 같은 문명권의 설화에서 널리 찾아볼 수 있다([그림 2-2] 참조). 그중에서 가장 널리 알려진 것이 고대 그리스 신화에 나오는 대장장이 신 헤파이스토스가 신들의 우두머리 제우스의 지시로 크레타 섬을 지키기 위한 청동 거인 탈로스를 제작할 때 사람처럼 생각하는 능력을 지닌 소녀인형을 보조자로 보내달라고 요청했다는 전설이다.

그림 2-2 | AI 설화의 발상지

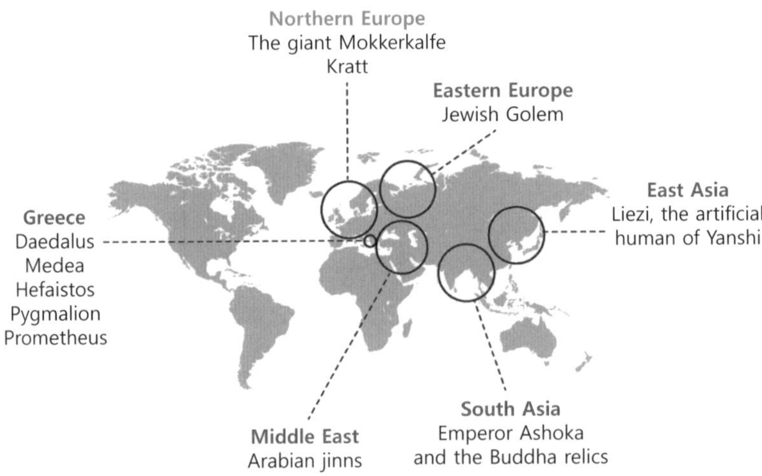

출처: Sheikh, Haroon, Corien Prins and Erik Schrijvers. 2023[2021]. *Mission AI: The New System Technology*. Springer(Open Access): 22.

그러한 열망은 마치 인간처럼 움직이고 말하는 자동인형 이야기가 끊이지 않던 중세로 이어지다가 18세기의 기술적 진보, 특히 시계태엽장치의 발달에 힘입어 실물로 구현되었다. 예컨대, 스위스의 시계공 피에르 자케 드로(Pierre Jaquet Droz)는 당시로서는 놀라울 정도로 정교한 구조를 지닌 어린애 크기의 두 개의 인형, 즉 펜으로 편지를 쓰는 소년과 합시코드 연주를 하는 소녀를 제작했다고 한다(The Editors of Time-Life Books, 1990[1986]). 스스로 작동하는 자동기계에 대한 이러한 공예적 시도는 17세기 중반 이후 자동계산기 제작으로 이어져 프랑스 수학자 블레즈 파스칼(Blaose Pascal)이나 독일 수학자 고트프리트 빌헬름 라이프니츠(Gottfried Wilhelm Leibniz)는 요즘 사용되는 수동식 계산기와 흡사한 형태의 자동계산기를 만들었다(Turck, 1921). 18세기에 들어서서 유럽과 미국에서 세간의 이목을 사로잡았던 것은 '기계 투르크인(The Mechanical Turk)'이라는 체스 두는 기계인형이었다. 제작된 1770년부터 화재로 소실된 1854년까지 수차례 소유자가 바뀌고 오스트리아 황제 요제프 2세나 나폴레옹 보나파르트와의 대국 등으로 당시 엄청난 화제를 불러일으켰으나, 마지막 주인의 아들이 "기계 안에 사람이 숨어 조작하고 있다."고 실토함으로써 사기극으로 끝났다(Levitt, 2000).

'생각하는 기계'에 대한 진지한 과학적 통찰은 컴퓨터 과학의 대부로 알려진 앨런 튜링(Alan M. Turing)의 논문 "계산 기계와 지능(Computing Machinery and Intelligence)"으로 소급할 수 있다(Turing, 1950). 여기서 튜링은 기계의 사유 능력을 판별하기 위한 튜링 테스트(Turing Test)를 제안한다. 이미테이션 게임(Imitation Game)이라고도 불리는 튜링 테스트란 상대의 정체를 알지 못하는 인간 실험자가 인간과 유사하게 반응하는 기계와 자연어로 소통할 수 있으면 '생각하는 기계'로 인정한다는 것으로, 인지적 수행 능력의 차이가 적부 평가의 기준이었던 것이다.

1950년대 초반에 들어서면서 수학이나 컴퓨터 과학 분야의 천재급 학자들이 튜링이 제기했던 생각하는 기계에 깊은 관심을 보이게 되는데, 그것을 '인공지능(AI)'이라고 지칭하고 본격적으로 탐구하게 된 것은 1956년 여름 미국 Dartmouth대학에서 열린 학술회의를 통해서였다. 이 모임을 계기로 AI에 대한 연구개발이 본격화하게 된다. AI 연구개발 과정은 과학사 연구가들이 제시한 '학자적 전통과 장인적 전통'이라는 이분법에 상응하는 하향식 접근(Top-down Approach)과 상향식 접근(Bottom-up Approach)으로 나뉘는데, 이들은 각기 '기호주의(Symbolism)'와 '연결주의(Connectionism)' 전통으로 불리기도 한다.

마빈 민스키(Marvin L. Minsk), 존 매카시(John McCarthy), 클로드 섀넌(Claude Elwood Shannon)과 같은 초창기 기호주의 연구가들은 인간의 지능이 기계로 시뮬레이션할 수 있을 만큼 명료한 규칙과 논리에 의해 작동한다는 전제하에, 숫자나 연산 기호와 같이 부호화된 규칙과 논리적 추론에 의해 문제를 풀어낼 수 있는 범용지능을 갖춘 컴퓨팅 시스템의 개발에 주력했다. 하지만 인간의 지능을 대신할 수 있는 기계를 제작할 수 있으리라는 기호주의 연구가들의 기대는 그들이 만든 초기 인공지능이 문제 해결에 큰 도움이 되지 못하는 것으로 드러난 1960년대에 한풀 꺾이게 된다. 이 틈에 AI를 다른 방식으로 제작해 보자는 연결주의적 접근이 출현한다.

연결주의 전통은 신경세포 뉴런이 시냅스를 통해 정보를 처리하는 과정을 모방한 인공신경망(Artificial Neural Network) 개발을 겨냥한 것이다. 즉, 인간의 인지 과정에 대한 모사를 목표로 하는 기호주의적 접근과 달리 인간 두뇌의 작동방식을 모사한 컴퓨터를 만들자는 시도라 할 수 있다. '신경모델링(neural-modeling)'이라고도 불리는 인공신경망의 구축은 오직 몇 개의 뉴런밖에 갖지 않은 원시적 생명체의 모델로 출발하여 약 1,000억 개 정도의 뉴런을 지닌 인간과 같은 고등 생물체의 모델로 발전시켜 가는 상향식(bottum-up) 방식으로 추진되었다.

뇌를 포함한 신경계를 구성하는 신경세포 뉴런은 시냅스라는 신호 전달체계를 통해 다른 뉴런과 연결된다. 연결주의적 접근은 이처럼 서로 연결된 뉴런을 모방한 인공신경망에 데이터를 입력해 그 내재적 패턴이나 규칙성을 학습한 신경망 모형을 만들어 새로운 예측이나 판단에 활용하자는 것으로, 그 최초의 산물이 프랭크 로젠블럿(Frank Rosenblatt)의 퍼셉트론(perceptron)이다. 지각(perception)과 뉴런(neuron)이라는 단어의 복합어인 퍼셉트론이 1960년 6월에 공개되자 사람이 만든 알고리즘이 컴퓨터 안에서 작동하면서 스스로 학습한다는 점에서 크게 주목받았다. 하지만 당시까지 이론적으로 주도적 위상을 점유하던 기호주의 연구가들은 극히 단순한 논리 연산인 배타적 논리합(XOR)조차 실행하지 못하는 퍼셉트론을 과학적 아류로 폄하해 AI 연구계는 '첫 번째 겨울'이라 불리는 침체기로 빠져들게 된다.

그러나 인간이 쉽게 이해할 수 있는 논법이나 표현방식에 의존한다는 점, 동시에 컴퓨터 프로그래밍과 유사한 형식의 논법을 구사할 수 있다는 점에서 1960년대까지 전성기를 구가하던 기호주의적 접근도 당시의 침체 국면을 모면하지 못했다. 하지만 기호주의 연구가들은 전문 분야의 지식을 DB로 구축하고 그것을 활용해 새로운 지식을 추론함으로써 인간 전문가처럼 의사결정을 하거나 해법을 추구할 수 있는 전문가 시스템(expert system)을 개발해 1980년대까지 AI 연구의 주도권을 유지할 수 있었다. 하지만 새로운 전문 지식의 보완 · 관리에 비용이 많이 들뿐더러 현실 세계의 모든 것들을 '기호화' 할 수 없다는 실용적 한계가 드러나면서 기호주의적 접근에 대한 기대감도 1980년대 중반부터 하락하게 된다.

반면 논리 연산도 온전히 하지 못한다고 기호주의론자들로부터 공박받던 연결주의적 접근은 역전파 알고리즘 개량 버전의 출현으로 1980년대 중반에 성공적으로 부활한다. 그래서 조만간 인간의 두뇌처럼 작동하는 인공신경망이 출현할 것이라는 기대가 급등했으나 기대했던 만큼 성과가 따르지 못하자 1990년대에 AI 연구계는 '두 번째 겨울'이라는 오랜 침체기로 들어서게 된다. 그러다가 합성곱신경망(CNN)과 그래픽처리장치(GPU)를 활용해 학습 능력을 크게 높인 제프리 힌튼(Geoffrey E. Hinton) 연구팀이 2012년 이미지넷 인식대회에서 압도적 성과로 우승하면서 딥러닝(Deep Learning)으로 무장된 연결주의가 다시금 각광받았으며, 2017년 트랜스포머 어텐션을 적용한 산출물들을 내어놓자 연결주의적 접근은 기호주의적 접근을 대신해 AI 연구개발의 주도권을 장악하게 된다.

이 같은 과정에서 입장이나 진영을 달리해 온 학자들 간에 치열한 공방과 비판이 오갔으나, 기호주의와 연결주의라는 AI 기술발전의 양대 전통은 항시 대척적 자세를 고수한 것만은 아니다. 기호주의적 접근은 전문가 시스템이 DB를 보강할 때 심층학습으로 유용한 지식을 추출하는 연결주의적 방식을 활용했고, 연결주의적 접근 역시 기호주의 연구자들이 고안한 패턴 매칭 원리를 인공신경망에 적용해 인지 과정의 파악에 취약하다는 한계를 보완할 수 있었다. 이러한 병합적 노력은 수준이론(level theory), 구현적 연결주의(implementational connectionism), 하이브리드 시스템(hybrid systems)과 같은 여러 대안적 접근들을 산출해 왔다. 그런가 하면 두 전통들 간에는 처음부터 격차가 존재하지 않았기 때문에 격차가 점점 좁혀지고 있다는 사실이 당연한 귀결이라는 주장이 일각에서 제기되기도 한다. 본질적으로 모든 연결주의 모델에는 상징적 구성 요소가 있고, 모든 상징적 모델에는 수학적 메커니즘이 있으므로, 기호주의냐 연결주의냐라는 논쟁은 원천적으로 무의미하다는 것이다(Wang, 2017). 따라서 연결주의와 기호주의 접근의 유용한 특성들을 결합한 AI 시스템을 설계해 양자의 장점들을 고루 활용하는 '혼성적 해법(hybrid solution)'을 모색해야 한다는 주장에 힘이 실리고 있는데, 실제로 AI는 요즘 컴퓨터 과학, 인지과학, 기호학, 신경과학, 철학 등 다양한 학문 분야들의 유기적 협력하에 발전을 거듭하고 있다.

5. AI 시대의 명암

최근 전문학술지나 교양지는 물론이요, 일간지에도 AI 기사를 거르는 때가 드물다. AI 시대의 도래를 알리는 일상적 정경인 것이다. 사용자의 욕구나 성향을 파악해 맞춤형 서비스를 제공하는 AI가 출현해 실생활에 편익을 주고, 실시간 건강 모니터링을 통해 사전에 질병에 대응할 수 있는가 하면, 지능형 소셜 로봇과 함께 정서적 풍요가 더해질 것이라는 신나는 얘기가 넘쳐난다. 산업노동, 금융활동, 법률업무, 의료행위는 물론이요, 교육 부문이나 연예 분야 등에서도 고무적 시나리오가 풍미한다. 그 가장 구체적 사례의 하나가 AI가 장착된 자율주행차이다. 시시각각 입력되는 교통 자료를 인공지능이 실시간으로 분석해 최적의 운행을 기할 수 있을 뿐 아니라 주행의 안전성이나 편이성이 보장된 상황에서 직접 운전하지 않고 자동적으로 목적지에 실어다 준다니, 자동차가 단순한 운송 수단이 아니라 먹고 쉬고 놀고 잠잘 수 있는 자유롭고 쾌적한 생활공간으로 변모한다는 것이다. AI의 활약상은 요즘 수요가 급증하는 관광 분야에서도 여실히 드러난다. 여행지와 기간을 입력한 후 원하는 여행 스타일을 지정하면 교통편과 숙박 시설은 물론 동선, 주요 관광 포스트, 맛집 등을 알려준다. 또한 현지에서 사고 싶은 물건을 문의하면 개인의 특성이나 취향에 맞는 상품 소개는 물론 최저가와 매장도 전해 주며, 교환이나 환불 같은 AS도 문자나 챗봇으로 해결해 준다.

그러나 이 같은 감동적 사연과 달리 AI 시대에 관한 부정적 견해도 만만치 않다. 가장 빈번히 거론되어 온 것이 일자리 축소 문제다. 업무 처리를 획기적으로 개선할 수 있는 성장하는 AI의 산업경제적 활용 가치에 비례해 사양 직업의 목록이 날로 늘어나고 있으며, AI의 고용대체 효과는 생산직이나 사무직 계열을 넘어 교육, 의료, 법률 분야의 전문 직종으로 확산되고 있다(브린욜프슨 · 맥아피, 2014[2014]). 그러나 문제가 일자리에 한정된 것만이 아니다. 지금까지는 병렬적 체제를 근간으로 한 AI의 기계적 연산 능력이 인간 본연의 직관이나 통찰을 따를 수 없다는 견해가 우세했지만, 신경학적 심층연결망(Deep Neural Network: DNN)을 갖춘 AI가 꾸준한 자기학습과 풍부한 실전 체험을 통해 인간 활동 전반에 뿌리내리게 되면 급성장하는 인공지능이 조만간 인간지능을 넘어서는 '특이점(singularity)'에 도달할 것이라는 전망이 날로 유력시되어 가고 있다.

이들 사이의 중간 지대에 속한 논자들은 인간과 AI의 화합적 공존을 대안으로 제시한다. 우선, AI는 방대한 양의 데이터를 신속하게 처리하고 분석할 수 있는 능력을 지니고 있어 인간의 의사결정을 효과적으로 지원할 수 있다는 견해이다. 이러한 협력은 업무의 효율성을 높여 주고, 반복적이며 번거로운 작업에서 인간을 해방시킬 수 있다. AI는 창의적인 작업에서도 중요한 역할을 할 수 있다고 기대되기도 한다. 디자인, 음악, 문학 등 다양한 분야에서 AI는 새로운 아이디어를 제공하거나 창작 과정에 협력함으로써 인간의 창의성을 확장시킬 수 있다. 그뿐만 아니라, AI는 사용자 데이터를 분석해 개인 맞춤형 서비스나 제품을 제공함으로써 삶의 편이성을 증진시키며, 예측분석을 통해 위험에 대한 해결책을 제시할 수 있다.

상기 세 가지 가설은 모두 인간과 AI가 상호 병존하는 사태를 전제로 한 것이다. 하지만 향후 실현 가능한 또 하나의 시나리오는 결과에 대한 원인 규명이나 책임 추궁을 미궁에 빠뜨리는 통제 주체의 망실(亡失)일 것이다(김문조, 2023). 즉, 인간과 AI가 상호 분리불가능한 합체를 이루게 되면 공이나 과를 사람이나 기계 누구에게 물어야 할지 가려내기 힘든 난관에 봉착할 수도 있다.

6. AI 시대에 예상되는 주요 난제들

지능화가 추동하는 AI 시대에 대해서는 높은 기대감에 비례해 부정적 문제점들도 속속 제기되고 있다. 그 가장 대표적인 것이 앞서 언급한 일자리 문제다. AI의 고용대체 효과가 고급 전문직을 위시한 직업세계 전반으로 확산될 것이라는 우려가 증폭되고 있으며, 그것은 인재 양성을 위한 교육혁신에 대한 쟁점으로 파급되고 있다. 따라서 학습 효과를 강화시키기 위해 ① 교육방법에 있어서는 주입식 교육에서 창의적 교육, ② 교육내용 면으로는 지식축적형 교육에서 문제해결형 교육, ③ 교육체제는 구획형 계열교육에서 융합형 횡단교육으로의 전환이 모색되고 있다. 그러나 AI를 기반으로 한 지능정보화가 본격화되면 일자리나 교육훈련 같은 한정된 영역을 넘어 사회 전체적으로 여러 난제들이 돌출할 것으로 예상된다. 그들을 인간-기술 담론의 핵심적 논제로 꼽혀온 존립성(existence), 자율성(autonomy), 공평성(equality), 신뢰성(trust) 및 안전성(security)이라는 다섯 개 문제 영역별로 정보혁명 1.0 시대와의 관련성하에서 정리하면 〈표 2-1〉과 같다.

| 표 2-1 | 정보혁명기의 주요 난제들

범주	정보혁명 1.0 시대		정보혁명 2.0(신문명) 시대
존립성	인간 소외 (Human Alienation)	▶▶▶	인간 축출 (Human Expulsion)
자율성	사생활 침해 (Privacy Invasion)	▶▶▶	사생활 개입 (Privacy Intervention)
공평성	정보 격차 (Digital Divide)	▶▶▶	정보 장애 (Digital Disability)
신뢰성	허위 정보 (Misinformation)	▶▶▶	왜곡된 정보 (Distorted Information)
안전성	정보 재해 (Information Disaster)	▶▶▶	정보 괴물 (Information Monster)

1) 존립성: 인간 소외에서 축출로

카를 마르크스(Karl Marx)는 『1844년 경제 · 철학 수고』에서 소외를 ① 자신을 압도하는 힘을 지닌 낯선 물건인 자신의 노동이 창출한 생산물로부터의 소외, ② 직접적으로 자기 자신에게 적대적이며 자신에게 속하지 않은 자신의 노동 행위로부터의 소외, ③ 자신에게 낯선 존재로 변한다는 유(類)적 존재로부터의 소외, ④ 다른 인간들, 그들 노동에 대한 관계, 그리고 그들 노동의 대상으로부터의 소외라는 네 가지 유형으로 구분한 바 있다(Marx, 1964[1844]). 관념주의 철학자 프리드리히 헤겔(G. W. Friedrich Hegel)이 자기 자신을 외화시키는(entäusserung) 지각 현상으로 제시한 소외를 근대 자본주의 사회에서 발생하는 특징적 현상으로 파악한 마르크스가 자본주의 체제에 대한 비판의 일환으로 제기한 소외론에서 가장 역점을 둔 것은 첫 번째 유형인 노동 생산물로부터의 소외였다. 그러나 첨단 산업기술의 등장으로 인력대체 현상이 가속화하는 근자에는 인간이 기계의 부품이 되어 인간 본질로부터 유리된다는 세 번째 유형의 소외가 보다 절박한 쟁점으로 부각되고 있다. 즉, 자동화나 중계 기능이 강화된 첨단 기술이 속출하면서 블루, 화이트, 핑크, 골든 컬러를 막론한 거의 모든 유형의 근로자들이 일취월장하는 기술의 위력에 대한 무력감으로 소외에 시달리게 된다. “인류가 창안한 기계가 오히려 인류를 지배할 것”이라는 하이데거의 경고가 재현하게 된 것이다(Heidegger, 1993[1949]).

그럼에도 AI가 확산되기 이전까지는 기계가 독자적 사고능력을 갖추지 못한 도구적 존재라는 인식이 지배적이었기에 기술 시대의 인간에 관한 논의는 인간성 상실이라는 소외 테제에 머물 수 있었다. 하지만 상황 인지, 상황 판단, 상황 대처 역능을 겸비한 AI 기술의 발전과 함께 인간 못지않은 지적 역량을 발휘하는 유능한 기계들이 속출하는 최근에 들어서는 개인의 사회적 존립성 문제에 천착해 온 소외론이 “인간이 사회활동 무대에서 사라질 것”이라는 퇴출론으로 외연되고 있다.

이러한 변화는 생활 현장에서 인간의 모습이 사라지는 ‘무인화(unmanning)’ 현상에서 단적으로 포착된다. 코로나 팬데믹 시절에 감염병 확산을 방지하기 위해 디지털 전환(DX)을 적극적으로 추진하는 과정에서 사물인터넷이나 다양한 역할을 수행하는 로봇 같은 비인격적 타자(non-human alter)의 개입이 심화되면서 촉진된 무인화가 실생활에 걸림돌이 되는 사람들의 퇴출을 조장하고 있다(김문조, 2020b). 그뿐만 아니라, 그것은 궁극적으로 대부분 인간을 데이터에 기반한 비인격적 관계망에 귀속시켜 사회를 ‘인간 부재의 세상(no (wo)man's land)’으로 이끌어 간다. 무인판매소, 무인카페, 무인식당으로부터 무인자동차의 실질적 동의어인 자율주행차나 무인항공기 등이 속출하는 최근 정황으로부터 간파할 수 있듯, 무인화 현상은 인간 존립의 근거를 와해시키는 잠재적 파괴력을 내포한 것인 만큼, 개인을 소외의 대상이 아닌 축출의 대상으로 몰아가는 새로운 도전 과제가 신문명 사회에서의 개인의 존재 가치와 연루된 AI 시대의 최대 화두라고 본다.

2) 자율성: 사생활 침해에서 개입으로

자율성 문제는 공적 이익과 사적 이익의 우선순위나 가치평가에 관한 규범적 · 실천적 논쟁을 야기하는 사생활 침해라는 쟁점과 직결된 사안으로, 감시 · 감청 기술의 발달로 사회 전체가 감시체제로 변모한다는 감시사회론에 의해 현대사회를 특징짓는 소재로 부각되어 왔다. 감시사회의 실상은 태어날 때부터 걸음마, 초등학교 입학, 대학 진학, 결혼 등 자신의 모든 삶이 본인만 모른 채 시청자들에게 방영된다는 피터 위어(Peter Weir) 감독의 영화 〈트루먼 쇼〉를 통해 세간에 알려진 바 있지만, 감시 기기나 기구가 직장이나 공공장소는 물론이요 가정, 도로, 차량 등으로 널리 활용되면서 감시가 일상적 삶의 불가결한 요소로 자리 잡아 가고 있다. 따라서 감시받지 않는 삶보다 감시받는 삶이기를 원하는 많은 사람들이 집, 학교, 직장, 거리 등에 CCTV 증설을 강력히 요구하기까지 한다. 그뿐인가. 시간 절약이나 편의성을 위해 개인정보를 통합한 스마트카드를 선호하고, 신상정보는 물론 신용카드의 거래내역을 위시한 각종 활동 기록들이 빅데이터로 병합되면서, 개인의 사생활이 일상생활의 편익과 안위를 위한 감시 활동에 자연스럽게 예속되어 가고 있다.

이런 와중에 감시기술이 소형화 · 경량화 · 저렴화되어 범용성을 더해 가면서, 높은 자리에서 전체를 내려다보는 하향적 감시에 반하는 저변감시체제가 강화되고 있다. 저변감시는 중앙집중적 대형감시체제의 전횡에 맞설 수 있는 역감시체제를 구축할 수 있다고 긍정적으로 평가되기도 했지만, 그 또한 감시사회를 정당화하거나 공고화하는 부가적 요소가 아닐 수 없다. '파놉티콘(panopticon)'형 빅브라더나 '시놉티콘(synopticon)'형 리틀 브라더 모두가 개인 자율성을 약화시키는 사생활 침해의 동반자인 것이다.

이 같은 정황은 치밀한 감시체제하에서 외부 지령에 순응하는 암울한 생활 상태를 묘사한 조지 오웰(George Orwell)의 예견과 부합된 것으로, 개인의 자유나 자율성을 전제로 하는 민주사회의 이상과 배치되는 시대착오적 현상이 아닐 수 없다. 그런데 통상적 전자감시를 넘어 빅데이터를 활용한 조작적 감시를 가능케 하는 기술적 진화는 개인의 자율성을 새로운 방식으로 통제하는 데이터감시(dataveillance) 체제로 인도한다(주보프, 2021[2019]).

빅데이터는 단일 데이터 집합의 크기가 테라바이트에서 페타바이트 단위에 이르러 종전의 자료처리 능력으로 감당하기 힘든 규모에 이르는 경우에 해당하는데, 그것은 자료 증식 속도가 빠를 뿐 아니라 내적 이질성이 높다는 부가적 속성도 지닌다. 그래서 빅데이터는 양(volume), 입출력 속도(velocity) 및 다양성(variety)이라는 '3V'로 특화되고 있다. 따라서 빅데이터는 대용량의 비규격적 자료에 신속히 대처하는 방안을 필요로 하는데 기계 학습 알고리즘을 통해 방대하고 복잡한 자료를 즉각적으로 처리해 줄 수 있는 AI가 바로 그 최적의 수단을 제공한다(Andrejevic and Gates, 2014). 즉, 무한소의 유전자에서 동식물을 포함한 자연이나 사물은 물론 무한대의 우주에 이르는 모든 것들이 데이터화되는 데이터 범람 시대에 빅데이터와 상보관계에 있는 AI가 증식되는 데이터를 자체 프로그램을 통해 병합 · 조정 · 분석 · 판단함으로써 침해를 넘어선 개입을 통한 개인의 자율성 훼손 위험성이 커지게 된다.

3) 공평성: 정보 격차에서 장애로

정보불평등은 공유성, 이전성 및 복제성과 같이 평등화에 기여함 직한 정보의 기본 속성에 위배되는 잠재적 역기능의 하나로서 정보화 시대 초창기부터 문제시되어 왔다. '정보 격차'로 불리기 시작한 정보혁명 1.0 시대의 불평등은 하드웨어 차원인 기기, 소프트웨어 차원인 자료, 휴먼웨어 차원인 사용자에 따라 기회격차, 활용격차 및 수용격차라는 세 가지 유형으로 발현된 바 있다(김문조 · 김종길, 2002). 하지만 AI 시대에 들어서면서 정보불평등은 다음과 같은 형태로 재현되고 있다(김문조, 2020a).

① 운영격차(Operation Divide): AI 시대로 들어서면서 이전보다 더 복잡하고 정교한 정보통신 기구나 장치가 출현하고 있다. 따라서 신종 기기에 내장된 다양한 기능들을 자기의 목적에 맞춰 능란하게 구사할 수 있는 능력을 완비하기가 나날이 어려워지고 있다(하라리, 2018). 즉, 첨단 기구나 장치가 그 분야 전문인이 아니면 기본 원리나 알고리즘을 온전히 파악할 수 없는 암흑상자(black box)로 변모해 사용자의 자율적 운영능력을 제한하는 운영격차를 유발할 수 있다.

② 선정격차(Curation Divide): AI 시대에 들어서면서 디지털 정보 특유의 변환가능성 및 수확체증성이 규모, 다양성 및 속도를 기본 속성으로 하는 빅데이터와 만나고, 이는 결핍보다 과다가 새로운 사회적 골칫거리가 되는 정보폭증(information explosion) 사태를 초래한다. 정보폭증에 대처하기 위해서는 유용한 정보를 선별적으로 가려내어 효용성을 극대화하는 선정작업으로서의 큐레이션이 필수적이다. 큐레이션의 중요성은 유통되는 정보의 양이 가파르게 증가하고 생성 및 활용 주

체들이 인간을 넘어선 만물로 확장하는 AI 시대에 절정에 달할 전망이다.

③ 증강격차(Augmentation Divide): 한스 모라벡(Hans Moravec)이나 레이 커즈와일(Ray Kurzweil) 같은 트랜스휴먼론자들은 인간이 기계와의 융합을 통해 노화, 질병, 죽음, 공간 제약 등과 같은 육체적 한계를 극복하고 포스트휴먼 단계로 향진할 것으로 예고한다. 그러나 인간 의식을 비유기적 기계장치에 업로딩하는 정신적 사이보그화는 인간의 신체를 보다 나은 기계인간으로 대체하는 수준을 넘어서는 가공할 효과를 발휘한다. 뇌-컴퓨터 인터페이스, 감각의 재편을 향한 신경과학의 메타-디자인 혹은 집단적 초지능과의 네트워킹을 통한 사고력 증진과 같은 정신세계에서의 인간과 사물의 접합은 사전에 예상치 못한 뜻밖의 불평등을 생성할 수 있다(보스트롬, 2017[2014]). 이런 식으로 총기가 출중한, 정감이 풍부한, 감각이 탁월한, 영성이 심오한 증강 기능의 접목이 가능해지면 증강의 혜택을 향유하는 부류와 그러한 기회를 누리지 못하는 부류와의 증강격차가 한동안 주류적 담론의 외곽에 머물러 있던 우생학 논쟁을 전면으로 불러들일 전망이다.

4) 신뢰성: 허위 정보에서 왜곡된 정보로

지식정보의 활용이 증대될수록 그에 대한 신뢰성 문제도 커지기 마련이나 AI 시대에는 신뢰성 문제가 검색의 시대에 비해 전폭적으로 확대된다. AI 시스템 자체가 정보 교란 요소를 내포하고 있기 때문이다. 사진이나 동영상과 같은 시각 자료 같은 경우 과거에는 그 진위가 비교적 쉽게 가려졌으나, AI로 정교하게 조작된 이미지를 생성할 수 있게 되면서 진짜에 대한 의혹이 폭증하고 있다. 딥페이크 기술로 진짜와 가짜의 경계가 급속히 와해되고 있는 것이다. 가짜 뉴스도 이미지의 경우와 다를 바 없다. 그뿐 아니라 AI 기술로 사람을 흉내 내는 것도 가능해지고 고객 응대에 챗봇이 활용되면서 온라인에서 대화하는 상대가 실제 사람이 아닐 수도 있다는 의구심이 제기되고 있다. 따라서 우리는 이제 문서 텍스트는 물론이요, 눈이나 귀로 직접 보거나 듣는 것들조차 선선히 믿지 못하는 불신의 늪에 빠져들고 있다.

이때 동반되는 아이러니컬한 현상의 하나가 AI에 대한 믿음이 강화될수록 정보에 대한 불신감이 커지게 된다는 점이다. AI를 기반으로 한 전문가 시스템이나 알고리즘에 대한 의존도가 커질수록 이용자들은 자신의 판단을 보류하고 AI 결과를 맹신함으로써 그릇된 판단을 자초하는 경향이 있다. 의사가 AI 진단 시스템을 과신해 오진하게 되거나 운전자가 자율주행 장치만 믿고 있다가 교통사고를 범하게 된다는 사태들이 대표적 사례라고 하겠다. 더구나 AI 추천 시스템이 우리 생활 곳곳에 스며들어 무엇을 볼지, 먹을지, 누구와 만날지 알려주는 상황은 AI가 제공하는 편리함에 경도된 인간이 자신의 고유한 사고 역능을 스스로 위축시킴으로써 불신을 증폭시키는 역설적 현상을 야기한다.

그러나 AI에 의한 정보 교란은 그것이 단순히 잘못된 정보를 제공하는 수준을 넘어 개발자나 사용자들이 자신에게 유리한 방향으로 정보를 가공하거나 조작하는 행위 혹은 자동화된 연산처리 절차를 이용한 필터 버블(Filter Bubble), 에코 챔버(echo chamber), 추천 알고리즘, 혹은 잘못된 결과에 대한 자신의 책임을 경감하기 위해 설정한 자동화 편향(automation bias) 등을 통한 왜곡된 정보에서 보다 특징적으로 드러난다(Pariser, 2011; Sunstein, 2001; Hoffman, 2024). 옳고 그름보다 사태를 왜곡하는 편파적 정보 생성이 AI 시대의 사회적 신뢰성을 약화시키는 치명적 요소인 것이다.

5) 안전성: 정보 재해에서 괴물로

농업 중심의 전통사회에서는 인류의 생존에 대한 최대의 위협이 기상이변이나 역병과 같은 자연재해였다. 그러나 재해는 인류사회의 발전과 함께 진화하여, 산업혁명 이후 생산력 증대를 위해 기술과 산업의 연관성이 강화되면서 재해의 주축이 산업재해로 바뀌게 되었다. 반면, 기술발전이 가속화하면서 방사능 유출사고, 핵전쟁, 광우병, 생태 위기 등과 같은 다양한 기술재해가 부각되고 있다. 따라서 고도 기술시대를 살아가는 현대인은 결코 이전보다 안전한 삶을 살아가고 있다고 장담할 수 없게 되었다.

기술재해 담론이 구체화된 것은 1950년대 초부터이다. 1950년대 초반 미국 원전 설비에서 발생한 사건과 1957년 영국 컴브리아(Cumbria) 지방의 윈드스케일(Windscale) 원전 사고 등은 기술 활용으로 인한 위험에 대한 과학 연구의 필요성을 제기한 단초였다(Strydom, 2002). 첨단 기술시대로 들어서면서 기술위험이 대형화하여 기술개발 전략의 목표나 방법에 대한 보다 철저한 재고를 요할 뿐 아니라 향후의 사회발전 방향에 대한 발상적 대전환을 요구했다. 이에 대한 호응으로 울리히 벡(Ulrich Beck)은 『위험사회』(*Risk Society: Toward a New Modernity*)라는 기념비적 저서에서 고도기술사회로 들어서면서 위험이 일시적 · 국지적 · 비구조적 형태에서 장기적 · 전면적 · 구조적 형태로 확대 재생산된다는 견해를 피력한 바 있다(Beck, 1992[1986]).

정보통신기술과 관련해서는 Y2K와 같은 작동장치의 오류는 물론이요, 비윤리적 혹은 불법적 정보유출로 인한 부작용이 '정보재해(information disaster)'라는 이름으로 우리 일상을 마비시키는 치명적 위협 요소로 주목받아 왔다. 그런데 우발적이든 인위적이든 정보혁명 1.0 시대에 돌출한 정보 재해는 그 원인을 오작동을 유발하는 장비나 사용자에게 전가해야 할 결과적 현상이었다. 하지만 기술발달이 도구적 기술에서 실행적 기술로, 단순반복적 실행에서 자기규제적 실행으로, 자기규제적 행위에서 자기구상적 행위로 이어지는 AI 문명 시대에는 사회마저 인간주도적 상태에서 만물주도적 상태로 바뀜으로써, 기술체계가 위험의 인프라를 넘어 위험 주관자로서의 '정보 괴물(information ghost)'로 발돋움하게 된다. 괴물의 책임 소재에 관해서는 앞으로 다각적 논의가 이루어져야 하겠지만, 적어도 AI 기술이 허위정보의 생성자로 대두하는 한 그것은 재해의 처소가 아니라 재해를 유발하는 프랑켄슈타인 같은 위험의 주체로 간주되어 마땅하다.

AI의 위협 중 가장 현실적이고 우려스러운 것은 무엇일까? 인공지능 학습의 근간인 딥러닝 개념을 처음으로 고안해 'AI 대부'로 불리는 2024년도 노벨 물리학상 공동수상자 제프리 힌튼은 AI의 위험성을 적극적으로 알리고자 구글에 사표를 제출하면서 AI 킬러로봇을 핵보다 더 무서운 존재라고 지적한 바 있다. 또 제프리 힌튼, 앤드류 응(Andrew Ng), 얀 르쿤(Yann LeCun)과 함께 'AI 4대 천왕'으로 불리는 요슈아 벤지오(Yoshua Bengio) 역시 "오늘날 AI의 가장 근본적 문제는 나를 비롯한 그 누구도 AI가 어떻게 작동하는지 정확히 알지 못한다."는 점이라면서 AI의 괴물화를 크게 우려하고 있는데(김상범, 2024; 오로라, 2024), 이들 모두가 AI 개발의 선도자라는 점에서 문제의 심각성을 능히 짐작할 수 있다.

■ 참고문헌

김남옥. 2016. 『마누엘 카스텔』. 커뮤니케이션북스.

김문조. 2017. “제4차 산업혁명의 함의와 전망.” 『과학과 기술』 575: 2-3.

______. 2019. 『기술과 사회의 공진화: 정보사회의 행로와 전망』. NIA연구보고서 미래2030, 제2권. 한국정보화진흥원.

______. 2020a. “AI 시대의 디지털 격차.” 『지역사회학』 21(1): 59-88.

______. 2020b. “포스트 코로나 시대, 사회적 전망과 과제.” 『학술원논문집』 59(2): 295-334.

______. 2023. “지능정보화와 새로운 문명 시대의 도래.” 『사회사상과 문화』 26(2): 55-91.

김문조 · 김종길. 2002. “정보격차(Digital Divide)의 이론적 · 정책적 재고.” 『한국사회학』 36(4): 123-155.

김상범. 2024. “노벨물리학상 받은 제프리 힌튼 ‘AI 가중치, 핵분열 물질과도 같아’ 경고.”(경향신문. 2024.10.30.).

마르크스, 카를. 2005[1867]. 『자본론 I』. 김수행 옮김. 비봉출판사.

벨, 다니엘. 2006[1973]. 『탈산업사회의 도래』. 김원동 · 박형신 옮김. 아카넷.

보스트롬, 닉. 2017[2014]. 『수퍼인텔리전스: 경로, 위험, 전략』. 조성진 옮김. 까치.

브레이버만, 해리. 1989[1974]. 『노동과 독점자본』. 이한주 · 강남훈 옮김. 까치.

브린욜프슨, 에릭 · 앤드루 맥아피. 2014[2014]. 『제2의 기계 시대: 인간과 기계의 공생이 시작된다』. 이한음 옮김. 청림출판.

오로라. 2024. “‘나도 의심한다 고로 존재한다’ 생각하는 AI 출현: 세계적 AI 석학 요슈아 벤지오 교수 인터뷰.” (조선일보. 2024.01.01.).

임백준. 2024. 『AI 트루스』. 한빛미디어.

주보프, 쇼샤나. 2021[2019]. 『감시 자본주의 시대: 권력의 새로운 개척지에서 벌어지는 인류의 미래를 위한 투쟁』. 김보영 옮김. 문학사상.

하라리, 유발. 2018[2018]. 『21세기를 위한 21가지 제언』. 전병근 옮김. 김영사.

Andrejevic, M. and K. Gates. 2014. "Big Data Surveillance: Introduction." *Surveillance & Society* 12(2): 185–196.

Beck, U. 1992[1986]. *Risk Society: Towards a New Modernity*. Sage.

Castells, M. 1996. *The Rise of the Network Society. The Information Age: Economy, Society and Culture*. Vol. I. Blackwell.

______. 1997. *The Power of Identity, The Information Age: Economy, Society and Culture*. Vol. II. Blackwell.

______. 1998. *End of Millennium, The Information Age: Economy, Society and Culture*. Vol. III. Blackwell.

The Editors of Time-Life Books. 1990[1986]. 『컴퓨터의 세계: 인공지능』. 한국일보 타임-라이프 편집부 옮김. 한국일보 타임-라이프.

Heidegger, M. 1993[1949]. "The Question Concerning Technology." In D. Krell(ed.). *Heidegger, Martin, Basic Writings*. 2nd ed. Harper Collins.

Hoffman, B. 2024. "Automation Bias: What It Is and How to Overcome It." *Forbes*(2024.03.10.).

Levitt, G. M. 2000. *The Turk, Chess Automaton*. McFarland Publishing.

Marx, K. 1964[1844]. *Economic and Philosophic Manuscripts of 1844*. Trans. by M. Milligan. Progress.

Pariser, E. 2011. *The Filter Bubble: What the Internet Is Hiding from You*. Penguin Press.

Schwab, K. 2016. *The Fourth Industrial Revolution*. World Economic Forum.

Sheikh, H., C. Prins, and E. Schrijvers. 2023[2021]. *Mission AI: The New System Technology*. Springer(Open Access).

Strydom, P. 2002. *Risk, Environment and Society: Ongoing Debates, Current Issues and Future Prospects*. Open University Press.

Sunstein, C. 2001. *Echo Chambers: Bush V. Gore, Impreachment, and Beyond*. Princeton University Press.

Thompson, P. and D. O'Doherty. 2009. "Perspectives in Labor Process Theory." In M. Alvesson, T. Bridgman, and H. Willmott(eds.). *The Oxford Handbook of Critical Management Studies*. Oxford University Press: 99–122.

Toffler, A. 1980. *The Third Wave*. Bantam Books.

Turck, J. 1921. *Origin of Modern Calculating Machines: A Chronicle of the Evolution of the Principles that Form the Generic Make Up of the Modern Calculating Machine*. University of Michigan Library.

Turing, A. M. 1950. "Computing Machinery and Intelligence." *Mind* 49: 433–460.

Wang, J. 2017. "Symbolism vs. Connectionism: A Closing Gap in Artificial Intelligence." In Jieshu's Blog. Living in the Multiverse.

제3장

문명 대전환의 경과와 향방

1. 기술과 사회의 동학
2. 대안적 관점으로서의 기술사회론
3. 소통혁명: 문명 대전환의 기술사회론적 버전
4. 소통혁명의 사회적 파장
5. 3대 메가트렌드의 정향

Designed by Freepik

1. 기술과 사회의 동학

1) 사회변동 요소로서의 기술

사회변동 연구가들은 자연 조건, 인구, 천재지변, 사상 등과 더불어 기술을 추동 요인의 하나로 꼽아 왔다. 하지만 기술이 사회변동의 핵심 동인으로 각인된 것은 그것이 과학지식과 맞물려 과학기술로 혼융된 근대 이후부터이다. 그 이전까지 기술은 시행착오를 통해 습득되는 '기예(techne)'로 경시되어 왔다.

근대라고는 하지만, 과학과 기술이 분리 상태를 벗어나 통합체를 이루며 사회변동에 적극적 영향력을 가하게 된 시점에 관해서는 과학기술 연구가들 사이에 견해가 엇갈린다. 이견은 산업혁명에 대한 과학계의 역할에 대한 인식에서 역력히 드러난다. 17세기 과학혁명을 산업혁명의 산파역으로 간주하는 학자들은 산업혁명이 발흥한 18세기를 과학과 기술이 합류한 시기로 간주하는 반면, 산업혁명(Industrial Revolution)을 전래적 기술의 혁신에 불과하다고 보는 학자들은 독일을 위시한 구미권에서 화학공업이나 전기공업과 같은 기술 분야에 유기화학이나 전자기학 등의 과학지식이 체계적으로 응용되기 시작한 19세기 중엽의 과학기술혁명(Scientific Technological Revolution: STR)을 과학-기술 융합이 달성된 시기라고 주장한다(김문조, 1999).

그러나 상기 두 가지 견해 중 어느 입장을 취하든, 서구 근대사회에서 과학과 기술이 서로 관계를 밀착시키면서 사회적 영향력을 신장시켜 왔다는 점은 의문의 여지가 없다. 향후 양자가 분리 불가능한 형태로 결합되어 과학기술의 영향력이 배가하게 되면서 기술발전이 사회변동의 주역이라고 생각하는 기술결정론적 사고가 성행하게 된다.

2) 기술결정론

기술의 사회변동론적 역량에 주시해 모든 사회변화를 기술발전과 관련지어 설명하고자 한 기술결정론의 기원을 논할 때 "풍차는 봉건영주의 지배를 낳았고 증기기관은 자본주의 지배를 가져왔다."고 말한 카를 마르크스(Marx, 2021[1847])의 언명을 거론하는 경우가 많다. 마르크스는 동물적 생존상태를 갓 벗어난 원시공동사회에서 사람들은 채취, 수렵, 어로와 같은 생산활동에 종사하는데, 이때 인류는 생존을 위해 서로 협동했다고 말한다. 비록 생산수단의 수준이 높지는 않아도 그것은 집단에 의해 공유되었고, 생산활동에서 얻어진 소득은 집단의 생존을 위해 나눌 수밖에 없었으며, 잉여생산물이 상대적으로 적어 착취가 성행하지 않았으리라 여겼던 까닭이다(Marx, 2021[1847]). 그러나 생산활동에 개량된 용구나 기술이 도입되면서 생산력과 생산관계 간에 모순이 발생하며, 이런 모순을 해결하기 위해 사회가 변증법적으로 발전하게 된다는 것이다(Marx and Engels, 1964[1848]). 이 같은 생산력주의적 해석에 관해서는 마르크스주의 비판자들은 물론이고 마르크스주의 진영에서도 비판이 제기되어 왔다. 그중에서도 특히 생산력보다 생산관계의 중요성을 강조한 정통 마르크스주의자들은 생산력의 일부인 기술의 사회적 구성성을 강조하면서, 기술이 생산의 사회적 관계인 계급구조의 소산임을 역설한다(Bottomore *et al.*, 1983 참조).

그러나 해석적 차이야 어떻든, 마르크스의 기술론이 부각된 시점부터 기술의 사회적 영향력이 크게 인식되어 기술에 전폭적 역능을 부여하는 기술결정론이 사회변동을 설명하는 유력한 이론으로 자리잡게 된다. 기술결정론을 대표하는 인물로는 소스타인 베블런(Thorstein Veblen)이나 윌리엄 오그번(William F. Ogburn)이 꼽히곤 한다. 베블런은 기계문명이 인간생활에 널리 적용되기 시작한 근세 이후부터 기술이 사회질서의 결정 요인으로 작용하게 되었다고 보고, 마르크스와 마찬가지로 경제행위를 매개로 한 기술의 사회적 영향에 주목했다. 그러나 생산활동을 중심으로 한 계급 구조나 의식의 분화에 천착하고자 했던 마르크스와 달리 베블런은 소비생활과 관련된 인간의 사고나 행위에 대한 기술의 영향에 큰 관심을 보였다. 오그번 역시 기술발전이 사회변동을 주도한다고 믿는다는 점에서 베블런과 입장을 같이했으나, 그는 기술을 문화의 일부로 간주하면서 기술과 여타 문화 요소들과의 접변 과정에 준거해 사회변동을 이해하고자 했다(Veblen, 1899; Ogburn, 1922).

그러나 기술결정론자들 사이에서 드러나는 이 같은 견해차를 떠나 기술결정론들이 공유하는 주장들을 섭렵해 보면, 다음 세 가지 논제로 응축할 수 있다. 첫째는 기술발달이 사회변동의 원인 내지는 선행변인이라는 인과론적 인식이고, 둘째는 기술발전에 비례해 사회도 야만적 상태에서 문명적 상태로 진전한다는 향진적 발전관이요, 셋째는 기술발달에 의한 사회변동으로 집단 간, 지역 간 또는 국가 간 격차가 축소된다는 수렴 명제(convergence theme)이다(김문조, 1999).

3) 기술결정론에 대한 반박

한동안 맹위를 떨쳐 온 기술결정론은 여러 측면에서 혹독히 비판받아 왔다. 첫 번째 비판은 기술변화의 선행성에 대한 것이다. 이 점은 주로 관념적 요인에 의한 사회변동론을 주장하는 학자들에 의해 지적되어 온 것으로, 시대정신을 이야기한 프리디리히 헤겔(G. W.

Friedrich Hegel), 프로테스탄트 윤리를 말한 막스 베버(Max Weber) 혹은 사상의 힘을 강조한 앨프리드 화이트헤드(Alfred N. Whitehead) 등은 기술변화를 사회변동을 유발하는 원인으로서가 아니라 오히려 정신적 요인에 의해 구속받는 결과로 인식하고자 했다. 기술발달과 사회변동의 선후성 문제는 사실상 사회변동 사태를 바라보는 관점 차이에 기인한 것이어서 원천적 해명이 불가능할뿐더러, 기술이라는 것에 정신적인 요소도 내포하고 있는 만큼 그에 대한 결론을 추구하는 것이 무망한 일인지 모른다. 오히려 기술체계와 사회체계는 인과적으로 연관되어 있다기보다 서로가 서로에게 영향을 미치는 상호성을 인정하는 것이 타당한 견해라고 본다. 이 같은 입장은 기술혁신의 환원효과를 이야기하고 있는 게르하르트 렌스키(Gerhard Lenski) 같은 사회변동론자의 논지와 부합되는 것이기도 하다. 따라서 기술의 선행성을 전제로 하는 기술결정론의 주장과 그에 대한 비판을 종합하면, 기술은 사회변동을 이끄는 원인으로만 작용하는 것이 아니라 때로는 사회체계의 다른 요인들에 의해 영향을 받아가며 변동을 이끌어 가는 공변적 요소의 하나로 인식함이 타당하다고 본다(Lenski and Lenski, 1974).

기술결정론에 관한 두 번째 비판은 향진적 사회발전관에 관한 것이다. 완만한 진보를 내세웠던 진화론은 그간 성쇠이론(rise and fall theory)이나 순환이론(cycle theory) 등에 의하여 거듭 도전을 받아 왔다. 그러나 누적성을 바탕으로 하는 과학기술이 사회변동의 주역으로 등장하면서부터 향진적 발전 모형이 사회변동 이론의 중심권에 진입하게 된다. 기술발전론은 원래 "아는 것이 힘이다."라고 한 프랜시스 베이컨(Francis Bacon)의 사상에서 기원한 것으로서 이 같은 관념은 오늘날 기술 진보가 돌출하는 사회문제를 해결할 수 있는 가장 믿을 만한 수단임을 강조하는 기술 신봉가들에게로 승계되어 왔다

(Gendron, 1977). 그러나 지속적 기술 향상에도 불구하고 전쟁이나 감염병 같이 간단없이 출몰하는 문제들, 나아가 환경오염, 에너지 위기, 기후 변화와 같이 고도기술 시대에 엄습하는 신종 과제들로 인해 기술결정론적 사회발진관은 직잖이 도전받아 왔다. 따라서 기술결정론적 사회발전관에 대한 일련의 논쟁에서 추출할 수 있는 결론은 다음과 같다. 기술 자체가 누적적 · 가속적으로 발전함은 인정한다 할지라도 기술 발달에 의한 사회변동은 향진적 경로를 취하는 것이 아니라는 점이다.

기술결정론에 대한 세 번째 비판은 수렴 논제에 관한 것이다. 이른바 서구 근대화론자들은 기술발달을 통한 사회변동이 진행되어 온 지역이나 국가들은 원래의 사회문화적 전통이나 특성에 관계없이 높은 생산력과 생활수준을 달성하게 되며, 그로 인해 경제적 자립성이 증진되면서 사회 구성원들의 정치적 권한도 신장하는 근대산업사회라는 동질적 상태로 수렴한다는 주장을 펼쳐왔다(Kerr *et al.*, 1962). 하지만 수렴론 비판자들은 근대화를 이미 달성한 선진산업국들에 눈을 돌려 그들이 각기 상이한 경로로 근대화를 이룩하였다는 사실을 상기시킨다든가 혹은 국가 간에 엄존하는 뚜렷한 문화적 또는 사회구조적 차이가 동질적 결과로 이어지지 않음을 지적함으로써 수렴론을 공박해 왔다(Arrighi, 1993). 그뿐 아니라 제3세계의 사회발전 과정을 탐구한 학자들 간에도 종속(dependency)이나 세계체제(world system)와 같은 논점을 중심으로 한 이견이 지속적으로 제기되고 있다(Meyer, Boli-Bennett, and Chase-Dunn, 1975).

2. 대안적 관점으로서의 기술사회론

기술결정론에 대한 대안적 관점을 대표하는 것은 1960년대에 발원한 과학기술사회론(Science and Technology Studies 혹은 Science, Technology and Society: STS)에서 파생한 기술사회론(Social Study of Technology: SST)이다(Cutcliffe and Mitcham, 2001)이다. 기술사회론은 과학지식보다 기술과 사회의 상호 접변에 역점을 둔 것으로, 그 사변적 기원은 루이스 멈포드(Lewis Mumford)의 저작 『기술과 문명』(*Technics and Civilization*)으로 소급할 수 있다(멈포드, 2013[1934]).

당시 멈포드가 주시한 것은 근대 기술의 사회적 부작용 문제였다. 기술의 역사를 문명사적 관점에서 바라보고자 한 그는 기술의 발전과 혁신을 사회체계의 변화, 특히 자본주의가 발흥한 근대사회의 변모와의 관련성하에서 고찰한 후, 근대 기술은 인류의 복지와 무관한 이윤 동기나 효율성 논리로 진전되어 왔다고 주장했다. 기술발전에 대한 이러한 통찰은 선구적 혜안으로 평가되어 후속 연구자들에게 지대한 영향을 끼쳤는데, 그 일차적 결실이 과학기술의 동학을 그들이 속한 사회체계의 맥락하에서 이해하자는 목적으로 출범한 과학기술사회론이다(Cutcliffe, 2000).

과학기술사회론이 출현한 시기에 그에 직간접적으로 기여한 저작이 1962년에 출간된 토마스 쿤(Thomas Kuhn)의 『과학혁명의 구조』(*The Structure of Scientific Revolutions*)였다. 거기서는 과학지식의 전통적인 '객관성' 관념에 대한 비판, 즉 과학 활동의 가치의존적이고 상황적인 성격이 강조된다. 그러한 논지에 부응해 과학지식도 여타 삶의 지식과 마찬가지로 사회적 환경이나 여건의 산물이라는 과학지식

사회학(sociology of scientific knowledge)이 성장하게 되는데(Pinch and Bijker, 1984), 스티브 울거(Steve Woolgar)가 주도한 기술사회론은 STS나 과학기술사회학과 기본 정신은 공유하되 기술적 측면에 초점을 맞춘 기술적 선회(turn to technology)의 소산으로 풀이할 수 있다(Woolgar, 1991).

기술사회론의 주된 관심은 기술을 복합적인 사회적 구성물, 즉, 사회적 영향력을 수반하여 인식론적 · 정치적 · 윤리적 문제 등을 불러일으키는 구성물로 설명하자는 것이다. 기술사회론은 기술발전을 문화적 · 정치적 · 경제적 영역을 지배하는 사회적 가치들에 의해 형성된 특정한 역사적 맥락 속에서 발생하는 가치의존적 과정으로 간주한다. 이러한 인식은 기술적 산물의 물리적 실재에 의해 부과되는 제약들을 부정하는 것이 아니라, 자연과 사물에 대한 인간의 지식과 이해가 사회적으로 매개된 과정임을 함의한다.

따라서 기술사회론은 새로운 기술에 대한 광적 수용이나 무조건적인 거부 모두를 배격하는 대신, 대책 없는 낙관론과 허무적 비관론이라는 양 축 사이에서 냉철한 분석과 신중한 적용의 노선을 견지하고자 한다. 우리는 일상생활의 편익이나 혜택에 대한 기여와 관련해 일단 기술에 크게 감사해야 하는 시대에 살고 있다. 하지만 우리는 그러한 궤적에 거의 필연적으로 뒤따르는 부정적 영향력들에 경계심도 늦추지 않아야 한다. 오늘날 인류사회는 사람의 생각을 읽는 브레인 GPT나 인간게놈프로젝트 등 우리의 삶을 유토피아 혹은 디스토피아로 향도할 것으로 전망되는 각종 기술개발에 따른 기대와 위기의 딜레마에 놓여 있다. 이런 상황에서 기술사회론은 '기술발전을 통해 보다 나은 삶'이 주어질 것이라는 낙관적 입장과 기술에 대한 공포나 혐오를 주축으로 한 거부적 입장을 균형적으로 고려함으로써 급성장하는 기술과 그 사회적 파급 효과에 대한 이해를 높이는 데 기여하리라 기대된다.

3. 소통혁명: 문명 대전환의 기술사회론적 버전

정보화 과정에는 정보통신기술의 역할이 주도적이었던 만큼, 정보사회의 성격이나 동학을 이해하는 데 있어 기술결정론과 같은 기술주의적 설명이 위력을 발할 것임이 분명하다. 그럼에도 필요조건과 충분조건은 변별되어야 하는바, 기술의 영향력이 아무리 지대하다 해도 문명 대전환이라는 사회체계의 전면적 변화는 기술결정론이라는 일방적 관점보다 기술과 사회의 상호작용을 전제로 한 기술사회적 동학으로 온전히 규명될 수 있다고 본다. 정보화 시대를 놓고 볼 때, 사회 각처를 거미줄처럼 이어주는 사회체제를 생성한 것이 정보혁명이지만 그것은 언제 어디서나 실시간으로 교신할 수 있는 소통 기회가 만인에게 주어지는 소통질서의 일대 변혁으로 귀결되고 있으니, 신문명 시대로의 기술사회적 전기는 소통혁명이라 해도 과언이 아니다.

1) 소통혁명의 시대

기술체계나 사회체계 어느 한쪽에 일방적 비중을 두는 대신 양자의 교호적 효과에 역점을 두는 기술사회론의 관점으로 최근의 사회현실을 응시할 때, 가장 결정적 계기로 적시할 수 있는 것이 '소통혁명(communication revolution)'으로 지칭되는 소통질서의 지각적 변화이다. 서구 지성사를 중심으로 인류 역사를 되짚어 볼 때, 인류사의 전개 과정에서 주도적 역할을 담당해 온 지식체계는 지구학에서 신학 및 인간학을 거쳐 기술학으로 교체되어 왔다. 그러나 첨단 정보통신 기술을 기반으로 한 뉴미디어 시대의 소통혁명을 계기로 사람과 사람, 사람과 소식, 사람과 자연, 혹은 사람과 사물 간의 소통이 촉진되면서 탈경계적 소통을 통한 융합 지식이 사회체계의 향방을 좌우하는 새로운 문명 시대가 개화하고 있다([그림 3-1] 참조).

그림 3-1 | 주류적 지식의 계기별 · 시기별 동향

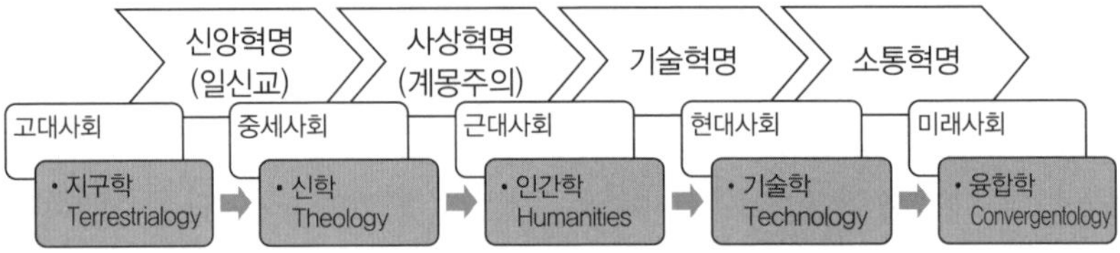

소통 기능의 확장에는 뉴미디어가 결정적 역할을 수행해 왔다. 매스미디어가 출현하기 전까지는 삶의 이야기가 담긴 메시지가 현실의 표상이요, 미디어는 메시지 전달 수단이라는 견해가 지배적이었다. 그러나 많은 사람들에게 다양한 소식을 신속히 전달하는 매스미디어의 등장과 함께 미디어에 대한 관념이 뒤바뀌게 된다. 도구적 차원을 넘어선 새로운 미디어관(觀)이 대두한 것이다. 이는 "미디어는 메시지(Medium is the message)"라는 마셜 맥루언(Marshall McLuhan)의 언명에서 여실히 드러난다(맥루언, 2019[1964]). 추후 닐 포스트먼(Neil Postmam)은 시계는 시간을 알리는 수준을 넘어 세상을 바라보는 방식에 관한 메타포로 작용한다는 멈포드의 발언을 원용해, "미디어는 우리의 사고방식을 좌우하는 메타포"라고 논급한 바 있는데(포스트먼, 2009[1992]), 이는 소통 매체로서의 미디어를 메시지라는 콘텐츠와 동격화한 맥루언의 주장보다 한결 강한 표현이 아닐 수 없다. 더구나 디지털 기술을 기반으로 한 뉴미디어 시대로 접어들면서 미디어는 현실을 표상하는 단계를 넘어 특정 단면을 부각하거나 재편하는 구성적 역량을 키워 나가고 있다.

인류 역사를 총체적으로 회고해 보면, 매체의 발전을 중심으로 한 미디어 세계의 변화와 소통양식의 관계는 [그림 3-2]와 같이 도식화할 수 있다.

그림 3-2 | 미디어 세계와 소통양식의 관계도식

그런데 디지털 기술이 문자적 지식뿐 아니라 청각적 · 시각적 지식들을 포괄해 가는 요즘 인간의 감각은 세계 도처를 이어주는 초고속통신망을 통해 타자와 긴밀히 공유되어 가고 있다. 종전의 면 대 면 커뮤니케이션과 질적으로 다른 컴퓨터매개 커뮤니케이션(Computer-Mediated Communication: CMC)이라는 새로운 소통 양식이 보편화하고 있는데, 이는 새로운 미디어가 이전 미디어를 밀어내는 교체 이상의 것을 의미한다. 미디어학자 로저 피들러(Roger Fidler)는 뉴미디어가 등장한다고 그에 상응한 새로운 소통질서가 순조롭게 출범하는 것이 아님을 역설한 바 있다. 미디어 변형을 추동하는 것은 다양한 사회문화적 요인들이 연루된 복잡한 과정으로, 뉴미디어는 올드미디어의 붕괴 대신 복합석 상호작용을 통해 누진적이고 누적적인 발전을 도모하고 있다는 것이다(Fidler, 1997). 즉, 앞서 제시한 [그림 3-2]의 미디어와 소통양식의 관계도식이 한 단계에서 다음 단계로 단선적으로 이행하는 것이 아니라 올드미디어와 뉴미디어가 서로 조우하고 접변하면서 정보 전달 경로를 다변화 · 다중화하고, 송신자와 수신자의 위상과 역할을 동등화 · 동질화하며, 궁극에는 매체로서의 미디어가 메시지를 포섭하는 단계로 이어짐으로써 소통체계의 전면적 변혁이 초래된다는 점을 시사한다.

2) 소통혁명의 진전 과정

(1) 구동단계(驅動段階)로의 인터넷 시대

문자적으로는 특정 시점 이전에 존재하지 않던 모든 새로운 미디어를 뉴미디어의 범주에 귀속시킬 수 있다. 예컨대 인쇄물이나 무전기 같은 것들도 등장 시점에는 뉴미디어로 꼽혔음직하다. 하지만 "아날로그 형식의 전통적 전달 매체에 정보통신기술을 기반으로 한 다양한 기능들이 접합되어 만들어진 새로운 양식의 매체"라는 미디어학계의 통설을 수용한다면, 뉴미디어의 시원은 컴퓨터의 등장 시기로 소급할 수 있는데(Rice *et al*., 1984), 여기에 기술 활용에 의한 소통양식이나 생활양식의 변화까지 감안한다면 그 실질적 기점은 인터넷이 확산되기 시작한 1990년대 초까지 올려 잡을 수 있다.

우선 '네트워크의 네트워크'라는 인터넷이 보급됨으로써 전산화

(computerization)를 특징으로 하던 초창기 정보사회가 통신혁명을 동반한 새로운 단계로 이행한다. 이러한 전환은 모든 형태의 정보나 자료를 0과 1의 이원적 분류체계에 준거해 입력, 전환, 처리, 출력하는 독특한 기능을 수행하는 디지털 기술 없이는 불가한 일이었다. 문자나 소리를 위시한 여러 정보를 디지털 형태로 전환해 수용 · 관리 · 송출하는 디지털 기술의 특성, 나아가 무한 복제를 가능케 하는 디지털 기술 특유의 효능은 인터넷 본연의 연계 기능과 더불어 생활방식의 일대 혁신을 추동했다. 그 결과, 거미줄처럼 퍼져 가는 인터넷 통신망을 통해 시공간 한계를 넘어선 불특정 다수와 무제한으로 교신할 수 있는 소통 시대가 열리게 되었다.

인터넷이 본격화하기 이전인 1980년대까지는 비동시성이나 분산성 같은 것들이 뉴미디어를 특징짓는 속성으로 알려졌다. 그러나 인터넷의 확산과 더불어 다음과 같은 속성들이 올드미디어와 뉴미디어를 변별하는 결정적 요소로 부각되어 왔다(김문조 · 유승호 · 정의준, 2013).

① 접속성(Connectivity): 뉴미디어의 등장으로 사람들이 물리적 접촉 없이도 원하는 상대와 쉽고 빠르게 접속할 수 있게 되었다. 물론 방송(broadcasting) 형태로 대중에게 신속하며 광범위하게 메시지를 전달하는 매스미디어 시대에도 비접촉적 소통이 가능했지만, 그것은 공급자 중심의 일방적인 것이었다. 반면 1:다(多), 1:1, 다(多):1 및 다(多):다(多)에 이르는 모든 형태의 소통을 가능케 하는 뉴미디어는 양방향적인 접속을 보장한다는 점에서 지난날의 올드미디어와 현격히 구별된다.

② 다중성(Multiplicity): 다양한 기능 및 콘텐츠를 복합적으로 수행할 수 있는 뉴미디어의 다중적 속성은 정보의 압축 · 분할 · 편집을 가능케 하는 디지털 기술력에 의해 구현 가능하다. 다

양한 기능들을 압축적으로 장착할 수 있는 뉴미디어는 휴대성도 강화해 왔다. 통화 기능은 물론 촬영, 게임, 인터넷 브라우징 기능 등을 동시적으로 행사할 수 있는 스마트폰은 다중적 소통 용구의 전형에 속하기도 한다. 여러 개의 창을 통한 멀티태스킹은 다중적 교신 효과를 입증하는 방증인 것이다.

③ 시공간 변환성(Time-Space Transformation): 사회학자 앤서니 기든스(Anthony Giddens)나 데이비드 하비(David Harvey)가 예고한 정보통신기술에 의한 시간적 · 공간적 축소 현상이 뉴미디어 기반 상호작용의 확산과 더불어 본격화되었다(Giddens, 1984; 하비, 1994[1990]). 하지만 줄이거나 좁힐 뿐 아니라 임의적 수정이나 접합을 가능케 하는 인터넷 미디어의 전환적 기능은 시공간 차원을 넘어 의식주와 같은 기초생활 영역에서는 물론이요, 관념이나 욕구와 같은 의식세계로까지 파급되어 소통을 다방면으로 진작시키고 있다(Rozbicki, 2015).

(2) 도약단계(跳躍段階)로의 스마트 시대

인터넷은 월드 와이드 웹(world wide web), 문자 · 영상 · 음성 등 다양한 정보를 거미줄 같이 촘촘한 통신망으로 세계 각지에 전송시켜 주는 웹을 기반으로 한다. 그런데 프로그램 공급의 편리성, 보안성, 안전성을 증진하기 위해 스토어에서 제공되는 앱을 연동시킨 스마트폰이 등장하면서 정보전달 기능이 현저히 강화되어 소통체계가 또 한 단계 도약하게 된다. 종전에는 단말기와 서버에서 정보를 검색해 수동적으로 정보를 제공받았으나, 앱을 통해 사용자가 그것을 임의적으로 추가하거나 조정함으로써 정보 획득이나 처리에 능동적으로 임할 수 있게 되었기 때문이다.

이러한 앱 기능이 통신기기에 접목되어 스마트TV나 스마트패드와 같은 제품이 속출하고, 스마트 원리가 근로, 교육, 의료, 가사, 금융, 복지, 관광, 행정, 전쟁과 같은 부문까지 널리 파급됨으로써 스마트 워크, 스마트 학습, 스마트 진료, 스마트 홈, 스마트 뱅킹, 스마트 복지, 스마트 관광, 스마트 정부, 스마트 인증 등이 어디서든 실시간으로 이루어지게 되었다. 하지만 스마트 시대에 보다 주목해야 할 사항은 그것이 통상적 컴퓨터매개 상호작용을 넘어서는 SNS라는 초개방적 의사소통을 확산시킴으로써 소통을 일상적 삶을 정의하는 수준으로 부각시켰다는 점이다.

소통의 중요성은 정보혁명 이전부터 존속해 왔다. 그러나 고정된 처소를 넘어선 이동 공간에 이르기까지 다양한 소통 기회가 늘어남으로써 언제 어디서 누구와도 자유롭게 교신할 수 있는 편재적 소통(ubiquitous communication)의 꿈이 스마트 시대에 실현되기에 이르렀다. 물론 그 이면에 예상치 않은 여러 부작용들이 감지되기도 한다. 접속의 밀도가 날로 배가되는 초연결 시대에 감당하기 힘든 엄청난 정보량에 직면해 SNS 사용자들은 자신의 감흥을 즉각적으로 실어 나를 수 있는 간결한 언술을 선호한다. 즉, 게시판이나 블로그 같은 것에 의존한 이전의 대화 방식이 문장의 전후 맥락이나 논리성을 고려한 담론(discourse) 형태였다면, 트위터나 페이스북과 같은 SNS에서는 이성보다 감성, 객관보다 주관, 사실보다 느낌을 앞세운 입말(talk)에 가까운 '말글'이 성행한다.

새로운 변화는 언어 생활에 국한된 것이 아니다. 스마트 사회는 생활 전면에서 영리하고 민첩한 영민성(agility)을 요구한다. 영민성은 불확정성이 가중되는 혼돈의 시대이자 혼돈 극복을 위한 혁신이 강조되는 변혁의 시대에 각별히 요청되는 행동양식으로, 그것은 변화무쌍한 난세를 요령껏 헤쳐 나갈 수 있는 유효한 자질이라는 인식을 넘어 사회적으로 바람직한 역량이나 덕목으로 권장되기까지 한다. 스마트 카드, 스마트 시티, 스마트 라이프, 스마트 도시, 스마트 국가 등 우리 생활에 편익이나 효율을 더해 주는 대상들에 스마트라는 용어가 긍정적 뉘앙스를 부여하고 있음이 이 섬을 뒷받침한다. 스마트 시대의 총아 SNS가 일상적 신변사를 격의 없이 주고받을 수 있는 간결한 어법에 의존하려는 경향이 커지고 있다는 전술한 정황으로 미뤄 알 수 있듯, 스마트 시대의 인간관계는 순간적으로 붙었다 떨어지는 경박단소(輕薄短小)형 '약한 관계(weak ties)'를 지향한다. 동시에 SNS는 1 대 1 교신을 넘어선 다중적 교신을 가능케 한다는 점에서 탁월한 교제적 역능을 발휘하기도 한다. 이처럼 SNS는 현대인의 이중적 욕구, 즉 홀로 있고 싶은 개인화 욕구와 함께하고 싶은 사회성 욕구를 동시적으로 충족시켜 주는 양가적 소통 수단을 제공함으로써 스마트한 인간관계를 조장한다. 셰리 터클(Sherry Turkle)은 이처럼 "원할 때 맺고 원치 않을 때 끊는" 영민한 현대인의 이율배반적 성향을 '혼자서 여럿이(alone together)'라는 표제로 주지시킨 바 있다(Turkle, 2011). 이런 경향은 빠름이 강조되는 질주시대에 산적한 과제들을 간편히 처리할 수 있는 접속적 관계에 대한 수요가 증대되는 각박한 현실의 반영인 것이다.

그뿐 아니라, 스마트형 작업원리나 조직원리가 근로생활에 도입됨으로써 유연성을 특징으로 하는 포스트포디즘 체제가 공고화하게 된다. 일찍이 마누엘 카스텔(Manual Castells)이 기업의 분권화된 의사결정, 전략적 제휴, 그리고 하청 협정 등과 같은 복잡한 거미줄 구조가 컴퓨터 네트워크 기술의 발전 없이 불가능하다고 진단한 바 있지만(Castells, 2001), 기존 포스트포디즘 체제에 스마트 기술이 가세함으로써 포스트포디즘은 절정기로 치닫고 있다. 스마트 시대의 첨단 정보통신기술이 포스트포드주의적 생산체제를 뒷받침하는 수단의 차원을 넘어선 새로운 시스템 혁신을 추동함으로써 직업 활동은 물론이요, 사회체계 전반의 유연화를 조장하고 있다.

(3) 완숙단계(完熟段階)로의 지능화 시대

2011년 히브리어로 발간된 『사피엔스』(*Sapiens*)의 저자 유발 하라리(Yuval N. Harari)는 10주년 특별판 서문을 인공지능(Artificial Intellignence: AI)에 대거 할애한다(하라리, 2023a[2011]). 출현 후 비약적인 발전을 거듭해 온 AI가 우리 삶을 개편하는 과정에서 단순한 상황 혹은 국면 변환이 아니라 새로운 문명을 창출하는 엄청난 위력을 행사하고 있다는 것이다.

인공지능 연구가 마쓰오 유타카(Yutaka Matsuo(松尾豊))는 AI의 교본으로 알려진 스튜어트 러셀과 피터 노빅(Stuart Russell and Peter Norvig)의 저작 『인공지능 1: 현대적 접근방식』(*Artificial Intelligence: A Modern Approach*)의 서설에 근거해 정보의 입출력 관계를 자율적으로 조정하는 주관자의 두뇌에 해당하는 AI를 다음 네 가지 유형으로 구분한다. 첫째는 단순한 제어 기능을 행사하는 제어 프로그램으로서의 AI, 둘째는 행동 패턴이 보다 다채로운 고전적 형태의 AI, 셋째는 빅데이터를 바탕으로 규칙이나 지식을 지속적으로 변경하는 기계학습 기구로서의 AI, 넷째는 기계학습 때 데이터의 속성을 변별하기 위해 사용되는 '특징(feature)'이라는 입력값까지 학습하는 딥러닝 실행자로서의 AI이다(마쓰오, 2019[2015]). 이는 인간 중심적 관점과 합리성 중심적 관점을 교차시킨 러셀과 노빅의 횡단적 4분류 체계를 시대순으로 재배열한 것으로, 약 300만 년에서 350만 년전 아프리카에 살던 오스트랄로피테쿠스에서 호모 에렉투스를 거쳐 호모 사피엔스로 진화했다고 알려진 인류의 역정에 비견될 만한 AI 진화사에 해당한다. AI

는 구성 요소에 따라 서버, 스토리지 및 칩과 같은 하드웨어, 인공지능 플랫폼 및 인공지능 애플리케이션과 같은 소프트웨어로 양분되며, 자연적인 인간지능(Human Intelligence: HI)과의 비교론적 관점에서는 약인공지능(Artificial Narrow Intelligence: ANI), 강인공지능(Artificial General Intelligence: AGI) 및 초인공지능(Artificial Super Intelligence: ASI)으로 분류되곤 한다. AI에 대한 강-약 구분은 언어철학자 존 설(John Searle)이 최초로 제시한 것으로, ANI는 인간의 정신 수준에 이르지는 못하지만 한정된 수준이나마 문제 해결능력을 지닌 AI, AGI는 정교한 입출력 체계와 체계적 프로그램을 갖춰 인간의 두뇌 활동에 버금하는 사유 능력을 지닌 AI를 뜻한다. ASI는 진화를 거듭한 AI가 특이점(singularity)을 넘어서서 인간의 자연지능보다 뛰어난 지능을 갖는 상태를 말한다(카플란, 2017[2016]).

이처럼 상이한 궤적과 유형으로 구분되고 있음에도 불구하고, AI는 학습, 문제 해결 혹은 패턴 인식 같이 인류에게 선천적으로 주어진 지적 능력을 인위적으로 개발하려는 컴퓨터 공학이나 관련 연구 및 성과로 폭넓게 이해되고 있다. 요컨대, 인간처럼 생각하고 느끼며 행동하는 컴퓨터를 만들자는 기술공학적 노력과 산물이 곧 인공지능인 것이다(러셀 · 노빅, 2021[2020]). 지난날 컴퓨터를 위시한 모든 정보통신 기구들은 인간이 지시한 바를 신속정확하게 이행하는 충직한 '사역자(使役者)'였다. 그러나 AI 시대 이후에는 외부 상황을 독자적으로 파악 · 판단 · 대처할 수 있는 똘똘한 기구들이 '주관자(主管者)'로서의 agent로 발돋움해 문명사의 새로운 동반자로 합류하고 있다(김문조, 2019).

주관자, 즉 사태를 주관하는 존재가 된다는 것은 무엇을 의미하는 것인가? 과거엔 유명인들의 일상을 관리하거나 외부활동을 도와주는 사람이나 조직을 지칭하던 agent가 '수행원'이나 '비서' 혹은 '집사'

정도에 해당하는 '대리인'으로 번역되곤 했다. 그것이 요즘 능동적 의미가 강화된 '주관자'로 격상되고 있는데, 이 같은 추세는 개인에게 사회적 규범이나 가치관을 학습시키는 가정, 학교, 지역사회나 미디어 등이 사회화의 '대행자'에서 '주관자'로 바뀌는 번역어의 변화상을 통해서도 확인할 수 있다.

신문이나 방송 같은 대중매체가 막강한 힘을 발휘하게 된 1960년대에 미디어 파워가 종전에 우위를 누리던 메시지의 위력을 압도하는 현상을 두고 맥루언이 "미디어는 메시지다(Medium is the message)."라고 예단했음을 앞서 이야기한 바 있다. 그러나 메시지 전달 수단이었던 미디어가 메시지는 물론이요, 그 발신자나 수신자 역할까지 넘보는 현시점에서는 맥루언의 진술을 메시지를 주고받는 의사소통 주체로까지 연장해 "미디어는 교신자다(Medium is the communicator)."로 고쳐 써야 하는 시점에 이르고 있다. 인간이나 사물을 막론한 만물이 교신자 자격으로 메시지를 나눌 수 있는 만유소통(萬有疏通)의 시대에 들어서게 된 것이다. 따라서 기술사회론적 관점에서 본 정보혁명 2.0은 소통혁명이요, 소통혁명의 세례를 받은 신문명 사회는 하나의 거대한 소통장(a grand communicatopia), 그것도 지구촌 전역을 망라하는 '보편적 소통계(a grand universal world of communication)'로 규정할 수 있다.

애초에는 메시지를 전달하는 용구나 장치에 불과했던 미디어에 생명력이 주어지는 의인화 · 인격화하는 과정, 다시 말해 사물로서의 매체(媒體)가 화자(話者)로 발돋움하는 이런 과정은 다음과 같은 질문에 대한 세간의 반응으로부터 여실히 감지할 수 있다. 예전에는 "하루 중 누구와 가장 많은 시간을 보내며 살아가세요?"라는 질문에 대한 과거의 응답은 가족, 친구, 이웃, 반려동물 같은 것들이 주류였다. 하지만 요즘은 어느 누구도 스마트폰을 능가할 것이 없는데, 이는 매체가 '도구에서 친구로(from tool to pal)' 급전하고 있음을 시사한다. 더구나 첨단 통신기구에 대한 애착이 날로 강화되어, 그 유실을 친지와의 사별 못지않게 애달파하는 경우가 늘고 있다. 이처럼 정보전달 기구로서의 매체가 차츰 그것 없이 살아가기 힘든 필수적 동반자로 탈바꿈하고 있다는 사실은 전술한 '매체의 화자화(話者化)' 명제를 뒷받침하는 증좌가 아닐 수 없다. 그러나 미디어가 의인화(personification) 과정을 거쳐 '인간화(personization)'라는 대단원에 돌입하는 소통혁명의 절정은 강인공지능(AGI)으로서의 생성형 인공지능(Generative AI)의 활약에서 명증하게 드러난다.

생성형 AI는 머신러닝 알고리즘을 활용해 기계 스스로가 데이터를 기반으로 텍스트, 이미지, 오디오, 비디오 콘텐츠와 같은 새로운 콘텐츠를 만든다. 사용자의 요구에 맞춰 결과를 만들어 낸다는 것이 생성형 AI의 특징인 것이다. 생성형 AI에게는 특정 개념을 학습시키는 것이 아니라 데이터 원본을 제공하고 나머지 부분을 예측하도록 유도하여 그 과정에서 추상적인 표현을 배우도록 한다. 이처럼 생성형 AI는 주어진 학습 데이터의 분포를 따르는 유사한 데이터를 생성하는 절차를 따르기 때문에 원본과 유사하되 동일하지는 않은, 즉 실존하지는 않지만 있을 법한 새로운 디지털 이미지, 비디오, 오디오, 텍스트 또는 코드 등의 창작물을 지속적으로 산출한다.

2016년 3월 구글 알파고와 이세돌 기사의 대결을 계기로 대중적으로 널리 알려진 AI는 추후 기술적으로 꾸준히 진전해 왔을 뿐 아니라 실생활에 널리 파급되어, 이제 AI가 없는 삶은 상상할 수 없는 단계에 이르게 되었다. 그러나 생성형 AI의 등장을 계기로 세상이 전례 없는 격변에 휩싸일 것이라는 전망이 날로 유력시되고 있다. 2022년 가트너사(社)는 '이머징 테크놀로지 하이프 사이클(Hype Cycle for Emerging Technologies)' 보고서에서 AI 자동화 및 가속화를 중요한 화두로 제시하면서, 생성형 AI를 가장 주목해야 할 기술이라고 적시한 바 있다.

최초의 생성형 AI는 2022년 11월 30일 오픈AI(OpenAI)가 공개한 'ChatGPT'이지만, OpenAI의 GPT-4o(텍스트), DALL-E 및 Midjourney(텍스트와 이미지), Google의 LaMDA(대화형)나 저렴한 개발비의 DeepSeek 등이 속출해 AI가 생성해 내는 컨텐츠의 수준이 사람이 만들어 내는 그것에 날로 근접하고 있다. 여기에 보다 많은 양의 데이터로 더 큰 모델을 학습시키도록 하는 하드웨어, 트랜스포머 아키텍처(Transformer Architecture), 퓨샷러닝(Few-shot learning) 등이 가세해 생성형 AI의 발전이 가속화하고 활용성도 날로 신장되고 있다. 따라서 AI의 등장을 특징으로 하는 정보지능화 단계가 본격화하면 인간이나 여타 생명체에 사물까지 포함한 세상 만물이 '화자(interlocutor)'로 동참해 상시적으로 통교하는 소통혁명이 절정에 달할 것이 확실시된다. 검색의 시대는 가고, 생성의 시대가 시작된 것이다.

4. 소통혁명의 사회적 파장

'산업화의 논리'라고 알려진 근대 산업사회의 핵심적 동학은 공업화, 도시화 및 조직화였다. 반면 탈산업 정보사회의 그것은 정보화, 지구화 및 개인화로 알려져 있다. 그런데 이 책 1장 3항에 소개한 메가트렌드 기법에 의거해 소통혁명이 피크로 치닫고 있는 신문명 시대의 핵심적 동향을 살펴본 결과, ① 가상현실의 등장으로 실제 현실의 독점적 지위가 상실되는 탈실재화(脫實在化), ② 인간 이외의 사유적 존재가 출현해 현존 인간의 위상에 도전하는 탈인간화(脫人間化), ③ 사실에 입각한 객관적 지식의 정당성이 약화되는 탈진실화(脫眞實化)라는 세 가지 탈피 명제를 추출할 수 있었다.

1) 탈실재화

지금까지 실재하는 현실에 버금하는 영향력을 끼쳐 온 대안적 현실의 주종은 문학이나 미술 혹은 공연이나 영상 등으로 접할 수 있는 예술작품 속의 상상적 현실이었다. 하지만 독자나 관객들은 예술적 상상력이 결집된 작품 앞에서 웃고 울고 즐겨할지언정, 작중 현실을 자신이 몸담고 사는 세상으로 오인하는 경우는 드물었다. 실재하는 현실의 독점적 가치가 도전받게 된 것은 디지털 기술을 기반으로 한 정보통신체계가 가상현실이라는 새로운 활동 공간을 선보인 때부터이다. 강력한 복원력에 재편력(再編力)을 겸비한 디지털 기술이 실제 현실이 아닌 모사적 현실을 재현하면서 가상현실의 과잉 이미지가 현실의 실존적 위상을 위협하는 탈실재화가 초래되고 있다.

2) 탈인간화

무한대의 접속이 가능하게 된 초연결 시대에 들어서면서 인간과 비인간 혹은 생명체나 사물을 망라한 세상 만물이 서로 통교하는 '만유소통(萬有疏通)' 시대가 다가오고 있다. 이때 동원되는 것들이 사이보그, 사물인터넷 및 AI 기술이다. 기계인간으로서의 사이보그가 인간의 사물화를 위한 것이라면, 사물인터넷은 정보기술을 이용한 사물의 인간화를 조장한다. 그런데 이때 인류에게 선천적으로 주어진 지적 능력을 인위적으로 창출할 수 있는 AI 기술이 가세해 세상 만물이

상황을 독자적으로 파악 · 판단 · 대처할 수 있는 새로운 '주관자(agent)'로 변신함으로써, 유일무이한 자율적 존재로 간주되어 온 인간의 지위가 도전받는 탈인간화가 가속화할 전망이다.

3) 탈진실화

"가짜 뉴스가 소셜미디어에 퍼질 때 우리는 팩트를 검증합니다. 진실은 팩트에 있습니다." 국내 유력 일간지 홍보 문구의 일부였다. 그러나 이제 공론장에 등재된 메시지조차 가짜로부터 자유롭지 못하다. 불확실한 정보를 편집해 공론장에 옮기는 일이 빈번해지고 있기 때문이다. 탈진실화의 가장 본질적 측면은 진실의 기반이 되는 객관적 사실이나 정당성의 권위가 날로 퇴색되고 있다는 점이다. 작가이자 문학비평가인 미치코 카쿠타니(角谷美智子, 2020)는 "객관성이 사라지는 사회에서는 '올바름에 대한 의무'가 '재미'로 대체된다."고 말한다. 이는 무료한 사실보다 신나는 이야기로 사람들의 마음을 사로잡는 서사의 위력을 예고하는 발언과 다름이 없다. 예전에는 소설이나 영화에 '실화에 근거한 것'이라는 사족을 덧붙여 권위를 높이려는 시도가 성행하기도 했다. 하지만 요즘엔 엄정한 사실 보도를 내세웠던 방송사들조차 '뉴스쇼' 같은 가공된 형태로 시청률을 잡아 올리며 탈진실화를 부추기는 실정이다.

5. 3대 메가트렌드의 정향

전술한 3대 메가트렌드는 실로 오랜 기간에 걸쳐 인류사회에 존속해 온 관성적 양상을 벗어나려는 탈피적 성향을 공유한다. 하지만 그들은 각기 상이한 차원의 탈바꿈을 전제하고 있다는 점에서 상이한 방향을 지시하는 벡터처럼 정향을 달리한다.

첫째, 실재하는 현실이 하나뿐이 아니라는 탈실재화는 우리를 접속적 가상현실과 대면적 실제현실이 혼재된 다양한 형태의 혼합적 현실을 전제로 하는 다중현실(multiple realities)이 사회활동의 플랫폼이 될 것임을 시사한다. 둘째, 인간과 비인간의 비대칭성을 거부하면서 양자 간의 보편적 교류를 조장하는 탈인간화는 우리를 인간-비인간 복합체가 사회활동의 주역으로 동참하는 포스트휴먼(posthuman) 시대로 인도한다. 한편, 객관적 확실성이나 정당성의 가치를 격하시키는 탈진실화(post-authenticity)는 검증된 사실이나 진심보다 그럴듯한 서사나 가식이 성행하는 전시사회(展示社會)의 도래를 예보한다.

요컨대, 상기 세 가지 정향은 각기 객관적 현실로서의 외부세계, 사회활동의 주체 및 내면세계에서의 추세와 직결된 것으로, 이어지는 장에서 하나씩 상세히 논의될 것이다. 그런데 최근 모습을 보이기 시작한 AI 혁명은 객관적 · 의식적 측면뿐 아니라 역사의 주역인 행위주체의 변화까지 추동한다는 점에서 지난날의 농업혁명이나 산업혁명은 물론 정보혁명 1.0까지 뛰어넘는 새로운 문명단계(brand new civilization stage)로의 진입을 추동하는 완전 조건을 제공한다. 따라서 AI가 향도하는 지금의 문명 전환에는 일찍이 칼 폴라니(Karl Polanyi, 2009[1944])가 언급한 거대한 전환(great transformation)이라는 표현을 넘어선 '초전환(mega transformation)'이라는 언표가 오히려 적절할 것으로 본다.

■ 참고문헌

김문조. 1999.『과학기술과 한국사회의 미래』. 고려대학교출판부.

______. 2019.『기술과 사회의 공진화: 정보사회의 행로와 전망』. NIA연구보고서 미래2030. 제2권. 한국정보화진흥원.

김문조 · 유승호 · 정의준. 2013. "뉴미디어와 현실의 사회적 재구성: 생활세계론적 접근."『담론201』16(1): 33-60.

러셀, 스튜어트 · 피터 노빅. 2021[2020].『인공지능 1: 현대적 접근방식』. 제4판. 류광 옮김. 제이펍.

마쓰오 유타카(松尾豊). 2019[2015].『인공지능과 딥러닝』. 박기원 옮김. 동아엠앤비.

맥루언, 마셜. 2019(1964).『미디어의 이해: 인간의 연장』. 김성기 · 이한우 옮김. 민음사.

멈포드, 루이스. 2013[1934].『기술과 문명』. 문종만 옮김. 책세상.

미치코 카쿠타니(角谷美智子). 2020.『진실 따위는 중요하지 않다: 거짓과 혐오는 어떻게 일상이 되었나』. 김영선 옮김, 돌베개.

카플란, 제리. 2017[2016].『인공지능의 미래』. 신동숙 옮김. 한스미디어.

쿤, 토마스. 2002[1962].『과학혁명의 구조』. 김명자 옮김. 까치.

포스트먼, 닐. 2009[1992].『죽도록 즐기기』. 홍윤선 옮김. 굿인포메이션.

폴라니, 칼. 2009[1944].『거대한 전환: 우리 시대의 정치 · 경제적 기원』. 홍기빈 옮김. 길.

하라리, 유발. 2023a[2011].『사피엔스(양장 특별판)』. 조현욱 옮김. 김영사.

하비, 데이비드. 1994[1990].『포스트모더니티의 조건』. 구동회 · 박영민 옮김. 한울.

Arrighi, Giovanni. 1993. *The Long Twentieth Century: Money, Power and the Origins of Our Times*. Verso.

Bottomore, T. *et al.*(eds.). 1983. *A Dictionary of Marxist Thought*. Blackwell.

Castells, M. 2001. *The Internet Galaxy: Reflections on the Internet, Business and Society*. Oxford University Press.

Cutcliffe, S. 2000. *Ideas, Machines, and Human Values: An Introduction to Science, Technology, and Society Studies*. Rowman & Littlefield Publishers.

Cutcliffe, S. and C. Mitcham(eds.). 2001. *Visions of StS: Contextualizing Science, Technology, and Society Studies*. State University of New York Press.

Fidler, R. 1997. *Mediamorphosis: Understanding New Media*. Pine Forge Press.

Gendron, B. 1977. *Technology and The Human Condition*. St. Martin's.

Giddens, A. 1984. *The Constitution of Society*. University of California Press,

Kerr, C. *et al.* 1962. *Industrialism and Industrial Man: The Problems of Labor and Management in Economic Growth*. Heinemann.

Lenski, G. and J. Lenski. 1974. *Human Societies*. McGraw-Hill.

Marx, K. 2021[1847]. *The Poverty of Philosophy*. Foreign Languages Press.

Marx, K. and F. Engels. 1964[1848]. *The Communist Manifesto*. Washington Square Press.

Meyer, J., J. Boli-Bennett, and C. Chase-Dunn. 1975. "Convergence and Divergence in Development." *Annual Review of Sociology* 1: 223-246.

Ogburn, W. F. 1922. *Social Change with Respect to Culture and Original Nature*. B.W. Huebsch, Inc.

Pinch, T. J. and W. E. Bijker. 1984. "The Social Construction of Facts and Artefacts: Or How the Sociology of Science and the Sociology of Technology Might Benefit Each Other." *Social Studies of Science*

14(3): 399–441.

Rice, R. *et al.* 1984. *The New Media: Communication, Research, and Technology*. Sage.

Rozbicki, J.(ed.). 2015. *Perspectives on Interculturality: The Construction of Meaning in Relationships of Difference*. Palgrave.

Turkle, S. 2011. *Alone Together*. Basic Books.

Veblen, T. 1899. *The Theory of the Leisure Class: An Economic Study of Institutions*. Macmillan.

Woolgar, S. 1991. "The Turn to Technology in Social Studies of Science." *Science, Technology, & Human Values* 16(1): 20–50.

제4장

정향(1):
다중현실(Multiple Realities)

1. 생활세계론: 다중현실의 이론적 시원
2. 가상현실의 출현
3. 가상현실의 의식적 파장
4. 다중현실론의 전개
5. 생활세계론의 존재론적 전회
6. 가상현실과 모사적 질서의 대두
7. 디지털 모사의 여파
8. 확장현실과 대안적 생활세계의 창출
9. 디지털 일상계의 변환
10. 디지털 일상계의 전능화
11. 혼합적 생활세계의 시대로

Designed by Freepik

1. 생활세계론: 다중현실의 이론적 시원

현실이 하나가 아니라 여러 개라는 다중현실론은 우리가 몸담고 사는 세상을 본질이 아닌 현상으로 받아들여야 한다는 현상철학자 에드문트 후설(Edmund Husserl)의 사상에서 최초로 제기된다. 의식을 현상의 모태로 간주한 후설은 그것이 상시적 일상생활을 통해 '자연적 태도(natural attitude)'로 발현한다고 보았다. 그러나 근원적 · 보편적 진리를 추구하는 철학자로 당대 철학의 취약한 인식론적 기초를 비판하며 엄밀의 학문을 정초하고자 한 그는 본원적 현상으로서의 순수의식에 도달하기 위해 판단중지(epocké)라는 현상학적 환원을 통해 순수의식을 가로막는 '자연적 태도(natural attitude)'를 유보해야 한다고 주장했다(Husserl, 1965[1910])). 하지만 후설은 후기 저작에서 모든 이론이나 논리에 앞서 우리 감각에 지속적으로 투영되는 자연적 태도의 집적인 생활세계(life world)에 눈을 돌리게 된다. 그로부터 생활세계가 후학들에 의해 '상식적 세계(common-sense world)', '당연시 여기는 세계(taken for granted world)' 혹은 '최상의 현실(paramount reality)' 등으로도 불리며 중시되었기에 후설은 '생활세계의 철학'의 창시자로 인정받고 있다(한전숙 · 차인석, 1980).

후설의 생활세계 개념을 사회과학 분야에서 적극적으로 도입한 인물이 "주관적 의미를 객관적 방법으로 탐구"하자는 막스 베버(Max Weber)의 이해사회학을 계승한 알프레드 슈츠(Alfred Schutz)였다. 슈츠는 판단중지를 통해 유보하고자 한 자연적 태도의 가치를 재인식한 후설의 후기 사상에 근거해, 불변의 진리에 천착해 온 철학자들이 억견(臆見)으로 폄하해 온 의식체계로서의 생활세계 연구에 주력하여

'현상학적 사회학(phenomenological Sociology)'의 길을 열었다(Schutz, 1970).

개인의 주관적 의식이 사회질서의 형성을 주도하는 개인화 시대를 맞아 의식적 체험을 사회구성의 질료로 간주하는 생활세계론의 적실성이 커지고 있다(Beck and Beck-Gernsheim, 2002). 하지만 그보다 더 주목해야 할 점은 첨단 정보통신기술을 기반으로 한 가상현실의 등장과 더불어 우리 일상생활이 전면적으로 재론되어야 할 만큼 급변해 가고 있다는 사실이다. 일상성 탐구에 주력해 온 생활세계 담론이 요즘 새로이 각광받고 있는 것은 그 때문이다.

2. 가상현실의 출현

1) 사이버스페이스

조정 · 통제 · 안내를 뜻하는 그리스어 쿠베르(κυβερ)에서 유래한 사이버(cyber)라는 말이 사회에 확산되게 된 것은 수학자이자 컴퓨터 과학자인 노버트 위너(Norbert Wiener)가 피드백을 동반한 정보처리 과정을 사이버네틱스(cybernetics)라고 명명한 때부터다. 정보통신기술의 지속적 발전과 더불어 사이버라는 접두어가 컴퓨터를 활용한 제어 기능을 함축하는 용어로 널리 쓰이게 되는데, 사이버스페이스라는 정보통신공간은 그러한 용례의 전형에 속한다.

인류사를 되돌아볼 때 알렉산더 대왕, 콜럼버스, 징기스칸 혹은 바스코 다 가마와 같이 새로운 영토를 정벌하거나 개척한 사람들은 역사상 위대한 인물로 등재되었다. 그뿐만 아니라 실제적 영토가 아니어도 이전에 지각하지 못한 새로운 세계를 발굴한 인물 역시 위인으로 추앙되었다. 유전 법칙이 작동하는 유전학의 세계를 밝혀낸 그레고어 멘델(Gregor J. Mendel)이나 표층적 의식세계의 저변에 내재하는 무의식 세계를 제시한 지그문트 프로이트(Sigmund Freud)의 연구를 통해 알 수 있듯, 이전에 지각하지 못한 새로운 세계의 발견은 마치 대항해시대의 신대륙의 발견과 같이 세계관의 확장에 크게 기여함으로써 역사적으로 높이 평가받게 된다. 사이버스페이스는 그들 못지않은 획기적 신세계로 꼽힐 만하다. 고대 · 중세시대에는 지중해를 지배한 민족이 세계의 지배자였고, 근대에는 대양을 지배하던 민족이 세계의 지배자였다. 근자에는 우주 개발이 국제사회의 주도권 경쟁에서 큰 몫을 차지해 왔으나, 소통이 사회질서의 구성요소로 부각될 미래 사회에는 유무선으로 연결된 사이버스페이스의 지배자가 세계를 이끌어 갈 인물로 기록될 것임에 틀림없다.

2) 가상현실로서의 사이버스페이스

"장소와 물질에 기반한 현실세계와는 달리 컴퓨터 네트워크 속에 존재하는 공간 아닌 공간"(Delfanti and Arvidsson, 2019: 150)으로 정의되는 사이버스페이스는 실재 현실과 대비되는 가상현실의 전형이라 할 수 있다. 사이버스페이스는 경계가 없는 무한대의 공간으로 현실계의 다양한 제약이나 규제를 뛰어넘는 초월성을 지닌다. 또 그것은 참여자가 임의로 설정한 ID로 접속한다는 점에서 본질적으로 익명의 접촉장이요, 교류되는 정보의 내용을 첨삭하거나 수정할 수 있다는 점에서 편집성을 지닌다. 그뿐만 아니라, 사이버스페이스상의 정보는 하이퍼링크에 의해 다선적으로 연결되는 중층적 구조를 취한다. 그러나 실제 공간과 변별되는 사이버스페이스의 가장 결정적 특성은 실물이 없되 보고 느끼며 살아갈 수 있는 가상적 활동 무대라는 점이다.

3) 가상현실의 갈래와 파장

온라인기반 가상현실은 다양한 형태로 구현되고 있다. 일찍이 하워드 라인골드(Howard Rheingold)는 컴퓨터매개 상호작용(Computer-Mediated Communications: CMC)에 의존한 가상공동체로서의 가상현실을 우리에게 최초로 주지시킨 바 있다(Rheingold, 1994). 그는 'WELL'이라는 정보통신시스템을 이용해 많은 사람들과 알게 되고, 자녀양육에 관한 문제점을 토론하였다는 등의 에피소드를 바탕으로 선의의 시민들을 연결하는 가상공동체의 미래를 소상하고 희망적으로 진술하면서, 의사소통 기회를 대폭 진작시키는 사이버스페이스에서 새로운 공동체적 연대가 싹트고 있음을 밝혔다.

개인과 개인 간의 인적 교류라는 원초적 욕구에 부응하는 가상공동체를 넘어 지식정보의 공유나 교환을 주목적으로 하는 기능적 공동체의 형성도 정보통신공간에서 목도되고 있다. 온라인 뉴스그룹이나 독서모임 같은 것이 대표적 사례라 하겠다. 이들은 사고나 느낌을 공유하는 원초적 공동체와는 다소간 구별되나, 그렇다고 영리적 이해관심을 충족시키기 위해 형성된 공리적 결사체의 범주로 귀속시킬 수 없는 공통적 관심사로 결성된 집단이라고 할 수 있다. 그러나 사이버스페이스의 공리적 활용 가치가 널리 인식되기 시작하면서 가상공간을 이윤창출의 기회로 활용하려는 상업주의적 성향도 증가해 왔다. 사이버쇼핑몰 같은 것을 전형적 사례로 들 수 있는데, 전자상거래(online commerce)라든가 디지털 경제(digital economy)가 그런 경향을 대변하는 포괄적 개념이다(Camp, 2000).

어떻든 관계적 집단으로서의 사이버공동체, 정보공유를 위한 기능 위주의 사이버공동체, 그리고 공리적 목적을 위한 사이버결사체와 같은 상이한 유형의 사이버집합체의 발달은 이제 가상현실이 공동사회(Gemeinschaft) 및 이익사회(Gesellschaft)의 모두에 걸친 총체적 생활공간으로 정착되어 가고 있음을 시사한다. 정보화 시대 초기에는 가상현실이 실제 세계의 활동을 보조하는 역할이나 보완적 기능을 수행하는 수준에 머물러 왔다. 하지만 그것은 우리의 관계적 욕구, 기능적 욕구, 공리적 욕구들을 충족시켜 주는 대안적 활동 무대로 발돋움해 생활세계의 재편에 앞장서고 있는데, 그런 추세는 2020년 초부터 전세계를 공포로 몰고 간 코로나19 국면에 유용성을 크게 인정받은 바 있다(김문조, 2020b).

3. 가상현실의 의식적 파장

가상현실의 토대를 이루는 디지털 기술은 모든 형태의 정보나 자료를 0과 1의 이원적 분류체계에 준거해 입력, 전환, 처리, 출력하는 독특한 기능을 수행한다. 그러한 기술력에 의거해 무한 복제 및 수정 기능을 갖춘 가상현실이 출현해 우리의 의식세계에 변화의 압력을 가하고 있다. 이러한 양상을 의식세계의 심층적 · 표층적 차원을 대표하는 사고방식 및 행위양식을 중심으로 일람해 보도록 하자.

1) 사고방식

시공간 한계를 넘어선 자유로운 교류를 허용하는 가상현실을 실생활에서 접하는 사람들은 다원적 가치를 지향하게 된다. 다원적 가치체계하에서는 원칙적으로 어떠한 관념이나 행위도 이단의 이름으로 배제되지 않고 존속할 수 있다. 다른 생각이 허용되는 개방적 상황에서는 이질적 요소 간의 자유 연상(free associations)을 통한 구성적 사고방식이 성행하는데, 그 적용 영역은 시공간은 물론이요, 윤리도덕을 포함한 관념세계에 이르기까지 광범하다.

편년적 시재를 초월한 구성적 시간관에서는 지난날의 사건이나 행위는 수시로 발현할 수 있는 재현적 물품대장의 일부로 간주된다. 이 같은 시간구성적 사고방식이 정보화의 진전에 병행해 사회 각계로 널리 파급됨으로써 '비동시적인 것의 동시적 혼재'가 더 이상 병리적 징후가 아닌 정상적 사유의 일환으로 용인되거나 애호될 수 있다.

구성적 사고의 또 다른 유형인 공간구성적 인식은 지구 저편의 사건이 지체 없이 우리에게 전달됨으로써 세계를 한 이웃으로 간주하는 지구촌 개념에서 면모를 찾아볼 수 있다. 공간 개념의 축소경향은 오늘날 첨단 정보통신기기를 이용한 원격거래 · 원격회의 · 원격근무 · 원격진료 등을 통해서도 진전되어 왔는데, 그 결과 지역 개념은 물론이요, 공간구분 자체를 완전 부정하는 반(反)공간적 사고가 확산하고 있다.

보편적 판단 기준의 정당성을 전제로 한 사고 틀에서는 진위(眞僞), 선악(善惡), 미추(美醜), 우열(愚劣) 간 가치 서열이 명료히 구분된다. 하지만 존재하는 모든 것에 실존적 가치를 부여하는 구성론적 시각에서는 목전에서 관찰되는 차이란 본원적이라기보다 특정 요소의 발현이 잠정적으로 유보된 때문이라는 차연(différance)의 논리가 강조된다(Derrida, 1978). 차연적 논리의 이면에는 동질성에 대한 확신이 내재해 있다. 예컨대 차이를 강조하는 종전의 경험주의적 입장에 의하면 남녀 구분 같은 것은 이론의 여지가 없는 명명백백한 진리로 간주된다. 그러나 남녀 모두를 남성성 및 여성성을 공유하는 존재로서 인식하는 양성적 시각(androgynous perspective)에서는 남녀를 분절적 범주로 여기지 않기에 동성애를 이성애와 마찬가지로 있을 법한 행위로 간주한다. 이 같은 양가적 인식은 '성과 속(聖-俗)'과 같은 이분법적 사유를 지양함으로써 이항체계의 대립적 요소들을 화합적으로 인식할 수 있는 잡종교배(hybridism)의 가능성을 열어준다. 클래식 음악과 대중음악이 함께하는 '크로스오버' 장르라든가 인간과 비인간 간의 소통을 전제로 하는 SF물이나 애니메이션 작품들이 공전의 인기를 누리고 있다는 사실은 모두 대당적 요소 간의 혼융을 지향하는 구성적 사고 관행이 우리 심성에 널리 유포되어 가고 있다는 증좌라고 할 수 있다.

2) 행위양식

근대적 인간관과 구별되는 현대인의 특징적 행위양식으로는 무엇보다 임의성을 우선적으로 꼽을 수 있다. "무엇이든 가능하다(Anything goes)."라는 탈(脫)근대적 선언은 바로 임의적 행위를 부추기는 심향을 대변하는 단적 표현인 것이다(Best and Kellner, 1991).

임의적 결단하에 이질적 주의주장들을 널리 포용할 수 있는 현대인은 인습이나 관행을 추종하던 전근대적 공동체 성원들이나 이해관심이나 계약에 천착하던 근대적 결사체 성원들과는 달리 낡은 구습에서 최신식 유행까지를 자의적 판단이나 동기에 따라 선택하고 실행할 수 있는 폭넓은 행동 스펙트럼을 향유한다. 그 결과, 인습이나 규범의 굴레를 벗어난 다양한 위반적 행위들(transgressional actions)이 속출하고 있으며, 일탈이라는 이름하에 법적으로나 도덕적으로 억제되어 온 금제적 행위도 피해 대상이 명료한 가해 행위가 아닌 한 관용되는 경향이 높아지고 있다.

임의적 행위양식은 기호에 의미를 부여하는 의미화 과정에도 일대 변혁을 야기한다. 후기구조주의자들의 기호이론에 의하면 사물이나 현상은 호칭으로서의 기표와 이미지로서의 기의를 연결하는 의미작용(signification)을 통해 의미를 행사하게 된다. 그런데 경험적으로 지각되는 속성에 기반해 이루어졌던 의미작용이 임의화 시대를 맞아 경험적 내용과 무관한 탈맥락적 연상 작용을 통해 촉진된다(Barthes, 1972[1957]). 이때, 연상작용의 맥락이 경험세계와 유리될수록 사물현상의 상징성이 고도화되어 궁극에는 기표가 자체의 상징적 위력을 통해 의미 세계를 좌우하는 극단적 상황에 도달한다(보드리야르, 1995[1972]), 아마도 정보통신기술이 완숙단계에 도달해 모든 사물의 의미가 디지털화하게 되는 시점에 이르면 기표-기의 간의 관계가 탈맥락화하는 기표의 전성시대가 도래해 행위양식의 임의성이 절정에 달할 것으로 보인다.

4. 다중현실론의 전개

전술한 내면적 의식세계를 외부로 확장해 보면, 뉴미디어를 활용한 정보통신공간이 실재 현실을 넘어선 다양한 형태의 혼성 현실을 생성함으로써 유일무이한 것으로 상정되어 온 생활세계가 복수적 현실에 부응하는 새로운 방식으로 재편됨을 체감하게 된다. 이런 상황에서는 상이한 현실들이 중첩적으로 존립하는 다중현실성을 반영한 새로운 생활세계 담론이 설득력을 더하게 된다. 다중현실 개념은 후설이 "낮에는 은행원, 밤에는 연구가"라고 진술한 알프레드 슈츠(Alfred Schutz)의 "다중현실에 관하여"라는 논문에서 선도적으로 제기된 바 있는데(Schutz, 1945), 당시 슈츠는 인간의 현실 감각에 대한 연구를 수행한 철학자 윌리엄 제임스(William James)의 『심리학 원리』(*The Principles of Psychology*)라는 저서에 크게 의존한다(James, 1983[1890]).

제임스는 현실 자체가 여러 하위 우주로 나뉜다고 주장했다. 내적 일관성을 견지하는 하위 우주들은 서로 양립할 수 없어 한곳에 속하는 감각은 다른 곳에 귀속될 수 없다고 진술한 제임스는 '가장 중요한 하위 우주'로 다음 일곱 가지를 꼽는다. ① 감각의 세계 또는 우리가 인식하는 물리적 사물의 세계, ② 과학의 세계, ③ 이상적인 관계와 추상적 진리의 세계, ④ '부족의 우상' 혹은 환상과 편견의 세계, ⑤ 신화 및 종교 세계를 포함하는 다양한 초자연적 세계, ⑥ 개인적 억견의 세계, ⑦ 광기와 변덕의 세계(James, 1996). 반면에 슈츠는 '유한한 의미의 영역'을 일상생활의 세계, 다양한 환상의 세계, 꿈의 세계, 과학 이론의 세계를 우선적으로 제시하며, 거기에 예술, 정치 및 종교의 세계를 추가한다(Schutz, 1962). 그럼에도 불구하고, 상기 두 학자는 각개 의식 세계가 고유한 방식으로 실재한다고 주장하는 점에 입장을 같이한다. 다만, 제임스는 "우리가 지각하는 물리적 사물의 세계인 감각의 세계"를 중추적 실재로 파악하는 반면(James, 1996: 299–306), 슈츠는 "일과적 현실"인 일상세계를 가장 의미 있는 '최상의 현실(paramount reality)'로 간주한다(Schutz, 1962: 226–229). 최상의 현실을 "철든 성년이 … 자연스러운 태도로서 현실로 체험하는 일상적 생활세계"(Schutz, 1962: 208)로 규정하는 대목에서 슈츠는 실존철학자 키에르케고르가 제시한 '도약(leap)' 개념을 창의적으로 활용한다. 즉, 그것을 자연적 태도 내에서 의식에 가하는 충격적 경험으로 풀이함으로써 생활세계 문제를 다음과 같이 취급한다. “내가 현실에 방점을 부여할 수 있는 의미의 유한한 영역만큼이나 무수히 많은 종류의 다른 충격 경험이 존재한다(Schutz, 1962: 231).” 즉, 잠들 때의 충격은 의식이 꿈의 세계로 도약할 수 있게 해 주고, 비슷한 방식으로 연극의 막이 올라갈 때 의식이 무대로 도약하며, 그림 앞에서는 의식이 자신의 시야를 프레임이 제한하는 그림의 세계로 도약한다. 의식이 과학의 세계로 전환하거나 종교의 세계로 진입할 때에도 비슷한 유형의 충격적 도약을 체험한다는 것이다(Geniusas, 2020).

5. 생활세계론의 존재론적 전회

앞선 논의로부터 복수적 현실관을 전제로 하는 다중적 생활세계론의 확산이 새로운 세계관 형성에 크게 기여해 왔음을 이해할 수 있는데, 디지털 기술혁명으로 가상세계의 현존성이 강화되면서 의식세계 중심으로 진행되어 온 종전의 다중현실론이 실재성을 전제로 한 새로운 담론으로 탈바꿈하게 된다. 이러한 담론 재구성에 결정적으로 기여한 것이 ‘존재론적 전회(ontological turn)’이다.

존재론적 전회는 2000년대 초 철학을 위시한 인문학 및 사회과학 분야에서 존재성에 대한 관심이 응결된 사태를 뜻하는 것으로, 플라톤의 형이상학을 출발점으로 한 존재에 대한 마르틴 하이데거(Martin Heidegger)의 철학적 탐구가 존재론적 전환의 출발점을 이룬다. 현실 속의 인간이 모든 사물의 원인이자 본질인 이데아에 대한 기억을 상실한 채 동굴 벽면에 비친 그림자를 실체로 인식한다는 플라톤의 ‘동굴의 비유(Allegory of the Cave)'처럼, 하이데거는 개인의 체험을 존재의 기반으로 간주한다(Heidegger, 1982[1959]). 사회과학 분야의 존재론적 전회 역시 존재하는 것에 최고의 중요성을 부여하되, 세상에 대한 인식적 차이란 관념적 세계관의 차이가 아니라 상이한 생활체험의 소산으로 간주한다.

사회 현실의 존재론적 전회는 1990년대에 인류학 분야에서 착수되었다. 메릴린 스트래선(Marilyn Strathern)이나 에두아르두 비베이루스 지 까스뜨루(Eduardo Viveiros de Castro) 등 중남미 원주민 연구가들이 제기한 존재론적 발상이 영국 인류학계를 거쳐 세계적으로 파급, 2013년도에 시카고에서 개최된 미국 인류학회 연례 모임에서 핵심 논제로 대두하기에 이르렀다. 이때 가장 오랜 전통의 저명한 인류학 블로그인 Savage Minds는 존재론을 인류학 이론의 새로운 화두가 될 것으로 예고했는데(Savige Minds, 2014), 예상대로 존재에 대한 지적 관심이 분출해 존재론적 접근에 의거한 저작들이 속출하게 된다.

실재성을 탐구의 초점으로 삼는 존재론적 사회과학의 전거는 특정 집단의 삶을 현장에서 조사, 수집, 기록하고 분석하는 민족지학(ethnography) 방법론을 선호해 온 인류학 분야에서 선도적으로 드러난다. 그런데 현실 세계의 실제적 체험을 중시한 존재론적 인류학은 존재하는 모든 것들에 동등한 가치나 타당성을 부여함으로써 인간 세계는 물론이요, 인류가 비인간 행위자들과 소통하고 교류하는 세계에 대해서도 관심의 끈을 놓지 않는다. 생물학자에서 인류학자로 탈바꿈한 도나 해러웨이(Donna J. Haraway)가 반려동물과 함께 살아가는 자신의 삶을 인간과 인간이 아닌 다른 존재와의 관계 구도로 이해하고자 한 입장이 그 대표적 사례라 하겠다.

지금까지 사회과학은 공리적 전회, 언어적 전회, 문화적 전회, 성찰적 전회, 여성주의적 전회, 감정적 전회, 실천적 전회, 포스트모던 전회 등과 같은 일련의 지적 전회를 통해 시대 변천에 응답해 왔다(강정한 외, 2013). 존재론적 전회도 그 일환이라고 할 수 있는데, 그것은 특히 인류사회와 병행하면서 존재해 온 비주류적 현실의 존재를 인정하는 데 앞장서는 '타자의 존재론'을 진지하게 수용하는 전향적 사유의 표상으로 꼽을 만하다.

일례로, 1970년대 당시 아마존 열대우림 동부지역에 살아온 지바로족 중 거의 유일하게 바깥 세계와 접촉하지 않은 아추아르 부족에 관한 민속지학적 접근을 시도한 프랑스 인류학자 필리프 데스콜라(Philippe Descola)는 아추아르족이 인간이 아닌 동식물들을 '사람'과 동격의 존재로 간주하면서 인공적 조성물과 자연물을 구분하지 않는다는 사실에 착안, 서양의 우주론과는 판이한 애니미즘적 우주론을 제시했다. 연구 결과는 *La nature domestique: Symbolisme et praxis dans l'ecologie des Achuar*(길들인 자연: 아추아르족의 상징주의와 실천)라는 책자로 출간되었는데, *In the Society of Nature: A Native Ecology in Amazonia*(자연의 사회에서: 아마존 원주민의 생태학)나 *Par-dela nature et culture*(자연과 문화를 넘어서)에 이르는 후속 저작들을 통해 데스콜라는 다양한 우주론적 상상을 가로막는 자연과 문화의 이원론을 넘어 인간과 비인간 사이의 생태적 관계성을 중시하는 '존재론적 인류학'을 개진해 왔다(Descola, 1996, 2014[2005], 2019). 인간중심주의적 개념으로서의 '세계관'을 전제해 온 당시 인류학적 통념과 달리 데스콜라는 세계가 어떻게 구현되는지를 탐지하기 위해 존재론적 사고에 적극 의존했던 것이다.

그러나 존재론적 전회가 대중적으로 확산하게 된 결정적 계기는 에콰도르 출신의 인류학자 에두아르도 콘(Eduardo Kohn)의 『숲은 생각한다: 숲의 눈으로 인간을 보다』(*How Forests Think*)라는 책을 통해서이다(콘, 2018[2013]). 생태학 전공자인 저자가 4년간 아마존 숲 속에서 생활하면서 관찰하고 사색한 결과를 담아낸 이 책에는 재규어로부터 개미핥기, 대벌레와 솔개, 선인장과 고무나무에 이르는 밀림 생명체들의 흥미로운 삶과 생존 전략이 인류의 역사와 교차하는 정경을 독창적이고 정밀하게 진술한다. 언어가 없는 숲의 생물들도 생각하고 세상을 표상하며 그들만의 의미를 창출한다는 점에서 숲은 각종 동식물들의 다양한 생각과 갖가지 의미를 내포한 매혹적 세상이라는 것이다. 또 오랜 기간 그 지역에서 사냥하며 살아온 루나족은 그러한 존재론적 사고의 대변자라는 것이다. 엄정한 관찰과 심오한 인문학적 통찰을 겸비한 이 책을 두고 행위자연결망이론의 창시자 브뤼노 라투르(Bruno Latour)가 "인간중심주의를 벗어나는 법을 배운다."며 극찬한 것은 결코 과언이 아니다.

이러한 지적 노력에도 불구하고 비판자들은 존재론적 접근이 타문화를 이해할 때 존재론적 틀을 사용하지 않는 경우와 크게 다를 바 없는 연구 결과를 도출할 뿐이라고 공박해 왔다. 그러나 저명한 문화인류학자 마셜 살린스(Marshall D. Sahlins)는 데스콜라의 『자연과 문화를 넘어서』 서문에서 존재론적 접근이 "기존 인류학에 패러다임적 전환을 야기함으로 누적된 지적 혼돈을 극복할 수 있는 전기를 마련해 주었다."고 호평한다. 무엇보다 존재론적 사고를 통해 사회과학이 중시해야 할 탐구 대상인 타자의 존재 상태에 대한 관심을 회복하게 된 데 큰 의미를 부여할 수 있다는 것이다. 오랫동안 인문사회학자들이 대상을 '사회적' 세계와 '자연적' 세계로 단절적으로 인식해 온 것을 통렬히 비판한 브뤼노 라투르(Bruno Latour)도 존재론적 전환을 계기로 어떤 것이 사회에 속하고 어떤 것이 자연에 귀속되는지를 분절적 잣대로 예단하는 대신 양자를 인간 세계와 비인간 세계 간의 복잡한 협상의 산물로 바라보려는 시각이 싹트게 되었다고 역설한다(Latour, 1993[1991]). 이처럼 사회와 자연의 이분법을 단호히 거부한 라투르의 입장 역시 생활세계 담론의 존재론적 전회에 보탬이 되었다.

6. 가상현실과 모사적 질서의 대두

디지털 기술의 발전이 정보통신공간이라는 새로운 활동 무대를 선보이면서 사람들은 온라인 공간과 오프라인 공간이라는 두 가지 생활공간을 동시적으로 향유하게 되었다. 이때, 사이버스페이스라는 가상세계의 속성들이 현실세계에 실질적 영향을 끼치게 되는데, 그 효과를 손쉽게 식별할 수 있는 사례의 하나가 신축 아파트 홍보용 모델하우스이다. 모델하우스는 사람들에게 가상적 생활공간을 실재하는 것처럼 보여줌으로써 허구가 아닌 현실적 공간으로 인식케 한다. 즉, 모델하우스는 시공간적 제약을 넘어선 주거적 체험을 맛볼 수 있게 하는데, 그러한 효과가 전면적이고 본격적으로 재현된 곳이 사이버스페이스에서의 가상현실이다.

인터넷이 확산된 1990년대 초에 최초로 모습을 드러내기 시작한 가상현실은 추후 디지털 기술의 진전으로 기능, 내용 및 활용성이 증폭되면서 우리 실생활에 영향력을 배가해 왔다. 초창기 가상현실은 기술적 한계나 콘텐츠 빈곤 등으로 단순한 통신공간, 혹은 현실세계의 조잡한 모조품에 불과한 허상임이 쉽게 식별되었다. 하지만 모사기능이 고도로 발전한 최근에는 가상현실이 실재 현실과 방불하거나 때로는 그것을 능가하는 현장감을 발휘한다.

탈근대이론가 장 보드리야르(Jean Baudrillard)는 인류 역사에서 식별할 수 있는 모사의 진전 단계를 다음 세 가지 범주로 제시한다(보드리야르, 1995[1972]). 첫 번째 단계는 사실주의 문예운동이나 정치적 민주화 등 인본적 가치체계가 중세의 위계질서를 와해시킨 르네상스 시대로, 당시 예술에서 정치 영역에 이르는 일련의 모사활동에서 자연성이나 자연권 등을 중시하는 '자연적 가지법칙(natural law of values)'이 지배적이었다. 두 번째 단계는 공업생산의 형태로서 무한정의 재생가능성이 실현되는 산업혁명기로서, 공정의 기계화로 대량생산체제가 구축되어 외양이나 품질이 동일한 공산품들이 쏟아져 나와 사물의 고유성이 상실되는 '산업적 가치법칙(industrial law of values)'이라는 생산의 질서가 풍미했다. 그러다가 모사의 세 번째 단계에 해당하는 현대사회에 이르러 코드(가치/효능/필요성 등의 사물의 위계적 구조를 조직하는 규칙)라는 '구조적 가치법칙(structural law of values)'에 의거한 복제가 성행, 지속적 생산을 보장하는 모형(models)이 실물을 지배하게 된다. 제품의 틀이 실물보다 중시되는 이 같은 새로운 모사질서의 태동을 비판주의 문화이론가 더글러스 켈너(Douglas Kellner)는 다음과 같이 진술한다.

> "모형이나 코드가 일상생활을 구조화하며, 코드의 변형은 모사사회에서 차이 및 관계의 체계를 재편한다. 예컨대 도시계획가는 도시공간 및 건축에 관한 코드에 의거해 도시구조를 개편하고, 방송연출자도 자체적 코드를 이용해 프로그램을 산출한다. 코드는 기호 산출 과정에서 지속적으로 여론탐지에 주력하여 고객들을 모사적 질서에 동화시킨다. 그럼으로써 선전, 유행, 물품 매입, 선거, 운동시합 등에 대한 대중적 반응이 찬성–반대 혹은 호–불호(好–不好)의 양단 논리로 재단되어, 대중은 이분법적 교호체계에 복속된다."

출처: Kellner, Douglas. 1989. *Jean Baudrillard: From Marxism to Postmodernism and Beyond*. Stanford University Press: 245.

용기가 액체의 형태를 결정하듯 형식이 내용을 지배하는 이 같은 상황에서는 실물과 모사물의 구분 자체가 무의미해질 뿐 아니라, 현실성을 인위적으로 강화한 초과현실(hyperreality)이라는 모사적 현실이 실제 현실을 압도하는 이변이 초래된다. 보드리야르는 전형적 사례로 가공적 현실이되 현실 이상의 호소력을 발하는 놀이공원 디즈니랜드를 든다. 행복과 즐거움을 선사하기 위해 조작된 공간 디즈니랜드가 행복과 즐거움의 터전이었던 구래의 놀이동산을 축출해 높은 입장료를 지불하는 관람객들을 불러들이고 있다는 것이다(보드리야르, 2012[1981]).

7. 디지털 모사의 여파

디지털 시대의 모사는 단순한 재현(representation)에 그치지 않는다. 기본적으로 재현은 실재의 복원을 뜻하는 것이나, 모사는 사물의 단순한 복원 이상의 의미를 지닌다. 보드리야르는 재현에서 모사로의 이행 과정을 "최초에는 실재를 반영하나, 다음에는 실재를 숨기거나 왜곡하며, 이후에는 실재의 부재를 숨기며, 최종적으로는 실재와 아무런 관계도 갖지 않게 된다."고 언급하는데, 탈근대 비판가 프레드릭 제임슨(Fredric Jameson)은 실재와 무관한 이미지들이 난립하는 그러한 상태를 '재현의 위기'로 규정한다(제임슨, 2022[1991]).

모사적 질서가 공고화하는 재현적 위기 상황을 두고 학자들은 다양한 전망이나 대책을 제시한다. 일찍이 마셜 맥루언(Marshall McLuhan)은 세계가 미디어 기술이 막강한 소통적 역능을 발휘하는 미디어 중심사회로 이행할 것으로 예단한 바 있다. 이에 덧붙여 기호학자 움베르토 에코(Umberto Eco)는 전복적 메시지의 확산을 위해 풀뿌리 텔레비전 프로그래밍을 적극 활용해야 한다는 저항론을 제시하기도 했다. 그러나 매체란 대중통제를 위한 효과적 수단의 하나일 뿐 의사소통행위 자체와 기본적으로 무관한 것임을 역설한 보드리야르는 초기 저작에서 전송장치를 없애고 혁명적 행동을 통해 미디어 테크놀로지의 세계를 파괴하면서 면 대 면 대화를 되찾자는 급진적 방안을 제안했으나, 후년에 접어들어서는 모사에 전적으로 무관심해지라는 허무주의적 입장을 보였다(강정한 외, 2013: 188-189).

이 같은 입장 차이에도 불구하고, 한 가지 공통적이고 분명한 사실은 바야흐로 세상이 모사로 표상되는 비(非)실재가 실재를 압도하는 '실재성 격하의 단계'로 들어서고 있다는 사실이다.

8. 확장현실과 대안적 생활세계의 창출

초월성 · 익명성 · 편집성 · 중층성 같은 일련의 특성을 동반하는 새로운 활동공간으로서의 가상세계는 기술적 한계나 활용 영역의 제한 등으로 한동안 소기의 역량을 발휘하지 못했다. 그러나 기술적 진전과 함께 실재 현실을 방불케 하는 정교성, 또 실재 현실을 압도하는 장관(spectacle)을 창출하는 가상현실을 구현하게 되면서 가상세계는 우리 일상에서 영향력을 배가해 왔다. 특히 가상현실이 우리 생활 다방면으로 침습해 내재적 기능을 확장하는 한편 가상현실과 실재 현실이 다양한 방식으로 뒤섞인 혼합현실(mixed reality: MR)이나 증강현실

(augmented reality: AR)과 같은 확장현실(extended reality: XR)을 생성하면서 구래의 생활세계는 가상세계와 결합된 혼성적 생활세계(hybrid life-world)로 거듭나면서 일상세계를 크게 변모시키고 있는데, 무엇보다 획기적인 것이 대안적 생활세계의 창출이다.

사이버스페이스의 등장 이전까지 우리에게 주어진 것은 '유니버스(universe)'라 불리는 유일무이한 세계였다. 물론 작가나 예술가들에게는 작품세계, 성직자나 신자들에게는 신앙세계가 별도로 주어지긴 했지만, 그들 대부분도 주어진 사회 현실을 모태로 한 것이어서 고작해야 실재 현실의 상상체에 불과할 뿐이었다. 그러나 인터넷의 등장과 함께 가상현실이 기능적 현존감을 더해 가며 우리 삶에 뿌리내리게 되면서 실재 현실보다 볼 거리, 놀 거리, 꿈 거리가 풍성한 대안적 세계가 구현되고 있다.

이러한 추세를 대변하는 근자의 사례가 메타버스 열풍이다. "디지털로 구현된 리얼 라이프"로 정의되는 메타버스는 아바타를 꾸미며 즐기는 연예오락 부문을 넘어 금융, 유통, 교육, 의료, 마이스(MICE) 등에서 물리적 공간에 버금하는 플랫폼을 구축한다. 그뿐 아니라 사무실, 교육장, 진료소, 회의실 등 근로활동 및 여가생활 다방면으로 진출해 유일무이한 세계로 인정받던 종전의 유니버스와 병존하게 된다.

메타버스는 ① 경험이 이음새 없이 연결되며(seamlessness), ② 공간적 실재감을 발휘하며(presence), ③ 현실 세계와 메타버스의 정보가 유기적으로 연동되어(interoperability), ④ 여러 사용자들이 단일 공간에서 동시적으로 활동하면서(concurrence), ⑤ 돈의 흐름을 유인하는(economy) 전자회로 시뮬레이션(Simulation Program with Integrated Circuit Emphasis: SPICE) 모형을 취함으로써(김상균, 2020), 도구적 용도에 국한되어 온 구래의 정보통신 플랫폼과 달리 우리 생활 무대를 황홀경으로 이끌어 가고 있다. 이런 추세가 강화되면 윌리엄 제임스가 1908년 영국 옥스퍼드 대학에서 행한 강연 주제인 다중우주(pluralistic universe), 혹은 꼭 한 세기 이후 우주의 실체가 수학임을 밝히면서 4레벨 멀티 유니버스를 제시한 맥스 테그마크(Max Tegmark)가 정립한 '수학적 우주가설(Mathematical Universe Hypothesis: MUH)'에 상응하는 다중현실(multiple realities)이 불원간 우리 실생활에 착근할 것으로 기대된다(James, 1996; Tegmark, 2017).

9. 디지털 일상계의 변환

디지털 기술에 기반한 정보통신공간이 널리 활용되기 시작하면서 일상세계가 새로운 삶과 꿈이 교차하는 자유분방한 활력적 터전으로 변모하고 있다. 디지털 기술력을 바탕으로 한 접속성, 다중성, 시공간 전환성과 같은 속성들이 성공적으로 삶에 접목되어 가고 있는 것이다. 더구나 온라인-오프라인 세계의 혼융이 촉진되면서 우리 일상세계는 다음과 같은 속성들을 지닌 '디지털 일상계(digital everyday life)'로 거듭나고 있다.

1) 접속성(Connectivity)

디지털화의 진전과 더불어 현대사회는 면 대 면 접촉을 넘어선 새로운 단계로 이행한다. 서비스를 통괄하는 호스트 컴퓨터나 관리하는 조직이 없이 소규모 통신망을 순차적으로 연결하는 인터넷은 단시

일에 세계를 거미줄 같이 연결한 거대한 통신망 체체로 전환시키는데, 그 비결은 대면적 접촉을 비대면적 접속으로 대체하는 접근성 혁명에 있다(리프킨, 2001[2000]). 개인에서 크고 작은 조직이나 제도체에 이르는 모든 것들을 통신망으로 촘촘히 연결시킨 웹 접근성은 사회적 거리두기(social distancing)나 격리(quarantine)가 요구되거나 권장된 코로나19 팬데믹 사태 때 크게 빛을 본 바 있다.

2) 탈(脫)제약성(Boundlessness)

규범이나 관례로부터 벗어나고자 하는 탈제약성은 무엇보다 디지털 시대에 태어나고 성장한 디지털 원주민의 성향이나 행태들—즉각성, 표출성, 민감성, 변신성, 참여성, 탈진정성 등—로부터 유추할 수 있다. 오프라인에서 짧게 만났다 흩어지는 번개팅이나 플래시 몹, 또 온라인에서는 다양한 형태의 SNS로부터 직시할 수 있는 그러한 경향은 결혼이나 출산을 선택 사항으로 여기는 신세대의 자유분방한 의식에서도 판독된다. 탈제약적 행태는 화면 터치나 드래깅 등 선택의 자유(freedom of choice)를 조장하는 스마트 기기의 확산과 더불어 촉진되어 왔다. 디지털 미디어의 보급을 선도해 온 청소년층의 의식변화를 주시해 온 마누엘 카스텔은 일찌감치 신기술이 그들의 자의성을 부추길 것으로 예단한 바 있는데(Castells, 2009), 탈제약적 의식은 요즘 타 연령층으로 파급되어 금제 장벽을 와해시키고 있다.

3) 유동성(Mobility)

디지털 시대에는 이동이 생존이나 번영을 위한 덕목으로 권장된다. '디지털 유목민(digital nomad)'이라는 개념은 미래학자 자크 아탈리(Jacques Attali)가 『21세기 사전』(*Dictionnaire du XXIe siècle*)이라는 책자에서 제시하면서 알려지기 시작한 것으로(아탈리, 1999[1998]), 디지털 시대의 유목적 성격은 '정주적 공간(space of stay)'과 대비된 '흐름의 공간(space of flow)'이라는 새로운 공간의 창출과 더불어 강화되고 있다. 더구나 피처폰을 비롯한 PDA나 포터블 게임기에 이어 스마트폰이나 스마트패드와 같은 모바일 기구들이 이어짐으로써, '유동성'은 디지털 시대의 일상세계를 특징짓거나 규정짓는 특성의 하나로 자리잡아 가고 있다.

4) 편재성(Ubiquity)

편재성(偏在性)은 상시적 접속 기능을 갖춘 모바일 기구의 확산과 더불어 언제, 어디서, 누구와, 어떤 사안이든 임의로 소통하는 여건이 충족된 상태를 뜻한다. 편재적 소통기구의 극단은 그 존재가 더 이상 사람들에게 크게 느껴지지 않는 비지각적인 경우일 것이다. 요즘 각종 스마트 기기나 고감도 센서를 장착한 최첨단 소통 기구들이 우리 주변을 채워 가고 있지만, 우리는 차츰 그들을 숨 쉬며 살아가는 공기와 같은 생활의 일부로 여기며 살아간다. 언제 어디서든 활용할 수 있다는 사실로 인해 뉴미디어 환경에 파묻혀 살아가고 있다는 점에서 자주 간과되곤 하지만, 편재화 현상은 UC 버클리의 크리스토퍼 피스터(Kristofer Pister) 연구진이 개발하는 '스마트 더스트(smart dust)'라는 초소형 센서의 확산과 함께 강화되고 있다(Pister, 2021).

10. 디지털 일상계의 전능화

반복성, 상궤성, 친숙성을 특징으로 해 온 지난날의 일상은 안정적 삶을 담보하는 정상적 삶의 기반으로 미화되어 왔다. 그러나 '다람쥐 쳇바퀴 돌기(being in the rut)'라는 비유로 짐작할 수 있듯, 범속적 일과로서의 일상은 돌발적 사건이나 이벤트와 대척적인 따분함의 산실로 폄하되어 온 것도 부인할 수 없다. 접속성, 익명성, 다중성, 시공간 변형성과 같은 기능들을 내장한 사이버스페이스의 출현을 계기로 모습을 보인 가상세계는 접속성, 탈제약성, 유동성 및 편재성과 같은 특성들을 갖춰 나가면서 자유로이 생각하고, 말하고, 행동할 수 있는 활력의 장으로 떠오르고 있다.

디지털화의 진전 과정은 기술적 단계, 구조적 단계, 문화적 단계, 정신적 단계 및 신체적 단계로 설정할 수 있다(김문조, 2013: 193-220). 디지털 일상계는 이 같은 과정의 정점, 즉 디지털적으로 생각하고, 느끼고, 행동하고, 꿈꾸며, 심지어 주어진 육신마저 변형시킬 수 있는 자유로움이 최고조에 이른 상태라 말할 수 있다. 디지털 혁명의 소산인 디지털 일상계는 시제상으로는 전래적 일상세계의 후속적 현상임에 틀림없으나, 자유자재로 변모 가능하다는 점에서 종전의 일상세계와 견줄 수 없을 만큼 특출하다. 바로 이러한 변조적 기능으로 인해 디지털 일상계는 "상상이 현실로"라는 용어가 통용되는 활력의 터전으로 찬미되곤 한다. 요컨대, 디지털 일상계는 모태에 해당하는 무미건조한 전래적 일상세계를 압도하는 매력을 발산할 수 있는데, 무엇이든 가능하다는 확신을 불러일으키는 디지털 일상계의 전능성(全能性)은 기도문을 패러디한 필자의 시구 한 연을 삽화와 첨부하면서 논의에 갈음하고자 한다([그림 4-1] 참조).

그림 4-1 | 기존 일상계를 압도하는 디지털 일상계

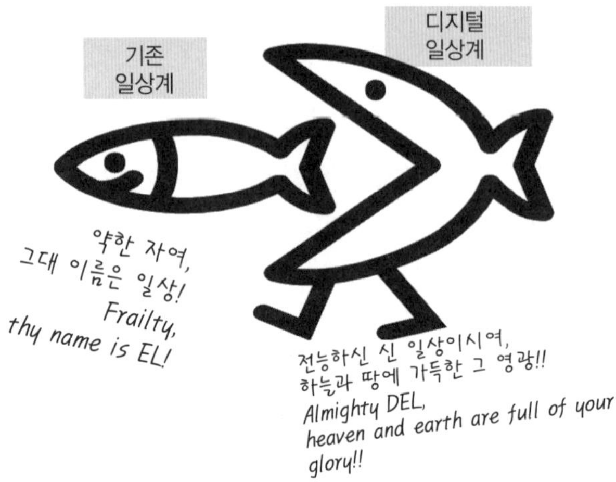

출처: 김문조 · 유승호 · 정의준, 2013. "뉴미디어와 현실의 사회적 재구성: 생활세계론적 접근."『담론201』16(1): 41.

11. 혼합적 생활세계의 시대로

전능성을 갖춘 디지털 일상계가 실생활에 접목되어 허상이나 가공된 실상이 현실세계에 막강한 영향력을 발휘하면서 더 이상 생활세계의 단일성이나 유일성에 연연할 필요가 없는 '다중현실(Multiple Realities)'의 시대가 본격화하고 있다.

지난날을 돌이켜 볼 때, 역술가나 광인 같이 특정한 사람들, 혹은 정상적 부류라면 작품세계를 마주한 예술가나 현세를 넘어선 초월적 세계를 설파하는 신앙인들에게 주어졌던 또 다른 세상을 일반인들에게 쥐어준 것은 세상을 의식적 체험의 산물로 인식한 현상학자들에 의해서였다. 현상학자들이 없었다면 사람들은 오직 꿈속에서나 예술 작품 같은 것을 통해서만 실제적 현실이 아닌 다른 세상을 체험할 수 있었을 것이다.

그러나 사이버스페이스라는 가상현실의 등장을 계기로 일반인들도 실재 현실이 아닌 또 다른 현실과 상시적으로 접하게 된다. 디지털 혁명이 선사한 새로운 세상은 애초에는 현실감이 크게 결여된 영락없는 가짜 현실에 불과했다. 하지만 그것이 정교성과 기능성을 강화하게 되면서 실재 현실 못지않은 실물감이나 효능감을 발휘하는 대안적 일상으로 우리 삶에 자리잡아 가고 있다. 여기에 따분한 일상을 탈피하고픈 탈주적 욕구가 마중물로 가세함으로써 가상현실은 우리 삶에 생기와 활력을 더해 주는 일상계로서 실재 현실 못지않은 대안적 세상이 되어 가고 있다. 더구나 가상현실이 실재 현실과 어울려 혼합현실이나 증강현실과 같은 다양한 확장현실들을 생성해 상상이 현실과 맞닿게 됨으로써 일상세계의 혼융화가 더 이상 거스를 수 없는 대세가 되어 가고 있다.

그런 경향은 무엇보다 존재론적 전회라는 지적 동향에 크게 빚지고 있다. 즉, 요즘의 온라인 세계는 소통의 플랫폼에 그쳤던 초창기 사이버스페이스의 역능을 훌쩍 뛰어넘어 우리 삶의 형식이나 성격에 지대한 영향을 가하는 유사현실적 활동 무대가 되고 있다. 현존감을 지닌 가상현실이나 다양한 형태의 확장현실들이 속출해 우리 일상이 복합적 생활세계로 변모 중이다. 이러한 정경은 사교, 놀이, 학습, 직무 활동들을 동시적으로 수행할 수 있는 다중작업(multi-tasking) 현장에서 직시할 수 있지만, 실체가 없이 가상공간에서 유통되던 가상화폐가 실물적 교환가치를 행사하면서 경제 활동에 적극 개입하는 최근 현황에서도 감지할 수 있다.

■ 참고문헌

강정한 외. 2013. 『현대사회학이론: 패러다임적 구도와 전환』. 다산출판사.

김문조. 2013. 『융합문명론: 분석의 시대에서 종합의 시대로』. 나남.

_____. 2020b. "포스트 코로나 시대, 사회적 전망과 과제." 『학술원논문집』 59(2): 295-334.

김문조 · 유승호 · 정의준. 2013. "뉴미디어와 현실의 사회적 재구성: 생활세계론적 접근." 『담론201』 16(1): 33-60.

김상균. 2020. 『메타버스: 디지털 지구, 뜨는 것들의 세상』. 플랜비디자인.

리프킨, 제러미. 2001[2000]. 『소유의 종말』. 이희재 옮김. 민음사.

보드리야르, 장. 1995[1972]. 『기호의 정치경제학 비판』. 이규현 옮김. 문학과 지성사.

_____. 2012[1981]. 『시뮬라시옹』. 하태환 옮김. 민음사.

아탈리, 자크. 1999[1998]. 『21세기 사전』. 편혜원 · 정혜원 옮김. 중앙m&b.

제임슨, 프레드릭. 2022[1991]. 『포스트모더니즘, 혹은 후기자본주의 문화 논리』. 임경규 옮김. 문학과지성사.

콘, 에두아르도. 2018[2013]. 『숲은 생각한다: 숲의 눈으로 인간을 보다』. 차은정 옮김. 사월의책.

한전숙 · 차인석. 1980. 『현대의 철학 I : 실존주의 · 현상학 · 비판이론』. 서울대학교출판부.

Barthes, R. 1972[1957]. *Mythologies*. Trans. by A. Lavers. Vintage.

Beck, U and E. Beck-Gernsheim. 2002. *Individualization: Institutionalized Individualism and its Social and Political Consequences*. Sage.

Best, S. and D. Kellner. 1991. *Postmodern Theory*. Guilford Press.

Camp, L. J. 2000. *Trust and Risk in Internet Commerce*. MIT Press.

Castells, M. 2009. *Communication Power*. Oxford University Press.

Delfanti, A. and A. Arvidsson. 2019. *Introduction to Digital Media*. John Wiley & Sons, Inc.

Derrida, L. 1978. *Cogito and the History of Madness. From Writing and Difference*. Trans. by A. Bass. Routledge.

Descola, P. 1996. *In the Society of Nature: A Native Ecology in Amazonia*. Trans. by N. Scott. Cambridge University Press.

______. 2014[2005]. *Beyond Nature and Culture*. Trans. by J. Lloyd. University of Chicago Press.

______. 2019. *La nature domestique: Symbolisme et praxis dans l'écologie des Achuar*. Maison des Sciences de l'Homme.

Geniusas, S. 2020. "'Multiple Realities' Revisited: James and Schutz." *Human Studies* 43: 545-565.

Heidegger, M. 1982[1959]. *On the Way to Language*. HarperOne.

Husserl, E. 1965[1910], "Philosophy as Rigorous Science." In *Phenomenology and the Crisis of Philosophy*. Trans. and Ed. by Q. Lauer. Harper & Row.

______. 1931[1913]. *Ideas: A General Introduction to Pure Phenomenology*. Trans. by B. Gibson. Allen and Unwin.

James, W. 1983[1890]. *The Principles of Psychology*. Harvard University Press.

______. 1996. *Pluralistic Universe*. Intro. by H. S. Levinson. University of Nebraska Press.

Kellner, D. 1989. *Jean Baudrillard: From Marxism to Postmodernism and Beyond*. Stanford University Press.

Latour, B. 1993[1991]. *We Have Never Been Modern*. Trans. by C. Porter. Harvard University Press.

Pister, K. 2001. "Smart Dust: Communicating with a Cubic-millimeter Computer." *Computer* 34(1): 44-51.

Rheingold, H. 1994. *The Virtual Community: Homesteading on the Electronic Frontier*. Perennial.

Sahlins, M. 2013. "Foreword." In P. Descola. *Beyond Nature and Culture*. Trans. by J. Lloyd. University of Chicago Press.

Savage Minds. 2014. "On Taking Ontological Turns." *Savage Minds*. 25 January 2014. Retrieved 26 March 2019.

Schutz, A. 1945. "On Multiple Realities." *Philosophy and Phenomenological Research* 5: 533–576.

______. 1962. *Collected Papers I: The Problem of Social Reality*. Ed. by M. Natanson. Martinus Nijhof.

______. 1970. *On Phenomenology and Social Relations*. Intro. by H. Wagner. University of Chicago Press.

Tegmark, M. 2017. *Life 3.0: Being Human in the Age of Artificial Intelligence*. Knopf.

제5장

정향(2): 포스트휴먼(Posthuman)

1. 신기술 시대의 인간과 비인간
2. 탈인간화, 어디까지 왔나?
3. 포스트휴먼 담론의 기원
4. 포스트휴머니즘의 계보
5. 포스트휴먼 담론의 축도
6. 실체로서의 포스트휴먼

Designed by Freepik

1. 신기술 시대의 인간과 비인간

인간처럼 생각하고 반응하는 지능형 가공물이 출현하면서 첨단 기술력을 활용한 여타 생명체나 사물들도 독자적 행위능력을 지닌 행위 주체로 대두하는 새로운 문명 시대가 개화하고 있다. 그에 따라 현생 인간만이 독점해 왔던 인간 범주에 첨단 기술로 무장한 여타 생명체나 사물의 개입도 허용해야 한다는 포스트휴먼 논의가 본격화하고 있다.

사회에 대한 비인간의 개입을 표상하는 고전적 사례의 하나로는 외계인 논쟁을 들 수 있다. 우주에 무수한 행성들이 있으므로 외계인의 존재를 전적으로 부인할 수 없으리라 본다. 1961년 천문학자 프랭크 드레이크(Frank D. Drake)가 인류가 '지구 외 생명체(extraterrestrial life)'로 불리는 외계인과 조우할 확률을 방정식으로 제시한 이래 유사한 시도가 이어졌다(Vakoch and Matthew, 2015). 그러나 이들을 뒷받침할 만한 확증이 뒷받침되지 않아 외계인이 불확실한 가설로 존속하던 중, 1982년 스티븐 스필버그(Steven Spielberg) 감독의 SF영화 E.T.가 출시되면서 폭발적인 대중적 관심을 촉발하였다.

그러나 실제가 아닌 상상의 세계에서는 인간과 비인간과의 접촉이 결코 생소한 소재가 아니었다. 구전 설화로부터 소설, 영화, 애니메이션 및 온라인게임 등과 같은 상상계에서는 인간과 교류하는 신, 자연물 혹은 사물들을 널리 찾아볼 수 있다. 토끼나 애벌레로부터 모조거북 등 다채로운 존재들이 등장하는 루이스 캐럴(Lewis Carroll)의 『이상한 나라의 앨리스』(*Alice's Adventures in Wonderland*)를 대표적 사례로 꼽을 수 있겠는데, 각종 동식물이나 죽은 자, 심지어 색깔과 같이 형상조차 없는 것들까지 의인화하여 인간과 소통하는 정경을 묘사한 명작들이 『수궁전(토끼전, 별주부전)』 같은 연대 미상의 고전 소설에서 『어린 왕자』나 『내 이름은 빨강』과 같은 현대 작품에 이르기까지 즐비하다(생텍쥐페리, 2015[1943]; 파묵, 2004[1998]). 그런데 최근에 들어서는 첨단 정보통신기술을 활용해 세상 모든 것들이 서로 통교하는 만유소통(萬有疏通)이 상상계를 넘어선 현실 세계에서 구현되고 있는데, 그러한 추세를 향도해 온 기술 범주들을 간략히 살펴보도록 하자.

1) 웨어러블(Wearable) 기술

웨어러블 기술은 우리 몸에 기기를 부착해 신체 기능을 강화시키려는 목적으로 개발된 것으로, 그 선도자로 꼽히는 스티브 만(Steve Mann)은 이동식 카메라와 디스플레이 장치를 이용해 기록된 자신의 모든 일상생활을 다른 사람들이 웹을 통해 볼 수 있는 프로젝트를 진행하던 중 컴퓨터와 키보드, 스크린과 무선 송신기를 몸에 부착시키는 웨어러블 기술을 창안했다(Mann and Niedzviecki, 2001).

애초에 전투력 증강을 위한 군사기술의 일환으로 각광받던 웨어러블 기술은 최근 소형화와 접속화를 촉진하는 하드웨어 및 소프트웨어의 발전, 거기에 생명공학기술이나 나노기술까지 가세해 기술적으로 크게 신장하고 있을 뿐 아니라, 안경, 시계, 신발 등과 같은 제품으로 상업성을 강화해 왔다. 휴대형, 부착형, 이식/복용형으로 구분되는 웨어러블 기술은 신체와 기계, 인간과 사물을 서로 뒤섞지 않으며 결합시킨다는 점에서 온전한 의미의 포스트휴먼이 아닌 원시 포스트휴먼(proto-posthuman) 유형에 속한다고 여겨지나, 인간 정체성 문제를 촉발하지 않는 가장 거부감 없는 연접 방식에 해당한다는 점에서 소정의 의미를 부여할 수 있다(Ryan, 2014).

2) 사이보그(Cyborg)

기계를 대변하는 사이버네틱스(cybernetics)와 유기체(organism)의 합성어로 기계인간이라는 개조적 생명체를 지칭하는 사이보그에는 단순한 기계와 생체의 교류를 넘어 양자가 새로운 유기적 통합체를 이룬다는 의미가 내포되어 있다. 자연적(nature)인 것과 인공적(nurture)인 것, 혹은 생물권(biosphere)과 기술권(technosphere)의 경계에서 생성되는 혼성 유기체라는 함의가 내재해 있는 것이다. 실제로 생명체 간의 이종이식(異種移植), 유전정보를 옮기거나 새로운 유전자들을 종합하고 삽입하는 유전자 이식, 뇌-컴퓨터 인터페이스, 감각의 재편을 향한 신경과학의 메타-디자인, 새로운 생명체의 창조 등을 위한 융복합 기술이 확산되고 있는 최근 생체와 사물의 접합은 지난날 꿈꿀 수 없던 새로운 경지로 들어서고 있다(보스트롬, 2017 [2014]).

웨어러블 기술과 마찬가지로 신체의 확장을 일차적 목표로 삼은 사이보그 기술은 다음 세 단계로 진전되어 왔다. 첫째는 의족, 의수, 의안 등과 같이 손상되거나 상실된 신체 부위를 복구하기 위한 보철(補綴) 단계, 둘째는 신체에 생물학적 한계를 뛰어넘는 역능을 부여하는 강화(强化) 단계, 셋째는 기존 유전자의 일부를 새로운 것으로 대체하는 조작(造作) 단계이다. 그런데 1996년 7월 복제 양 '돌리'의 탄생 이후 생쥐, 소, 돼지, 염소, 토끼, 고양이, 개와 같은 동물 복제가 잇따라 성공하고 급기야 배아 유전체 편집을 통한 인간 복제 소식마저 들려오면서 복제(複製) 사이보그라는 새로운 단계가 현실화하고 있다(김남옥 · 김문조, 2013; 전방욱, 2019).

3) 사물인터넷(IoT)

사물인터넷은 정보기술을 이용해 만물(萬物)을 지능적으로 연결시키자는 목적으로 고안된 것으로, 언제, 어디서든 인간의 직접적 개입 없이 인터넷으로 연결해 필요한 정보처리나 제어를 수행하는 기술과 서비스를 말한다. 1990년대의 인터넷이 사람과 사람 간에 필요한 정보를 주고받는 '사람 간 인터넷'이었다면, 사물인터넷의 활용이 증대되어 가는 오늘날은 사람과 사람 사이는 물론이요, 세상 모든 것들을 인터넷으로 연결하는 만유접속의 시대로 변모하고 있다. 사물인터넷의 핵심 기술은 무선 센서 네트워킹 기술로, 컴퓨팅 능력과 무선통신 능력을 갖춘 센서 노드가 응용 환경에 배치된 자율적 네트워크가 센서 노드로부터 얻은 정보를 무선으로 수집 · 제어 · 감시하는 기능을 수행한다(하원규 · 최민석 · 김수민, 2013). 즉, 필요하다고 판단되는 정보를 사람을 통하지 않고 스스로 생성하거나 재생함으로써 연결 기능을 촉진시키자는 것이 사물인터넷으로, 그 활용도에 비례해 인간관계에 사물이 개입할 여지가 커진다.

4) 인공지능(AI)

컴퓨터의 초창기 명칭은 전자계산기였고, 이후의 명칭은 정보처리기기였다. 근자에 이르기까지 정보처리기기는 인간이 입력한 정보를 주어진 프로그램에 따라 가공처리하는 CPU를 주축으로 한 충직한 사역자(使役者)에 머물러 왔다. 그러나 다양한 기능을 자율적으로 처리할 수 있는 소프트웨어나 앱이 보강된 요즘 첨단 정보처리기기는 외부의 자극이나 상황 변화를 독자적으로 인지 · 판단 · 대처할 수 있는 역량을 높여 나가고 있어, 머지않아 인공지능(AI)이 인간지능(HI)

을 넘어서는 특이점(singularity)에 도달할 것이라는 전망이 유력해지고 있다(커즈와일, 2007[2005]; 켈리, 2017[2017]).

사용자의 욕구나 성향을 파악해 맞춤형 서비스를 제공하는 AI가 출현해 실생활에 편익을 주고, 실시간 건강 모니터링을 통해 사전에 질병에 대처할 수 있는가 하면, 지능형 소셜 로봇과 함께 정서적 풍요가 더해질 것이라는 신나는 얘기가 세간에 넘쳐난다. 반면 일자리 축소 문제 등 AI 시대를 부정적으로 바라보는 시각도 없지 않다. 하지만 이들 상반된 전망은 통제의 주도권이 인간에게 주어져 있다는 전제를 공유한다. 1970/80년대에 성행했던 정보사회론은 인터넷이 확산되기 시작한 1990년대에 지식사회론으로 탈바꿈했고, 향후에는 논점이 지식을 넘어 지능, 지혜, 감성 등으로 외연되었지만, 그럼에도 불구하고 병렬적인 기계적 사고 능력이 인간 본연의 직관이나 통찰을 따를 수 없다는 견해가 우세했던 까닭이다. 그러나 신경학적 심층연결망(Deep Neural Network: DNN)을 갖춘 AI가 꾸준한 자기학습과 풍부한 실전 체험을 통해 홀로서기를 하게 되는 시점에 이르면, 행위 결과에 대한 동기나 책임을 인간에게 물어야 할지 기계에게 물어야 할지가 묘연해지는 혼란 상태에 이를 것으로 예견된다(Tegmark, 2017).

5) 빅데이터(Big Data)

빅데이터는 단일 데이터 집합의 크기가 테라바이트에서 페타바이트 단위에 이르러 종전의 자료처리 능력으로 감당하기 힘든 규모에 이르는 경우에 해당하는 것으로, 자료 증식 속도가 빠를 뿐 아니라 내적 이질성이 높다는 부가적 속성을 겸비한다. 따라서 빅데이터는 전통적으로 양(volume), 입출력 속도(velocity) 및 다양성(variety)이라는 '3V'로 특성화되어 왔지만, 요즘에는 거기에 정확성(veracity) 및 가변성(variability)이 더해진 '5V'로 대변되고 있다.

빅데이터 기술은 그러한 대규모의 비규격적 자료를 신속히 처리할 수 있는 방안을 제공한다는 점에서 큰 의의를 부여할 수 있으나, 기대에 반한 우려나 비판도 수반되고 있다. 가장 빈번히 제기되어 온 부정적 측면은 사생활 침해 문제이다(Andrejevic and Gates, 2014). 하지만 그보다 더 심각한 쟁점은 데이터화(datafication)라고 불리는 현상이다. 무한소의 유전자에서 동식물을 포함한 자연이나 사물은 물론 무한대의 우주에 이르는 모든 것들이 데이터화되어 가는 데이터 범람 시대에, 쌓여 가는 데이터를 임의적으로 쪼개거나 결합해 새로운 데이터를 양산할 수 있는 데이터 복제나 변조가 실상을 압도하는 허상을 양산하고, 존재하는 모든 것들을 데이터로 환원시켜 본질적 고유성을 말살하는 위험성이 높아가면서 인류사회는 엄중한 존재론적 도전에 직면할 수 있다(한병철, 2015[2014]).

6) 신기술 효과의 재정리

전술한 신기술들은 독자적 기능들을 통해 인간과 기계, 인간과 사물, 혹은 인간과 비인간의 결합을 촉진시켜 왔다. 결합 과정은 크게 "인간(신체)의 외화(exteriorization) 및 기계(기술)의 내화(interiorization)"라는 양대 트렌드로 일괄할 수 있다. 그 결과 자연적인 것(natural)과 인공적인 것(artificial), 인간(human)과 비인간(nonhuman), 주체(subject)와 객체(object)와 같은 이분법이 변별력을 잃어 가고 있다.

이러한 양상을 신기술의 기능적 요소들과 연관시켜 재고해 보자. 웨어러블 기술, 사이보그, 사물인터넷, 인공지능 및 빅데이터 기술은 각기 확장(extension), 접합(articulation), 개입(intervention), 향상

(enhancement) 및 합병(amalgamation) 기능을 통해 양대 영역의 결합을 주도해 왔다고 말할 수 있다. 그런데 이들 중 웨어러블 및 사이보그 기술은 기본적으로 인간(신체)을 기점으로 한 외화, 반면 사물인터넷 및 인공지능 기술은 기계(기술)를 거점으로 한 내화를 통한 결합에 진력해 왔다. 하지만 빅데이터 기술에 의한 합병 단계에 이르면 외화-내화 구분 자체가 무의미해지는 국면에 이르러, '상호변환(transduction)'이라는 개념으로 통칭되고 있다(정보통신정책연구원, 2014). 게다가 웨어러블 기술로부터 빅데이터 기술에 이르는 일련의 신기술들은 후속하는 것일수록 선행 기술의 기능들을 포섭해 가는 누적 효과를 발휘해 세상 만물을 융합의 세계로 이끌어 가고 있다.([그림 5-1] 참조).

그림 5-1 ❙ 신기술의 기능적 특성 및 효과

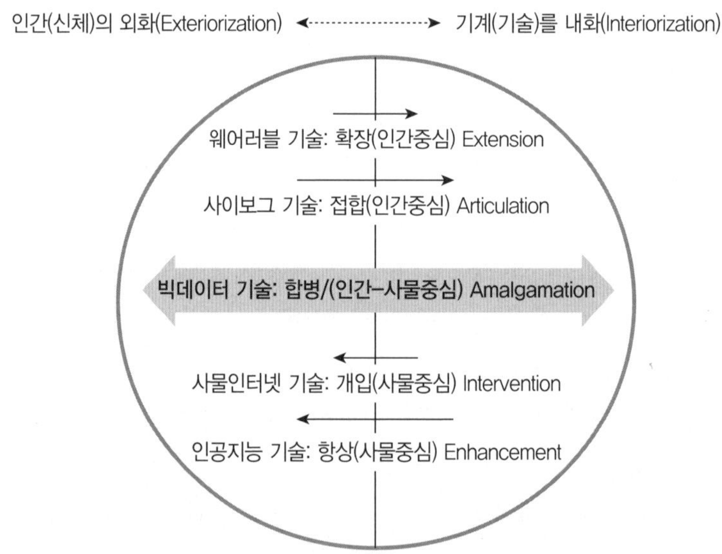

2. 탈인간화, 어디까지 왔나?

"인간의 사물화냐 사물의 인간화냐?"라는 출발점을 기준으로 한 방향성 논쟁과 무관하게 기술을 활용한 현생인간과 사물 간의 연접은 다양한 형태의 혼성인간을 산출하고 있으며, 그 진전 속도는 날로 배가하고 있는 실정이다.

넓은 의미의 사이보그라고 할 수 있는 혼성인간의 출발점을 안경 낀 사람이나 자전거 이용자까지 올려 잡는 이들이 있다. 그러나 의수, 의족, 보청기 등 손상된 신체 기능을 보강하기 위한 인공 보조수단의 접합을 그 기점으로 삼는 것이 일반적이다. 요즘은 그런 기법들이 발달해 임플란트나 인공관절을 삽입하기도 하고 라식 · 라섹 수술을 통해 시력을 향상시키는 등 신체 보강이 다양한 방식으로 이뤄져 왔다. 여기에 미학적 목적을 위한 보형물 삽입이나 주름을 없애기 위한 보톡스 주사, 나아가 정신 집중을 위한 약물 복용이나 손상되는 기억을 방지하기 위한 두뇌 임플란트, 그뿐 아니라 결핍 혹은 결함이 있는 유전자를 분자수준에서 교정하는 유전자 치료나 영생을 얻기 위한 불로장생 요법에 이르기까지 현생인류의 신체적 · 정신적 한계를 초극하기 위한 탈인간화 조치가 다방면에서 진행되고 있다. 이러한 노력에 의해 영육 양면으로 혼성적 형태의 인간이 속출하고 있는데, 급증하는 사이보그로 이야기가 끝나는 것이 아니다. 현실화하기 시작한 탈인간화의 예상치 못한 또 다른 국면은 현생인간과 어떠한 공분모도 지니지 않는 순수한 형태로서의 가상인간(virtual human)의 출현이다.

사이버 가수 '아담'이 세상에 모습을 드러낸 것은 1998년이었다. 미디어에 최초로 등장한 가상인간이라고 회자되었지만, 기술적 한계로 인해 아담은 진짜 사람과 너무 달라 보여 예상보다 수명이 길지 못했다. 그러나 기술 발전의 음덕을 흠뻑 입고 탄생한 요즘 가상인간은 실재를 방불케 한다. 인공지능과 컴퓨터그래픽의 고도화는 진짜와 가짜를 구별하기 어렵게 만들고 있고, 그 여세로 가상인간은 인간의 활동 영역을 자유롭게 활보한다. 아이돌 가수로 데뷔해 춤추고 노래하는가 하면, 광고 모델로 활동하고, 홈쇼핑에서 제품을 팔기도 한다. 또 인스타그램, 틱톡, 유튜브에서 콘텐츠도 만들어 내며, 여행 다니고, 쇼핑하고, 맛집 탐방을 하는 '평범한' 일상을 즐기는 것은 물론 그 내용을 인스타그램에 올리기도 하고 심지어 팔로워들과 소통까지 한다. 이들 가상인간에게 "사람보다 더 사람 같네!"라는 탄성이 주어지는 것은 그 때문이다(최선희, 2023). 이 같은 하이퍼휴먼을 위시한 가상인간들이 우리 삶에 영향력을 더하게 되면서 그것은 더 이상 실재하지 않는 허상적 존재나 단순한 온라인 캐릭터로만 치부하기 힘들게 되어 가고 있는 실정이다. 이런 상황에 이르게 된 데는 AI를 활용한 딥러닝 등 첨단 기술의 역할이 결정적이었다 할 수 있지만, 비대면이 일상화된 팬데믹 시대가 가상인간이 우리 생활 속에 급속히 파급될 수 있는 환경을 재촉했다는 점도 묵과할 수 없다. 특히 현실세계를 가상공간에 구현한 메타버스 플랫폼에 익숙한 MZ세대는 가상인간에 대한 거부감이 덜할 것이 자명한 만큼, 향후 전술한 혼성인간이나 각종 가상인간들이 사회 전면에서 활약하는 포스트휴먼 시대가 개화할 것이라는 점은 의심할 나위가 없다.

3. 포스트휴먼 담론의 기원

포스트휴머니즘은 의미의 폭을 한정짓는 방식에 따라 크게 협의적 개념과 광의적 개념으로 양분할 수 있다. 좁은 의미의 포스트휴머니즘은 최첨단 기술력에 의해 현존 인류의 한계를 초극할 수 있다는 트랜스휴머니즘과 대비되는 주장이라고 할 수 있다. 반면, 넓은 의미의 포스트휴머니즘은 인간을 세상의 주인공으로 설정하는 근대 휴머니즘을 대체할 수 있는 '비인간적 전환(non-human turn)'의 인식을 대변하는 포괄적 개념이다. 그런데 포스트휴먼 논의의 활성화와 더불어 그에 관한 함의가 확장되어 가는 현시점에서는 많은 학자들이 풍성한 논의가 가능한 후자 쪽을 선호한다(Ferrando, 2013). 따라서 여기서도 광의의 포스트휴머니즘으로 시각을 확장해 핵심적 주장과 내용을 개관해 보도록 하자.

포스트휴머니즘의 전신인 휴머니즘은 15세기부터 유럽에서 태동하여 20세기 초까지 이어진 것으로, 중세의 신(神) 중심의 학문체계에 반기를 들고 인간다운 학예를 부활시켜 교권에 질식되어 가는 인간성을 회복하고자 한 '인간중심적 사상'을 일컫는다. 인간 본성과 인간의 절대적 우위가 신성불가침의 보편적인 가치로 확고하게 인정되어 온 이러한 사상적 토대하에 인류는 수백 년간 문화, 예술, 과학, 사회 등 전반에 걸쳐 많은 진보를 이룰 수 있었다. 그러나 20세기 후반부터 생명공학, 유전공학, 인지과학, 정보통신기술, 컴퓨터공학, 나노기술 등 과학기술의 놀라운 성과들로 진보의 양상이 크게 변모하고 있다. 기계 장치가 인간의 능력을 강화하기 위해 인간의 몸과 결합될 뿐만 아니라 유전자 조작을 통해 생명체가 복제되고 변이되고 있으며, 인공지능의 등장과 발전으로 지금까지 인간이 자신의 지적 능력을 바탕으로 명확한 경계짓기를 해 왔던 기계 장치가 고도의 지적 능력을 갖춰 나가고 있다. 그뿐만 아니라, 기술 발전에 따라 육체와 정신의 확장, 디지털 네트워크화에 따른 시·공간 개념의 변화 및 육체성 없는 주체의 등장과 같은 탈경계적 현상들도 속출하고 있다. 이러한 일련의 변화는 인간 본성에 대한 새로운 규정을 요구하여, 이들을 규명하기 위해 근대적 휴머니즘을 넘어서는 새로운 이해의 틀로서 '포스트휴먼(post-human)' 논의가 각광받고 있다(브라이도티, 2015[1954]; 이경란, 2017).

포스트휴먼 담론의 기원은 1946~53년에 사이버네틱스에 대해 열렸던 메이시 컨퍼런스와 노버트 위너(Norbert Wiener), 그레고리 베이트슨(Gregory Bateson), 존 폰 노이만(John von Neumann) 등이 함께 제시한 시스템이론으로 소급할 수 있다(Wolfe, 2010). 다양한 분야에 속한 이들의 노력은 추후 의미와 정보 및 인지 문제와 관련해 호모 사피엔스라는 인간으로부터 특권적 위치를 박탈하는 생물학적 · 기계적 · 커뮤니케이션적 과정들에 대한 종합적 연구로 확장된다. 따라서 포스트휴머니즘 사상에는 서로 상이하고 경합적인 요소나 내용들이 병존하지만, 어떻든 그것은 인류가 자신과 자연과 세상을 이해함에 있어 전망론적 · 관계론적 · 존재론적 측면의 전면적 인식 전환을 요구하는 담대한 대안적 패러다임을 축조해 온 것이 사실이다.

철학, 윤리학, 의학, 기술과학, 정치학, 사회학, 미학 등 다양한 학문 분야를 횡단하는 포스트휴먼이란 용어는 합의된 정의를 갖고 있지 않다. 그러나 포스트휴먼은 일반적으로 '인간과 기술이 만들어 내는 변화 속에 사는 인간'을 지칭한다고 볼 수 있는데(아이디, 2013[2003]), 여기에는 현생인류와는 다른 새로운 종의 인간이 등장하고 있다는 인식이 깊이 반영되어 있다(이수진, 2013). 캐서린 헤일스

(Katherine Hayles)는 포스트휴먼 담론은 적어도 다음과 같은 네 가지 명제를 공유하고 있다고 주장한다. 첫째, 서구전통에서는 데카르트가 인간은 사유하는 존재라고 생각하기 훨씬 이전부터 인간의 정체성이 의식에 내재한다는 생각이 지배적이었지만, 포스트휴먼 관점에 따르면 의식은 부수적인 현상이며 별로 중요하지 않은 문제에 불과하다는 것이다. 둘째, 포스트휴먼 관점은 육체란 우리 모두가 조작법을 배우는 최초의 인공 기관이며, 따라서 육체를 다른 인공 기관으로 확장, 대체하는 것은 우리가 태어나기 전부터 시작된 과정의 연속일 뿐이라는 점이다. 셋째, 포스트휴먼론은 앞서 언급된 것을 포함한 여러 시도들을 통해 인간을 지능을 가진 기계와 매끄럽게 접합될 수 있는 무언가로 만들고자 한다는 것이다. 포스트휴먼에서는 육체를 가진 존재와 컴퓨터 시뮬레이션, 사이버네틱스 메커니즘과 생물학적 유기체, 로봇의 목적론과 인간의 목표 사이에 본질적인 차이나 절대적인 경계가 존재하지 않는다. 넷째, 포스트휴먼 관점은 물질적 예화보다 정보 패턴을 특권화한다는 것이다. 따라서 생명체가 생물학적 기층에 육화된 것은 필연이라기보다는 오히려 우연에 가까운 것으로 간주된다(헤일스, 2013[1999]).

포스트휴머니즘이란 이러한 기본 명제를 중심으로 활발하게 전개되어 온 지적 · 문화적 운동으로, 과학기술의 발전뿐 아니라 포스트모더니즘으로 대변되는 현대 철학이 그 결정적 계기를 조성했다고 말할 수 있다. 따라서 포스트휴머니즘은 오늘날 현대 과학과 인문학의 통섭이 가장 활발히 이루어지고 있는 담론의 하나라 할 수 있다. 육체성, 혼종적 주체성, 감각과 인지의 새로운 양상, 구성적 정체성과 같은 특성을 중심으로, 개인(자아)이나 집단의 정체성, 인간성의 본질과 삶의 의미, 자연계에서의 인간의 지위, 그리고 그와 연관된 다양한 윤리적 · 철학적 이슈들을 추적하고자 하는 것 등이 포스트휴머니즘 논의의 단골 메뉴로 꼽힌다(임석원, 2013; 신상규, 2014).

4. 포스트휴머니즘의 계보

사회 변화의 현황이나 향방을 논의하고자 할 때 학계 안팎에서 즐겨 활용한 방식이 유토피아-디스토피아론과 같이 긍부정적 전망에 기초한 낙관론과 회의론으로 구분해 논하는 것이다. 그러한 이분법적 접근은 사회과학을 배태한 근대 산업사회에 관해서는 물론이요, 다음 단계인 정보사회의 추이를 파악하고자 할 때도 채택되어 왔다. 포스트휴먼 시대를 진단하는 과정에서 유사한 시도가 답습되고 있는데(김환석, 2017; 정보통신정책연구원, 2014), 그것은 일차적으로 포스트휴먼 단계의 존재 자체를 거부하는 부정론(否定論) 및 그러한 단계의 설정에 동의하는 인정론(認定論)으로 대별할 수 있으며, 인정론의 경우 긍정적 측면을 강조하는 낙관론(樂觀論)과 부정적 측면을 거론하는 비판론(批判論)으로 세분할 수 있다고 본다.

"세상에 포스트휴먼 같은 것은 없다(There is no such thing as 'posthuman')."는 언명으로 표기할 수 있는 부재론적 입장의 원천은 마르틴 하이데거(Martin Heidegger)의 생명론에서 찾아볼 수 있다. 모든 생명체에게는 자신이 살아가는 세계가 충동의 억제와 탈억제 그리고 전환의 폐쇄적 회로로 형성되어 있다고 주장하는 하이데거는 『형이상학의 근본개념들: 세계-유한성-고독』(*Die Grundbegriffe der Metaphysik: Welt-Endlichkeit-Einsamkeit*)에서 인간은 자신이 처한 상황에 기계적으로 반응하는 대신 상황적 의미를 자신의 삶과 연관시켜 해석하며 행동을 취한다고 말한다. 즉, 삶에 파묻혀 주어진 상황에 맨몸으로 대처하며 생존하는 여타 생명체와는 달리, 삶을 벗어나 자신의 존재를 문제 삼는 인간 특유의 탈존(Ex-sistenz)적 존재방식이 인간과 여타 생명체의 결정적 차이라는 것이다(이종관, 2012 참조). 이러한 특성이 인공지능이 시뮬레이션할 수 없는 인간 고유의 영역으로 간주되어, 인류의 실존적 위기에 직면해 인간 존재의 의미를 재확보하려는 다니 카발라로(Dani Cavallaro)나 도널 오마수나(Donal O'Mathúna) 등에 의한 네오휴머니즘(neo-humanism) 철학운동을 이끌고 있다.

포스트휴먼 사상의 형성 및 특성 규명에 주력하고자 하는 이 자리에서는 부정론이 아닌 인정론, 즉 낙관론 및 비판론에 해당하는 트랜스휴머니즘 및 비판적 포스트휴머니즘에 논의를 국한하고자 한다. 하지만 날로 복잡다단한 속성을 더해 가는 포스트휴먼 현상은 전망론에 소속된 이원적 시각으로 한정해 설명하기에 절대적으로 미흡하다고 판단된다. 지적 기원이나 강조점을 달리하는 논의 중에서도 집중적 토의가 필요하다고 생각되는 것들이 적지 않다. 따라서 여기서는 전망론을 넘어 관계론 및 존재론으로 지칭할 수 있는 범주와 직결된 이론들, 즉 사이보그론과 행위자연결망이론, 그리고 신유물과 사변적 실재론도 추가적으로 살펴보도록 하자.

1) 트랜스휴머니즘(Trans-humanism)

포스트휴먼이 "기본적인 능력이 현재의 인간을 근본적으로 넘어서서 현재의 기준으로는 더 이상 명백하게 인간이라고 할 수 없는 미래의 존재"를 지시하는 개념이라고 한다면, 트랜스휴머니즘은 포스트휴먼적 미래를 기술결정론적인 관점에서 낙관적으로 바라보는 사조를 뜻한다. 현대 과학기술의 눈부신 발전이 인류를 머지않은 미래에 향상된 능력을 지닌 새로운 종으로 변화 혹은 진화시킬 것이라는 입장인 것이다(임석원, 2013; 박인찬, 2017). 포스트휴머니즘이 계몽주의 휴머니즘과 이원론을 내체하는 인간의 구성에 대한 새로운 패러다임을 모색하는 쪽에 관심을 둔 것이라면, 트랜스휴머니즘은 그러한 확장을 기술이라는 힘의 도움을 받아서 달성하기를 희망하는 견해인 것이다(Philbeck, 2013).

트랜스휴머니즘을 대표하는 철학자 닉 보스트롬(Nick Bostrom)이 주장하듯, 트랜스휴머니즘은 르네상스 휴머니즘과 계몽사상으로부터 물려받은 인간의 완전성 · 합리성 · 행위성이라는 이상에서 연원한 것이다. 트랜스휴머니스트 사상에 관한 그의 소개글에 명시되어 있듯, 트랜스휴머니즘은 르네상스 휴머니즘을 뉴턴, 로크, 칸트, 콩도르세, 그리고 합리적 휴머니즘의 기초를 이루는 다른 사상가들의 영향과 결합시킨 것으로(보스트롬, 2017[2014]), 이런 의미에서 트랜스휴머니즘은 휴머니즘과 변별되는 새로운 단계가 아니라 그 증강 상태로 이해된다.

트랜스휴머니즘은 첨단과학 발전과 병행하여 인간 신체의 한계를 극복하려는 무한한 가능성에 도전한다. 사회운동의 한 형태이기도 한 트랜스휴머니즘은 인간의 육체적 · 지적 · 심리적 가능성을 강화하고, 인간이 노화와 죽음에서 벗어날 수 있도록 과학적 성과를 활용하는 이성적 세계관에 입각해 있다. 인간 종(種)이 물질 진화의 마지막 단계가 아니라 오히려 진화의 시작이라는 관점을 옹호하는 트랜스휴머니즘 지지자들은 인류가 기술에 의해 포스트휴먼으로 진화할 것이라는 신념을 공유한다(박영은, 2013). 이처럼 현대적 기술은 이제 인간의 삶과 인간 능력을 개선하는 데 그치지 않고 인간 조건 자체를 변화시키고자 한다. 나노테크놀로지, 바이오테크놀로지, 로봇공학, 정보통신기술, 신경과학, 인공지능과 같은 첨단 과학 지식이 가세한 새로운 융합기술은 과거와 전혀 다른 새로운 상황과 역할을 만들어 내고 있다.

이런 주장에 동조하는 한스 모라벡(Hans Moravec)이나 레이 커즈와일(Ray Kurzweil)은 현대 과학기술의 눈부신 발전이 우리 인류를 머지않은 미래에 향상된 능력을 지닌 새로운 종으로 변화 혹은 진화시킬 것이라고 전망한다. 이들은 인간과 기계, 인간과 정보의 융합을 통해 인간이 노화, 질병, 죽음, 공간 제약 등과 같은 육체적 한계를 극복하고 포스트휴먼 단계로 진입할 수 있다고 본다. 요컨대, 생명 진화와 기술 진화가 동일한 패턴을 통해 연속선상에서 진행된다고 여기면서, 허약한 인간 육체를 더 나은 기계+육체로 대체하는 것을 반기며, 인간 의식을 컴퓨터와 같은 비유기적 기계장치에 업로딩하는 것과 같은 정신의 탈육체화를 기대한다. 이를 통해 지금까지와 같은 형태의 인간 종은 점차 사라지고 새로운 종으로서 포스트휴먼이 등장하게 된다는 것이다(임석원, 2013).

과학기술을 통해 인간의 완전성을 추구하고, 외적 제약에서 탈피하여 지적 · 기술적 성취를 이루고자 하는 이러한 입장은 계몽주의 휴머니즘에서 말하는 이성적 주체의 태도와 동일하다고 볼 수밖에 없다. 이성적 주체가 자신의 이상을 추구하기 위해 이분법적으로 인간/자연을 구분하고 지배/종속이라는 의미를 구성했던 것처럼, 기술애호주의적 주체가 자연에 대한 인간의 조작을 찬양하는 트랜스휴머니즘론에서도 인간의 우월성을 지키고 인간–비인간의 경계를 재설정하려는 의지를 엿볼 수 있다(Graham, 2014).

2) 비판적 포스트휴머니즘(Critical Post-humanism)

비판적 포스트휴머니즘은 기술에 대한 공포와 의심으로 인해 과학기술의 성과를 거부하는 디스토피아적 입장과, 기술 우호적인 관점에서 과학기술의 발전에 인류의 미래를 맡기는 유토피아적 입장 모두에 비판적으로 접근한다. 슈테판 헤어브레히터(Stefan Herbrechter)는 '비판적'이라는 용어에는 두 가지 기능이 결합되어 있다고 말한다. 한편으로는 혁신적 기술의 혜택에 동조해 휴머니즘을 비판하고, 다른 한편으로 휴머니즘 전통에서 유래한 사유 전통과의 모종의 연속성을 강조한다는 것이다(헤어브레히터, 2012[2012]). 근대 휴머니즘의 근간이 되어 온 인간, 특히 유럽, 백인, 남성 중심주의적인 인간 개념을 해체하고 그것을 대체할 새로운 인간 개념을 모색하려는 시도로 평가되는 비판적 포스트휴머니즘은 계몽주의 휴머니즘에서 인간을 이루는 요소의 목록에 빠져 있는 것이 기술이라고 주장하면서, 인간과 기술, 즉 비물질적 주체(인간)와 물질적 대상(세계)이 더 이상 근본적으로 구분되지 않아야 함을 요구한다(박인찬, 2017).

한편, 비판적 포스트휴머니즘은 인간이 기술과 구별될 수 없다는 것, 인간의 구성이 기술적 구성이라는 것, 그리고 기술이 인간을 구성하는 근본 원리의 일부여야 한다는 주장도 동반한다(Philbeck, 2013). 이러한 입장에 동조하는 인물로서는 캐서린 헤일스(Katherine Hayles), 캐리 울프(Cary Wolfe), 일레인 그레이엄(Elaine Graham), 닐 배드밍턴(Neil Badmington) 등을 들 수 있다. 이런 관점에서, 기술적 · 문화적 개념으로서의 포스트휴먼은 특정한 역사적 조건하에서 기술과 문화가 편성되어 나타나는 새로운 구성체(formation)로 규정할 수 있다. 실제로 헤일스는 포스트휴먼적 주체를 하나의 혼합체, 즉 이질적 구성요소들의 집합물이고 물질 정보의 총체로서 그 경계가 계속 구성되고 재구성되는 것으로 본다. 그에 따르면, 포스트휴먼적 주체는 순수 계몽적 주체와는 거리가 멀지만, 그렇다고 해서 반드시 기계인간일 필요도 없다는 것이다. 인간과 기계의 결합 못지않게 포스트휴머니즘에서 중요한 것은, 비주체를 더 이상 지배와 통제의 대상으로 규정할 수 없게 만든 기술의 등장이다. 이에 헤일스는 인간의 사이보그화에서 인간 신체를 단순히 지배와 통제의 대상으로 간주함으로써 정신하고만 자신을 동일시하는 자유주의적 휴머니즘에 비판적 입장을 취한다(헤일스, 2013[1999]).

배드밍턴 역시 고전적 휴머니즘과 포스트휴머니즘의 뒤섞임에 경계를 표한다. 그에 따르면 포스트휴머니즘 내에서 여전히 휴머니즘의 다시 쓰기가 계속되고 있는데, 이는 어느 누구도 완전히 자신이 속한 담론 바깥에서 생각하고 말할 수 없기 때문이라는 것이다. 그럼에도 배드밍턴은 비록 근대적 휴머니즘이 잔존하고 있을지라도 포스트휴머니즘은 인간중심적 사고의 해체를 조장함으로써 고전적 휴머니즘을 극복할 수 있는 계기를 제공해 줄 것으로 기대한다. 이 때문에 그는 휴머니즘이 어떻게 스스로를 포스트휴머니즘으로서 다시 쓰고 있는지 노출시켜 주는 모순들과 내적 불안정성을 발견하는 작업을 강조한다(Badmington, 2003). 이처럼 비판적 포스트휴머니즘은 포스트휴머니즘 내의 휴머니즘적 유산을 청산하는 한편, 포스트휴먼화 속의 긍정적 잠재성을 강조한다. 하지만 기술적 변화를 이상화하지도, 부인하지도 않는다. 휴머니티 원칙의 다양화나 파편화가 휴머니즘 비판을 가능케 한다는 신념이 확고한 때문이다(헤일스, 2013[1999]).

3) 사이보그론(Cyborg Theory)

인문학적 상상력을 통해 포스트휴머니즘의 성행에 큰 자극을 주었던 것의 하나가 도나 해러웨이(Donna J. Haraway)의 1985년 논문 "사이보그 선언문"이다(Haraway, 1991). 해러웨이는 포스트휴머니스트임을 자처한 적이 없었지만, 그녀의 독창적 사이보그이론을 통해 포스트휴머니즘의 형성과 확산에 크게 기여했다. 이 논문에서 그녀는 사이보그적 미래의 유토피아 전망과 디스토피아 전망 모두를 거부하면서, 인간/기계, 남성/여성의 이분법을 넘어선 하이브리드적인 포스트모던 페미니즘을 선보였다.

기계-인간, 동물-인간 사이의 경계 이반 문법은 내파, 해체, 연결, 융합, 창발 등과 같은 용어로 서술될 수 있는데, 그러한 일련의 과정을 주도하는 기술과학의 자궁에서 수태된 변형체들을 해러웨이는 '사이보그(cyborg)'로 통칭한다. 해러웨이가 사이보그 개념에 천착하는 것은 동물의 유전자를 이식받은 토마토나 감자 등과 같이 자연 상태와 비자연(非自然, non-nature) 상태를 넘어선 새로운 잡종, 예컨대 유기체적 요소와 인공두뇌학적 혹은 합성적 요소들이 뒤섞인 다양한 잡종들이 속출하는 '잡종 시대'의 드높은 파고를 감지했기 때문이다. 해러웨이는 사이보그를 기계인간의 특정 형태에 국한된 것이 아니라 고정된 범주를 해체시키는 기술과학적 실험장이라는 진화공간에서 만들어지는 모든 변형체나 변형성을 총괄하는 개념으로 인식한다(Haraway, 2007). 따라서 포스트휴머니즘 특성의 하나로 꼽히는 사이보그는 인간과 비인간을 코드화된 텍스트로 지속적으로 개념화-재개념화하고, 코드화된 텍스트를 통해 인간과 비인간의 관계를 새롭게 읽고 쓰면서 탄생하는 잡종성의 표상이라고 말할 수 있다.

일상세계에서 대할 수 있었던 사이보그의 고전은 〈육백만 불의 사나이〉나 〈소머즈〉 같은 영상물의 주인공이었으나 기계와 인간의 결합 이미지의 전형은 뇌를 제외한 몸 전체를 의체화한 〈공각기동대〉의 주인공 '쿠사나기 모토코'에서 찾아 볼 수 있다. 그 작품은 기계에 대한 인간 신체라는 특권적 지위의 포기를 묘사한 것으로, 이러한 전망은 유전자가 이식된 특허 동물인 '온코마우스' 혹은 영화 〈스플라이스〉에 등장하는 다종(多種)의 유전자의 잡종생명체인 '드렌'과 같은 각종 인간-동물 융합 이미지들을 통해서도 거듭 확인된다(김남옥 · 김문조, 2014).

특히 생명공학기술의 혁명적 사건으로 기록되는 DNA 이중나선 구조의 발견, 원하는 대로 자르고 붙여 짝이 될 수 없던 유전자들을 짝짓게 하는 유전자 재조합기술, 그리고 생명의 설계도 입수 사건인 인간유전체 사업의 완성 등은 생명을 복제하거나 재설계할 수 있다는 가능성을 확산시켜 사이보그의 진화에 대한 기대감을 폭발적으로 증식시키고 있는데, 그 구체적 사례로는 질병치료를 위해 이종 동물의 유전자를 이식받아 특정 치료물질을 배양하는 일련의 작업을 들 수 있다. 지난날에는 쥐, 돼지, 원숭이 등과 같은 동물을 대상으로 한 실험이 성행했는데, 인간의 몸에 면역거부반응이 일어나지 않고 이식할 수 있는 방법을 찾아내는 것이 궁극적 목표였다고 한다. 이러한 유전자 변형 유기체들은 다가올 다음 세계의 모습을 만들어 갈 기술과학의 성과에 대한 예고편으로서, 종(種)의 경계, 심지어는 식물이나 동물과 같은 계(係)의 경계를 넘어 이식된 유전자를 가지고 있는 '유전자 이식 유기체'의 생성이라는 사이보그 2.0 단계로 간주될 법하다.

4) 행위자연결망이론(Actor-Network Theory: ANT)

사회과학을 인간 사회의 여러 현상을 과학적이고 체계적으로 연구하는 경험과학이자 방법론으로 규정할 때, ANT 이전의 사회과학은 사회의 변화를 사회주체들 사이의 권력관계와 이해관계로 분석하는 방식이었다고 말할 수 있다. 사회와 물질세계는 항상 분리된 채 인식되며 사회변화의 동인은 인간들 사이의 관계 속에서 파악되는 방식이었던 까닭이다. 그러나 브뤼노 라투르(Bruno Latour), 미셸 칼롱(Michel Callon) 및 존 로(John Law)는 공동 기획을 통해 사회변화는 항상 물질세계의 변화와 함께 이루어지는 것이므로 사회과학자들은 사회와 물질세계의 공동변화에 주목해야 함을 역설하면서, 사회과학에 대한 정의의 전폭적 수정을 요하는 행위자연결망이론을 제안한다.

그들의 지적 기획은 수 세기 동안 근대성에 의해 보호받고 있었던 과학지식의 객관성과 보편성을 해체하는 데서부터 시작하여 과학적 사실은 인간적 이해관계와 비인간적 기술이 협상과 결합을 통해 일체로 작동하는 과정에서 구성되는 것임을 주장했으며, 자연과 문화 사이에 어떤 존재론적 차이가 있다는 것 자체에 의문을 제기하였다. 이들은 과학과 사회의 밀접한 상호 연결에 대한 정교하고 섬세한 연구를 통해 자연과 사회는 결코 분리된 영역이었던 적이 없었고 언제나 인간적 · 비인간적 요소들의 하이브리드 연결망에서 서로 얽혀 있는 것으로 보았다(Latour, 1993[1991]).

계몽주의 휴머니즘 또는 이로부터 영향을 받은 근대의 이분법적 경계짓기를 초월하여 사회과학에 대한 새로운 이론적 · 방법론적 접근으로 제시된 행위자연결망이론은 그동안 제기된 몇몇 문제점들에도 불구하고 이제 다양한 학문 분야에서 폭넓은 방식으로 적용되면서 매우 큰 영향력을 미치는 행위자로 자리매김하고 있는데(Gad and Jensen, 2010), 그것은 여타 사회학 이론들처럼 요소들이 맺는 관계의 성격이 무엇인지를 규정함으로써 다양한 영역에 적용될 수 있는 보편이론의 추구를 목표로 하는 것이 아니라, 요소들이 서로 어떻게 연관되는지를 탐지하는 방식으로 연구자가 이종적인 개체들 간의 결합을 추적하는 데 역점을 두고 있다는 점에서 특기할 만하다.

ANT의 행위자란 '어떤 행위를 하는 실체들'로서의 행위자를 의미하며 인간과 비인간 모두를 포함한다(Latour, 1992). 또 인간/비인간과 같은 범주나 형상에 의해 정의되는 것이 아니라 행위 능력을 지닌 존재론적 실체로서 내러티브 속에서 역할을 담당하는 모든 존재를 뜻한다. 즉, 연결망 속의 다른 행위자들이 인정하고 고려하고 영향을 받는 존재를 말하는데, 그럼으로써 실험실의 실험기구, 그래프, 설계도, 물질의 입자, 바이러스, 동물 등이 인간과 동일한 행위자로서의 지위를 지닐 수 있다.

한편, 연결망이란 "그 성격이 아직 미결정된 실체들 사이의 비구체화된 관계들의 집합"으로 정의되는 것으로(Callon, 1993), 행위자와 연결망은 서로를 지속적으로 재규정하고, 하나가 다른 하나에 의존한다. 한 행위자의 행위능력이란 연결망에 가입된 숱한 행위자들의 상호작용에서 비롯된 '관계적 효과'로 볼 수 있으므로 문제를 해결하는 것은 행위자가 아니라 연결망이다. 양자 간의 상호관계에 대해 칼롱은 다음과 같이 진술한다.

> "행위자-연결망은 행위자만으로도 연결망만으로도 환원될 수 없다. 그것은 생물과 무생물의 이질적인 일련의 요소들로 구성되어 있는데, 이 요소들은 일정 기간 동안 서로 연결되어 있다. … 행위자-연결망이란 자신의 활동을 통해 이질적 요소들을 연결하는 행위자인 동시에 자신의 구성 요소들을 재규정하고 변형할 수 있는 연결망이다."

출처: Callon, Michel. 1987. "Society in the Making: The Study of Technology as a Tool for Sociological Analysis." In T. Huges and T. Pinch(eds.). *The Social Construction of Technological Systems: New Directions in the Sociology and History of Technology*. MIT Press: 93.

5) 신유물론(New Materialism)

지난 약 20년 동안 물질 세계에 대한 새로운 개념, 즉 물질성(materiality)이 사회과학의 뜨거운 쟁점으로 떠올랐다(Dolphijn and Tuin, 2012; DeLanda, 2015). '사회적인 것'에서의 물질에 대한 배제가 인공물 범람의 시대와 조우하면서 관계적 전환(relational turn), 물질적 전환(material turn)이라는 거대한 변화의 흐름이 형성되었는데, 이러한 탈인간중심주의 사상의 대표적인 사유 중 하나가 신유물론이다. 신유물론은 최근의 포스트휴머니즘적인 시도들을 '물질의 존재론'에 입각해서 새롭게 명명한 용어로서 마르크스 유물론을 비롯한 기존의 유물론이 휴머니즘 전통과 불가분의 관계에 있다면, 신유물론은 포스트휴먼 시대의 유물론이라고 할 수 있다(박인찬, 2017).

신유물론적 기획의 출발점은 물질에 내재하는 '활기찬', '창조적인', '자기조직적인' 역능을 인지하고 있는 유물론자들의 숨은 혈통을 부활시키자는 것이었다. 신유물론의 청년 장교단들은 바뤼흐 스피노자(Baruch Spinoza), 드니 디드로(Denis Diderot), 앙리 베르그송(Henri-Louis Bergson), 찰스 다윈(Charles R. Darwin) 그리고 프리드리히 니체(Friedrich W. Nietzsche) 같은 대사상가들에 대한 정리 작업을 통해 모든 형태의 기계주의와 이원론에 대한 거부의 근거를 색출하고자 했다(Lowrie, 2015). 자기조직적인 물질성에 대한 이들의 주장은 과격한 급진주의로 여겨지기도 하나, 이들이 속한 철학적 계보를 따라 유전되어 온 생기론적 입장과 수학, 물리학 그리고 생물학에서 비롯된 복잡계 이론의 최근 사유에 대한 종합으로 이해하면, 오히려 포스트휴머니즘이라는 시대적 요구에 대한 선지적 통찰로 간주할 수 있다.

신유물론자들에게 물질은 단순한 물질이 아니라 '내재적 생기'를 지닌 어떤 것이며, 물질성이란 "물질을 능동적이고, 자기 창조적이고, 생산적이며, 예측할 수 없게" 하는 성질들, 즉 "초과, 힘, 생기, 관계성 혹은 차이"를 일컫는다(Coole and Frost, 2010). 즉, 신유물론은 존재하는 것들의 생기론(vitalism)적 물질성을 소환해 새로운 존재론과 행위론(agency)을 추구한다. 유기체든 무기체든 모든 것들을 물질의 관점에서 사유하는 신유물론에서 가장 중시되는 것은 물질에 내재된 물질성으로, 관계망 속의 물질들이 저마다 행위능력을 가진다는 점이다. 또 지속적 유동상태로 인식되는 '물질세계의 내용인 자연', '문화', '물질', '사회'는 물질성의 연속적 계열을 이루는 것으로, 지속적으로 변화하는 세계에서 서로 영향을 주고받는 식으로 상정된다. 요컨대, 행위자로서 연결된 다른 물질들에 영향을 주기(affect)도 하고, 다른 물질들의 행위로부터 영향을 받는(be affected) 양면적 존재로 묘사된다(DeLanda, 2015).

6) 사변적 실재론(Speculative Realism)

신유물론과 함께 사물의 존재성과 관련해 최근에 주시되고 있는 새로운 철학적 사조가 사변적 실재론이다. 사변적 실재론은 행위자연결망이론이나 신유물론과 마찬가지로 인간/비인간 행위자를 대칭적으로 파악하며, 사물의 행위능력에 대해서도 인간과 동등한 지위를 부여한다. 사변적 실재론자들은 사물의 행위능력 이전에 모든 것을 동등한 층위의 '객체(object)'로 환원하여 사물의 '존재 그 자체(things-in-themselves)'에 대한 물음과 존재론적 해답을 정조준한다(Bryant, Srnicek, and Harman, 2011). "현상은 존재하기 위해 의식에 의존한다."는 주장을 상정한 칸트 이후 현대 철학이 근원적으로 품고 있는 반실재론(antirealism)을 적극적으로 반박하는 그들의 철학은 '사물 그 자체'에 대한 의미는 물론이거니와 존재 가능성에 대한 어떠한 담론도 허용하지 않는 데 대해 문제를 제기하면서 그 대안으로 사변적 실재론을 제시한다(Shaviro, 2011).

이러한 대안은 그레이엄 하먼(Graham Harman), 레비 브라이언트(Levi Bryant), 퀭탱 메이야수(Quentin Meillassoux), 이언 보고스트(Ian Bogost), 레이 브레시어(Ray Brassier), 이안 그랜트(Iain H. Grant)로 대표되는 '사변적 실재론자'로 불리는 철학자들에 의해 제시되고 있다. 사변적 실재론은 2007년 영국 골드스미스 대학에서 열린 최초의 사변적 실재론 학술회의에서 강연한 네 명의 철학자들로부터 유래되었는데, 이들은 각각 다른 입장과 프로그램들을 가지고 있었기 때문에 사실상 '사변적 실재론들'이라고 표현하는 것이 보다 합당하다(Shaviro, 2015). 당시 회의에서 그들은 "칸트주의(또는 상관주의)에 반대한다."는 정도에 대한 잠정적 합의에 도달했을 뿐이다. 이후에도 다양한 분파들이 내용을 다소 달리하는 견해들을 발표하고 있는 만큼, 사변적 실재론은 아직 상호 간의 독해와 토론 등을 통해 형성 중인 사조로 보아야 할 것이다(Harman, 2011).

이들에게서 현대적 사유는 하먼의 표현대로는 '인간의 접근(human access)'이라는 개념, 메이야수의 표현으로는 '상관주의(correlationism)'라는 관념의 노예가 된 채 유지되고 있다는 것인데(Harman, 2009, Meillassoux, 2008), 하먼의 경우는 '객체를 그것에 대한 인간의 접근으로 환원시키는 근원적 형이상학'으로 특징짓는 것을 거부하는 것이며, 메이야수에 있어서는 '우리는 주체에 대한 객체의 관계와는 별개로 객체 '자체'를 결코 파악하지 못한다.'는 관념에 대한 거부의 형태로 드러난다(Shaviro, 2014).

이러한 각자의 존재론적 기획은 하먼에게는 객체지향 존재론(Object-Oriented Ontology: O-O-O), 메이야수에 있어서는 사변적 유물론의 형태로 발현하게 된다(Harman, 2011, 2018; Meillassoux, 2008). 하먼은 세상 모든 존재를 객체로 환원하고, 거기에 하이데거의 이론을 결합해 실재적인 것과 감각적인 것을 분리한 후, 객체 그 자체와 그것의 속성을 분리하여 객체지향 존재론이라는 종합적 이론틀을 구축했다. 반면, 존재를 인간의 의식 속에서 포착되는 것만으로 한정하여 사고하는 방식을 상관주의라는 이름으로 비판한 메이야수는 '선조성(ancestrality)' 개념에 의거해 상관주의의 허점을 제기했다. 화석처럼 인간이 존재하지도 않았던 먼 과거에 생성된 어떤 존재의 직간접적인 증거들에 대해, 이들을 오직 인간이 인식하기 시작했을 때부터 있어 왔던 것이기에 그 존재론적 의미를 판단하는 것은 과도한 인간중심주의에 불과하다고 공박한다. 그 존재는 인간의 의식과 상관없이 존재 그 자체로서 사고해야 한다는 입장인 것이다(김연철 · 이준석, 2016).

5. 포스트휴먼 담론의 축도

앞에서 논의한 포스트휴먼 담론의 계보를 압축적으로 정리한 축도가 〈표 5-1〉이다. 포스트휴머니즘이라는 일반론 산하의 주요 계보들이 총 여섯 범주로 구분되는데, 이들은 다시 한 쌍씩 전망론, 관계론, 존재론 시각으로 응축할 수 있다.

| 표 5-1 | 포스트휴먼 담론의 축도

	이론명	대표적 학자
	포스트휴머니즘 (Posthumanism: PH)	캐서린 헤일스(Katherine Hayles), 로지 브라이도티(Rosi Braidotti), 슈테판 헤어브레히터(Stefan Herbrechter)
전망론적 시각 (Perspectual View)	트랜스휴머니즘 (Trans-humanism: TRH)	한스 모라벡(Hans Moravec), 레이 커즈와일(Ray Kurzweil), 에릭 브린욜프슨 · 앤드류 맥아피 (Erik Brynjolfsson · Andrew McAfee), 닉 보스트롬(Nick Bostrom)
	비판적 포스트휴머니즘 (Critical Posthumanism: CPH)	일레인 그레이엄(Elaine Graham), 캐리 울프(Cary Wolfe), 캐서린 헤일스(Katherine Hayles), 닐 배드밍턴(Neil Badmington), 슈테판 헤어브레히터(Stefan Herbrechter)
관계론적 시각 (Relational View)	사이보그론 (Cyborg Theory: CBT)	도나 헤러웨이(Donna Haraway), 스텔리오스 아르카디우 스텔락 (Stelios Arcadiou Stelarc), 마그렛 그레보비츠 · 헬렌 메릭 (Margret Grebowicz · Helen Merrick)
	행위자연결망이론 (Actor Network Theory: ANT)	브뤼노 라투르(Bruno Latour), 미셸 칼롱(Michel Callon), 존 로(John Law)
존재론적 시각 (Ontological View)	신유물론 (New Materialism: NMT)	로지 브라이도티(Rosi Braidotti), 마누엘 데란다(Manuel DeLanda), 캐런 바라드(Karen Barad), 퀭탱 메이야수(Quentin Meillassoux)
	사변적 실재론 (Speculative Realism: SR)	그레이엄 하먼(Graham Harman), 레비 브라이언트(Levi Bryant), 퀭탱 메이야수(Quentin Meillassoux), 이언 보고스트(Ian Bogost)

6. 실체로서의 포스트휴먼

언설로서가 아닌 포스트휴먼의 실체는 AI와 더불어 '폭풍진화'하고 있다는 휴모노이드 로봇으로부터 직관할 수 있다. 2025년 2월 보스턴 다이내믹스의 창업자 겸 인공지능(AI) 연구소장 마크 레이버트(Marc Raibert)는 휴머노이드(인간형) 로봇이 가상현실에서 아슬아슬 균형을 유지하며 장애물을 넘는 훈련 장면을 공개하면서, "앞으로 로봇과 AI를 결합해 주변 환경을 인식하며 스스로 원하는 것을 할 수 있는 로봇을 개발하겠다."고 밝혔다. AI 로봇이 사람의 명령대로 움직이는 것을 넘어, 물리적 법칙에 따라 현실 상황을 지각한 후 취할 행동을 스스로 결정하고 실행하는 '피지컬(physical) AI'를 구현하겠다는 것이다. 엔디비아 CEO 젠슨 황(Jensen Huang)도 지난 1월 초 미국 라스베가스에서 열린 세계 최대 가전 · 정보기술 전시회 'CES 2025' 기조연설에서 "생성형 AI 다음은 피지컬 AI다."라는 선언과 함께, 피지컬 AI 플랫폼 '코스모스(Cosmos)'를 전격 공개한 바 있다. 또 지난 2월 말 미국 휴스턴에서 열린 로봇공학 전문가 모임 '3D 익스피리언스 월드' 행사장에는 로봇과 생성형 AI가 결합된 '피지컬 AI' 제품들이 등장하기 시작했는데, 이처럼 급속한 성과가 드러나게 된 배경에는 '버추얼(virtual) 트윈'이 있다.

버추얼 트윈은 현실세계를 가상세계에 구현한 '디지털 트윈'을 넘어, 중력 · 기압 · 가속도 등 현실공간의 물리법칙까지 구현한 것으로, 거기서 로봇들은 수만 번 현실을 경험하며 데이터를 축적한다. 가상공간에 현실세계에서 맞닥뜨릴 수 있는 모든 환경을 분자 단위까지 구현하여 장애물을 넘고 얼음길을 걸으며 수집한 정보를 스스로 학습하면서 자신의 행동을 보정해 가는 것이다(황규락, 2025). 버추얼 트윈으로 인해 학습 비용이 저렴해지면서 피지컬 AI를 활용한 휴머노이드 로봇 개발이 불붙게 되었는데, 이를 계기로 AI 로봇과 인간과의 거리는 날로 좁혀지고 있다.

폴란드의 스타트업 기업 클론로보틱스가 최근 3D 프린팅된 폴리머 뼈와 1,000개의 인공 근육으로 이뤄진 휴머노이드 로봇 '프로토클론 V1(Protoclone V1)'을 공개했다. 이 로봇은 200도 이상의 자유도를 갖추고 있으며 인간의 골격과 근육, 신경 구조를 정교하게 모방했다. 이를 통해 종전의 로봇처럼 어색하게 움직이지 않고 인간의 자연스러운 움직임을 재현하게 되었다. 더구나 프로토클론 V1은 기존의 휴머노이드와 달리 인간의 해부학적 구조를 정밀하게 모사한다. 206개의 뼈와 완전한 관절 구조, 인공 인대를 갖추고 있으며 본체는 로봇의 구조를 가리는 고무 피부로 덮여 있어 인간과 보다 유사해지고 있는데, 이 로봇의 백미는 연질성 인공 근육을 방불케 하는 '마이오파이버'(Myofiber)에 있다.

또 일본 도쿄대와 와세다대 연구팀도 올 2월 국제 학술지 『사이언스 로보틱스』(*Science Robotics*)에 인체 세포를 배양한 근육을 사용해 움직이는 로봇 손 제작에 성공했다고 발표했고, 중국과학기술대학(USTC)의 연구진도 지난 비슷한 시기에 『네이처 커뮤니케이션』(*Nature Communication*)지에 자유도(DF)의 경량 인공 손을 개발했다고 하는데(박근태, 2025), 이 같은 성과를 통해 인간과 비인간이 혼성화하는 포스트휴먼 시대가 우리 앞에 성큼 다가오고 있음을 실감하게 된다. "존재가 생성이요, 생성이 존재(*Being is becoming, and becoming is being*)"라는 헤겔의 진술에 빗대어 말하자면 우리는 이제 "인간이 비인간이요, 비인간이 곧 인간(*Human is non-human, non-human is human*)"으로 여겨지는 혼성인간(hybrid humanity)의 시대로 들어서고 있는 셈이다.

■ 참고문헌

김남옥 · 김문조. 2013. “고도 기술시대의 몸(1): 기술융합의 신체적 파장.” 『사회사상과 문화』 28: 233–265.

______. 2014. “고도 기술시대의 몸(2): 포스트휴먼 신체론.” 『사회사상과 문화』 29: 257–284.

김문조. 2013. 『융합문명론: 분석의 시대에서 종합의 시대로』. 나남출판.

김연철 · 이준석. 2016. “행위자–연결망 이론(ANT)과 사변적 실재론(SR)의 접점.” 『사회와 이론』 28: 105–152.

김환석. 2017. “코스모폴리틱스(Cosmopolitics)와 기술사회의 민주주의.” 『사회과학연구』 30(1): 1–18.

박근태. 2025. “프린터로 찍고 사람 세포 넣어 만든 로봇 손.”(조선일보. 2025. 02.15.).

박영은. 2013. “트랜스휴머니즘(Transhumanism) 사상의 철학적 근원에 대한 고찰.” 『노어노문학』 25(1): 115–142.

박인찬. 2017. “사물의 시대에 오신 것을 환영함: 포스트휴머니즘의 새 접근.” 『현대영미소설』 24(2): 183–202.

보스트롬, 닉. 2017[2014]. 『슈퍼인텔리전스: 경로, 위험, 전략』. 조성진 옮김. 까치.

브라이도티, 로지. 2015[1954]. 『포스트휴먼』. 이경란 옮김. 아카넷.

생텍쥐페리, 앙투안. 2015[1943]. 『어린 왕자』. 김미성 옮김. 인디고(글담).

신상규. 2014. 『호모 사피엔스의 미래: 포스트휴먼과 트랜스휴머니즘』. 아카넷.

아이디, 돈. 2013[2003]. 『테크놀로지의 몸』. 이희은 옮김. 텍스트.

이경란. 2017. “포스트휴먼 시대의 포스트휴먼 담론들.” 『문학동네』 23(2): 1–17.

이수진. 2013. “포스트휴머니즘적 상상력과 문학적 재현.” 이화인문과학 편. 『인간과 포스트휴머니즘』. 이화여자대학교출판부: 271–294.

이종관. 2012. “테크노퓨처리즘과 네오휴머니즘의 대결, 그리고 그 화해를 향하여: 트랜스 휴머니즘, 인공생명, 하이데거를 중심으로.” 『철학과 현상학 연구』 59: 5–49.

이혜진. 2025. “사람처럼 팔다리 휘적… 인공근육 1000개 장착한 로봇 보니.”(조선일보. 2025.02.24.).

임석원. 2013. “비판적 포스트휴머니즘의 기획: 배타적인 인간중심주의 극복.” 이화인문과학원 편. 『인간과 포스트휴머니즘』. 이화여자대학교출판부: 61–82.

전방욱. 2019. 『크리스퍼 베이비: 유전자 변형 인간의 탄생』. 이상북스.

정보통신정책연구원. 2014. 『포스트 휴먼(Post–Human)시대 기술과 인간의 상호작용에 대한 인문사회 학제간 연구』. 미래창조과학부.

최선희. 2023. “사람보다 더 사람 같네!” 『톱클래스』 2023년 8월호(2023.07.25.). https://topclass.chosun.com/news/articlePrint.html?idxno=32060

커즈와일, 레이. 2007[2005]. 『특이점이 온다』. 김명남 · 장시형 옮김. 김영사.

켈리, 케빈. 2017[2017]. 『인에비터블: 미래의 정체』. 이한음 옮김. 청림출판.

파묵, 오르한. 2004[1998]. 『내 이름은 빨강』. 이난아 옮김. 민음사.

하원규 · 최민석 · 김수민. 2013. 『만물지능인터넷 패러다임과 미래창조 IT 신전략』. 정보통신산업진흥원.

한병철. 2015[2014]. 『심리정치: 신자유주의의 통치술』. 김태환 옮김. 문학과지성사.

황규락. 2025. “가상세계서 로봇 설계부터 데이터 학습, 훈련까지 자동화.”(조선일보. 2025.02.26.).

헤어브레히터, 슈테판. 2012[2012]. 『포스트휴머니즘: 인간 이후의 인간에 관한 문화철학적 담론』. 김연순 · 김응주 옮김. 성균관대학교출판부.

헤일스, 캐서린. 2013[1999]. 『우리는 어떻게 포스트휴먼이 되었는가: 사이버네틱스와 문학, 정보과학의 신체들』. 허진 옮김. 플래닛.

Andrejevic, M. and K. Gates. 2014. “Big Data Surveillance: Introduction.” *Surveillance & Society* 12(2): 185–196.

Badmington, N. 2003. "Theorizing Postmodernism." *Cultural Critique* 53: 10–27.

Bostrom, N. 2005. "The Transhumanist FAQ: A General Introduction." Available from: http://Nickbostrom.com/. [January 2, 2019].

Bryant, L., N. Srnicek, and G. Harman. 2011. *The Speculative Turn: Continental Materialism and Realism*. re.press.

Callon, M. 1987. "Society in the Making: The Study of Technology as a Tool for Sociological Analysis." In T. Huges and T. Pinch(eds.). *The Social Construction of Technological Systems: New Directions in the Sociology and History of Technology*. MIT Press: 83–103.

______. 1993. "Variety and Irreversibility in Networks of Technique Conception and Adoption." In D. Foray and C. Freemann(eds.). *Technology and the Wealth of Nations: Dynamics of Constructed Advantage*. Pinter.

Coole, D. and S. Frost. 2010. *New Materialisms: Ontology, Agency, and Politics*. Duke University Press.

DeLanda, M. 2015. "The New Materiality." *Architectural Design* 85(5): 16–21.

Dolphijn, R. and I. Tuin. 2012. *New Materialism: Interviews & Cartographies*. Open Humanities Press.

Gad, C. and C. Jensen. 2019. "On the Consequences of post-ANT." *Science, Technology & Human Values* 35(1): 55–80.

Ferrando, F. 2013. "Posthumanism, Transhumanism, Antihumanism, Metahumanism, and New Materialisms: Differences and Relations." (PDF). ISSN 1932–1066. Retrieved 2014–03–14.

Graham, E. 2014. "Post/Human Conditions." *Theology & Sexuality* 10(2): 10–32.

Haraway, D. 1991. "A Cyborg Manifesto: Science, Technology, and Socialist-feminism in the Late Twentieth Century." In D.

Haraway. *Simians, Cyborgs and Women: The Reinvention of Nature*. Routledge: 149–181.

_____. 2007. *When Species Meet*. University of Minnesota Press.

Harman, G. 2009. *Prince of Networks: Bruno Latour and Metaphysics*. re.press.

_____. 2011. "The Road to Objects." *Continent* 3(1): 171–179.

_____. 2018. *Object-Oriented Ontology: A New Theory of Everything*. Penguin books.

Herbrechter, S. 2013. *Posthumanism: A Critical Analysis*. Bloomsbury.

Latour, B. 1992. "Where Are the Missing Masses? The Sociology of a Few Mundane Artifacts." In W. Bijker and J. Law(eds.). *Shaping Technology/Building Society*. MIT Press.

_____. 1993[1991]. *We Have Never Been Modern*. Trans. by C. Porter. Harvard University Press.

_____. 2005. *Reassembling the Social: An Introduction to Actor-Network-Theory*. Oxford University Press.

Lowrie, I. 2015. "Corporeal and Incorporeal Machines." Available from: https://lareviewofbooks.org/article/corporeal-and-incorporeal-machines-new-materialism/#! [3 Jan. 2019].

Mann, S. and H. Niedzviecki. 2001. *Digital Destiny and Human Possibility in the Age of the Wearable Computer*. Random House.

Meillassoux, Q. 2008. *After Finitude: An Essay on the Necessity of Contingency*. Bloomsbury.

Philbeck, T. 2013. "Posthumanist Selfhood: Challenges to Being a Conglomerate." *Trans-Humanities Journal* 6(1): 121–134.

Ryan, S. 2014. *Garments of Paradise: Wearable Discourse in the Digital Age*. MIT Press.

Shaviro, S. 2011. "The Actual Volcano: Whitehead, Harman, and the Problem of Relations." In L. Bryant, N. Srnicek, and G. Harman(eds.).

The Speculative Turn: Continental Materialism and Realism. re.press.

_____. 2014. *The Universe of Things: On Speculative Realism*. University of Minnesota Press.

_____. 2015. "Speculative Realism–a primer." *Terremoto* 2. Available from: http://terremoto.mx/article/speculative-realism-a-premer/[3 Jan. 2019]

Tegmark, M. 2017. *Life 3.0: Being Human in the Age of Artificial Intelligence*. Knopf.

Vakoch, D. and D. Matthew(eds.). 2015. *The Drake Equation: Estimating the Prevalence of Extraterrestrial Life Through the Ages*. Cambridge University Press.

Wolfe, C. 2010. *Why is Posthumanism?* University of California Press.

제6장

정향(3):
탈진정성(Post-authenticity)

Designed by Freepik

> 눈앞에 보이는 수많은 모습들
> 그 모두 진정이라 우겨 말하면
> 어느 누구하나 홀로 일어나
> 아니라고 말할 사람 누가 있겠소.

출처: 김민기 작곡, 작사, 노래 〈친구〉 2절의 첫 소절: 김민기 1집, 1973.

1. 진실 논쟁의 철학적 배경

1) 플라톤

"참인가 거짓인가?"라는 질의로 대변되는 진실 논쟁의 출발점은 세계와 인간의 삶에 대한 근본 원리를 탐구한다는 철학에서 찾아볼 수 있다. 그에 관한 가장 고전적 문건이 플라톤의 『국가론』 제7권에 있는 동굴의 우화다. 동굴 안에 갇힌 사람들, 손발이 묶여 꼼짝할 수도 없을 뿐 아니라 목도 고정되어 있어 앞의 벽면만 바라볼 수 있고, 그들 뒤에 있는 것은 거대한 횃불. 이때 사람들은 횃불과 그들 사이에 놓인 물체를 벽면에 비친 그림자로만 바라보며 그림자를 실재로 오인한다. 우리가 실재라고 판단하는 것은 감각기관을 통해 지각하는 허상일 뿐, 참으로의 이데아가 아니라는 것이다.

2) 프랜시스 베이컨

참으로서의 실재가 허상에 의해 왜곡된다는 주장은 추후 근대 초기의 경험주의 철학자 프랜시스 베이컨(Francis Bacon)의 우상론에서 보다 강력히 개진된다. 『신기관』(*Novum Organum*)에서 베이컨은 올바른 인식을 가로막는 장애 요소를 다음 네 가지 우상에 빗대어 서술한다(베이컨, 2016[1620]).

- **종족의 우상**: 인류 모든 종족에 공통적인 것으로, 우리 생각을 그릇된 방향으로 이끄는 편향된 충동, 예컨대 이기심이나 지배욕 같은 것들
- **동굴의 우상**: 개인 각자마다 고유한 것으로, 특별한 개별적 체험이나 생활환경에 의한 인지적 오류
- **시장의 우상**: 언어를 매개로 소통하며 어울리는 존재인 인간이 언어에 의해 초래되는 사고의 편향성으로부터 자유롭지 못한 한계
- **극장의 우상**: 종교, 사상, 예술 등 인류가 역사 과정에서 실로 다대한 유산이나 유습을 축적해 왔지만, 그로 인한 전통에 맹종하는 부작용

당시 베이컨이 우상론을 통해 비판하고자 한 표적은 스콜라식 삼단 논법에 의거해 추상적 사변의 세계를 맴돌던 관념론적 인식이었고, 대안으로 제시한 것은 관찰이나 실험을 통한 구체적 사례의 비교와 고찰로 일반 법칙을 압출해 가는 과학적 귀납법이었다. 그러나 참과 참이 아닌 것, 요컨대 진실과 허위에 대한 구분은 인간의 모든 지식은 개인이나 그가 소속된 집단에 따라, 신체적-감각적 기관의 상

태, 혹은 주어진 시간과 장소에 따라 다르므로 그에 대한 객관적 판단 기준이 있을 수 없다는 인식론적 상대주의로 이어졌는데, 그러한 입장은 니체의 관점주의 철학에서 명료히 드러난다.

3) 프리드리히 니체

인간이 선과 정의를 정의하는 개념을 정초하는 과정에서 진리의 개념을 가치의 개념으로 대체하였다고 주장하는 프리드리히 니체(Friedrich W. Nietzsche)는 "비도덕적 의미에서의 진리와 거짓에 관하여"라는 1873년 에세이에서 다음과 같이 진술한다.

> 그렇다면 진리는 무엇인가? … 진리는 환상들이다. 진리는 마멸되어 감각적 힘을 잃어버린 비유라는 사실을 망각해 버린 환상이며, 그림이 사라질 정도로 표면이 닳아 버려 더 이상 동전이기보다는 쇠붙이로만 여겨지는 그런 동전이다. 우리는 진리를 향한 충동이 어디에서 나오는지 여전히 알지 못하고 있다. 왜냐하면 우리는 이제까지 우리 사회가 실존하기 위해 세워 놓은 '진실이어야 한다.'는, 즉 관습적 비유들을 사용해야 한다는 책무에 관해서만 들어 왔기 때문이다. 그것은 도덕적으로 표현하자면, 확고한 규약에 따라 거짓말해야 한다는, 모든 사람에게 타당한 양식으로 무리지어 거짓말해야 한다는 책무이다. 그런데 인간은 물론 사태가 그러하다는 것을 잊는다. 그러므로 그는 언급한 방식대로 무의식적으로 그리고 수백 년 동안의 습관에 따라 거짓말을 한다.

출처: 니체, 프리드리히. 2001[1873]. "비도덕적 의미에서의 진리와 거짓에 관하여." 『유고(1870~1873)』. 니체 전집 3권. 이진우 옮김. 책세상: 450.

니체는 진리에 대한 판단을 특정한 관점의 소산으로 규정한다. 그의 관점주의는 세상을 바라보는 '진실한' 관점은 존재하지 않는다는 견해와 다름이 없다. 니체는 문화적 규정이나 주관적 정의 등을 초월한 객관적 평가가 불가하다고 주장함으로써 형이상학적 객관주의의 가능성을 일축한다. 이처럼 객관적 사실을 부인하게 되면 사물에 대한 인식이나 이해가 원천적으로 불가하게 된다. 현상 기술에 그치는 실증주의를 반박하는 대목에서 니체는 일단 "존재하는 것은 오로지 사실뿐"이라고 말문을 열지만, "실재하는 것은 사실이 아니라 해석뿐" 이라고 덧붙인 후 "어떤 사실도 자체로 확인될 수 없다."는 결구(結句)로 객관적 진실의 가능성을 부정한다.

4) 탈근대적 도발(Postmodern Provocation)

객관적 진실에 대한 회의적 입장은 보편적 진리의 추구에 최고의 가치를 부여해 온 플라톤 이후의 철학적 전통인 이성중심적 사고를 단호히 거부하는 탈근대주의자들의 논지에서 거듭 확인할 수 있다. 탈근대주의 인식론의 기반을 확립한 인물로 평가되는 자크 데리다(Jacques Derrida)는 다양성, 복합성 및 불확정성 등이 오늘날의 시대적 특징인 만큼, 자연질서의 합리적 작동원리인 로고스에 기초한 '로고스중심주의(logocentrism)'라는 지적 전통이 해체돼야 한다고 주장한다(데리다, 1996[1967]).

이러한 인식은 형이상학적 일원론을 배격하면서 인식의 복수성과 상대성을 주장한 탈근대사회론자 장 프랑수아 리오타르(Jean-François Lyotard)의 논의에서 보다 명료히 표출된다. 리오타르는 『포스트모던의 조건』(*The Postmodern Condition: A Report on Knowledge*)에서 합리주의, 도구주의에 근거한 서구모더니즘에 대응되는 포스트모던 인식 논쟁을 벌이는데, 이때 화두로 제시하는 것이 하나의 진술이 사람들에게 타당한 것으로서 받아들여지는 과정을 뜻하는 지식의 정당화 문제였다. 근대 이후 지식의 정당화는 과학이 주도하여 왔음은 주지의 사실이다. 그러나 과학적 정당화에 회의가 가해지기 시작한 근자에 이르러 근대적 대서사(grand narratives)가 다양한 국지적 · 이질적 · 역설적 · 모순적 소서사들에 도전받고 있다는 것이다(리오타르, 1999[1979]).

오늘날 과학적 대서사가 도전받고 있다는 증좌는 보편적 이성이라는 것이 진리탐구라는 인식적 가치와 수행이라는 실천적 가치를 지향하는 인식적 이성과 실천적 이성으로 양분되어 과학적 정당화의 경로가 혼미해지는 현황에서 완연히 드러난다. 과학중심 시대라고 하는 오늘날 과학적 대서사의 모습이 이런 처지이니 문학, 예술, 종교, 철학 등 과학 외적 영역에서의 서사적 위기는 재론할 나위가 없다.

2. 진실성 공방의 현주소

진실성 공방은 요즘 진위에 관한 철학적 토론장을 넘어 사회 현상에 대한 진실 담론으로 들불처럼 번지고 있다. 이런 양상을 줄리안 바기니(Julian Baggini)는 다음과 같은 시사적 발언으로 부각시키고 있다.

사담 후세인의 이라크에 대량살상무기가 있었는지, 지구 온난화가 실제적이고 인위적인지, 긴축이 필요한지 여부에 대해 사람들이 논쟁할 때, 그들의 의견 불일치는 진실에 대한 철학적 논구에서 파생된 것이 아니다. 그렇다면 최근 학문 세계를 넘어선 일반 사회에서 진실성 문제가 불거지기 시작하는 것은 무엇 때문일까?

출처: Baggini, Julian. 2022. "What Can Philosophy Add to the Post-truth Crisis?". *Times Literary Supplement*(TLS). Retrieved 2022-01-26.

바기니는 진위에 대한 추상적 논의보다 믿기 힘든 언설들이 횡행하는 최근의 사회현실에 주목해야 한다고 말한다. 이러한 주장에 동조해 진실성 퇴조 현상을 오늘날과 같은 특정 시기의 산물로 인식하고자 하는 사람들은 그것을 진리의 본질에 대한 전통적인 철학적 논점과 동떨어진 이슈라고 생각한다. 현대사회의 진실성 위기는 '진실과 허상' 혹은 "진리란 무엇인가?"와 같은 개념적 논쟁이 아니라 "왜 우리는 이것 또는 저것이 진실이라는 데 동의하지 않는가?"라는 보다 현실적 쟁점이라는 것이다.

진리의 본질에 관한 문제에 천착하는 대신 그 역사적 변천상을 주시한 비판이론가 한나 아렌트(Hannah Arendt)는 진실 논제를 철학에서 사회과학으로 이끌어 낸 주역으로 평가된다. 월남전에 관한 미국 펜타곤 보고서 유출 사건으로 세상에 널리 알려지게 된 정치적 기만 사태를 20세기 세계사의 가장 노골적 왜곡 행위로 규정한 아렌트는 에세이 "정치에서의 거짓말"(*Lying in Politics: Reflections on The Pentagon Papers*)에서 사실과 허구의 구분을 와해시키는 '탈사실화(defactualization)'를 진실성 위기의 진원으로 지목한다(Arendt, 1972 [1971]).

그러한 논의 과정에서 아렌트는 탈사실화와 고의적 거짓말의 차이를 강조한다. 의도적 거짓말은 우연적 사실들, 즉 본질적으로 진실과 무관하거나 굳이 그것을 가릴 필요성이 없는 사실들을 소재로 한다. 사실적 진실은 설득력 있는 모습을 취하지 않을 때가 많다. 따라서 역사가는 우리 일상생활의 바탕을 이루는 사실들로 짜인 직포가 얼마나 연약한 것인지를 절감한다. 그것은 한마디 거짓말로 찢어질 수 있고, 집단, 국가, 혹은 계급의 조작으로 파손될 위험성이 있을 뿐 아니라, 전면적으로 외면되거나 변조될 소지가 크며, 거짓 선동으로 은폐되거나 망각되기 쉽다. 사실이 아닌 거짓말에 경도된 청중이 자신의 생존을 위해 진실과 거짓의 구분을 무시하도록 강요받는 긴박한 상황에서 드러나는 부작용을 아렌트는 탈사실화 개념으로 설명한다. 사람들이 진실이나 거짓 중 어느 쪽이든 믿는 것처럼 행동해야 생존을 보장받을 수 있다면, 진위를 따지는 것은 의미를 상실해 진실이 공적인 삶의 무대에서 퇴출하게 된다는 것이다.

아렌트의 탈사실화 개념을 21세기 정보사회에 적용한 한병철(2023[2021])은 요즘 진실이 더 이상 진실로 통용되지 않거나 거짓으로 부정되곤 하는 '허무주의'가 번지고 있다고 주장한다. 이때 그는 거짓말을 일삼으면서 진실과 담쌓고 사는 사람은 결코 허무주의자가 될 수 없다는 점을 강조한다. 거짓말쟁이는 내심 진실이라는 것을 인정하는 사람이기 때문이다. 요컨대 거짓말은 진실과 거짓의 구분이 존재해야 성립되는 것이므로, 거짓말쟁이가 거짓말을 거듭할수록 진실의 중요성이 역설적으로 부각된다. 따라서 인지적 허무주의를 조장하는 요즘 '가짜 뉴스'는 단순히 사실이 아닌 허위가 아니라 사실과 허구의 구분을 와해시킴으로써 사실성(factuality) 자체를 무력화하는 역기능을 행사한다는 점을 명기할 필요가 있다. 일례로, 미국 대통령 도널드 트럼프의 자기방어적 발언은 현실을 고의로 왜곡하는 통상적 형태의 거짓말로 이해해서는 곤란하다. 애초부터 그는 사실로서의 진실에 대해 관심을 두지 않는, 다시 말해 사실과 허구의 구분에 신경 쓰지 않는 인물인 것이다.

3. 탈진실화를 뒷받침하는 이론들

진실의 퇴조 현상은 주로 사용자가 임의로 콘텐츠를 제작할 수 있는 데이터처리 기법의 발달, 거의 모든 형태의 메시지를 다양한 방식으로 주고받을 수 있는 첨단 통신기기의 속출, 흘러넘치는 메시지 과잉으로 진실의 권위가 퇴조하는 디지털 시대의 기술사회적 변화와 같은 소재를 중심으로 거론되어 왔다. 하지만 진실의 권위 하락은 문예이론가 발터 벤야민(Walter Benjamin)의 복제예술론과 장 보드리야르(Jean Baudrillard)의 모사론이 일찍부터 표방해 온 논제였다.

1) 발터 벤야민의 복제예술론

연구 에세이 『기술복제 시대의 예술작품』(*The Work of Art in the Age of Mechanical Repruduction*)에서 벤야민은 수제품으로서의 예술작품은 진본적 아우라(aura, 靈氣)를 지녀왔지만, 근대사회의 복제기술은 문화적 산물로부터 아우라적 속성(숭배의 대상이 될 만한 영적 속성)을 제거한다고 주장한다. 특히 사진이나 영화와 같이 시각예술 분야에서 대량 복제가 가능한 기술이 등장하면서 예술작품은 이제 종전과 같은 아우라를 발휘하지 못하게 되었다는 것이다. 요컨대, 기술복제는 예술작품의 '지금, 여기', 즉 시공간적 존재성을 파괴함으로써 작품으로부터 문화 전통의 기초 요건인 고유성을 박탈한다.

아우라를 "가까이 있더라도 소정의 거리를 견지하면서 독자적 광휘를 발하는 것"이라고 정의한 벤야민은 유일무이한 현존성, 진품으로의 원본성, 신비적 권위 등을 아우라의 속성으로 열거하면서, 진본과 구분해 내기 어려울 만큼 유사한 모조품을 대량생산할 수 있는 복제기술의 등장으로 예술작품의 가치는 유일무이한 진품에 부여되어 온 숭배가치(Kultwert)에서 볼품 있으면 그만이라는 전시가치(Ausstellungswert)로 이행하고 있다고 주장한다(벤야민, 2007[1935]).

2) 장 보드리야르의 모사론

장 보드리야르는 기호라는 상징적 요소가 지배하는 후기자본주의사회에서는 자본주의시대의 상품물신화에 상응하는 기호물신화가 촉진, 상징적 조작을 통해 재현된 모사물(simulacra)이 양산될 것으로 예고했다. 모사적 현실의 가장 보편적 전형은 영화, TV 혹은 첨단 정보통신기기에 부착된 스크린을 통해 표출되는 영상세계라고 할 수 있다. 영상으로 재현된 현실에서는 현상/본질, 외양/내면, 재생/원본, 가짜/진짜 등의 이항대립이 내파(implosion, 본질적으로 상이한 것, 동등하지 않은 것들이 돌발적으로 동일 차원으로 함몰되는 것)된다. 내파가 허용되는 영상 속 현실에는 원천적으로 무한한 해방적 잠재력이 잠재해 있다. 따라서 보드리야르는 영상이미지에 경도된 사람들은 사물 본연의 의미나 역사성을 간과한 채 모사적 장관에 몰두하는 무기력한 존재로 전락할 수 있다고 경고한다(보드리야르, 2012[1981]).

4. 가짜 뉴스의 범람

진본이나 원본의 가치가 하락한다는 복제론이나 모사론의 예고처럼, 근자에 들어와 진실의 권위는 급격히 추락하고 있다. 그 단적 증거의 '탈진실(Post-truth)'이 2016년 영국 옥스퍼드대학이 매년 연말에 발표하는 올해의 단어 중 하나로 꼽혔다는 사실이다. 탈진실이란 사람들이 객관적 사실보다 주관적 신념이나 감정이 실린 주장이나 정보가 실재에 반하는 왜곡된 여론 형성을 조장하는 현상을 뜻하는데, '가짜 뉴스(fake news)'는 우리가 일상생활에서 상시적으로 체험하는 탈진실의 전형에 속한다.

정보 빈곤에 시달리던 시절에는 유용한 소식을 남들보다 빨리 입수하는 것이 생존이나 번영의 관건이었다. 그러나 많은 이들에게 다량의 정보를 신속히 전해 주는 매스미디어 전성기에 들어서면서 정보 부족은 크게 해갈되었으며, 연이어 인터넷을 기반으로 한 첨단 미디어가 속출하면서 사람들은 언제 어디서든 흘러넘치는 다양한 정보를 마치 물이나 공기처럼 향유하며 살아가게 되었다. 이처럼 풍성한 정보 환경에서 가짜 뉴스라는 뜻하지 않은 부작용이 돌출하는 것이다.

2016년 미국 대선에서는 소셜미디어를 통해 유포된 가짜 뉴스에 힘입어 선거 결과가 예상을 뒤엎는 대이변이 일어났다. 영국에서는 유럽연합을 탈퇴(Brexit)하는 게 이익이라는 가짜 뉴스가 쏟아지면서 국민투표에서 브렉시트가 통과되어 국가 전체가 엄청난 혼란을 치른 바 있다. 가짜 뉴스의 부작용으로 인한 사회적 손실은 한국 사회의 경우도 외국 못지않다. 2008년 한미 쇠고기 협상을 통해 미국산 쇠고기 수입의 재개가 결정된 이후 "소고기 먹으면 다 죽는다."는 광우병 괴담이 촉발한 대규모 시위로 우리 사회가 100여 일간 극도의 혼란에 빠졌던 기억이 아직 생생하지만, 이후에도 2018년 극우 기독교 단체의 동성애 · 난민 혐오 가짜 뉴스가 '댓글부대'를 통해 유통되면서 엄청난 사회적 갈등에 휘말렸고, 2022년 10월 한 야당 국회의원이 국회 법제사법위원회 종합감사에서 근거가 박약한 '청담동 술자리' 의혹을 제기해 정치권에 파문을 일으키는 등 그 폐해는 헤아리기 힘들 정도로 많다.

가짜 뉴스는 근거가 박약한 허위 정보나 오보를 통칭하는 개념으로 쓰여지고 있지만, 학계에서는 목적성, 의도성 및 사실성을 기준으로 '가짜 뉴스'를 정의한다. 예컨대, 황용석과 권오성은 가짜 뉴스를 "상업적 · 정치적 목적으로 남을 속이려는 의도가 담긴 정보, 수용자가 허구임을 오인하도록 언론 보도의 양식을 띤 정보로서 사실 검증이라는 저널리즘의 기능이 배제된 가운데 사실처럼 허위로 포장된 정보"라고 규정한다(황용석 · 권오성, 2017).

가짜 뉴스의 원인을 놓고는 인간은 원하는 정보만 찾아서 본다거나 믿고 싶은 것만 믿는다는 일관성 이론이나 확증편향론 등이 거론되어 왔다. 사회적 분노나 혐오가 가짜 뉴스를 부채질한다는 견해도 있는데, 이들은 대체로 개인의 심리나 집단 심리와 같은 심인성 요인을 앞세우는 설명이다. 그러나 가짜 뉴스가 사회적으로 급속히 번져가는 보다 결정적 요인으로는 미디어 환경의 변화를 꼽지 않을 수 없다. 특히 소셜미디어를 중심으로 한 새로운 소통 양식의 출현이 가짜 뉴스의 확산에 지대한 영향을 끼쳤다. 소셜 네트워크 서비스는 피싱 등과 같은 범죄에 악용되기도 하지만, 사회적으로 민감한 이슈에 대한 거짓 정보를 양산한다는 또 다른 부작용을 야기하기도 한다. 소셜미디어의 개인별 맞춤 서비스는 마치 비눗방울에 갇힌 상태에 비유되곤 한다. 사용자 스스로는 자기가 선택한 것이라고 생각할지 모르나 실제로는 맞춤형 필터가 걸러낸 결과 안에서 맴도는 현상을 뜻하는 '필터 버블(filter bubble)' 현상은 소셜미디어에서뿐만 아니라 인터넷의 검색 결과나 많이 본 기사 등 이용자의 선택과 상호작용을 반영한 인터넷 콘텐츠에서도 공히 드러난다. 하지만 지인들끼리의 공유와 '좋아요' 반응으로 막강한 사회적 전파력을 행사할 수 있는 소셜 네트워크 서비스의 맞춤형 콘텐츠는 반향실 효과(echo chamber)라는 것을 통해 이용자들을 보다 철저히 필터 버블 속에 가둠으로써 객관적 사실 인식을 배가적으로 저해한다(구본권, 2020).

반향실 효과란 인터넷에서 자신이 좋아하는 방향으로 정보를 습득하여 생각을 강화하는 현상을 말한다. 이용자가 페이스북, 카카오톡, 트위터 등에서 접하는 정보나 댓글 등은 생각이 비슷한 사람들이 주고받는 끼리끼리 의견인 경우가 많다. 그런데 소셜미디어의 알고리즘은 이용자의 몰입적 이용을 늘리기 위해 이용자가 '좋아요'를 많이 누른 콘텐츠 중심으로 추천하고 노출하기 때문에 개인이 자신이 좋아하거나 댓글 같은 피드백 위주로 정보를 접하게 되면 사태에 대한 객관적 인식을 차단당하게 된다.

그런데 사태가 여기가 끝나지 않는다는 데 보다 큰 문제가 있다. 소셜미디어의 정보 유통 역능에 첨단 인공지능 기술이 가미되어 가짜뉴스의 정교성이 크게 향상됨으로써 진위 판별이 불가한 상태로 비화하게 된다. 진짜 같은 가짜의 생산은 요즘 인공신경망(Artificial Neural Networks) 알고리즘을 갖춘 AI를 이용한 '적대적 생성 신경망(Generative Adversarial Networks: GAN)'에 의해 촉진되고 있다.

GAN은 데이터를 생성하는(Generative) 인공지능과 생성된 데이터가 위조임을 가려내려는 적대적(Adversarial) 인공지능을 경쟁시켜 진짜에 가까운 가상 데이터를 만들어 내는 기계학습 프로그램으로,

구글 연구원이었던 이안 굿펠로(Ian Goodfellow)가 개발을 선도했다. 그가 2014년 NIPS(Neural Information Processing Systems) 학술대회에서 몬트리올대학 동료들과 함께 발표한 논문 "Generative Adversarial Nets"가 당시 비상한 반응을 불러일으켰는데(Goodfellow *et al.*, 2014), 2년 후 튜터리얼 세션을 통해 GAN이 학계에 널리 소개되면서 후속 연구들을 촉발했다. GAN은 기본 원리가 정립된 2014년 이후에도 기술적 진전을 거듭해, 간단한 형태의 숫자에서 사람 얼굴과 같은 복잡한 형상에 이르기까지 육안으로 쉽게 식별할 수 없는 정교한 가짜를 생성하게 되었을 뿐 아니라, 착색 기능까지 갖춰 가방이나 신발과 같은 일상용품에서 유명 미술품에 이르는 실감나는 물품 이미지를 산출하고 있다.

더구나 GAN은 요즘 영상뿐 아니라 음성 영역에까지 진출, 유명인이나 애니매이션 주역, 혹은 웹툰 주인공들의 행위까지 학습해 대상 인물들을 다채롭게 변형하거나 확장함으로써 그들 역할을 대행하는 수준까지 이르게 되어 시각 산업을 넘어선 콘텐츠 산업 전반에 폭발적 반응을 불러일으키고 있다. 향후 그것이 교육, 쇼핑, 교통, 재난방지 등 제반 영역에 폭넓게 활용되면 산업의 틀마저 전면적으로 개편하게 될 듯하다. 페이스북 인공지능 연구팀 리더이자 딥러닝 선구자인 얀 르쿤(Yann LeCun)이 GAN을 최근 10년간 머신러닝 분야의 가장 혁신적 아이디어로 지목했다는 사실이 그러한 전망을 뒷받침한다.

그러나 GAN의 확산과 더불어 예상할 수 있는 심각한 문제는 진짜와 구별하기 힘든 가짜 데이터를 양산할 수 있다는 점이다. 더구나 이렇게 생성된 가짜 데이터가 3DP 등을 통해 원본과 진배없는 가상적 모사물을 대거 산출하게 되면 진위 판별이 불가한 짝퉁이 상상의 차원을 넘어선 현실계에 파다하게 될 것으로 보인다. 그런 단계에 이르면 정본과 사본, 진짜와 가짜의 경계가 완파되어 사회적 혼란과 부작용을 가중시킬 것이 분명하다.

5. 가짜 전성시대의 최대 피해자인 과학

진위 판별이 어려워지면 가짜와 어울려 살아가야 하는 시대로 접어들게 되리라는 예증은 도처에서 드러나고 있다. 일차적으로는 진리의 산실이자 보루로 알려져 온 대학의 권위가 하락하는 오늘날 현실에서 그러한 조짐을 찾아볼 수 있다. '진리는 나의 빛(Veritas Lux Mea)', '진리에 순종하라(Obedire Veridati)', '진리가 너를 자유케 하리라(Veritas vos liberabit)', 자유 · 정의 · 진리(Libertas · Justitia · Veritas) 등을 강조하던 진리 탐구의 전당인 대학이 고고한 상아탑으로서의 위상을 유실해 가는 모습에서 그러한 단초를 엿보게 된다.

덧없는 인생보다 훨씬 긴 생명력을 구가해 온 예술 분야의 경우도 다를 바 없다. "이 작품은 실화에 근거한 것으로서…"와 같은 엄숙한 선언을 통해 작품의 신빙성을 높이려는 시도들이 차츰 사라지는 대신 노골적으로 허구임을 표방하는 마술적 사실주의(magical realism) 작품이나 사실적 요소와 허구적 요소가 혼합된 팩션 사극(faction historical drama)들이 애호되는 최근의 정황이 그런 경향을 뒷받침한다. 이러한 추세에 편승해 '아니면 말고' 식의 임의적 사고나 판단이 사회 전면으로 파급되고 있는데, 그로 인해 가장 큰 위기에 직면할 영역이 과학계일 것으로 보인다.

1) 과학적 진리의 완전성에 대한 비판

객관적 사실에 기초한 진실이나 진리를 추구하는 과학 분야에서는 진실과 허위의 경계가 상대적으로 명확하다는 통념이 지배적이었다. 그러나 기존 과학 지식은 새로운 과학적 탐구 결과에 의해 반증될 수 있음을 역설한 과학철학자 칼 포퍼(Karl R. Popper)는 반증가능성(falsifiability)이야말로 과학과 비과학을 구별하는 결정적 요건이라고 말한다. 포퍼는 반증할 수 없는 것을 과학이론이라고 보지 않았다. 즉, '반증가능성'을 과학이론의 최우선 조건으로 내세운 그는 과학적 검증에 의한 반증이 불가한 마르크스의 상하부구조론이나 프로이트의 리비도론 같은 것들은 과학적 진술의 범주에서 배제시켜야 한다고 주장한다(Popper, 2002[1935]).

과학적 진리의 불완전성에 대한 포퍼의 착상은 토마스 쿤(Thomas Kuhn)에 의해 비판적으로 계승된다. 과학이론이 되기 위한 기준은 그 반증가능성, 반박가능성, 시험가능성에 있다는 포퍼의 주장에 대해 쿤은 변칙(anomaly)이 나타날 때마다 이론 전체를 폐기할 경우 연구 활동이 불가하다고 반박한다. 덧붙여 "모든 이론들은 기존의 이론에서 크게 벗어나지 않고도 다양한 임시방편적인 조정을 통해 수정될 수 있다."면서, 패러다임이 정립된 후에 연구자들은 패러다임 자체에 대한 근본적 의문은 삼가고 그 틀에 맞춰 문제풀이에 매진하는 '정상과학'에 천착한다고 말한다. 지동설 탄생시기에 지동설을 뒷받침하는 수많은 증거가 발견되었음에도 천동설을 보조하는 가설을 만들어 내면서까지 연주 시차를 어떻게든 천동설로 설명하려고 했던 당시의 정황이 그러했다는 것이다. 하지만 쿤은 보조가설들이 더 이상 핵심이론을 지원하기가 불가능해질 만큼 변칙 현상이 누적된 위기의 순간에는 기존 이론은 급진적으로 새로운 것으로 대체되는 '패러다임 전환'이 진행된다고 말한다(쿤, 2013[1962]). 이러한 일련의 과학학 논쟁은 과학적 진리의 절대성 신화를 탈각시키는 데 크게 기여했다.

2) 허구적 과학 논쟁으로의 비화

과학지식의 허구성을 입증하는 사건의 하나는 '소칼의 날조(Sokal hoax)'로 알려진 것이다. 뉴욕대학교의 물리학자 알랜 소칼(Alan D. Sokal)은 1996년에 문화연구 학술지 *Social Text* 특별호에 "경계 넘어서기: 양자역학의 변환 해석학을 향하여"(Transgressing the Boundaries: Toward a Transformative Hermeneutics of Quantum Gravity)라는 제목의 논문을 제출했다(Sokal, 1996). 그러나 소칼은 비슷한 때 *Lingua Franca*에 *Social Text*에 실린 자신의 논문이 사실은 패러디한 것에 불과한 것으로 완전한 풍자이자 '횡설수설'임에도 불구하고 게재되었다고 폭로했다(Sokal, 2008 참조).

또 과학 연구의 비판이라는 모험의 성공에 고무된 소칼과 동료 물리학자 장 브릭몽(Jean Bricmont)은 자신들의 비판을 확장해 『지적 사기』(*Impostures Intellectuelles*)—영어번역서 제목은 『유행하는 난센스: 포스트모던 지식인들의 과학남용』(*Fashionable Nonsense: Postmodern Intellectuals' Abuse of Science*)—이라는 책을 출판했다(Sokal and Bricmont, 1998[1997]). 이 책은 소칼과 브릭몽이 과학에 반하는 '남용'이라고 봤던 것들, 즉 심리분석학자 자크 라캉(Jacques Lacan), 사회학자 장 보드리야르(Jean Baudrillard), 과학사회학자 브뤼노 라투르(Bruno Latour)와 같은 프랑스 지식인들에 의해 범해졌던 '유행성 난센스'를 중점적으로 다룬 책이다. 이들 저자는 프랑스 사상이 미국 과학연구와 문화연구에 적지 않은 영향을 끼쳐 왔다고 주장하면서, "현대과학은 '신화' … 또는 '사회적 구성' 이상이 아니다."라는 '인식론적 상대론'을 문제점으로 제기했다. 즉, 소칼과 브릭몽은 과학활동이 사회적 맥락 속에서 일어난다는 생각을 수용하지만, 적어도 과학의 '내용'을 설명하는 자리에서는 자연 자체가 아니라 오직 사회적 요소에 천착하는 사람들과 단호히 절연해야 한다고 말한다. 엄정한 선을 주장하는 이유는 그들이 과학을 사회적 힘에 좌우되지 않는 '합리적 기획'이 준용돼야 할 영역으로 신봉한 까닭이다.

3) 구성주의 과학관의 대두

과학사회학자 브뤼노 라투르(Bruno Latour)와 스티브 울거(Steve Woolgar)는 『실험실 생활: 과학적 사실의 구성』(*Laboratory Life: The Construction of Scientific Facts*)이라는 공동 저서에서 과학적 사실이 실험실이라는 공간에서 산출되는 과정을 참여관찰법을 통해 밝히고자 했다. 그들이 실험실을 찾아 나서게 된 것은 자연과학이나 공학 연구가 실험실에서 이루어질 때가 많다는 단순한 이유에서가 아니다. 과학적 사실이 연구자들에 의해 발견되는 것이 아니라 실험실이라는 연구 현장에서 연구자들이 수행하는 담론, 요컨대 관찰 결과 및 다른 과학자의 논문이나 저술과 같은 텍스트에 관한 일련의 대화를 통해 구성되는 것이라고 판단했기 때문이다.

실험실에서 연구 결과에 대한 논쟁을 벌이던 연구자들 중 한쪽 진영이 우세하게 되면 논란이 종식되어 논점이 관심 대상에서 제외되면서 과학적 '사실'로 굳어지게 된다. 논쟁의 표면에는 드러난 실험 결과가 있지만, 배후에는 동원된 실험 도구나 관련 논문, 그래프, 도표들과 더불어 연구 결과를 공표하는 대변인들이 포진해 있다. '사실의 고지를 탈취하기 위한 힘겨루기'에서 이기려면 자기 진영이 안정화시키려는 사실에 반론을 제기하는 상대방 진영보다 더 풍부한 물적 근거나 장치, 텍스트를 동원해 설득력을 강화하는 수밖에 없다. 그래서 더 이상 논박의 여지가 없는 주장을 산출해 논쟁을 종식시켜야 한다는 것이다. 과학적 사실이 객관적 실재로 존재하는 것이 아니라 실험실 내부의 치열한 논쟁을 통해 만들어지는 것이라는 이 같은 구성주의적 입장은 과학지식의 일의성이나 절대성은 물론 객관성과도 상치된 견해가 아닐 수 없다. 그러나 실험실 내의 인지적 각축을 전제로 하는 구성주의 과학관은 기본적으로 과학적 합리주의를 고수한다는 점에서 무분별한 지적 상대주의의 일환으로 폄하시킬 수 없다(이상원, 2011).

4) 탈정상과학론

탈정상과학론(Post–normal Science: PNS)은 현대사회의 위기란 기존의 과학기술적 대응으로는 불충분하거나 부적절하다는 문제의식에서 출원한 것이다. 19~20세기 정상과학 시대에는 사회적 위협이나 위험을 과학적 방법으로 해결할 수 있다는 관념이 지배적이었다. 그러나 과학기술의 발달과 함께 사회체계의 불확정성이나 역동성이 배가하는 금세기에 출몰하는 사회적 위험이나 위협은 전문 과학자나 기술자들이 아닌 과학계 외부의 지식이나 식견을 동시적으로 고려하지 않고는 원만히 통어할 수 없다는 인식이 싹트고 있다(Funtowicz and Ravetz, 1993; Ravetz, 1999).

탈정상과학론은 토마스 쿤이 1962년도 저작 『과학혁명의 구조』(*The Structure of Scientific Revolutions*)에서 제시한 'Normal Science(정상과학)' 개념을 차용한 이론으로, 과학이 요즘 종전의 정상적 상태로부터 이탈해 가고 있음을 함축한 주장이다. 탈정상과학론은 현존 패러다임으로 설명할 수 없는 변칙적 현상들이 속출해 새로운 패러다임이 대안으로 출현하게 된다는 쿤의 과학혁명론과 유사한 입장을 취한다. 그러나 실질적으로 양자는 다음과 같은 차이를 드러낸다(〈표 6-1〉 참조). 즉, 새로운 패러다임의 창출을 요청하는 이변과 위기가 외생적(Exogenous)임을 강조하는 탈정상과학론은 오랫동안 정설로 간주되어 온 주류적 과학지식이 외적 여건의 변화로 인한 옳고 그름에 대한 판단을 감안한 확장된 시각으로 재고해야 한다고 역설한다.

| 표 6-1 | 토마스 쿤의 과학혁명론과 탈정상과학론

	Kuhnian Thesis	PNS
대상	학술적 지식으로서의 과학기술	정책적 소재로서의 과학기술
변칙과 위기의 진원	과학기술계 내부: 내생적(Endogenous) 접근	과학기술계 외부: 외생적(Exogenous) 접근

요컨대, 실질적 해결을 요하는 정책연관적 과학(Policy-related Science)을 둘러싼 외적 조건이 과학기술에 대한 종전의 기대를 축소시킴으로써, 진위 판단에 천착해 온 정통과학적 접근의 조정이 불가피하다는 것이 탈정상과학론을 관류하는 인식인 것이다. 이때 외적 조건의 변화와 직결된 사항으로 거론되는 것이 사실의 불확실성, 가치 논쟁 여부, 이해당사자 수효 및 결정의 시급성이다. 탈정상과학론을 선도해 온 제롬 라베츠(Jerome Ravetz)는 이들을 두 가지 범주로 묶어 종횡으로 배치한 이원적 평면도식에서 탈정상과학론이 요청되는 범역을 [그림 6-1] 같이 설정하고 있다.

[그림 6-1]로부터는 기본적으로 다음 두 가지의 함의를 유추할 수 있다. 첫째는 탈정상과학론은 응용과학 및 전문컨설팅의 대체재가 아닌 보완재라는 점이다. 응용과학으로 대변되는 전래적 과학은 정책

그림 6-1 | 제롬 라베츠 과학론의 영역별 구분

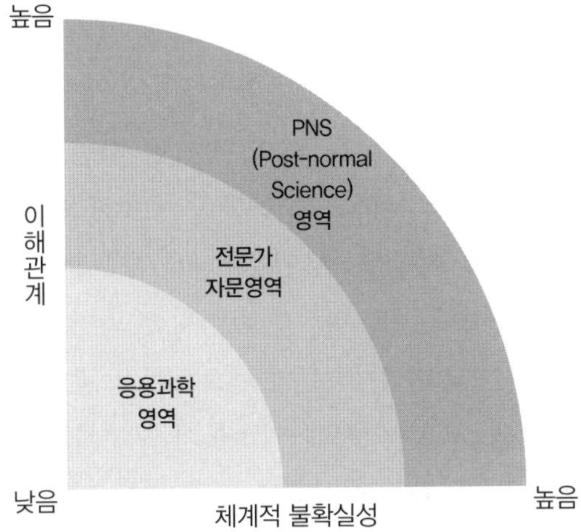

출처: Ravetz, J. R. 1999. "What is Post-Normal Science." *Futures* 31: 650.

연관적 과학 논의를 올바른 방향으로 이끌어 가기 위한 기초 조건인 반면, 탈정상과학론은 그 충분조건임을 시사한다. 둘째는 탈정상과학론에서는 문제가 광범위한 이해관여자들의 입장을 감안해 설정되고 해결책이 모색되어야 하는 만큼 사실 판단을 넘어 다양한 목표나 가치에 대한 고려가 수반되어야 하나, 그럼에도 과학적 해법을 추구한다는 점에서 정치적 중재나 협상과 구분된다는 점이다. 이러한 목적을 달성하기 위해서 PNS는 과학의 주체가 과학자 공동체에서 대중과 이해집단을 포함한 '확장된 동료 공동체(extended peer community)'로 바뀌어야 하며, 과학적 사실도 과학자들의 연구 결과뿐만 아니라 이해관여자들의 경험과 지식, 그리고 시공간적 맥락 등을 포함한 '확장된 사실(extended facts)'로 확대되어야 한다.

6. 커져 가는 서사의 위력

사실과 대척점에 있는 허구로서의 '픽션'은 사람, 사건, 장소 등을 상상의 방식으로 묘사한 문학적 창작물을 통칭한다. 픽션이 소설로 번역되어 온 관행에서 연상할 수 있듯, 산문으로 쓰여진 이야기로서의 소설이 픽션의 전형을 이룬다. 하지만 넓은 의미의 픽션은 소설뿐 아니라 연극, 영화, 드라마 등의 문학 텍스트를 포괄한다.

문학 작품을 사료라는 역사적 기록물과 구분하는 보편적 기준이 사실과 허구이다. 실제 벌어진 사건의 가감 없는 기록이 역사학의 기본적 책무임에 반해, 문학의 본령은 그럴듯한 개연적 허구를 창조해 내는 것으로 알려져 왔다. 이처럼 허구를 사실에 대비되는 개념으로 이해하려는 것이 아리스토텔레스 모방론의 요체를 이룬다(아리스토텔레스, 1975: 9장). 어떻든 모방한 것은 모방의 대상 그 자체가 아니라 그 대상을 흉내 내어 보여주는 것이니, 모방의 산물은 진짜가 아닌 가짜요, 허구인 셈이다.

작가이자 문학 연구가인 조지프 캠벨(Joseph Campbell)은 우리가 '이야기하기'를 멈추지 않는 것은 외부세계와의 관계 정립, 요컨대 우리 삶을 현실과 조화시키기 위해서라고 말한다. 한정된 생애에서 개인이 이룰 수 있는 경험치는 한정되어 있으므로 보다 많은 간접 체험을 통해 세상에 대한 이해를 넓히고자 끊임없이 이야기를 만들어 내고 향유한다는 것이다. 문예이론가 미하일 바흐친(Mikhail Bakhtin)도 인간의 삶을 나의 이야기와 남의 이야기가 서로 맞물려 돌아가는 상호 교차적 대화 과정으로 풀이한다(한혜원, 2010).

픽션이 인간의 삶에서 필요한 까닭은 무엇 때문일까? 진화생물학자들은 “진화는 무지막지한 실용주의자”라는 말로 의문에 답한다. 세상은 음모 · 책략 · 제휴 · 인과관계 등 이야기로 가득한데, 그것을 탐지하는 게 생존에 유리하므로 인류는 모닥불 주변에 모여 이야기를 늘어놓게 되었다는 것이다. 그뿐만 아니라, 이야기를 통해 공동체적 결속을 도모하기도 했다는 것이다.

펼친다는 뜻의 ‘서(敍)’와 일 ‘사(事)’ 자로 이루어진 서사(敍事)는 사건 혹은 사실을 펼쳐 내는 것을 뜻하는데, 서사는 기본적으로 줄거리와 결과(sequence and consequence)로 구축된다. 서사 세계에서는 사건이 선택되고, 해석되고, 재편되고, 연결되어 청중들에게 의미 있는 것으로 전달된다. 이렇듯 화자(話者)에게 상상의 기회를 부여하는 서사는 주어진 세상을 충직하게 대변하거나 진술하기보다 새롭게 바라볼 수 있는 가능성을 제공한다.

정보나 지식 형태가 아닌 서사로서의 이야기는 사람들에게 정서적 몰입이나 공감을 불러일으켜 메시지 효과를 배가시키는 위력을 발휘한다. 2008년 버락 오바마(Barack Obama)의 미국 대통령 당선을 가리켜 ≪뉴욕타임스≫는 ‘서사시의 승리’라고 평한 바 있다. 서사적 정체성을 구현할 이야기를 만들어 내고, 캠페인 내내 타이밍과 리듬을 조절해 이야기를 전달하며, 후보의 관념적 메시지의 틀을 짜기 위해 은유를 빌려 오는 등과 같은 서사적 전략이 대성공을 거뒀다는 것이다(Salmon, 2017). 서사는 요즘 정치 커뮤니케이션 부문뿐 아니라 경영, 홍보, 마케팅, 교육, 의료, 저널리즘 등 다양한 거의 모든 분야로 그 활용 영역을 급속히 넓혀 가고 있다.

현대사회에서의 서사의 중요성이 여러 방식으로 표출되어 왔지만, 그런 점을 우리에게 설득력 있게 일깨워 준 사람이 덴마크 코펜하겐미래학연구소(Copenhagen Institute for Futures Studies) 소장인 미래학자 롤프 옌센(Rolf Jensen)이다. 그는 현대사회가 이성 중심적인 패러다임에서 감성 중심적인 패러다임으로 접어들고 있다고 진단한다. 물질적 생활 여건이 차츰 개선되어 가는 세계 대부분 지역에서 삶의 실제적 차원에 관한 관심이 퇴조하는 대신 지각적 측면, 그중에서도 특히 감성적 느낌에 대한 관심이 고조되고 있다는 것이다. 따라서 정보 사회 이후의 미래에는 풍성한 감성을 담지한 이야기가 중시될 것으로 예단한다(옌센, 2005[1999]).

옌센의 대표작 『드림 소사이어티』(*Dream Society*) 첫 장은 덴마크의 달걀 소비에 관한 이야기로 시작된다. "덴마크에서는 방목한 암탉이 낳은 달걀이 달걀시장의 50% 이상을 차지한다. 소비자들은 좁은 닭장 안에 갇힌 채 길러진 암탉보다는 자연 속에서 자란 암탉을 선호한다. 옛날식 생산물(retro–products), 즉 할아버지 할머니 시대의 방식과 기술로 생산된 달걀은 값이 좀 비싸더라도 산다. 달걀이 생산되는 이야기에 대해 기꺼이 비용을 지불한다."

요컨대, 오늘날 소비자들은 상상력을 자극하는 이야기가 담긴 제품을 카트에 주워 담으며 물질적 상품으로부터 물성을 넘어선 '의미'를 추구한다는 것이다. 동일한 영양가의 달걀을 목가적 이야기 때문에 더 높은 가격을 지불하고 구입하는 것은 기존 경제관념으로는 합리적이지도 효율적이지도 않다. 하지만 구매 결정이 이성적 판단보다 감성적 이유에 의거해 이루어져 소비자들이 상품 자체보다 상품에 담겨 있는 감성, 가치, 이야기를 구매하는 상황에서는 제품에 담을 꿈과 이야기를 풍성하게 준비한 기업이 번영하게 된다는 것이다. 따라서 감성적 세계로의 이행 상황에서 기업을 이끌어 가는 CEO는 생산라인을 효율적으로 통제하고 유통과 물류비용을 절감하여 값싼 비용에 기능이 좋은 물건을 만드는 데 전념하기보다 기업의 긍정적 이미지를 전파하고 경쟁력 있는 이야기를 상품에 담아내는 일에 주력해야 한다는 것이다.

오늘날 기술의 발달로 상품의 실용적인 기능, 즉 물질적 가치가 소정의 수준을 상회하여 상품의 질적 차이가 날로 축소되는 경향이 있다. 따라서 고유한 스토리로 감성을 자극하는 일이 차츰 마케팅의 관건이 되어 가고 있다. 자신이 전하고자 하는 메시지를 이야기를 통해 보다 효과적으로 전달하는 스토리텔링 방식은 상품의 세계를 넘어 각종 조직, 지역사회 혹은 국가 등에서도 설득 도구의 일환으로 유용성을 드러내고 있다. 그런데 현대사회에서 서사가 물건이든 사람이든, 자연물이든 도시든 국가든 세상 모든 것에 깃들어 가면서 사실(fact)과 충돌할 때가 많다. 더구나 디지털화의 진전과 함께 "상상을 현실로"라는 언표가 시대의 키워드로 자리 잡아 가면서, 서사는 때때로 사실을 능가하는 위력을 행사하는 탈진실화의 주역으로 발돋움하고 있다.

7. 탈진정성, 탈진실 현상의 외연

미래 사회의 보다 큰 문제는 탈진실성 논쟁이 사실 판단을 주축으로 한 인지적 차원을 넘어 정서적 · 윤리적 · 심미적 영역을 포괄하는 진정성 시비로 확산되어 간다는 점이다. 사회철학자 찰스 테일러(Charles M. Taylor)의 지적에 의하면, 진정성이란 인간이 천부적 도덕관념을 타고난 존재라고 생각했던 18세기 계몽철학적 사유에서 연원한 것으로, 진정성 시대의 인간은 자신의 내면에서 들려오는 소리에 따라 어떻게 살아가는 것이 올바른 것인지를 판별할 수 있는 심성적 역능을 갖추게 된다는 것이다(Taylor, 1991). 가볍고 발랄한 자기표현의 자유와 풍요로움이 긍정적 가치를 획득하게 되는 '탈진정성 시대(age of post-authenticity)'로 들어서면서 성찰적 내면 대신에 타인의 시선에 보다 큰 관심을 기울이는 외면인(homo apparentus)이 사회 전면에 포진하게 된다. 탈진정화된 삶의 양식은 디지털 트윈과 같은 시뮬레이션 기법의 발달로 짝퉁 위력(fake power)이 요즘 절정에 달해 가짜가 진짜, 부캐(새로 부가된 자신의 모습을 뜻하는 부캐릭터)가 본캐(평소 자신의 모습을 대변하는 본캐릭터)를 압도하는 정경이 널리 드러나는데, 그러한 추세는 코로나 사태 이후 디지털 전환이 촉진되면서 가속화되고 있다.

일반적으로 객관적 사회구조는 사회구성원들의 주관적 의식세계와 동반적으로 변화한다. 생활환경의 변화가 삶의 가능성이나 조건에 영향을 끼쳐 어떻게 사는 것이 옳은 것인가 혹은 바람직한 것인가 등의 문제를 규정하는 집합적 의식체계의 변화를 촉발한다. 이러한 집합적 의식체계의 성격이 사회과학에서 '에토스(ethos)'라고 지칭된다. 근자에 집단적으로 포착되는 가장 주목할 만한 의식세계의 변화는 진정성(authenticity) 에토스가 '피상성(ostensibility)' 에토스로 바뀌고 있다는 점이다.

진정성이 자기-소유의 의지를 통해 형성되는 것이라면, 피상성은 자기-상실(self-loss)의 의지에서 배태되는 것이라고 할 수 있다. 그것은 굳건한 자아 정체성에 기초한 내면적이고 성찰적인 주체가 아니라 일찍이 데이비드 리스먼(David Riesman)이 저서 『고독한 군중』에서 말한 타자지향적 태도에 비견할 만하다(Riesman, Glazer and Denney, 2020[1961]). 이는 1950년대의 대량생산, 대량소비의 미국 사회에서 최초로 발견된 집합적 의식으로, 성찰적 내면 대신에 타인의 욕망과 시선에 의해서 관리되고 운용되는 외면을 추구하는 새로운 유형의 에토스라 할 수 있다. 어빙 고프만(Erving Goffman)은 이런 의식을 『자아표현과 인상관리』(*The Presentation of Self in Everyday Life*)에서 개진한 바 있으며, 크리스토퍼 래쉬(Christopher K. Lasch)도 『나르시시즘의 문화』(*The Clture of Narcissism*)에서 그것을 자기애적 증후의 일환으로 풀이한 바 있다(Goffman, 1959[1956]; Lasch, 1979).

진정성 에토스가 해체되고 피상성 에토스가 지배적인 삶의 형식으로 자리 잡아 가면서 개인은 전시적 주체로서의 면모를 강화하게 된다. 새롭게 등장하는 전시적 주체가 자신의 삶에 부여하는 가장 큰 의미는 성찰적 주체가 갖고 있는 윤리적 자기추구, 자기형성의 과정이 아니다. 전시적 주체는 자신과의 대화 과정이 요구하는 혼란하고 불투명한 도덕적 부담을 회피하면서 내적 욕망을 외부로 투사하고자 한다. 따라서 피상성 에토스의 주인공인 전시적 주체는 고뇌와 상처를 숙성하는 내밀한 공간으로서의 내면을 상실하게 된다. 내면을 유실한 주체는 실존적 고뇌로 인한 삶의 무거움을 참을 수 없는 고통으로 여겨 가벼움에 천착함으로써, 사회는 자신의 존재 가치를 돋보이게 하려는 외면인들의 경연장으로 변모해 간다.

■ 참고문헌

구본권. 2020. “포스트휴먼과 포스트 트루스: 탈진실 현상은 왜 문제일까.” 고등과학원(KIAS). HORIZON(2020.06.02.)

니체, 프리드리히. 2001[1873]. “비도덕적 의미에서의 진리와 거짓에 관하여.” 『유고(1870~1873)』. 니체 전집 3권. 이진우 옮김. 책세상.

데리다, 자크. 1996[1967]. 『그라마톨로지』. 김성도 옮김. 민음사.

라투르, 브뤼노 · 스티브 울거. 2019[1979]. 『실험실 생활: 과학적 사실의 구성』. 이상원 옮김. 한울아카데미.

리오타르, 장-프랑수아. 1999[1979]. 『포스트모던의 조건』. 유정완 외 옮김. 민음사.

베이컨, 프란시스. 2016[1620]. 『신기관』. 진석용 옮김. 한길사.

벤야민, 발터. 2007[1935]. 『기술복제시대의 예술작품/사진의 작은 역사 외』. 최성만 옮김. 길.

보드리야르, 장. 2012[1981]. 『시뮬라시옹』. 하태환 옮김. 민음사.

아리스토텔레스. 1975. 『시학』. 손명현 옮김. 박영사: 9장.

옌센, 롤프. 2005[1999]. 『드림 소사이어티』. 서정환 옮김. 리드리드출판.

이상원. 2011. “사실의 산출과 실험실 공간.” 『철학사상』 40: 207-238.

쿤, 토마스. 2013[1962]. 『과학혁명의 구조』. 김명자 · 홍성욱 옮김. 까치.

한병철. 2023[2021]. 『정보의 지배: 디지털화와 민주주의의 위기』. 김영사.

한혜원. 2010. 『디지털 시대의 신인류 호모 나랜스』. 살림출판사.

황용석 · 권오성. 2017. “가짜뉴스의 개념화와 규제수단에 관한 연구: 인터넷서비스사업자의 자율규제를 중심으로.” 『언론과 법』 16(1): 53-101.

Arendt, Hannah. 1972[1971]. “Lying in Politics: Reflections on The Pentagon Papers.” In H. Arendt. *Crises of the Republic: Lying in Politics; Civil Disobedience; On Violence; Thoughts on Politics and*

Revolution. Harcourt.

Baggini, J. 2022. "What Can Philosophy Add to the Post-truth Crisis?" *Times Literary Supplement(TLS)*. Retrieved 2022-01-26.

Funtowicz, S. and J Ravetz. 1993. "Science for the Post-normal Age." *Futures* 25(7): 739-755.

Goffman, E. 1959[1956]. *The Presentation of Self in Everyday Life*. Doubleday.

Goodfellow, I. *et al.* 2014. "Generative Adversarial Nets." In *Advances in Neural Information Processing Systems 27*(NIPS 2014 Proceedings).

Lasch, C. 1979. *The Culture of Narcissism: American Life in an Age of Diminishing Expectations*. W. W. Norton.

Popper, K. 2002[1935]. *The Logic of Scientific Discovery*(Revised). Routledge.

Ravetz, J. 1999. "What is Post-Normal Science." *Futures* 31: 647-653.

Riesman, D., N. Glazer, and R. Denney. 2020[1961]. *The Lonely Crowd: A Study of the Changing American Character*. Yale University Press.

Salmon, C. 2017. *Storytelling: Bewitching the Modern Mind*. Verso.

Sokal, A. D. 1996. "Transgressing the Boundaries: Towards a Transformative Hermeneutics of Quantum Gravity." *Social Text* 46/47: 217-252.

______. 2008. *Beyond the Hoax: Science, Philosophy and Culture*. Oxford University Press.

Sokal, A. D. and J. Bricmont. 1998[1997]. *Intellectual Impostures*. Profile Books.

Taylor, C. 1991. *The Ethics of Authenticity*. Harvard University Press.

제 Ⅱ 부

포스트소셜사회의 도전 과제와 대응

제7장

포스트소셜사회의 형성 및 후과(後果)

1. 포스트소셜사회의 성립
2. 포스트소셜사회의 속성
3. 포괄적 테제로서의 '비정질성(非晶質性)'
4. 포스트소셜 시대의 도전 과제

Designed by Freepik

1. 포스트소셜사회의 성립

인류사회는 문명사적 전환을 야기했다는 기존 3대 혁명으로 인한 변화를 훌쩍 뛰어넘는 새로운 도약 단계로 들어서고 있다. 연극에 비유하자면 농경사회 · 산업사회 · 정보사회가 문명 시대 제Ⅰ장의 1, 2, 3막에 해당하는 것이라면, AI가 주도하는 최근의 변혁은 극의 무대가 전면적으로 바뀌는 '문명 시대 제Ⅱ장'으로 불러 마땅하다. 따라서 아직까지 사용해 온 BC(Before Christ), AD(Anno Domini)라는 중세적 구분법을 BAI(Before AI), AAI(After AI)라는 새로운 표기법으로 고쳐 써야 할 때에 이른 듯하다.

제Ⅰ부에서 상술했듯, 소통혁명을 계기로 출범한 신문명 시대는 가상현실과 실제 현실이 뒤섞인 다양한 형태의 다중현실(multiple realities)을 창출하고, 인간의 사고 능력을 대행할 수 있는 지능화된 기구의 등장으로 인간-비인간 복합체가 세상을 주도하는 포스트휴먼(posthuman) 단계로 이행하며, 객관적 사실의 권위가 쇠퇴하는 탈진실화로 옳은 것이 존중받지 못하는 탈진정성(post-authenticity) 단계로 돌입하고 있다.

이러한 삼중적 메가트렌드가 조우하는 합류점에서 어떠한 사회가 생성될 것인가? 생활 현실에서 관망되는 탈실재화, 행위 주체의 탈인간화 및 내면세계에서의 탈진실화는 ① 실제 현실에 주된 가치를 부여하던 기존 사회를 다중현실적 상태로 변모시키고, ② 지능을 갖춘 모든 존재를 주관자로 용인함으로써 인본주의를 약화시키며, ③ 진위 혹은 표리 불일치에 대한 거부감이 이완되는 탈진정성 시대를 조성할 것으로 예상된다. 이렇듯 다양한 현실이 교차하고, 생각하는 존재로서의 인간과 기계가 어울리며, 진실이나 진정성 신화가 와해됨으로써 오랜 기간 동안 인류가 견지해 온 사회체계와 결을 달리하는 포스트소셜사회(postsocial socity)가 태동하고 있다([그림 7-1] 참조).

그림 7-1 | 포스트소셜사회의 태동

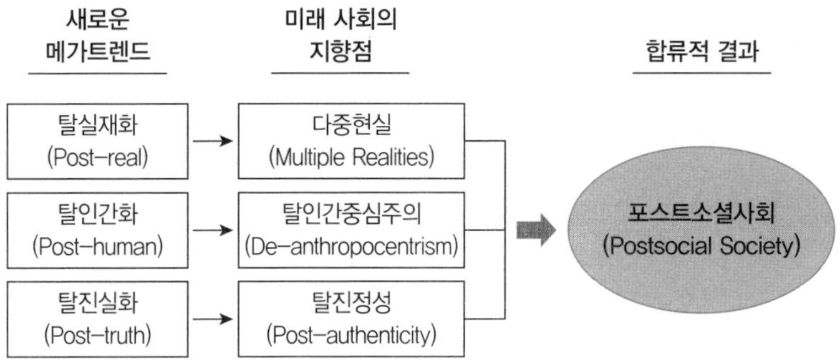

'Post'의 본원적 의미는 after나 late를 뜻하는 '이후'라고 할 수 있다. 그러나 후속될 사회 형태의 성격 규정에 따라 포스트의 의미는 상이한 함의를 표방하게 될 것으로 본다. 그런 전제하에 미래 사회의 향진 경로를 크게 세 가지 범주로 추려 보면, ▶ 사회가 한 단계 진전된 상태로 격상할 것이라는 증강론, ▶ 사회가 무(無)의 상태로 함몰될 것이라는 소멸론, ▶ 사회가 기존 체제와 판이한 새로운 형태로 거듭날 것이라는 신생론으로 구분할 수 있다.

이상 세 가지 경로들 중 비관적 입장을 대변하는 사회소멸론은 과학적 탐구 대상으로서의 사회의 종언을 예고하는 탈근대적 사고로부터 지구문명 사멸론에 이르는 일련의 종말론적 견해에 귀속된다(Seidman, 1991: 131-146; Žižek, 2010). 그에 대비되는 사회증강론은 자연지능과 인공지능의 공조를 통해 사회가 특이점(singularity)을 넘어 새로운 성장 단계로 진입할 것이라는 인공지능 선도자들의 낙관적 입장으로 대변된다(Brynjolfsson and McAfee, 2014; 보스트롬, 2017 [2014]). 이들 두 가지 극단론의 틈새에 자리한 세 번째 사회신생론은 기존 체제를 대체하는 새로운 사회질서 태동의 형성에 역점을 두는 견해로서, 미래 전망의 필수 요건으로 꼽히는 3P(possible, plausible, preferable), 즉 가능하고, 바람직하며, 있을 법한 예측이라는 규준을 고루 충족시키는 적실한 전망이라고 판단된다.

2. 포스트소셜사회의 속성

1) 초월성(Transcendence)

전통사회 및 산업사회를 구성하는 핵심 요소의 하나였던 자연적 · 기계적 시계시간(Chronos)이 임의적 환치나 변경이 가능한 초월적 시간(Kairos)으로 대체되고 있다. 앙리 베르그송(Henri-Louis Bergson)의 『창조적 진화』(*Creative Evolution*), 장 프랑수아 료타르(Jean-François Lyotard)의 『담론, 형상』(*Discourse, Figure*) 또 알랭 바디우(Alain Badiou)의 『존재와 사건』(*Being and Event*) 같은 책자들이 이미 그러한 시간 변형의 문제를 현대성의 핵심 의제로 설정해 다룬 바 있지만, 과거-현재-미래가 순차적 · 단선적으로 발현하는 대신 변속 · 역전 · 재편될 수 있다는 카이로스적 시간관은 현대적 삶을 '초시간적 시간(timeless time)'이라는 시제적 혼돈 상태로 이끌고 있다. '오래된 미래(Ancient Futures)'나 '미래의 기억들(Memories of the Future)'과 같은 언표들이 그러한 경향을 대변하는 증좌라 하겠는데, 그것이 우리 일상에 뿌리내리고 있다는 단서는 1일 8시간 혹은 1주 52시간으로 주어진 근무시간을 탄력적으로 운영할 수 있는 선택근무제나 재량근무제와 같은 유연근로시간제에서 엿볼 수 있다.

초월적 기류는 공간적 인식에 대해서도 여실히 드러난다. 산업화가 주로 거점 도시나 공단과 같은 한정된 공간을 중심으로 이루어졌던 것임에 반해, 정보화의 진전은 인간 활동을 한정된 처소로부터 해방시킴으로써 장소귀속성을 약화시키고 있다. 재택근무나 온라인을 활용한 원격근무의 증가는 직장이 곧 일터라는 등식에 도전한다. 온라인-오프라인 공간을 넘나드는 전자 상거래도 접속 가능한 곳이라면 어디서든 매매를 가능케 함으로써 고정적 공간관을 해체시키고 있다. 21세기를 첨단 정보통신기기나 통신망에 의존해 정보의 소재지를 찾아 유랑하는 디지털 유목민이 주류가 되는 신(新)유목 시대가 될 것이라는 자크 아탈리(Jacques Attali)의 전망은 공간 초월성을 예보한 선지적 통찰이라 하겠는데(아탈리, 2005[2003]), 독창적인 변증법적 운동법칙에 의거해 공간 개념의 생성 과정을 절대공간, 역사공간, 추상공간, 모순공간, 대안공간으로 포착한 앙리 르페브르(Henri Lefebvre)의 공간관 역시 장소귀속성 탈피를 조장하는 초월적 공간관의 표본으로 삼을 만하다(르페브르, 2011[1974]).

2) 유연성(Flexibility)

사회 유연화의 단초는 1970년대 중반 생산영역에서 일어난 축적체제의 전환에서 찾아볼 수 있다. 오래 전 마이클 피오르(Michael Piore)와 찰스 세이블(Charles Sabel)이 『제2차 산업분할』(*The Second Industrial Divide: Possibilities for Prosperity*)에서 지적한 바 있듯, 경직성을 특징으로 하는 포디즘적 축적체제가 위기에 직면하자 '유연적 축적체제(regime of flexible accumulation)'를 기반으로 한 자본주의의 재구조화가 촉발되었다(Piore and Sabel, 1984).

그 결과, 오랜 기간 굳건히 유지되던 산업시대의 가치관이 부적절한 것으로 격하되고 있다. 반복적 작업을 수행하는 근로자, 상부에 맹목적으로 복종하는 사람보다 비판적 판단, 환경 적응력 및 대인교섭력 등을 지닌 인물이 높이 평가받는다. 불안정성이나 불확실성을 특징으로 하는 유연사회는 높은 상황 대처능력을 지닌 유연한 인력을 오히려 선호한다. 따라서 교육 목표도 지속적 변화에 빠르게 적응할 수 있는 '적응적 순발력'을 증대시키는 쪽으로 이동하며, 창의적 기획력에 대한 사회적 요구로 학교나 직장은 물론이요, 가정생활에 있어서까지 실무적 대응력 함양이 강조되고 있다. 놀이와 학습의 경계를 넘나드는 에듀테인먼트(edutainment), 생산자와 소비자 역할의 혼재를 뜻하는 프로슈머(prosumer) 혹은 사실과 허구의 이질적 접합인 팩션(faction)과 같은 용어로부터도 유연화의 진척 양상을 가늠할 수 있다. 유연화 경향은 생애주기상으로도 뚜렷이 판독된다. 학습-근로-여가라는 단선적 생애주기 모형은 이제 요람에서 무덤에 이르는 생애 전체에 걸쳐 앎-일-쉼을 동시적으로 추구하는 복선형 형태로 변모하고 있다. 여기에 일상화하는 멀티태스킹 추세까지 감안하면, 유연화가 우리 삶에 전면적으로 확산되고 있음에 수긍하지 않을 수 없다.

3) 혼종성(Hybridity)

현대사회는 선택적 만남인 접속과 이종적 섞임인 혼합(混合), 혼성(混性), 변성(變性) 및 신생적 창발(創發)을 특징으로 한다. 이종적 개체 간 결합은 물리적 혼합에서 머무는 것이 아니라 화학적 결합을 통한 새로운 개체의 생성으로 이어진다. 혼성이 기존 개체들의 성격에서 파생된 변화를 뜻하는 것이라면, 변성은 질적 속성을 달리하는 새로운 사태의 전환을 말한다. 창발 현상은 예상을 뒤엎는 전혀 새로운 산물의 생성을 지시하는데, 그것은 이전 형태와 질적으로 변별되는 상이한 상호작용과 생태적 지위를 구성하는 특례적 현상에 속한다(김문조, 2013).

이종적 결합은 우리 생활 도처에서 관망할 수 있는데, 그러한 실험이나 도전은 이제 영상과 미술, 음악 등의 분야에서 일상적으로 목격할 수 있다. 예컨대 앤디 워홀(Andy Warhol)은 산업과 예술을 성공적으로 접합시켜 혼성성을 새로운 미술 장르에 도입한 선도자로 평가되고 있는데, 보다 담대한 이종적 혼성체를 창출한 인물로는 기술적 상상력과 예술적 상상력의 결합으로 '미디어 아트'라는 새로운 표현 양식을 개척한 백남준이다.

혼종성에 대한 학술적 담론이 가장 왕성했던 분야는 종족적 차이로 인한 편견이나 차별 문제를 집중적으로 다뤄 온 탈식민주의론, 인종학 및 문화연구 부문이었다(Bhabha, 1995). 그러나 세계화 추세와 함께 국제 이주자가 늘어나고 다문화주의가 확산되면서 혼종성이 사회체제의 다양성을 담보하는 현상으로 수용됨은 물론 현대성을 상징하는 키워드로 꼽히고 있다.

4) 경박성(Frivolity)

경박단소형(輕薄短小型) 기술이 중후장대형(重厚長大型) 기술을 밀어내고 부드러운 것이 경직된 것을 지배하는 소프트 시대로 이행하면서 영민함을 뜻하는 스마트 추세가 상품, 주거, 금융, 근로생활, 여가생활 등 도처에 풍미함은 물론이요, 바람직한 덕목으로 칭송받기까지 한다. 그러나 스마트 사회에서 주시해야 할 가장 특징적 변화는 장기간 우리 정신세계를 관류해 왔던 진정성 에토스가 피상성 에토스로 대체되고 있다는 점이다. 삶의 무게나 깊이 대신 인생을 가볍고 편하고 즐겁게 살아가려는 피상성 에토스는 원천적으로 쾌락연기에 대한 보상이 무망하나는 자조의식에서 싹튼 것이라 하겠는데, 그것이 성찰성, 공공성, 윤리성과 상반된 현시성, 친밀성, 즉흥성을 추구하고 있다는 점에 핵심이 있다. 부연할 사항은 그러한 성향이 SNS의 확산과 함께 사회 각처로 파급되어 내면세계와 무관한 외양 관리에 주력하는 현시적 생활방식을 보편화시키고 있다는 사실이다.

현시적 존재가 삶에 가장 역점을 두는 것은 타자나 외부세계에 자신의 모습을 인상적으로 각인시키는 일이다. 현시적 존재는 성찰성이나 성숙성을 일종의 위선으로 간주하면서 발랄하고 거침없는 자아 혹은 표출의 풍요로움을 추구하는데, 이는 문화철학자 발터 벤야민(Walter Benjamin)이 기술복제 시대에 '숭배가치(*Kultwert, worship value*)' 대신 새로운 인성적 가치로 제시한 '전시가치(Ausstellungswert, exhibition value)'에 상응한다(벤야민, 2007[1935]). "참을 수 없는 존재의 가벼움"에 반하는 존재의 무거움이 더 참을 수 없게 되는 경박화 경향이 시대적 표징이 되어 가는 것이다.

3. 포괄적 테제로서의 '비정질성(非晶質性)'

시간 및 공간적 차원의 초월성, 구조적 측면에서의 유연성, 구성적 측면에서의 혼종성, 물성적 측면에서의 경박성이라는 포스트소셜사회의 속성들은 어떠한 단일 테제로 압축할 수 있겠는가?

지그문트 바우만(Zygmunt Bauman)은 '액체성(liquidity)' 개념으로 그러한 경향을 일괄한다. 고형성에 대응되는 액체성이야말로 포스트소셜 시대의 사회적 속성을 총괄할 수 있는 주제어라는 것이다. 액체는 쉽게 이전하는 속성을 지닌다. 흐르고, 쏠리고, 부어지고, 튀고, 뿌려지고, 엎질러지고, 새고, 넘쳐난다(Bauman, 2005). 이러한 속성들을 포괄하는 액체성은 고형성, 무거움, 견고성, 확정성 등으로 연상되는 과거의 고착적 사회관이 이동성, 가변성, 유동성 등과 같은 새로운 특성으로 대체되고 있음을 함축한다.

유사한 인식은 이주나 그 유관 현상들에 주목해 사회질서를 새로운 시각으로 바라보는 존 어리(John Urry)의 '이동성(mobilities)' 논의에서도 찾아볼 수 있다. 엄청난 규모의 물리적 · 비물리적 이동이 진행되는 현대사회에서는 세상 전체를 이동 상태로 바라보는 것이 오히려 타당하다는 인식을 출발점으로 한 그의 이동성 담론은 지리학의 핵심 과제였던 공간 문제를 새롭게 응시할 수 있는 계기를 제공한다. 종전 시각으로 바라보자면 장소란 고정적 공간으로 이해되지만, 이동은 그와 상반된 장소 바꿈의 의미를 내포한다. 오랫동안 장소는 부동적 영역으로 표상되어 온 데 반해, 이동은 부동적 장소관을 일소하는 탈영역적 개념으로 간주되어 왔다. 그럼으로써 상호 대립적 범주로 간주되어 왔던 장소와 이동은 흐름의 공간(space of flow)이라는 복합적 개념 틀하에서 새로 인식될 수 있는 기회가 주어지게 된다. 즉, 이동 활동에 보다 큰 의미를 부여하는 흐름의 공간이 장소 개념을 탈장소화함으로써, 사회적 질서나 과정들을 새로운 시각에서 바라볼 수 있는 가능성이 열리게 된다(어리, 2016[2007]).

이 같은 액체성 논지와 이동성 논지는 유동성 테제(fluidity thesis)로 종합할 수 있다. 유동성은 흐름을 차단하는 높고 견고한 칸막이를 허무는 내적 경계의 파괴, 즉 '내파(implosion)' 효과를 조장한다. 주체와 대상, 공과 사, 생산과 소비, 일과 놀이, 노동과 여가, 인간과 기계, 신체와 정신, 상상과 현실 등 오랜 기간 엄존해 왔던 이분법적 담장을 허물어 용해되고, 흐르고, 흩어지고, 다시 섞이고, 재구성하고, 창발하는 움직임을 만들어 내는 것이 바로 내파의 위력이라 하겠다. 내파라는 해체의 물결이 개방성, 복잡성, 비예측성, 돌발성을 증대시켜 사회가 새로운 형태로 축조되어 가고 있는 것이 오늘날의 시대적 정경인 것이다.

전술한 바우만이나 어리뿐 아니라 게오르크 지멜(Georg Simmel)과 같은 고전 사상가로부터 앙리 르페브르(Henri Lefebvre), 질 들뢰즈(Gilles Deleuze), 데이비드 하비(David Harvey), 피에르 부르디외(Pierre Bourdieu)에 이르는 유수한 학자들의 사상을 관통하는 유변학(rheology)적 발상은 역동성과 복잡성을 더해 가는 현대사회를 새로운 방식으로 이해할 수 있는 단초를 제공한다. 하지만 바로 이 대목에서 액상이 모든 것의 종착지가 아님을 부연할 필요가 있다. 마샬 버만(Marshall Berman)이 책 제목으로 삼아 유명해진 『공산당 선언』의 한 구절 "견고한 모든 것이 공기 속으로 녹아버린다(All that solid is melt into the air)."라는 문구로부터 유추할 수 있듯(Berman, 2010), 고체는 액체가 아닌 기체로 승화될 수도 있을뿐더러, 첨단 정보통신기술의 사회적 구성성이 증대되는 오늘날에는 그것이 실체마저 감지할 수 없는 증기나 파동으로 승화될 가능성이 열려 있다(터섹, 2019[2014]; 김문조, 2013). 따라서 유동성 논제는 모래나 먼지에서 점성(粘性)을 달리하는 각종 액체를 지나 연기, 구름, 기체 및 파동 등과 같은 모든 형태소를 포괄하는 '비정질 테제(amorphous thesis)'로 확장하는 것이 옳다고 본다.

4. 포스트소셜 시대의 도전 과제

탈현실화 · 탈인간화 · 탈진실화라는 3대 메가트렌드로 다방면으로 형태를 가름하기 힘든 탈정형 상태를 지향하는 포스트소셜 시대의 문제점은 여러 방식으로 접근할 수 있으리라 본다. 여기서는 포스트소셜사회의 존멸(存滅)을 좌우하는 도전 과제들을 조감하기 위한 방편으로, 향후의 시대적 난제들을 외부세계를 총괄하는 사회권(sociosphere), 사회활동의 주역으로 군림해 온 인류와 직결된 인간권(homosphere), 생명체 전반을 아우르는 생명권(biosphere), 내적 의식세계를 대변하는 정신권(noosphere)이라는 네 가지 영역으로 구분해 탐지해 보도록 하자.

1) 사회권(Sociosphere)

> "아니 청이라니, 청이라니 이것이 웬 말이냐. 내가 지금 죽어 수궁을 들어왔느냐, 내가 지금 꿈을 꾸느냐. 죽고 없는 내 딸 청이 여기가 어디라고 살어 오다니 웬 말이냐. 내 딸이면 어디 보자, 어디, 내 딸 좀 보자, 어디, 아이고 내가 눈이 있어야 내 딸을 보제. 아이고 답답허여라."
>
> 심봉사 두 눈을 끔쩍 끔쩍, 끔쩍 끔쩍 허더니마는 눈을 번쩍 떴구나!

출처: 판소리 〈심청가〉 중에서 "심봉사 눈 뜨는 대목"

심봉사가 몽매에 그리던 효녀 심청과 상봉하는 판소리 심청가의 클라이맥스 대목이다. 이처럼 실재하지 않는 '부존재적 현실'의 형상화는 통상적으로 예술작품과 같은 창작물에서나 찾아볼 수 있던 것이었다. 예술세계가 아니라면, 꿈의 세계에서나 가능한 일이고, 몽중(夢中)이 아닌 생시(生時)에 부재적 현실이 실재한다고 우기는 행위는 망상에 빠진 정신이상자나 약물중독자를 제외한 징싱인에게 허용되지 않는 금기였다. 그러나 인터넷 통신망이라는 컴퓨터 시스템을 통한 사이버스페이스에 가상현실이라는 대안적 현실이 구현되고 그것이 실제 현실과 더불어 다양한 형태의 혼성현실을 구축하게 되면서, 현실은 하나가 아닌 여러 개라는 다중현실(multiple realities)의 시대가 열리고 있다. 요즘 우리는 모니터에 여러 개 창을 열고 일하는 멀티태스킹에 친숙하고, 주행 중에 주변 도로와 GPS 화면을 흘끔거리며 목적지를 찾아가며, 스마트폰에 입력된 일정에 맞춰 사람들과 어울려 지낸다. 상상계와 현실계가 맞물려 있는 복수적 현실은 이제 더 이상 이례적이거나 생소할 것 없는 일상이 되어 가고 있다.

소통혁명의 산물인 신문명 사회는 AI 시대를 맞아 절정으로 치닫고 있다. '소통'은 트일 '소(疏)'에 통할 '통(通)'으로 이루어진 용어로 "막힘없이 통하고 나아간다."는 뜻을 지닌 것이다. 그런데 다양한 형태의 메시지들이 여러 현실들 간의 분계를 뛰어넘어 자유롭게 넘나드는 상황에서 사회체계의 혼돈이 가중될 것임이 틀림없다. 요컨대, 질서를 담보하기 힘든 수준으로 치닫는 혼돈이 바로 AI가 향도하는 신문명 시대의 사회권에 부과된 최대 난제인 것이다.

2) 인간권(Homosphere)

"인간과 기술의 접점에서 파생하는 포스트휴먼은 궁극적으로 새로운 인종의 출현이라는 명제와 맞닿아 있다. 특히 포스트휴먼 담론이 인간을 지능을 가진 기계와 매끄럽게 접합될 수 있다고 확신하는 캐서린 헤일스(Katherine Hayles)는 육체를 가진 존재와 컴퓨터 시뮬레이션, 생물학적 유기체와 사이버네틱스 메커니즘, 인간의 목표와 로봇의 목적 사이에는 본질적 차이나 절대적 경계가 존재하지 않는다고 천명한다(헤일스, 2013[1999]).

생명체 간의 이종이식(異種移植), 유전정보를 옮기거나 새로운 유전자들을 종합하고 삽입하는 유전자 이식, 뇌-컴퓨터 인터페이스, 감각의 재편을 향한 신경과학의 메타-디자인, 새로운 생명체의 창조 등을 위한 융복합 기술이 확산되고 있는 생체와 사물의 접합은 최근 새로운 경지로 들어서고 있다(보스트롬, 2017[2014]). 따라서 "나는 누구인가?"라는 자아 정체성이 엄중한 시대적 화두로 대두할 것으로 전망된다.

"사느냐 죽느냐, 그것이 문제로다(To be or not to be. That is the question)." 이처럼 생사를 놓고 번민한 것이 햄릿이었다면, 불로장생(不老長生)의 포스트휴먼 시대를 살아가는 사람들은 "나인가 아닌가, 그것이 문제로다(Me or not me. That is the question)."라는 독백으로 대신할 만큼 극심한 '정체성 위기(identity crisis)'에 시달릴 것으로 본다. '혼성인(blended nuts)'을 인간으로 받아들일 수 있는가? 보다 구체적으로 가부(可否)를 따진다면, 몇 퍼센트 정도가 타고난 것이어야 인간으로 취급할 수 있는가? 나아가, 기계인간이 대세를 이루게 될 미래 사회에서는 인간/비인간의 분류 자체에 의미를 부여할 수 있는가? 이러한 일련의 질문은 디지털 전환(DX) 단계까지 넘어선 AI 전환(AX) 단계에서 사회라는 활동 무대에서 우리가 겪게 될 내면적 고뇌의 으뜸이 될 것이 분명하다.

3) 생명권(Biosphere)

생명은 신호 전달 및 자기존속 과정과 같은 생물학적 과정을 함유한 물실을 그렇지 않은 물질과 구분하는 기준으로 인식되곤 했다. 성장 능력, 자극에 대한 반응, 신진대사, 에너지 전환 및 번식 능력과 같은 것들이 그에 해당하는데, 생명을 지닌 것과 아닌 것의 차이는 "언젠가 죽게 될 유기체(organism)냐 죽음과 무관한 무기체(inorganic)냐"라는 구분에서 단적으로 드러난다.

생명 현상에 관한 과학적 탐구를 목적으로 한 생물학은 오랫동안 유기질을 생성하거나 에너지원으로 사용하여 생명을 유지하는 유기체의 기능과 구조를 파악하고 그 생리적 역할을 규명하는 데 주력해 왔다. 그러나 염색체 속의 DNA가 유전물질이라는 사실이 오즈월드 에이버리(Oswald Avery)에 의해 드러나고 제임스 왓슨(James D. Watson)과 프랜시스 크릭(Francis H. Crick)에 의해 DNA의 이중나선구조가 밝혀지면서 생명의 본질이 정보적 실체로 파악될 수 있다는 견해가 가세해, 생명이 곧 암호(code)이고, 생명에 대한 이해가 암호풀이로 가능할 수 있다는 인식이 싹트게 된다(너스, 2021[2020]).

생명을 정보로 인식하려는 입장은 앨런 튜링(Alan Turing), 노버트 위너(Norbert Wiener), 존 폰 노이만(John von Neumann)과 같이 사람의 뇌를 일종의 컴퓨터로 이해하는 컴퓨터 공학자나 사이버네틱스 연구가들에 의해 촉발되었다. 예컨대 위너는 『사이버네틱스(*Cybernetics: Or Control and Communication in the Animal and the Machine*)라는 자신의 저서를 쉽게 풀어 쓴 『인간의 인간적 활용』(*Human Use of Human Beings*)이라는 책자에서 생명체의 핵심을 이루는 "유기체(organism) 개념이 정보의 관점에서 재주조되어야 한다."고 주장했다(위너, 2023[1948]; Wiener, 1950). 생명에 대한 분자적 관점을 향도한 이 같은 발상은 추후 분자생물학이 선도한 정보적 생명론으로 귀착하게 된다(김동광, 2023).

정보적 생명론은 1956년 다트머스 회의를 계기로 컴퓨터를 통해 사람의 지능을 구축할 수 있을 것이라는 인공지능에 대한 관심으로 이어졌다. 그런데 인공신경망(artificial neural network) 기법을 기본으로 하는 기계학습 및 딥러닝 기능들을 보강한 AI가 속출하는 최근에는 인간의 지능이 알고리즘 체계와 다름없다는 생각이 확산됨으로써, 세포를 기본 단위로 하는 조직체계를 생명 현상의 원천으로 간주한 유기체론적 생명관이 크게 도전받고 있다. 그 단초는 인공물리학자 에르빈 슈뢰딩거(Erwin Schrödinger)의 『생명이란 무엇인가』(*What Is Life?*)라는 저작에서 찾아볼 수 있지만(슈뢰딩거, 2021[1944]), 대안적 생명관은 산티아고 대학 신경과학자 움베르토 마투라나(Humberto Maturana)와 프란시스코 바렐라(Francisco J. Varela)의 협동 연구를 통해 본격적으로 개진되고 있다.

생명체를 하나의 시스템으로 간주하는 마투라나와 바렐라는 시스템의 조직과 구조의 차이점을 다음과 같이 구분한다. 조직이란 시스템을 특징짓는 관계들의 추상적 기술인 반면, 구조는 물리적 구성요소들 간의 실질적 관계를 뜻한다. 즉, 생물 시스템의 구조는 조직의 물리적 구현인 셈이다. 반면, 생명체의 조직은 그 구성요소의 특성과 독립적이어서, 특정 조직은 다른 종류의 구성요소들에 의해 다른 방식으로 구현될 수 있다는 것이다. 마투라나와 바렐라는 자신들의 관심이 구조가 아니라 조직임을 천명하면서, '스스로를 조직화할 수 있는 능력'인 '자동생산성(autopoiesis)'이 모든 생명 시스템의 공유적 특성임을 강조한다(카프라, 1998[1996]: 137-138). 그들의 논지는 유기물로 이루어지지 않은 시스템도 자동생산성이라는 구조적 특성을 견지하는 한 생명체로 간주될 수 있음을 뜻하는바, 이는 구성요소가 유기물인가 아닌가를 출발점으로 삼은 종전의 유기체론적 생명론이 수정될 시점에 이르게 되었음을 시사한다.

4) 정신권(Noosphere)

'정신권(精神圈, Noosphere)'이란 그리스어 νοῦς(nous, 정신)과 σφαῖρα(sphaira, 공간)를 어원으로 한 혼성어로서, 진화철학자 피에르 테야르 드 샤르댕(Pierre Teilhard de Chardin)이 인류의 진화가 생물진화 단계인 생물권을 넘어 정신권 단계로 파급되고 있음을 설명하기 위해 제안한 개념이다(Deane-Drummond, 2006). 정신권은 지금까지 과학적으로 검증되거나 체계적으로 논구된 바 없다. 그러나 인터넷이 널리 보급되어 다양한 정보가 웹의 형태로 축적되면서 집적된 정보로서의 집단지성이 인류사회의 진화에 기여할 수 있을 것이라는 기대감이 고조되는 현시점에서 설정할 가치가 큰 영역이라고 생각된다.

샤르댕은 "물질과 정신은 상이한 실체가 아니라 동일한 실체가 보는 방식에 따라 달리 나타나는 상이한 측면"이라고 말한다(김성동, 2017: 6). 이러한 입장은 역학적 인과법칙의 지배를 받는 물질계와 형이상학적 영역에 속하는 정신계를 엄격히 구분한 근대철학자 르네 데카르트(René Descartes)의 이원론적 사고와 명백히 배치(背馳)된다. 모든 것이 의심스럽더라도 그것을 의심하는 '나'라는 존재만큼은 확실하다고 판단한 데카르트에게는 '의심'이라는 사고 활동인 정신과 정신이 파악하고자 했던 대상으로서의 '물질' 간의 구분이 불가피했던 것이다.

생명체 발현 이후에 생겨난 생명권에 인류 탄생 이후부터 부가되는 정신권의 바탕을 이루는 의식을 두고 샤르댕은 다음과 같이 말한다. "의식은 분명 사람에게서 발원한다. 하지만 의식을 면밀히 들여다

보면 그것은 우주로 뻗어 있고 시공간적으로도 무한히 연장된다." 샤르댕은 이처럼 외연화하는 의식이 개체와 전체가 서로를 위해 존재한다는 상생적 세계관을 지향할 것으로 전망했다. 세계 전역을 촘촘히 이어 주는 초고속통신망이 지구촌을 엮어 가는 현시점에 오픈소스 활동가 에릭 레이먼드(Eric S. Raymond)도 "정신권 개간"(Homesteading the Noosphere)이라는 에세이에서 인류가 개개인의 지적 능력을 상호 보완하고 증진하는 집단적 지능화(collective intelletualization)를 통해 변증법적 발전을 기할 수 있을 것으로 기대하고 있다(Raymond, 1999).

더구나 2024년 5월 13일 오픈 AI가 새로 공개한 AI CHATGPT-4o에서 그것이 사람과 사람이 대화하듯 이야기를 주고받으며 함께 웃고 떠들게 되자 10여 년 전에 출시된 스파이크 존즈(Spike Jonze) 감독의 영화 〈허(Her)〉가 다시금 소환되면서, AI가 더 이상 운영체제(OS)가 아니라 의식적 존재의 반열에 합류하게 되었다는 세평이 만발하고 있다. 이처럼 AI가 자아를 갖춘 엄연한 '의식체'로 인류사회에 발을 들여놓게 되면, 집단지능론자들이 예견치 못한 이변이 출몰해 정신적 혼란을 가중시킬 것으로 본다.

5) 총체적 논의 구도

앞서 논급한 사회권, 인간권, 생명권 및 정신권이라는 4대 권역에서 제기될 것으로 추정되는 도전 과제를 차례대로 꼽아 본다면 사회권에서의 파국적 혼란, 인간권의 정체성 위기, 생명권의 정보적 생명체 태동 및 정신권에서의 현실원리 퇴조를 지적할 수 있다. 거기에 이들에 대한 응전까지 포함시켜 포스트소셜사회의 도전 과제와 대응 방안을 총정리하면 〈표 7-1〉과 같다. 표의 하단에는 네 가지 권역의

| 표 7-1 | 포스트소셜사회의 권역별 도전 과제와 대응 방안

소재 영역	도전 과제	대응 방안
사회권(Sociosphere)	파국적 혼란	네겐트로피 전략의 창출
인간권(Homosphere)	정체성 위기	인간 개념의 재정립
생명권(Biosphere)	정보적 생명체의 태동	유기체적 생명관의 탈피
정신권(Noosphere)	현실원리의 퇴조	대안적 생활원리의 탐색
종합	사회체계의 재(再)정질화	새로운 사회 담론의 모색

도전 과제와 대응 방안 전체를 '사회체계의 재(再)정질화' 및 '새로운 사회 담론의 모색'이라는 논제로 부연하였다.

■ 참고문헌

김동광. 2023. 『생명은 어떻게 정보가 되었는가: '정보로서의 생명' 개념의 등장과 생명의 분자화, 그리고 신자유주의』. 궁리출판.

김문조. 2013. 『융합문명론: 분석의 시대에서 종합의 시대로』. 나남.

김성동. 2017. 『테야르 드 샤르댕』. 커뮤니케이션북스.

너스, 폴. 2021[2020]. 『생명이란 무엇인가: 5단계로 이해하는 생물학』. 이한음 옮김. 까치.

르페브르, 앙리. 2011[1974]. 『공간의 생산』. 양영란 옮김. 에코리브르.

벤야민, 발터. 2007[1935]. 『기술복제시대의 예술작품/사진의 작은 역사 외』. 최성만 옮김. 길.

보스트롬, 닉. 2017[2014]. 『슈퍼인텔리전스: 경로, 위험, 전략』. 조성진 옮김. 까치글방.

슈뢰딩거, 에르빈. 2021[1944]. 『생명이란 무엇인가』. 서인석 · 황상익 옮김. 한울.

아탈리, 자크. 2005[2003]. 『호모 노마드: 유목하는 인간』. 이효숙 옮김. 웅진닷컴.

어리, 존. 2016[2007]. 『모빌리티』. 커뮤니케이션북스.

위너, 노버트. 2023[1948]. 『사이버네틱스: 동물과 기계의 제어와 커뮤니케이션』. 김재영 옮김. 읻다.

카프라, 프리초프. 1998[1996]. 『생명의 그물: 살아 있는 시스템들에 대한 새로운 과학적 이해』. 김용정 · 김동광 옮김. 범양사.

터섹, 로버트. 2019[2014]. 『증발』. 김익현 옮김. 커뮤니케이션북스.

헤일스, 캐서린. 2013[1999]. 『우리는 어떻게 포스트휴먼이 되었는가: 사이버네틱스와 문학, 정보 과학의 신체들』. 허진 옮김. 열린책들.

Bauman, Z. 2005. *Liquid Life*. Polity.

Berman, M. 2010. *All That Is Solid Melts Into Air*. Verso.

Bhabha, H. 1995. "Cultural Diversity and Cultural Differences." In B. Ashcroft, G. Griffiths, and H. Tiffin(eds.). *The Post-colonial Studies Reader*. Routledge: 206–209.

Brynjolfsson, E. and A. McAfee. 2014. *The Second Machine Age: Work, Progress, and Prosperity in a Time of Brilliant Technologies*. WW Norton & Company.

Deane-Drummond, C. 2006. *Pierre Teilhard De Chardin on People & Planet*. Routledge

Piore, Michael and C. F. Sabel. 1984. *The Second Industrial Divide: Possibilities for Prosperity*. Basic Books.

Raymond, E. S. 1999. "Homesteading the Noosphere." In E. S. Raymond. *The Cathedral and the Bazaar: Musings on Linux and Open Source by an Accidental Revolutionary*. O'Reilly Media: 65–111.

Seidman, S. 1991. "The End of Sociological Theory: The Postmodern Hope." *Sociological Theory* 9(2): 131–146.

Wiener, N. 1950, *The Human Use of Human Beings*. Riverside Press.

Žižek, S. 2010. *Living in the End Times*. Verso.

제8장

파국적 혼돈 속의 질서 찾기

1. 파국적 위기로서의 혼돈
2. 복잡계 패러다임의 대두
3. 복잡계의 특성
4. 복잡계 다음의 것
5. 복잡계에서 융합계로
6. 초연결 융합계로서의 신문명 사회

Designed by Freepik

1. 파국적 위기로서의 혼돈

인류 역사 과정에서는 사회 존립에 위협을 가하는 도전 과제들이 존속해 왔다. 고대에서 근대 초에 이르는 오랜 기간에는 자연 재해나 물적 결핍이 삶을 저해하는 절박한 과제였고, 근대 이후에는 지역 · 인종 · 계급 간 격차나 생활기회의 차이로 인한 대립과 갈등이 사회의 유지존속을 저해하는 최대 위협 요소였다. 하지만 사회적 복잡성이 가중되는 최근에는 혼돈이 사회체계의 최대 위기 요소로 대두하고 있다. 혼돈이라는 신종 위기의 성격을 파악하기 위한 선행 작업으로 우선 현대사회의 정치 · 경제 · 사회 · 문화적 정경을 간략히 일람해 보도록 하자.

1) 정치적 측면

"통치에서 협치로(from government to governance)"라는 명제로 축약할 수 있는 분권화가 권력세계의 보편적 현상으로 드러나고 있다. 권력구도가 집권적 · 수직적 형태에서 분권적 · 네트워크적 형태로 변화하면서 권력의 소재도 다변화하여, 주도적 세력집단들의 연대를 기반으로 해 온 헤게모니 시대(hegemonic age)가 다양한 세력들 간의 이합집산을 특징으로 하는 탈(脫)헤게모니 시대(post-hegemonic age)로 바뀌고 있다(Lash, 2007).

2) 경제적 측면

성장이 목표이자 현실로 간주되던 팽창기가 탈(脫)성장(저속 성장, 제로 성장, 마이너스 성장 등)이 대세를 이루는 수축기로 대체되고 있다. 탈성장 기조의 확산과 더불어 사용가치 및 교환가치를 넘어선 기호가치나 체험가치가 부가가치의 중심권으로 진입하고 있으며(보드리야르, 1992[1970]; Schulze, 1992), 사물인터넷이나 인공지능 같은 신기술의 확산으로 경제활동 전반에서 가치사슬의 변혁이 촉진되고 있다(OECD, 2018).

3) 사회적 측면

가장 괄목할 만한 사회적 변화는 강화된 역능과 권리의식을 지닌 시민사회의 등장이다. 국가의 실패(state failure)와 시장의 실패(market failure)의 틈새에서 성장한 이들 참여적 시민층으로 인해 국가-신민형 시민사회의 2분 모형 대신 국가-시장-시민사회의 3분 모형이 정설로 대두하고 있다(Cohen and Arato, 1992). 여기에 '약한 관계의 강한 효과'를 조장하는 뉴미디어의 위력이 가세하면서 다양한 욕구를 표방하는 시민사회의 역능이 신장하고 있다(Gillmor, 2004).

4) 문화적 측면

문화 차원의 변화는 신세대의 라이프스타일이나 가치관 변화에서 식별되는데, 이는 일련의 포스트 명제, 요컨대 탈산업주의(post-industrialism), 탈물질주의(post-materialism), 탈인습주의(post-conventionalism) 생활양식을 추구하는 신세대 의식을 통해 확인할 수 있다(Inglehart, 1977). 또 변화와 선택이 일상화되어 가면서 일관성이나 진정성 대신 임기응변적 처세나 대처에 능한 영민성이 바람직한 삶의 자세로 인정되어 문화적 다양화를 부추기고 있다(김문조, 2019).

이처럼 오늘날 사회 변동은 그 범역이 다원화되고 있을 뿐 아니라 영역별 변화들이 교차적 · 중첩적으로 뒤얽혀 돌아간다는 점에서 과거와 판이한 양상을 드러낸다. 한마디로 현대사회는 다종다기한 현상이나 과정들로 점철된 복잡계로 치닫고 있다. 따라서 증가하는 자유도(degree of freedom)를 적절히 통어해 사회적 혼돈을 축소시키는 것이 오늘날의 가장 절실한 시대적 과제로 꼽히고 있다.

2. 복잡계 패러다임의 대두

복잡계 패러다임은 "기계론적 사고에서 전체론적 사고로"라는 표현으로 집약되는 인식적 전환의 소산으로, 그 기본 내용은 [그림 8-1]로 표시할 수 있다.

그림 8-1 | 기계론적 사고에서 전체론적 사고로

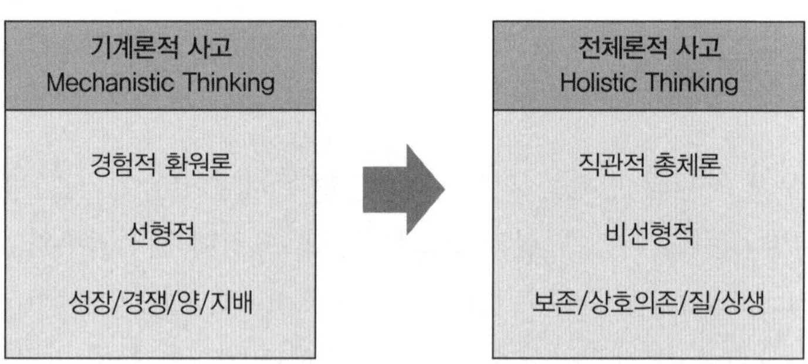

기계론적 사고에 대한 최초의 반발은 독일 낭만주의 운동의 중심 인물인 요한 볼프강 폰 괴테(Johann W. von Goethe)로 소급된다. 동역학적 · 발생론적 관점에서 생물형태에 대한 연구를 수행하며 '형태학(morphology)'이라는 용어를 최초로 창안한 괴테는 생명체의 형태를 조직된 전체 속에서의 상호연관적 패턴으로 간주하고자 했는데(Richards, 2002), 이는 시스템적 사고의 선구에 해당한다. 생명현상의 이해를 강조한 임마누엘 칸트(Immanuel Kant) 역시 생명체를 "자기재생산적, 자기조직적 전체"라고 주장하였는데, 이 같은 낭만적 자연관에서는 자연질서와 세계를 하나의 '조화롭고 통합된 전체'로 간주한다. 지구를 생물, 기후, 지각이 공진화하는 살아 있는 전체로 간주하는 가이아 이론도 그러한 부류에 속한다(Lovelock, 1979). 여기에 부분들 간의 결합 효과를 강조하는 연결주의적 사고가 병합됨으로써 복잡계 패러다임이 태동하게 된다.

3. 복잡계의 특성

복잡계의 특성은 체계이론의 전개 과정에서 직시할 수 있다. 조직연구 분야에서 집중적으로 거론되어 온 체계(system) 개념의 발전사는 폐쇄체계(closed system) → 자연체계(natural system) → 개방체계(open system)라는 삼 단계 과정으로 요약된다(Scott, 1981). 폐쇄체계는 액면 그대로 외부 환경의 영향력이 단절된 상태를 뜻하고, 그에 대응되는 개방체계는 외부 환경과 지속적 교류가 이루어지는 상태를 의미한다. 한편, 폐쇄체계와 개방체계의 접점에 위치하는 자연체계는 의도하지 않은 체계-환경 간의 상호작용이 포착되는 상태를 지칭하는데, 양가적 입장을 수용하는 자연체계론은 체계 개념을 닫힌 상태에서 열린 상태로 진전시키는 데 징검다리 역할을 했다(김문조, 2003).

흔히 일반체계이론(General System Theory: GST)이라고 불리는 개방체계론은 전체성(wholeness)을 강조하는 새로운 보편과학으로서, 조직화된 전체에 관심을 갖는 여타 분야의 학자들에게도 크나큰 영향을 끼쳤다. 개방체계론의 발전에 결정적으로 기여한 루드비히 폰 버틀란피(Ludwig von Bertalanffy)는 진화라는 개념이 과학계에 등장한 19세기 이래 학자들이 해결하지 못한 딜레마를 지적하면서, 힘과 궤적에 대한 뉴턴 역학을 넘어서서 성장이나 변화와 같은 진화의 문제를 다룰 수 있는 새로운 과학을 요구하였다(Bertalanffy, 1968).

한편, 프랑스 물리학자 니콜라 레오나르 사디 카르노(Nicolas Léonard Sadi Carnot)는 열의 소산법칙으로 알려진 열역학 제2법칙에서 자연계에는 질서에서 무질서로 향한 경향성이 내재하고 있음을 밝혔다. 그러한 물리적 현상을 수량적 형식으로 표현하기 위해 물리학자들은 '무질서의 정도'를 의미하는 엔트로피(entropy) 개념을 발전시켰다. 열역학 제2법칙과 엔트로피의 정식화를 통해 과학계에 '시간의 화살'로서 비유되는 비가역성 모형이 확립되었다. 소산되어 열로 바뀌는 우주의 에너지는 완전히 기계적 에너지로 환원될 수 없으므로 세계라는 기계는 차츰 느려져 종국에는 정지할 수밖에 없다는 것이다(카프라, 1998[1996]).

우주의 운행에 관한 이러한 암울한 전망은 19세기에 생물학계에 널리 퍼져 있던 진화적 낙관론과 극명히 대비된 것이었다. 당시 생물학자들은 생동하는 우주가 무질서에서 질서로 복잡성이 증대되는 방향으로 진화해 간다고 생각했다. 세계의 엔진이 점차 느려져 무질서의 상태로 귀결된다는 카르노의 주장과 살아 있는 우주가 보다 고등한 상태로 진화해 나간다는 찰스 다윈(Charles Darwin)의 상반된 입장을 버틀란피는 개방체계적 입장에서 통합적으로 인식하고자 했다(Bertalanffy, 1968). 이러한 개방체계적 사고에서 도출된 개념이 바로 복잡계(complexity system)로서, 그것은 다음과 같은 속성을 함유한다(Buckley, 1967).

- 성장(Growth): 유입된 자원을 전량 소비하지 않고 일부를 체계의 성장에 활용
- 가형성(Morphogenesis): 성장발전을 통한 내부 구조의 변화
- 부(否)의 엔트로피(Negative Entropy: Negentropy): 구조적 복잡성이나 정교성의 강화
- 정(正)의 피드백(Positive Feedback): 결과가 이전 과정에 영향을 끼쳐 반응의 양상을 변경
- 자기규제(Self-regulation): 정의 피드백을 통해 변화과정에 자율적 통어력을 행사
- 목적성(Teleology): 고정적이지는 않은 역동적 목표가 상존
- 등(等)종착성(Equifinality): 동일한 결과에 이르는 과정이 다양함

그러나 지난 20여 년간 여러 학문 분야에서나 학제적으로 진전된 복잡계론은 위에 열거한 속성들을 넘어선 새로운 현상이나 증거를 온축해 다음과 같은 부가적 특성들을 명시하고 있다.

1) 비평형성(Disequilibrium)

복잡계는 외부환경과 물질, 에너지, 정보를 상호교환하는 개방체

계로, 그것은 끊임없이 이합충돌하는 하위체계들로 구성된다. 따라서 복잡계는 때때로 단 한번의 사소한 동요에도 돌출적 변화를 일으킬 수 있다. 그러한 사태가 관측되는 지점을 분기점(bifurcation point)이라 하는데, 이때 변화가 어느 방향으로 진개될 것인가를 사전에 예측하기가 쉽지 않다. 즉, 체계가 '파국적(catastrophic)' 혼돈의 늪으로 빠져들지 혹은 보다 조직화된 질서를 구축할지 쉽사리 예단할 수 없다.

물리학자 일리야 프리고진(Ilya Prigogine)과 철학자 이사벨 스텐저스(Isabelle Stengers)는 분기점의 기로에서 드러나는 변화의 방식을 파악하기 위해 체계를 평형상태, 평형에 가까운 상태, 평형에서 먼 상태, 비평형상태라는 네 가지 유형으로 나누어 조직화 현상을 관찰한 바 있다. 그 결과, 체계 내에서의 작은 동요가 체계를 평형에서 멀리 떨어진 상태로 유도하면서 체계의 구조를 위협하게 되면 체계가 분기점에 도달해 다음 상태의 예측이 불가능해지게 되는 변화나 혁신의 조건이 형성됨을 밝혔다(프리고진 · 스텐저스, 2011[1984]).

평형상태의 체계에서는 결과가 양자택일적이다. 부의 피드백(negative feedback)이 작동하는 체계는 안정성을 나타내는 반면, 정의 피드백(positive feedback)이 작동하는 체계는 불안정한 평형상태를 보인다. 그런데 비평형상태의 체계에서는 안정적, 불안정적 평형이 동시적으로 출현한다. 비평형상태에서 체계의 안정성은 한정적이요, 불안정성 역시 한정적이다. 요컨대, 비평형상태의 체계에서는 정의 피드백과 부의 피드백이 번갈아 작동하기 때문에 안정성과 불안정성을 동시적으로 나타낸다(Foerster and Zopf, 1962).

따라서 비평형상태의 역동적 체계는 평형상태의 그것보다 역동적이며 창조적이라고 말할 수 있다. 복잡계론적 관점에서 볼 때 안정적이고 응집성이 강한 체계는 사멸하기 쉽다. 평형상태를 유지하는 체계에는 혁신이 허용되지 않기 때문이다. 반면, 긴장과 갈등이 혼재하는 역동적 체계는 변혁적 · 창조적이다. 안정되고 예측가능한 평형 상태의 체계로부터는 창조적 진화를 기대하기 힘들지만, 무질서와 안정 사이의 혼돈상태하에 있을 때 체계는 역설적으로 자기조직성을 발휘해 창조적 변신을 꾀할 수 있다.

2) 비선형성(Nonlinearity)

기계론적 관점에서는 비례적 변화를 전제로 하는 선형성(linearity)이 강조된다. 자연 현상은 지난 수백 년간 단선적 모형에 입각한 아이작 뉴턴(Isaac Newton)의 기계론적 관점에 의해 설명되어 왔으며, 사회과학에 있어서도 인간의 행동이나 심리를 설명하는 데 선형적 모형이 널리 적용되어 왔다.

그러나 현실계의 모든 요소들은 사실상 선형적 인과성으로 파악하기 어려운 복잡한 비선형성을 견지한다. 특정 활동이 하나 이상의 결과를 만들어 내며 또 그들이 부분들의 합 이상을 넘어서는 결과를 창출할 때 체계가 비선형성을 지니고 있다고 간주되는데, 비선형계에서는 분기점을 벗어난 사건이 어느 쪽으로 진행될 것인가를 쉽사리 예단할 수 없다. 이는 곧 고전적 인과율에 의거한 결정론적 해설이 더 이상 적합치 않음을 시사한다.

비선형성을 대변하는 대표적 현상의 하나가 초기사건에의 민감성(sensitivity to initial state)이다. 사소한 초기 상태의 미세한 변화가 시스템 진화에 예측지 못할 엄청난 결과를 초래한다는 특성을 제기한 기상학자 에드워드 로렌츠(Edward N. Lorenz)의 나비효과(butterfly effect)가 전형에 속한다(Lorenz, 1963). 그러한 증폭 효과는 체계가 평형으로부터 멀리 떨어진 분기점에 근접해 있을 때 발생하는 것으로, 초기조건이 전체적 결과에 예측지 못한 효과를 미친다면 전체는 부분들의 합으로 이해하기 힘들게 된다.

예측가능성은 부의 피드백에 의해 지배되는 단순체계하에서만 보장된다. 단순체계는 부의 피드백에 의해 원래 상태로 복원하려는 반력성을 행사하기 때문이다. 이때 변화는 부의 피드백을 초월할 정도의 강력한 외부적 힘에 의해 이루어지므로, 사소한 동요는 오직 한 가지의 유일한 평형상태로 회귀하게 된다. 그런데 부의 피드백과 정의 피드백 과정을 겸비해 스스로를 변화시킬 수 있는 복합적 적응체계(complex adaptive system)로 이해되는 오늘날 현실세계는 단순체계에서 예상할 수 없는 다양한 결과들을 산출해 낸다.

특히 우연한 환경과 사소한 사건이 분기점에서 조우하게 되면 주어진 행로를 크게 벗어나는 엄청난 결과가 초래될 수 있다. 사태의 전개에 '경로의존성(path dependency)'이 중시되는 것은 바로 이 때문이다(Arthur, 1994). 복잡계에서는 요동을 증폭시켜 주는 미작위적 사건, 우연 및 정의 피드백 등이 상호작용해 체계의 안정성을 경계 밖으로 배출함으로써 체계를 총체적으로 변모시키는 비선형적 결과가 야기되곤 한다.

대체로 비선형 방정식들은 하나 이상의 해를 갖는다. 그리고 비선형도가 높아질수록 해의 수도 많아진다. 이는 곧 한순간 예상치 못한 돌발적 상황이 생성될 수 있음을 뜻한다. 따라서 비선형 체계에는 분기점에 이르면 쉽게 예단할 수 없는 뜻밖의 상태로 분기할 수 있는 가능성이 상존한다(Capra, 1982).

3) 소산구조(Dissipative Structure)

일리야 프리고진(Ilya Prigogine)은 1967년 스톡홀름에서 열린 노벨 심포지엄 기념강연에서 "평형상태와는 거리가 먼 안정된 상태에서 스스로를 유지할 뿐 아니라 진화할 수도 있는" 소산구조라는 개념을 최초로 제시했다. 소산구조란 시스템의 하위요소들이 환경으로부터 새로운 에너지를 유입하고 그로부터 생성된 엔트로피를 외계로 방출할 때 새로이 창출되는 형태를 지칭한다(Prigogine, 1977).

소산구조의 간단한 예로는 욕조에서 물이 빠져나갈 때 발생하는 소용돌이를 들 수 있다. 물이 배수구를 향해 밀려갈 때 방사상류의 속도는 회전속도에 비례해 증가한다. 중력의 가속으로 인해 유속이 증가하는데, 그로 인해 회전반경이 줄어들면서 회전속도도 증가하여 소용돌이 관(vortex tube)을 형성하게 된다. 즉, 물을 배수구로 끌어들이는 중력, 안쪽으로 몰려드는 물의 압력, 그리고 바깥쪽으로 작용하는 원심력이 서로 균형을 이루면서 깔때기 모양의 안정된 상태가 현시된다.

유사한 현상을 우리는 특수한 대기조건하에서 나타나는 허리케인이나 토네이도 등에서도 관측할 수 있다. 대기 중에서 발생하는 소용돌이와 관련된 현상들은 욕조에서의 소용돌이에 비해 훨씬 다채롭다. 거기에는 온도차, 공기의 팽창과 수축, 습기의 영향, 응결과 증발 등등 여러 새로운 요인들이 부가되기 때문에 다양한 동역학적 움직임이 나타난다. 소산구조는 미리 결정된 것이 아니라 동전을 던지는 것과 같은 확률적 과정에서의 분기점에서 드러나는 비선형적 결과인 것이다. 하나의 분기점에서 체계는 새로운 경로를 거치게 되는데, 일단 경로가 정해지고 나면 체계는 다음 분기점에 이르기까지 결정론적 운동 원리를 따르는 안정적 모습을 취하게 된다.

소용돌이나 허리케인과 같은 자연계의 소산구조는 주위환경으로부터 유입되는 자극이 안정적인 한 안정상태를 유지한다. 마찬가지로 생명체라는 소산구조도 생명을 존속하고 자체적 구조를 유지하기 위해서는 외부세계로부터 공기, 물, 음식 등의 지속적 반입을 필요로 한다. 생체의 신진대사를 주관하는 이 거대한 연결망이 바로 생명체를 평형과는 거리가 먼 비평형상태로 유지시키며 피드백 루프를 통해 새로운 발생과 진화를 야기한다. 따라서 그동안 사이버네틱스 연구에서 항상 파국적인 것으로 간주되어 온 '폭주' 피드백도 소산구조론을 통해서는 복잡한 질서의 표상으로 인정받게 된다.

4) 자기조직화(Self-Organization)

자기조직화라는 개념이 최초로 등장한 시기는 사이버네틱스 연구가들이 신경망의 내재적 논리를 표현하는 수학적 방법을 구성하기 시작할 무렵이다. 1943년 신경심리학자 워렌 맥컬록(Warren McCulloch)과 수학자 월터 피츠(Walter Pitts)는 "신경활동에 내재하는 개념들의 논리적 계산"(A Logical Calculus of the Ideas Imminant in Nervous Activity)이라는 논문에서 모든 행동의 논리가 연결망을 구성하는 규칙으로 변환될 수 있다고 주장하면서, 신경계를 이진 스위칭 소자들의 복잡한 연결망으로 모형화한 바 있다(McCulloch and Pitts, 1943). 그런데 추후 학자들이 연결망을 직접 제작해 실험해 보니 대부분 연결망에서 일시적 혼란 끝에 질서 있는 패턴들이 창발된다는 놀라운 사실이 발견되었다.

이로부터 자연발생적 질서의 형성을 뜻하는 '자기조직화'라는 용어가 출현한다. 다양한 의미를 함유한 자기조직화 개념이 학계에 알려지면서 시스템 연구가들은 그것을 각자의 용도에 맞춰 발전시켰는데, 그중에서도 물리학자이자 사이버네틱스 연구가 하인즈 폰 푀르스터(Heinz von Foerster)는 학제적 연구활동을 주도하고 지원하면서 자기조직화 현상에 대한 이해를 진작시킨 최대 공로자로 꼽히고 있다. 푀르스터는 '조직'이라는 말에 함축된 질서의 증가를 규정하는 데 사용할 수 있는 질서의 척도란 무엇인가라는 물음을 제기한 후, 생물 시스템에 관한 고찰을 통해 생명체가 단지 환경으로부터 질서를 수입하는 것이 아니라 에너지가 높은 물질로부터 질서를 취한 후 그것을 자체적 조직 속으로 통합시켜 내부적 질서를 증가시킨다는 이른바 '잡음으로부터의 질서(order from noise)'라는 해설을 제시했다(Foerster, 1960).

1960년대 이후 자기조직화 개념은 벨기에의 일리야 프리고진(Ilya Prigogine), 독일의 헤르만 하켄(Hermann Haken)과 만프레트 아이겐(Manfred Eigen), 영국의 제임스 러브록(James E. Lovelock), 미국의 린 마굴리스(Lynn Margulis), 칠레의 움베르토 마투라나(Humberto Maturana)와 프란시스코 바렐라(Francisco J. Varela) 등에 의해 정교화된다. 자기조직화에 대한 초창기 개념과 보다 정돈된 후기 개념들은 모두 평형상태와는 거리가 먼 방식으로 작동하는 개방체계를 상정하고 있다는 점, 또 체계의 구성요소들은 비선형적 방식으로 상호연결되어 있다는 주장을 공유한다. 그러나 후속하는 개념들은 자기조직화 과정 속에서의 새로운 구조적 발현을 보다 강조한다. 즉, 초기 연구가의 한 사람인 윌리엄 애쉬비(William R. Ashby)는 "어떤 구조들의 다양성 범주 내에서 발생가능한 모든 구조적 변화나 체제의 생존가능성은 그러한 범주의 풍부함이나 필수 다양성(requisite variety)에 달려 있으며 거기에는 창조성도 발전도 진화도 없다."고 단언했으나(Ashby, 1947), 후속 연구가들은 발전 · 학습 · 진화 과정에서 새로운 구조가 출현할 가능성, 요컨대 비평형상태하의 개방체계에서 내적인 피드백 루프에 의해 새로운 구조의 상호연결망이 비선형적으로 창발될 가능성이 있음을 강조한다(Capra, 1982).

5) 공진화(Coevolution)

공진화란 상호의존적 요소들이 서로 영향을 끼치며 동반적 진화를 밟아 가는 과정을 뜻한다. 생명계 현상을 놓고 말한다면, A라는 종의 변화가 B라는 종의 생존환경을 만들고, B의 변화가 다시 A의 생존조건이 되는 가역적이자 연속적인 과정을 의미한다. 공진화 이론은 실제의 진화가 생명체의 돌연변이가 환경에 의해 선택된다는 적자생존의 논리에서 벗어나, 전체가 개체를 진화시킬뿐더러 개체도 전체를 진화시키는 데 기여하는 상호변화적 과정임을 함축한다. 즉, 마투라나와 바렐라에 의하면 생명체는 행태적 결합을 도모하는 조건하에서 상호작용한다는 것이다. 이런 상황에서 유기체 A의 자기변형적 행위는 유기체 B를 변형시키는 근원이 되는데, 그런 중에 유기체 A의 변형 근원이 되는 유기체 B의 보상적 행위가 교차적으로 수반된다는 것이다(Gleick, 1987).

진화에 관한 주류적 해석은 자연선택의 압력하에서 진화 과정을 밟는 모든 생명체는 생존하고 생식할 수 있는 조건에 이르기까지 주위환경에 적응하고자 진력한다는 것이었다. 하지만 복잡계 패러다임에서는 진화가 자연선택의 직접적 결과가 아니라 선택이 거기에 작용하도록 틀 지어진 자연적 질서의 결과로 풀이된다. 이 같은 새로운 학설은 아직은 진화에 관한 대안 이론으로 확고히 자리 잡지 못한 상태이나, 복잡계론의 주요 개념들은 그러한 공진화 가설을 뒷받침할 수 있는 풍성한 단서들을 제공하고 있다.

한편, 인류학자이자 사이버네틱스론자인 그레고리 베이트슨(Gregory Bateson)은 생명계뿐 아니라 가족이나 사회조직과 같은 사회체계 내에서의 행동도 공진화 과정과 깊이 연루되어 있음을 밝힌 바 있다(Bateson, 1979). 공진화 원리는 기업과 기업, 혹은 기업과 시장,

기업과 소비자 등 국지적 수준을 넘어선 집단범주들 간의 관계를 이해하는 데도 유용할 뿐 아니라, 비생명체를 다루는 기술영역 등에도 널리 활용될 수 있다는 것이다. 예컨대, 자동차 엔진의 진화는 타이어, 완충장치, 나아가 고속도로의 설계까지도 바꿀 수 있으며, 그들은 역으로 엔진의 발전에 영향을 끼치게 된다는 것이다(Kauffman, 1993).

이렇듯, 경쟁상황하에서 자신에게 최선의 선택이라고 생각되었던 것이 전체 체계에 위해를 가함으로써 결과적으로 본인에게 불이익을 주는 사례가 현실세계에서 널리 목도되는 만큼, 오랫동안 자신의 생존에 우선권을 부여한 이기적 선택을 적자생존의 기본 원리로 삼아온 고전적 진화론은 친족 선택(kin selection), 포괄적 적합성(inclusive fitness), 이타주의(altruism) 혹은 이종 간 공생(interspecific symbiosis), 체계-환경 간의 상호작용을 용인하는 공진화론적 관점으로 재고할 필요성이 있다.

4. 복잡계 다음의 것

1) 융합, 초복잡계의 창발

새로운 천 년이 시작된 제2 밀레니엄 초입에 들어선 우리는 과거 수천 년간 세상 변화를 이끌어 온 분할적 힘이 융합적 힘으로 대체되는 획기적 전환을 체감하고 있다. 지난 세기 말까지만 해도 전문적 지식이나 전문자격증은 신뢰나 성취의 대상이었다. 그러나 요즘 들어 전문성에 대한 일방적 찬양이 쇠퇴하는 대신 탈(脫)경계(border-crossing), 통섭(consilience), 혼융(hybrid), 퓨전(fusion) 등을 내세운 융합이 참신한 사회적 목표나 덕목으로 각광받고 있다. 융합에 대한 새로운 기대치는 바이오메카트로닉스(Bio-Mechatronics)나 바이오인포매틱스(Bioinformatics)와 같은 지식의 융합을 비롯해 학습과 놀이의 혼합을 강조하는 에듀테인먼트, 남성성과 여성성의 혼재를 뜻하는 양성성, 사람과 사물의 결합체인 사이보그, 사실(fact)과 허구(fiction)가 뒤섞인 팩션(faction), 자연보존과 경제성장을 동반적 추구하는 녹색성장에 이르는 다양한 개념이나 용어들로부터 확인할 수 있다.

융합은 모이고(수렴), 섞이고(혼합), 바뀌고(변형), 나뉘고(분화), 거듭나거나(재구성), 새로운 것으로 창발하는 현상으로 정의된다(황주성 외, 2009). 이러한 복잡다단한 과정들을 포괄하는 융합사회는 하나의 거대한 복잡계(a grand complexity system)가 아닐 수 없다. 그런데 거대 복잡계로서의 융합사회는 종전에는 논외로 했던 인간-사물 간의 융합까지를 포함함으로써, 인간중심적 사회에서 배제되거나 객체화되었던 사물에 새로운 정의, 역할, 기능 및 의미가 부활하는 새로운 경지로 향진하고 있다. 거기서는 종전에 주체와 객체로 엄연히 구분되었던 인간과 여타 생명체, 혹은 인간과 사물과의 비대칭성이 와해됨으로써 인간중심주의(anthropo-centrism)에 기초해 왔던 이전 사유체계의 일대 변혁이 초래되며, 궁극에는 시공간관의 변화까지 가세해 세상 모든 것들이 서로 어울리고 섞일 수 있는 '만유융합(萬有融合)의 원리(principle of universal convergence)'가 통용되는 새로운 세계로 도약하게 된다. 그런데 개방성, 유동성, 혼종성 등을 강화하는 융합은 혼란이나 불확실성을 가중시키게 되는바, 초과 혼돈의 상태에서 새로운 사회질서를 추구하는 과정에서 통상적 복잡계를 넘어선 초(超)복잡계가 창발하게 된다.

2) 초복잡계의 특성

디지털 기술의 등장을 계기로 융합이 기술영역, 미디어영역, 사회영역, 문화영역, 의식영역 등으로 파급되어 가는 오늘날 융합사회는 복잡계적 성격을 강화하면서 지속적으로 재편되는데, AI의 출현과 더불어 새로운 임계점에 들어서게 되면 그것은 보다 정교한 질서를 담지한 '초(超)복잡계'라는 새로운 단계로 돌입할 것으로 판단된다. 통상적 복잡계와는 변별되는 초복잡계의 특성으로는 다음과 같은 것들을 열거할 수 있다.

(1) 초개방성(Hyper-Openness)

초개방체계는 체계 안에 공존하는 하위체계들 간의 교류는 물론이요, 체계와 환경 간에 상호 교류를 저해하는 어떠한 경계도 인정치 아니한다. 즉, 기존의 개방체계론이 체계와 환경 간의 경계를 통한 인적, 물적, 정보적 교환이나 교류를 중시해 왔다면, 초개방체계는 어떤 형태의 경계나 영역도 설정하지 않는 무경계성, 무한정성을 지향한다.

초개방적 체계로서의 융합계는 '요소중심적 연결망' 개념을 실타래(thread ball)나 근경(rhizome) 이미지에 근거한 '관계중심적 연결망' 개념으로 전치한다. 따라서 융합계에서는 요소들 간의 관계구조보다 그들 간의 연결이나 연합, 즉 요소들 간의 '동맹(alliance)'이 중요시된다(Latour, 1987). 또 융합계에서는 기존의 개방체계가 고수하던 체계와 환경 간의 개념적 경계마저 함몰되어, 전후/좌우/고저/내외/안팎 모든 방향으로의 출입이 허용되는 상즉상입(相卽相入), 원융회통(圓融回通)의 세계가 도래할 것으로 전망된다.

(2) 다중성(Multiplicity)

융합계는 다양한 구성요소들의 복합적 상호작용을 통해 새로운 현상이나 질서가 중첩적으로 포개진 다중적 세계를 구성한다. 즉 세상은 하나가 아니라 복수의 세계가 층층이 겹쳐져 있는 다중적 형태를 지니고 있음을 의미한다. 이러한 다중적 세계관은 실제 현실과 꿈속의 현실, 나아가 꿈속의 꿈속의 꿈속의 현실까지 병존하는 다층적 세계를 소재로 한 크리스토퍼 놀란(Christopher E. Nolan) 감독의 2010년도 영화 〈인셉션(Inception)〉에서 엿볼 수 있다. 하지만 다중적 세계관은 세상이 단일한 유니버스가 아닌 복합적 상태에 있다는 '멀티버스(multiverse)' 이론이라는 천체물리학계의 가설로부터 보다 전면적으로 감지된다(Davies, 2004).

다중적 세계에서는 부분과 부분, 부분과 전체가 연계해 서로를 변화시키고 세계를 재창조하며 그런 과정을 통해 또 다른 새로운 세계가 창발한다. 미셸 칼롱(Michel Callon)과 존 로(John Law)는 우주개발이라는 거대과학 프로젝트에 관한 행위자연결망분석을 통해 광역 네트워크 안에 국지적 네트워크가 중첩적으로 존재한다는 사실을 밝힌 바 있는데(Callon and Law, 1988), 이런 연구물들을 통해서도 탈경계적 상호작용을 통해 재창조되는 융합계의 중층적 성격을 추정할 수 있다.

(3) 탈선형성(A-linearity)

특정 활동이 하나 이상의 결과를 만들어 내며 그들이 부분들의 합 이상을 넘어서는 결과를 창출할 때 해당 체계가 비선형적 성격을 지니고 있다고 말한다. 또 기묘한 끌개와 같이 주어진 분기점 밖에서는 어느 방향으로 경로가 잡힐지 예측하기 어려운 궤적을 나타내는 체계를 우리는 비선형적 복잡계로 규정한다(카프라, 1998[1996]).

초 · 분 · 시침이 정밀한 톱니바퀴로 연결되어 어김없이 돌아가는 시계를 전형으로 하는 기계론적 세계관에서는 비례원리에 입각한 선형적 진단이나 해법이 주도권을 행사한다. 그러나 자연세계든 인간세계든 어느 것을 막론하고 날로 복잡성을 더해 가는 오늘날의 현실은 점차 선형적 과정으로 추론할 수 없는 비선형성을 견지하고 있다는 것이 복잡계 이론가들의 공통된 지적이다.

요컨대, 요즘 세상은 직선형태의 선형적(linear) 단순계 및 곡선형태의 비선형적(non-linear) 복잡계를 지나, 통상적인 함수적 해법이 용이치 않은 단절, 도약, 분지, 합류, 역전 등을 포함한 탈(脫)선형성(a-linearity)을 지향한다. 우리는 고난도 함수풀이조차 용이치 않은 그러한 탈선형적 경향을 쏠림(leaning) · 엮임(malling) · 튀김(splashing) 등이 횡행하는 다중(多衆, multitude)의 과민한 행태에서 직시할 수 있다(하트 · 네그리, 2008[2005]; 서키, 2008[2008]).

5. 복잡계에서 융합계로

복잡계(complexity system)에서 초복잡계(supra-complexity system)로의 천이(遷移)는 분화문명이 융합문명기로 진입하고 있음을 알리는 결정적 단초라 할 수 있는데, 융합화의 진전에 따라 복잡계는 그 기본 속성을 탈피한 초복잡계로서의 융합계(convergence system)로 도약하게 된다([그림 8-2] 참조).

융합계는 개체들이 관계망을 통한 새로운 동맹구조를 지향한다.

그림 8-2 | 복잡계에서 융합계로의 이행

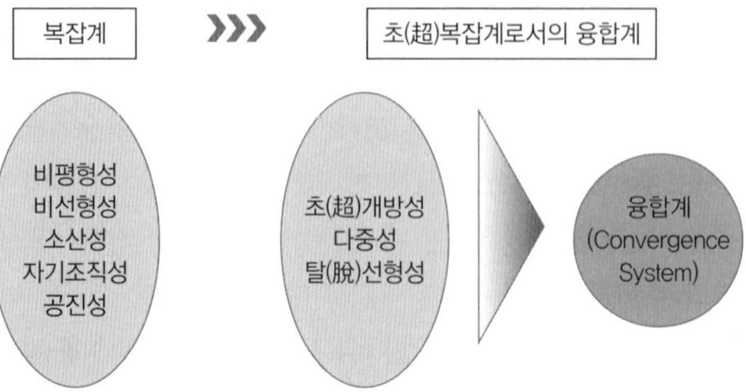

융합계의 동맹(alliance)은 인간/비인간을 막론한 모든 존재들의 상호관계를 지시하는 하나의 계약이자 규칙이라 할 수 있다. 이는 하위체계와 상위체계의 관계를 평등한 관계로 동등화함으로써 수직에서 수평으로의 관점 전환이자 인정과 타협을 강조하는 화합적 특성을 시사한다. 또 그것은 체제의 질서가 내부 요소들 사이의 상호작용이 누군가에 의해 하향적으로 기획되거나 의도적으로 형성된 것이 아님을 함의한다.

융합계의 질서는 어디까지나 구성요소들 간의 상호작용에 의해 창발되는 내재적 작동과정의 산물로서, 융합계에서는 요소보다 연결성이 보다 중시되는 것은 이 때문이다(Latour, 2005). 융합계의 연결망은 연결된 선들일 뿐 결코 면은 아니다. 따라서 연결망은 표면을 뒤덮지 않고도 포함시킬 수 있으며, 넓은 범위를 차지한다 해도 포괄적이지도 세계적이지도 체계적이지도 않다. 또 연결망은 확장 불가한 곳이 없어, 시간적 · 공간적 조건에 구애받지 않고도 시공간적 확장이 가능하다. 시간적 장벽을 넘어 지역에서 세계로 인간적인 것으로부터 비인간적인 세계로 자유롭게 뻗어 나갈 수 있는 개방적 연결망은 전후좌우 어느 방향으로든 확장 가능하며, 그런 의미에서 융합계는 외계와 변별되는 체계의 하나에 그치지 않고 우주론적 의미를 담지한 '융합적 은하계(convergent galaxy)'로 진전한다. 이상의 논의들을 종합해, 통상적 복잡계와 변별되는 융합계의 질적 차이를 한몫으로 정리하면 〈표 8-1〉과 같다.

| 표 8-1 | 복잡계와 융합계의 대비

	복잡계 (Complexity System)	융합계 (Convergence System)
복잡성의 정도	복잡(Complex)	초(超)복잡 (Hyper-Complex)
관심의 초점	요소(Element)	연결(Link)
핵심 개념	구조(Structure)	관계(Relation)
메타포	수목(Tree)	근경(Rhizome)
포괄 영역	생명계 및 유사생명계	우주계 전체
대표적 이론	복잡성 이론 (Complexity Theory)	행위자연결망이론 (Actor Network Theory)
체계/환경 구분	있음(경계)	없음(탈경계)
작동 원리	인과성(Causality)	배열성(Agencement)
지향	조화적 질서 (Harmonic Order)	혼효적 질서 (Hybrid Order)
진술 방식	설명(Explanation)	서술(Description)

6. 초연결 융합계로서의 신문명 사회

융합사회는 모든 존재들이 하나의 전체를 이루며, 전체는 개별적 존재로 귀일하는 '전일적 총체성'을 지향한다. 전일적 총체성은 부분을 전체에 종속시키거나 전체를 부분으로 환원시키는 것이 아니라 부분이 전체요 전체가 부분인 합일의 상태를 말한다. 각개 요소는 자신의 존재 근거를 다른 요소에 근거해 생성시키는 원리로 작동한다는 상호내재성과 상호연관성이 융합사회의 본질인 것이다. 그럼으로써 사회는 그 자체가 하나의 살아 있는 존재, 즉 자신의 생명을 자신의 고유한 메커니즘에 따라 지속적으로 재생산하는 생동적 체계로 인식된다. 이러한 상황을 두고 체계이론가 니클라스 루만(Niklas Luhmann)은 "사회세계를 바라보는 중심적 관점이 소실되어 사람들이 국가라고 부르든 사회라고 부르든 전체를 올바로 관조할 수 있는 그 어떤 입장도 확고해지지 않게 된다."고 일갈한다(루만, 2007[1984]).

문명사의 전개가 인류에서 인간과 인간이 창안한 AGI/ASI와의 공동작업(co-action)이나 연합적 활동(allied activities)에 의해 이루어질 신문명 시대는 개체 아닌 연결이 결정적 위력을 행사하게 된다. 요컨대, 상호연결된 것들끼리의 '링크가치(link value)'가 사용가치, 교환가치 및 기호가치로 이동해 온 종전의 주류적 가치를 대신한 새로운 가치를 선도할 것인바, 바로 이 대목에서 현생 인류의 자연지능과 그들이 개발한 AI 간의 링크가 신문명 시대를 장식할 결정적 가치를 창발할 것으로 기대된다.

이런 상황에서 개인은 자신만의 고유한 능력을 소지한 특권적 존재가 아니라 특정 연결망에 의해 구성되는 존재이며, 사물로서의 AI

역시 주어진 조건에 결박되어 수동적으로 반응하는 존재가 아니라 특정 연결망 상태에 대한 적극적 참여의 역사성을 표출하는 존재로 이해된다. 인간과 사물, 혹은 사회와 자연이라는 이분법을 벗어나 모든 것들 간의 차이나 차이의 성격에 대한 논의가 재개되어야 한다는 미셸 칼롱의 논급이 이 지점에서 다시금 빛을 발하게 된다(Callon, 2003). 한스 마그누스 엔첸스베르거(Hans Magnus Enzensberger)도 현대사회를 "네트워크화 된 소수가 끊임없이 변화하는 복합체"로 정의하는데(Enzensberger, 1993), 이러한 그의 발언 역시 인간 자연지능만이 아닌 AI와의 연결고리가 지구상에 AI가 등장한 이후인 제2 문명시대의 향방을 가름하는 결정적 요건이 될 것임을 시사하는 표현이 아닐 수 없다. 이러한 전망은 "첨단 미디어로 인해 소통세계의 네트워크 밀도가 높아지게 되면, 사회체계는 더 이상 구성원들의 개별적 속성이나 크기와 무관한 별도의 속성을 지니게 된다."는 매체이론가 노르베르트 볼츠(Norbert Bolz)의 진단과도 궁극적으로 상통한다(볼츠, 2000[1993]).

그런데 이러한 초복잡 융합계는 '파국(catastrophe)'으로 지칭되는 심대한 혼돈의 소용돌이에 직면할 위기를 회피할 수 없다는 숙명적 한계를 지닌다. '기존 질서의 전면적 붕괴'를 뜻하는 파국은 사태의 종결을 예고하는 혼돈의 절정으로 간주되곤 한다. 현실세계에서는 물론이나 시, 소설, 희곡, 연극, 음악 등 다양한 창작물이나 공연에서 식별할 수 있는 파국은 서사와 몸짓과 소리가 융합된 가극이나 뮤지컬 같은 데서 극적으로 표상한다. 얽히고설킨 애증관계가 일소되는 트리스탄과 이졸데의 비극적 결말이 그 전형에 속한다. 하지만 파국은 혼란인 상태로 끝나는 파탄의 동의어가 아니라 새로운 질서의 태동을 예비한 용어인 만큼, 오히려 위험과 기회라는 양가적 속성을 지닌 '위기(危機)'와 유사한 개념으로 받아들일 수 있다.

파국이 오늘날의 불가피한 시대적 난제라면, 우리의 실질적 삶도 일단은 극심한 혼돈과 불안, 그러면서도 일말의 희망을 담지한 파행적 상태로 이해돼 마땅하다. 파국적 진단을 불러일으키는 파행적 삶의 현황은 여러 각도에서 식별할 수 있다. 질시의 붕괴는 일차적으로 사회체계의 구성 요소들을 맺어 주거나 중재하는 연결고리의 유실을 의미한다. 그뿐만 아니라 붕괴가 전면적이라면 그것이 다방면에서 한꺼번에 진행됨을 뜻한다. 그런데 최초의 미미한 날갯짓이 엄청난 후폭풍을 불러일으키는 나비효과와 같은 극단적 사태로부터 간파할 수 있듯, 무질서는 이전 상태로의 단순한 회귀가 아닌 새로운 질서로의 향진을 추구하기도 한다. 이는 곧 사회체계가 전면적 위기에 직면한 파국적 상황에서도 상궤를 벗어난 이변이나 일탈을 새로운 사회질서로 합병한 사회체계의 재정비가 가능함을 시사한다.

■ 참고문헌

김문조. 2003. “복잡계 패러다임의 특성과 전망.”『과학기술학연구』3(2): 1-27.

______. 2019.『기술과 사회의 공진화: 정보사회의 행로와 전망』. NIA연구보고서 미래2030, 제2권. 한국정보화진흥원.

루만, 니클라스. 2007[1984].『사회체계이론 1』. 박여성 옮김. 한길사.

보드리야르, 장. 1992[1970].『소비의 사회: 그 신화와 구조』. 이상률 옮김. 문예출판사.

볼츠, 노르베르트. 2000[1993].『구텐베르크-은하계의 끝에서: 새로운 커뮤니케이션 상황들』. 윤종석 옮김. 문학과지성사.

서키, 클레이. 2008[2008].『끌리고 쏠리고 들끓다: 새로운 사회와 대중의 탄생』. 송연석 옮김. 갤리온.

카프라, 프리초프. 1998[1996].『생명의 그물: 살아 있는 시스템들에 대한 새로운 과학적 이해』. 김용정 · 김동광 옮김. 범양사.

프리고진, 일리야 · 이사벨 스텐저스. 2011[1984].『혼돈으로부터의 질서: 인간과 자연의 새로운 대화』. 신국조 옮김. 자유아카데미.

하트, 마이클 · 안토니오 네그리. 2008[2005].『다중: 제국이 지배하는 시대의 전쟁과 민주주의』. 조정환 · 정남영 옮김. 세종서적.

황주성 외. 2009.『디지털 컨버전스 기반 미래연구(I) 총괄보고서』. 정보통신정책연구원.

Arthur, W. B. 1994. *Increasing Returns and Path Dependence in the Economy*. University of Michigan Press.

Ashby, W. R. 1947. “Principles of the Self-Organizing Dynamic System.” *Journal of General Psychology* 37: 125-128.

Bateson, G. 1979. *Mind and Nature: A Necessary Unity*. Dutton.

Bertalanffy, L. 1968. *General System Theory: Essays on Its Foundation* *and Development*. George Braziller.

Buckley, W. 1967. *Sociology and Modern Systems Theory*. Prentice-Hall.

Callon, M. 2003. *Do Economists Make Markets?: On the Performativity of Economics*. Princeton University Press.

Callon, M. and J. Law. 1988. "Engineering and Sociology in a Military Aircraft Project: A Network Analysis of Technological Change." *Social Problems* 35(3): 284–297.

Capra, F. 1982. *The Turning Point: Science, Society, and the Rising Culture*. Bantam Books.

Cohen, J. L. and A. Arato. 1992. *Civil Society and Political Theory*. MIT Press.

Davies, P. 2004. "Multiverse Cosmological Models." *Modern Physics Letter* A19: 727–744.

Enzensberger, H. M. 1993. *Aussichten auf den Bürgerkrieg*. Suhrkamp.

Foerster, H. V. 1960. "On Self-organizing Systems and Their Environments." In M. C. Yovits and S. Cameron(eds.). *Self-organizing Systems*. Pergamon Press.

Foerster, H. V. and G. Zopf(eds.). 1962. *Principles of Self-Organization*. Pergamon.

Gillmor, D. 2004. *We the Media: Grassroots Journalism By the People, For the People*. O'Reilly Media.

Gleick. J. 1987. *Chaos: Making a New Science*. Penguin Books.

Inglehart, R. 1977. *The Silent Revolution: Changing Values and Political Styles among Western Publics*. Princeton University Press.

Kauffman, S. 1993. *The Origin of Order*. Oxford University Press.

Lash, S. 2007. "Power after Hegemony: Cultural Studies in Mutation." *Theory, Culture & Society* 24(3): 55–78.

Latour, B. 1987. *Science in Action: How to Follow Scientist and Engineers Through Society*. Harvard University Press.

_____. 2005. *Reassembling the Social: An Introduction to Actor-Network-Theory*. Oxford University Press.

Lorenz, E. 1963. "Deterministic Nonperiodic Flow." *Journal of the Atmosphic Sciences* 20(2): 130–141.

Lovelock, J. 1979. *Gaia*. Oxford University Press.

Maturana, H. and F. Varela. 1991[1972]. *Autopoiesis and Cognition: The Realization of the Living*. Springer Science & Business Media.

McCulloch, W. and W. Pitts. 1943. "A Logical Calculus of the Ideas Imminent in Nervous Activity." *Bulletin of Mathematical Biophysics* 5: 115–133.

OECD. 2018. *OECD Science, Technology and Innovation Outlook 2018: Adapting to Technological and Societal Disruption*. OECD Publishing.

Prigogine, I. 1977. "Time, Structure and Fluctuations." Nobel Lecture, 8 December, 1977. https://www.nobelprize.org/uploads/2018/06/prigogine-lecture.pdf

Richards, R. J. 2002. *The Romantic Conception of Life: Science and Philosophy in the Age of Goethe*. University of Chicago Press.

Schulze, G. 1992. *Erlebnisgesellschaft: Kultursoziologie der Gegenwart*. Campus Verlag.

Scott. R. 1981. *Organizations: Rational, Natural and Open Systems*. Prentice-Hall.

제9장

인간 개념의 재구성

1. 인간-비인간의 이분법
2. 이원적 존재론의 와해
3. 일원적 존재론의 탄생과 부활
4. ANT와 관계적 존재론
5. 포스트휴먼 시대의 예표
6. 보편적 다원주의와 정체성 위기

Designed by Freepik

1. 인간-비인간의 이분법

> "어느 날 아침, 그레고르 잠자(Gregor Samsa)가 불안한 꿈에서 깨어났을 때 그는 침대 속에서 한 마리의 흉측한 갑충으로 변한 자신의 모습을 발견했다."

출처: Kafka, Franz. 2020[1915]. *The Metamorphosis*. Trans. by D. Wyllie. EBD(E-BooksDirectory.com).

가족의 생계를 걸머지고 힘겹게 일하는 월급쟁이 그레고르가 하루아침에 징그러운 벌레로 바뀌는 충격적 사태로 시작되는 프란츠 카프카(Franz Kafka)의 중편소설 『변신』을 놓고 많은 평론가들은 현대인의 실존적 불안을 묘사한 작품으로 풀이해 왔다. 하지만 요즘 그것은 고지능 사이보그들이 활개 칠 미래 사회에 생각하는 존재로서의 구실을 다하지 못해 사회활동 무대에서 퇴출당하는 인간의 처연한 모습을 예고하는 묵시록적 작품으로 읽힐 수 있다.

고대에서 근대에 이르는 기나긴 세월 동안 인간은 자신을 여타 생명체와 변별되는 '만물의 영장'이라는 존귀한 위상을 독점해 왔다. '영장(靈長)'의 '영'자는 신령, '장'자는 우두머리를 뜻하는 것이니 인간은 자신을 '신령한 힘을 지닌 우두머리'로 행세해 온 셈이다. 이때 여타 만물과 변별되는 결정적 특성인 신령은 사고하는 능력을 뜻한다. 모든 생명체의 계통과 종속을 특정 기준에 따라 나누어 정리하는 생물분류학의 초석을 세운 스웨덴 식물학자 칼 폰 린네(Carl von Linné)가 현존 인류를 사고하는 존재라는 호모 사피엔스(Homo sapiens)로 지칭한 것도 그런 이유에서다(Linné, 1806).

이런 생각의 원천은 인간은 이성을 통해 지식을 축적하고 가치를 정립하며 습득한 지식과 가치에 준거해 행동하는 이성을 지닌 동물(animal rationale)이라는 아리스토텔레스의 인간관으로 소급할 수 있는데, 그런 관념이 인간이 세상의 중심이라는 인본주의를 주축으로 한 헬레니즘으로 서구 정신사에 뿌리내리게 된다(Graf, 2009[1993]). 헬레니즘의 원초적 의미가 '신화(뮈토스, muthos)', 즉 '신(神)'에 관한 '이야기(話)'라고 한다. 따라서 헬레니즘이 꽃핀 고대 그리스가 신본주의 시대로 속단되곤 했는데, 자연-우주-인간이 맞물려 돌아가는 당대의 신화는 외형상으로는 신에 관한 이야기일지언정 주역들이 인간의 욕망을 대변하는 의인화된 신이라는 점에서 본질적으로는 인간을 세상의 중심에 두는 인본주의 서사와 다름이 없다. 요컨대, 고대 그리스의 아테네에서 발아해 알렉산드로스 대제국에서 꽃핀 헬레니즘은 모든 것이 사람에서 시작되며, 모든 것의 바탕도 사람으로 간주하는 인본주의 사상의 원류였다(Mikalson, 2006).

헬레니즘과 더불어 서양사상을 형성해 온 양대 사조의 한 축으로 알려지고 있는 헤브라이즘은 유일인격신(唯一人格神)의 역사적 계시와 이에 대한 신앙에 근거해 신에 의한 우주의 창조와 세계사의 주재(主宰)를 신봉함으로써 세상만물을 신의 피조물로 간주하는 신본주의의 전형으로 꼽혀 왔다. 그럼에도 성경은 창세기 첫머리에 "하나님이 자기 형상대로 사람을 창조하시되 인간에게 바다와 하늘과 지상의 생물을 다스리고, 지면의 채소와 열매 맺는 나무를 주노니 너희의 먹거리가 되리라(창세기 1: 27-29)."고 명시해 인간에게 세속의 주관자 역할을 부여한다. 신중심주의를 기본으로 하는 헤브라이즘 전통의 저변에 인본주의 사상이 내재해 있음을 시사하는 언표인 것이다.

인간과 비인간의 이분법은 서양 근대철학의 비조 르네 데카르트(René Descartes)의 이원적 존재론(dualistic ontology)으로 정전화(正典

化)한다. 실재에 대한 절대적 확실성을 추구하고자 한 데카르트는 실재에 대한 의심과 회의를 거듭한 결과 의심할 수 없는 마지막까지 남는 것이 '생각하는 자신'이라는 결론에 도달했다. 인간의 정신을 신체를 포함한 외부세계로부터 분리함으로써 정신과 물질을 별개의 범주로 인식하고자 한 그는 정신과 육체를 동시적으로 소유하고 있는 생각하는 존재로서의 인간은 사고 능력이 없어 사물로 존재할 수밖에 없는 비인간들과 구분되어야 한다고 역설함으로써 인본주의적 입장을 확실시했던 것이다(Cunning, 2014).

이원적 존재론은 18세기 계몽주의 시대에 임마누엘 칸트(Immanuel Kant)의 객체/주체 이분법으로 이어진다. 칸트는 지식이 정신 능력과 감각 능력의 종합을 통해 만들어진다는 비판적 합리주의를 주창했다. 객체는 인간 정신 바깥에 '물 자체(things in themselves)'로 외재한다. 이때 인간은 정신만으로 물 자체로서의 외계를 알 수는 없고, 알 수 있는 것은 정신으로 인식된 세계일 뿐이라는 것이다. 즉, 인간은 경험으로부터 독립해 있고, 경험에 앞서며, 경험을 가능하게 하는 '선험적 사고범주(a priori thought categories)'를 통해 세계에 대한 지식을 얻을 수 있다는 것이 칸트 인식론의 골자로서, 이는 곧 세계는 정신이 구성한다는 점을 함축한다(Kant, 2013[1781]).

사회과학에서도 인간과 비인간의 이원적 존재론이 주관과 객관이라는 형태의 이원론으로 존속해 왔다. 사회과학의 탐구 대상인 '사회'를 개인들이 집합적으로 만들어 내는 객관적 현상으로 응시하고자 한 대표적 학자는 에밀 뒤르켐(Emile Durkheim)이다. 사회를 그 구성원들의 특성과 무관한 독자적 현상(society sui generis)으로서의 '사회적 사실(social fact)'로 간주한 그는 사회과학에도 자연과학과 마찬가지의 방법인 관찰, 측정, 분석이 통용될 수 있다는 견해를 피력했다. 하지만 그런 뒤르켐마저 자연과학의 탐구 대상은 자연적인 것이며 사회과학은 사회적인 것을 연구하는 학문이라고 규정함으로써, 실질적으로 인간과학(human sciences)과 자연과학(natural science) 혹은 정신과학(Geisteswissenschaft)과 자연과학(Naturwissenschaft) 등으로 구분하는 이분법적 전통을 견지했다(뒤르켐, 2021[1895]).

2. 이원적 존재론의 와해

1) 인간과 여타 생명체의 경우

인간과 다른 생명체 간의 경계 해체에 물꼬를 튼 것은 다윈의 『종의 기원』(*The Origin of Species by Means of Natural Selection, or the Preservation of Favoured Races in the Struggle for Life*)으로, 다위니즘의 요람으로 알려진 책의 내용은 크게 다음 다섯 가지로 요약할 수 있다(다윈, 2019[1859]).

첫째는 종의 가변성으로 생물계를 포함한 모든 것은 시간이 지남에 따라 변화한다는 것, 둘째는 지구상의 모든 생물 종들이 단 하나의 공동 조상으로부터 유래되었다는 것, 셋째는 진화에 의해 새로운 종들이 나타나면서 생물 다양성이 증가한다는 것, 넷째는 단계주의 개념으로서 진화는 단절이나 불연속성을 보이지 않고 점진적으로 이루어진다는 것, 다섯째는 자연선택(自然選擇)으로 냉혹한 생존경쟁 속에서 자연에 적응한 것은 살아남고 그렇지 못한 것들은 도태된다는 주장이다. 특히 적자생존(適者生存)에 의한 자연선택을 강조하는 대목에서 진화론은 단순히 자연과 환경에 적응하지 못하는 자들이 절멸하고 적응한 자들은 살아남는다는 주장에 그치는 대신, 살아남은 자들이 자신의 우수하고 유리한 형질을 집단 속으로 퍼뜨림으로써 세대를 거듭하면서 번성한다고 강조한다.

다위니즘은 생물의 발생과 성장에 관한 많은 것들을 설명해 준다. 그는 특히 생물의 발생을 미시적으로 유전자에 의해 조절되면서 각 기관과 형질이 발현한다고 주장하나, 성장 과정이 진화에 의해 좌우되면서 행로에 영향을 끼친다는 점을 역설한다. 대표적 사례가 동물의 2차 성징을 포함한 성적인 성장이나 선택과 관련된 것들이다. 다윈은 수컷의 고환이나 암컷의 난소 등 생식에 필요한 1차 성징 및 암수의 차이도 자연선택에 의한 진화의 소산으로 간주한다.

최근 진화론은 동물의 육체적 성장뿐 아니라 '마음'의 성장 문제도 다루고 있다. 생체 진화론의 원리를 인간의 뇌가 정보를 처리하는 방법이나 뇌의 정보처리에 의해 행동이 일어나는 방식 등에 적용하는 연구가 활성화하고 있다. 인간의 마음과 행동 양식이 작용하는 방식도 갑자기 만들어진 것이 아니라 오랜 진화 과정을 통한 산물이라는 것이다. 인류가 수렵 채집 생활 등을 하는 동안 사냥을 하여 식량을 구하거나 맹수로부터 가족을 보호하고 안정된 잠자리를 확보하는 등의 일상적인 문제를 해결하는 데 적합한 신경회로망이 서서히 발달된 결과라는 것이다(Dennett, 2017).

그러나 지구상의 무수히 많은 생물 종들이 어디에서 비롯되었는지를 수십 년간 다양한 대륙의 생물 개체에 대한 탐구로부터 밝혀낸 『종의 기원』이 다위니즘이란 사상체계의 원천으로 인정받게 된 것은 과학적 발견만이 아닌 다음과 같은 획기적 관념을 동반했기 때문이다. 창조론이 당연시되던 출간 당시의 사회적 분위기에서 인간이 원숭이와 같은 조상을 가졌다는 학설을 받아들인다는 것은 하나의 과학적 발견에 대한 수용을 넘어 사상의 변화를 요하는 것이었는데, 사상적 변화의 핵심에는 인간이 만물의 영장이라는 위계적 인식에서 자연의 수많은 생물 개체 중 하나에 불과하다(자연의 일부로서의 인간이다.)는 수평적 인식으로의 전환이 자리한다. 그럼으로써 다윈은 인간과 자연을 이분법적이고 위계적인 관계로 설정한 후 인간중심적 관점에서 자연을 응시할 때 초래되는 현실 왜곡의 오류를 회피할 수 있었다. 즉, 그의 자연선택론이 자연 현상을 막힘없이 풀어낼 수 있는 막강한 힘을 갖게 된 배후에는 인간을 여타 생명체보다 우월한 존재로 인식하는 인간중심주의의 배격이 크게 기여했던 것이다(박성관, 2010).

『종의 기원』에서 이러한 발상적 전환은 다음 두 가지 차원으로 전개된다. 첫째는 생물계를 인간과 동떨어진 분석 대상으로 보지 않고 인간도 분석 대상인 생명계의 일원이라는 존재론적 전환이다. 둘째는 인간이 자기중심적 습성으로 자연의 본질을 정확히 인지하지 못하는 오류로부터 탈피해야 한다는 인식론적 전환이다. 이들 전환은 생명체의 연속성, 다양성, 비목적성 등 다윈이 지목한 생명 진화의 기본 속성들과 관련된 주제 전반의 사상적 기반을 이룬다(이승훈, 2018).

다윈 이전부터 생물학자나 박물학자들 사이에서는 생명체의 분류에 관한 논쟁이 분분했다. 수많은 생명체들을 분류함에 있어 어떤 특징을 가지고 종으로 분류할 것인지, 어떤 특징을 가지고 변종으로 분류할 것인지, 또 아종과 기형에 대해서는 어디까지를 포함할 것인지에 대해 다양한 견해들이 존재했고, 그들 서로 간에 여러 형태의 반론들이 오가기도 했다. 그러나 다윈은 환경이 유사한 갈라파고스 제도에 사는 새들을 상호 비교하고 그들을 아메리카 대륙의 새들과 비교한 후, 이를 다른 학자들의 연구 결과와 대조해 자신의 생각을 다음과 같이 밝혔다.

> 많은 경우, 면밀한 조사를 통해 의심스러운 종을 어떻게 분류할 것인가에 대한 박물학자들의 합의점을 끌어낼 수 있다. 하지만 여기서 고백하지 않을 수 없는 사실이 있는데, 의심스러운 형태가 가장 많이 발견되는 곳이 바로 가장 잘 알려진 나라들이라는 점이다. … '종과 아종'—몇몇 학자들의 견해에 따르면 매우 가까운 관계에 있지만 별개의 종으로 분류되기에는 뭔가 부족한 형태들—또는 '아종과 뚜렷한 특징을 가지는 변종들' 또는 '보다 덜 뚜렷한 특징을 가지는 변종들과 개체 간의 차이' 사이를 구분하는 분명한 경계선이 없다는 사실은 자명하다. 이러한 차이점들은 감지할 수 없을 만큼 경미한 차이를 보이는 계열 속에서 서로 뒤섞여 있으며, 이 계열을 보면 우리는 이것이 실제 계대(繼代, passage. 계통적으로 세대를 이어나가는 것 – 옮긴이)라는 느낌을 받게 된다.

출처: 다윈, 찰스. 2019[1859]. 『종의 기원』. 장대익 옮김. 사이언스북스: 102-104, 134.

다윈의 생각은 종과 아종, 변종이 뚜렷이 구분되지 않는 것은 실제 생명체들이 연속적인 계열을 이루고 있기 때문에 당초부터 뚜렷이 구분될 수가 없다는 것으로, 예전 학자들이 분류에 애를 먹어 온 것은 그들이 종별로 뚜렷이 구분된다고 근거 없이 가정한 까닭이라는 것이다. 다윈은 현존하는 동식물들은 인간이 만든 불연속적 분류 단위에 맞춰져야 하는 게 아니라 분류체계가 현실의 동식물들이 보여 주는 연속성을 반영해야 한다면서, 중요한 것은 본질이나 공통성이 아니라 그러한 이행의 원초적 동력인 개체적 차이와 변이라고 역설했다.

다윈은 당시의 분류학자들에게서 나타나는 이러한 인식적 오류가 대상을 분류하려는 인간 특유의 범주화 경향에서 비롯되었다고 말한다. 그로 인해 자연의 속성과 본질을 정확히 인지하지 못하는 결과가 초래되었다고 비판하면서, 범주화 경향을 탈피할 것을 요구한다. 그뿐만 아니라, 분류의 근거를 인간중심적 범주화에서 개체들의 실체로 이전시켜 현상을 곡해하는 오류를 지양하여 개체와 개체 변이의 연속성이라는 생명계와 진화의 속성을 주지시켰다. 생명체의 종, 아종, 변종, 기형들은 어떠한 위계도 없는 지속적 흐름의 일환이며, 이 모든 것들은 개체적 차이와 변이의 소산이라는 담대한 테제를 제시한 것이다. 이러한 진화 사상의 지적 충격이 어떠했는지는 "생물학의 어떤 것도 이치에 맞지 않는다. 진화에 비추어 보지 않는 한(Nothing in biology makes sense, except in the light of evolution)."이라는 테오도시우스 도브잔스키(Theodosius Dobzhansky)의 발언으로부터 통감할 수 있다(Dobzhansky, 1973).

2) 인간과 사물의 경우

인간 대(對) 비인간의 이원적 존재론은 인간과 여타 생명체 간의 분절적 인식보다 인간과 사물 간의 그것에서 내용이 확연히 드러난다. 의식을 지니고 있다는 이유에서 살아 있는 존재들의 영역인 생명권 내에 엄존했던 인간의 특수한 위상이 사물과의 관계에서 보다 철저히 드러날 수 있음은 사물이 정신적 · 육체적 생명력을 지니지 않은 무력한 존재라는 통념으로 식별된다. 인간은 타인과의 관계와 비교할 수 없으리만큼 빈번히 사물과 관계해 왔으나, 주체로서의 자신과 객체로서의 사물이라는 이원적 도식에 의해 자신의 정체성을 강화해 왔다. 죽은 사물을 좀처럼 인간과 동일시하지 않았는데, 양자를 동격으로 간주하면 인간의 존엄성이 위배되는 것으로 생각했던 것이다.

따라서 사물이 인간으로 둔갑하거나 인간 행세를 할 수 있었던 것은 신화, 공상 혹은 문학이나 예술 작품 같은 상상계에서나 허용되는 것일 뿐, 현실 세계에서는 용납되지 않았다. 그러던 사물이 요즘 기술력 향상에 힘입어 산 사람 못지않은 활력적 존재로 거듭나고 있다. 사물의 인간화에서 첫 단계를 장식하는 것은 의인화(personification)이다. 의인화란 동물이나 사물과 같은 비인간적 대상에 인간의 특성이나 감정을 부여하는 것을 말한다. 디즈니 영화 〈미녀와 야수〉에서 주전자나 촛대, 시계 등이 마치 인간처럼 말하고 행동하는 모습이 바로 그런 것이다. 동화『피노키오』에 등장하는 주인공, 즉 나무 인형이 실제 소년처럼 느끼고 생각하며 걷는 능력이 부여되는 것도 의인화의 고전적 사례로 꼽힌다. 이처럼 의인화된 사물은 설화나 아동문학을 위시한 문학세계에서 자주 출몰해 왔지만, 무생물의 인격화가 확산된 것은 여러 장의 화면을 연속 촬영한 후 이어 붙여 화면이 움직여 보이게 만든 활동사진으로서의 애니메이션이 대중화하면서부터였다. 추후 인격화된 사물이 지면이나 스크린 혹은 공연장과 같은 상상의 공간을 넘어 현실세계로 행보를 넓히고 또 홀로그램이나 3DP 등으로 3차원 캐릭터로 구현되면서 사물은 마치 살아 있는 존재 같은 우리 삶의 동반자 역할을 수행하고 있다. 그런데 사물이 첨단 통신기술의 발달에 힘입어 소통 가능한 기술적 가공물로 전환되는 최근에 들어서면서 사물의 인간화는 의인화 단계를 넘어 인간과 다름없이 생각하고 말하고 느끼고 행동하는 '인간화(personization)' 단계로 돌입하고 있다.

현대사회에서 기술은 거의 모든 현상들을 설명할 수 있는 요소의 하나로 꼽히고 있다. 역사학, 사회학 및 신학이라는 3대 연구 영역을 넘나들면서 60여 권에 달하는 저서와 수백 편의 논문을 저술한 기술사상가 자크 엘륄(Jacques Ellul)은 19세기에 사회에 대한 마르크스의 해석에서 자본이 선도했던 역할을 요즘 기술이 잠식하고 있을 뿐 아니라 가치를 생산하는 능력도 자본보다 앞서게 되었다고 지적하면서,

기술이 인간 활동의 모든 영역에 침투해 개인적 혹은 집단적 삶에 주도적 영향력을 끼치고 있음을 밝히고자 힘썼다(Ellul, 1964[1954]).

현대 기술의 사회적 위력을 간파한 학자는 엘륄뿐만이 아니었다. 기술결정론자들로 분류되는 소스타인 베블런(Thorstein Veblen), 윌리엄 오그번(William F. Ogburn), 린 화이트(Lynn T. White Jr.)는 당연히 포함되지만, 기술체계와 사회체계의 상호작용을 전제로 하는 게르하르트 렌스키(Gerhard Lenski), 토머스 휴즈(Thomas P. Hughes), 랭던 위너(Langdon Winner) 같은 학자들 역시 기술의 막강한 힘을 다양한 역사적 · 경험적 연구들을 통해 논증한 바 있다. 그러나 엘륄의 독창성은 사회체계에 대한 기술의 위상과 속성이 근대 후반부터 크게 변모되었음을 주지시켰다는 점에 있다. 전통 기술은 상위의 목적을 달성하기 위한 수단으로 간주되어 인간의 다른 활동들에 비해 오랜 기간 열등한 것으로 폄하되어 왔으나, 기술 발전이 독자적 행보를 취하고 특히 자동화를 통해 인간의 개입을 배제해 가게 되면서 바야흐로 기술은 자율성을 행사하는 존재로 승격하게 되었다는 것이다. 그는 또 기술 발전의 효과가 사회 각계로 파급됨으로써 기술은 지구적 사용을 유발하는 보편성을 지니게 되었으며, 다양한 기술들이 거미줄처럼 얽혀 시스템화함으로써 기술은 주어진 목적을 위한 도구적 구실을 넘어 우리 삶의 불가분한 구성 요소로 자리 잡아 갈 것으로 전망했다(Ellul, 1964[1954]).

실제로 사물인터넷이나 인공지능과 같은 최근의 기술적 인공물은 인간과 분리된 객체로서의 도구적 역할을 넘어 인간의 기능적 · 감각적 기능의 일부가 되어가고 있을 뿐 아니라, 자체가 마치 별도의 생명체와 유사한 존재로 향진해 가는 실정이다. 그러한 경향이 날로 강화되는 고도 기술 시대의 인공물에 대한 총괄적 이해를 위해서는 이들 인공물의 기술적 면모에 대한 개괄적 논의를 넘어 기술적 인공물을 위시한 세상 만물을 인간과 대등한 존재로 바라보고자 하는 일원적 존재론의 행적을 면밀히 추적할 필요가 있다.

3. 일원적 존재론의 탄생과 부활

일원론(monism)은 몸과 마음의 구분을 제거하고 모든 현상을 하나의 동일한 원리나 단일한 소재의 표상으로 설명하려는 의도에서 계몽철학자 크리스티안 볼프(Christian Wolff)가 1728년도 저서 『논리학』(*Logic, Philosophia rationalis, sive logica*)에서 제시한 철학적 시각이다(Hettche and Dyck, 2024). 한편, 존재론(存在論)은 존재자의 분류와 실재의 기초 구조를 다루는 철학의 한 분과로서, 일원적 존재론(monistic ontology)은 세상 모든 존재자들이 존재론적으로 동일한 위상에 있다는 관념으로 규정할 수 있다. 일원적 존재론(monistic ontology)의 시원은 존재의 근본을 탐구하는 형이상학(metaphysica)이 출범한 아리스토텔레스 시대로 소급되나, 추후 그것은 단 하나의 신을 제외한 어느 것도 인정하지 않는 유일신 사상이나 일반 철학이 제기해 온 모든 문제들을 신의 계시나 전능으로 이해하고자 한 스콜라 철학으로 전승된다. 그러나 실재하는 모든 것은 생각하는 것과 연장되는 것으로 나뉜다는 언명과 함께 정신적 존재로서의 인간과 그 물체적 연장으로서의 사물을 별개의 범주로 구분한 근대 철학자 데카르트의 이원적 존재론의 등장으로 일원적 존재론이 오랫동안 퇴출되었음을 앞 항에서 언급한 바 있다.

장기간 우리의 사고나 삶을 지배해 온 인간중심적 이원론에 압도되어 크게 주목받지 못한 일원적 존재론이 첨단 기술에 의한 인간-사물의 접합이 성행하기 시작하는 근자에 재기하고 있다. 일원적 존재론의 단초로 삼을 수 있는 것은 독일 계몽철학의 선도자 고트프리트 라이프니츠(Gottfried W. von Leibniz)가 "무엇이 실체인가?"라는 철학적 물음에 대한 답변으로 제시한 '모나드론(Monadologie, Monadology)'이다(Rescher, 1991).

신성로마제국의 수학자이자 과학자, 철학자로서 박식한 천재급 학자로 알려진 라이프니츠는 "실체란 무엇인가?"라는 의문을 자신의 철학의 출발점으로 삼는다. 실체를 특정 대상을 지칭하는 보편적 개념으로 정의한 라이프니츠는 '단일성'을 실체의 기본적 특성으로 보았다. 현실에 실재하는 모든 것들은 물질로 구성되어 있다. 그래서 예로부터 많은 자연철학자들은 모든 현실적 존재자들을 그 구성 물질로 정의하고자 했다. 그러나 크기나 길이, 부피와 같은 연장성(extension)을 지닌 물질은 무한히 쪼개질 수 있다고 본 라이프니츠는 물질로 대상을 정의하는 것이 불가하다고 생각해 실체를 비물질적인 것으로 파악하고자 했다. 실체는 단일해야 하는데, 단일하려면 비물질적이어야 한다는 것이다. 그가 단일한 실체의 본질로 제시한 것이 그리스어 '모나스(monas)'를 어원으로 하는 '모나드(monad)'이다. 모나드란 더 이상 나눌 수 없는 독립적이고 자족적인 존재자로, 무한성과 완전성을 지향하는 합목적성을 띠는 실체라는 것이다(라이프니츠, 2010[1714]).

인간을 정신과 신체가 결합된 심신이원론의 구조로 인식한 데카르트가 직면한 설명하기 힘든 난제는 "그들 정신과 신체가 서로 어떻게 영향을 끼치는가"라는 사항이었다. 데카르트는 뇌의 송과선이라는 부위에서 이러한 작용이 일어난다고 답변했지만, 그런 가설적 견해는 큰 설득력을 지니지 못했다. 대안으로 라이프니츠가 제시한 것이 양자를 분할될 수 없는 최소의 단일체로 파악하고자 한 모나드론이다.

라이프니츠는 비물질적인 일원적 실체로서의 모나드는 욕구(appétition)와 지각(perception)의 능력을 소지하고 있다고 진술한다. 욕구는 변화를 향한 활동성, 지각은 모나드가 다른 모나드들과 관계를 맺을 수 있는 연결 능력을 가리키는데, 이 같은 심력(心力)을 비탕으로 한 모나드는 자신 아닌 것들과 인과적으로 연루되지 않는 독자성을 갖는 동시에 자기를 외부로 표출할 수 있는 능력을 지닌 정신적 존재로 귀착된다는 것이다(라이프니츠, 2010[1714]).

그뿐 아니라, 라이프니츠는 생동적 단일체로서의 모나드가 인간은 물론 여타 생명체나 사물들에게도 정신적 역능을 부여하기에, 세상 만물이 '영혼(âme)'을 갖게 된다고 주장한다. 따라서 인간에게만 영혼을 부여하는 것은, 모든 것이 인간만을 위해 존재하며 지구가 우주의 중심이라고 믿는 것만큼이나 가소로운 일이라고 말한다. 이는 데카르트의 자연관이나 사물관과 대비되는 생기론적 발언으로, 그의 철학이 '보편적 애니미즘'이라 불리는 것은 이 때문이다(김홍중, 2022).

그러면 모나드는 어떤 방식으로 서로 합류해 만물을 형상화하며 세계를 구축하게 되는 것인가? 라이프니츠는 창 없는 골방과 같이 외계와 차단된 폐쇄적 모나드는 자기 안에 어떻게 정연한 질서를 창출할 것이라는 신의 예정 조화(Pre-established harmony)를 내장하고 있다는 견해를 피력한다. 합주곡 연주에 비견해 말하자면, "연주에 참여하는 모나드들은 서로 듣지도 보지도 못하지만 자신의 악보를 탄주하며 화음을 이룸으로써 듣는 이에게 그들 사이에 긴밀한 연관 관계가 있다고 확신할 정도로 놀라운 조화를 달성한다."는 것이다. 따라서 라이프니츠는 모든 프로그램의 생성과 운영의 궁극적 주체가 신이라고 말한다(라이프니츠, 2010[1714]: 275).

라이프니츠의 모나드론을 사회과학에 적용한 인물이 프랑스 사회학자 장 가브리엘 타르드(Jean Gabriel Tarde)이다. 타르드가 철학자

라이프니츠가 제시한 모나드 개념을 사회과학 담론에 끌어들이게 된 것은 당시 생물학, 화학 및 물리학과 같은 자연과학 분야에서 미시적 요소의 발견이 이어지면서 무한소 수준의 모나드에 대한 과학적 관심이 싹텄기 때문이다. 생물학에서의 세포와 미생물의 발견, 혹은 화학이나 물리학에서의 원자나 전자의 발견 등을 대표적 사례로 들 수 있다. "무한소라는 작은 존재가 세상을 움직이는 진정한 동인(動因)"임을 역설한 타르드는 라이프니츠의 모나드론을 핵심 주제로 다룬 『모나돌로지와 사회학』(*Monadologie et sociologie*)에서 "우리가 현실에서 접하는 모든 것들은 무한소에서 출발하며, 무한소는 서로 결합해 복합체가 되고, 그러한 결합을 지속하면서 더 높은 차원의 복합체를 조성한다."고 말한다(타르드, 2015[1893]: 18-22).

이처럼 라이프니츠와 마찬가지로 타르드도 무한소로서의 모나드가 세상을 이해할 수 있는 열쇠라고 생각했으며, 그것을 물질이 아닌 정신적 존재로 이해한다는 점에서도 라이프니츠와 생각을 같이했다. 이러한 정신일원론은 타르드로 하여금 우주의 정신화(la spiritualisation de l'univers)를 시도하게 하면서 그를 보편적 의심론(疑心論)으로 이끈다. 보편적 의심론이란 물질이든 생물이든 인간이든 우주의 모든 것을 정신적인 존재로 간주하려는 것이다.

그러나 타르드는 라이프니츠의 신학적 관점을 철저히 세속화하여 예정 조화설을 제거한다. 더불어 모나드의 폐쇄성을 반박하고 그것을 다양한 내부 운동으로 움직이는 복잡한 구조물로 규정한다(Marrero-Guillamón, 2015: 244). 그럼으로써 모나드가 소통 부재의 고립적 존재로서 오직 신의 기획에 따른 피동체가 아니라, 자신의 고유한 시간과 공간 내에서 다른 모나드들과 서로 만나고 섞이고 결합해 세력을 확대해 가는 '상호침투적' 능동체라는 신(新)모나드론(New Monadology)을 주창한다(타르드, 2015[1893]). 이때 그가 결합과 확대의 기제로 제시한 것이 믿음과 욕망이라는 정신적 힘이다. 믿음은 개체들에 결합을 가져다 주며 그 결합을 유지하고 공고하게 하는 힘이며, 욕망은 각각의 개체가 자신을 확대하는 힘이다. 바로 이 두 가지 힘이 무한소에서부터 원자, 세포, 개인을 거쳐 물질, 생명체, 사회를 생성하고 변화를 이끌어 간다는 것이다.

4. ANT와 관계적 존재론

세상의 질서가 신의 섭리에 의해 선험적으로 예정된 것이 아니라 모나드들의 상호작용을 통해 정해진다는 입장을 밝힌 타르드는 상호작용 과정의 핵심을 차지하는 것이 '이익과 손실' 혹은 '획득과 박탈'이라는 코드를 통해 존재자를 바라보는 '소유(possession)'라고 주장한다. 물질이건, 생명체건, 인간이건 존재하는 모든 것들은 소유를 갈망한다는 것이다(타르드, 2015[1893]). 이런 견지에서는 세계란 모나드들이 설득, 유인, 증오, 혹은 위세 등을 동원해 상대를 휘어잡고자 하는 치열한 쟁투적 공간으로 표상하며, 형태적으로는 다양한 요소들이 비유기체적 방식으로 접속되어 있는 '어셈블리지'라는 이질적 연결망으로 인식된다(Latour, 1988[1984]). 이는 곧 일원적 존재론의 관계적 존재론으로의 전이를 시사하는바, 관계적 존재론으로의 이행에 결정적으로 기여한 것이 과학기술학(Science, Technology and Society: STS) 연구가 라투르, 칼롱, 로의 행위자연결망이론(Actor-Network Theory: ANT)이다.

ANT의 중심인물인 라투르는『우리는 결코 근대인이었던 적이 없다』(*We Have Never Been Modern*)라는 책에서 몸과 마음, 객체와 주체, 자연과 사회의 이분법으로 나누고 전자를 물리 법칙이 지배하는 비인간의 세계인 '사실'의 세계, 그리고 후자를 영혼과 자유의지가 작동하는 인간계 특유의 '가치'의 세계로 간주하여 행위 능력을 인간에게만 부여하게 된 것은 서구 근대주의의 인간중심적 인식에 기인한 것이라고 주장한다(Latour, 1993[1991]). [그림 9-1]에서 보듯, 라투르는 서구 근대주의의 특성을 '정화(purification)'와 '번역(translation)'이라는 이중적 이분법으로 설명한다. 왼편에는 사물에 관한 지식, 오른편에는 인간에 관한 지식을 배치한 근대인들은 정화 작업이라는 첫 번째 이분법(first dichotomy)으로 세계를 자연(비인간)과 문화(인간)로 구분한다. 그러나 번역 작업이라는 두 번째 이분법(second dichotomy)을 통해 세계의 실재는 인간과 비인간의 끊임없는 결합에 의한 잡종 또는 혼성물(hybrids)로 이해된다.

그림 9-1 | 브뤼노 라투르의 근대적 이분법: 정화와 번역

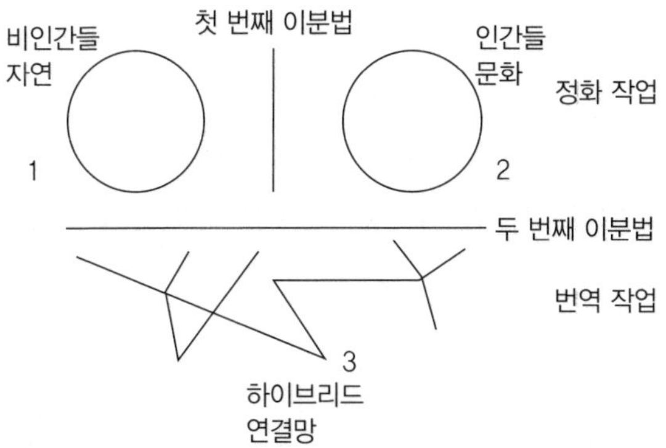

출처: Latour, Bruno. 1993[1991]. *We Have Never Been Modern*. Harvard University Press: 11.

그렇다면 순수한 '자연'과 순수한 '사회'라는 것은 애초부터 없는 것으로, '자연' 개념이 자연과학의 발명품이듯 '사회' 개념도 사회과학의 발명품으로서 실존하는 것은 모두 다양한 인간과 비인간 행위자들이 결합한 수많은 이질적 연결망과 다름이 없다. 라투르는 이중적 이원론의 모순으로 점철된 근대주의의 한계를 극복하는 관건은 주체와 객체, 자연과 사회, 인간과 비인간을 구분하는 이분법적 사유가 통용되지 않는 인간과 비인간의 잡종적 동맹이 엄존해 왔다는 비근대주의(non-modernism)의 수용, 요컨대 "우리가 근대인이었던 적은 없었다."는 언명을 받아들이는 것이라고 말한다.

행위자연결망은 행위자(actor)로 통칭되는 다양한 '행위소(actant)'들의 이질적 연합체로서 거기에는 인간은 물론 여타 생명체나 자연물, 가공물, 도구, 제도, 이벤트 등이 포함되는데, 이들 모두가 세계에 고유한 영향력을 행사하는 한 행위성(agency)을 지니고 있다고 본다. 또 그것은 행위소 자체의 속성에 의해서가 아니라 다른 것들과의 하이브리드 연결망을 통해 존재 가치를 드러내는데(Law, 1999), 이는 곧 "무(無)에서 유(有)로가 아니라, 새로운 배치를 통해 새로운 개체가 생성된다."는 질 들뢰즈(Gilles Deleuze)의 생성철학적 논지와 상통하는 것이다. '관계적 존재론(relational ontology)'으로 지칭되는 이러한 사고는 ANT 연구가의 한 사람인 로의 다음과 같은 진술로 명증히 파악할 수 있다.

관계적 존재론이란 존재자들의 실재가 본래부터 거기 있던 것이 아니라 행위자들 사이의 관계적 실천으로부터 창발하는, 그래서 항상 변신의 가능성을 내재한 다중체(multibody)로 보는 관점이다. 그것은 인간과 비인간에 대한 근대적 인식이나 불평등한 범주화 관습으로부터 탈피해 모든 존재자의 지위를 평등하게 바라보는 일반화된 대칭성을 담보한 이론이지만, 뇌와 뇌 '사이'(腦間), 정신과 정신 '사이'(精神

> “세계는 관계의 연결망이다. 연속적이거나 불연속적이고, 짜임새 있거나 누더기 같은. 그리고 이들 관계는 그것들이 지속적으로 생산된다는 것 외에는 아무 지위도, 아무 형상도, 아무 실재도 가지고 있지 않다. 이는 곧 주된 관심이 과정(process)에 있다는 것을 의미한다. 즉 관건은 특정한 실재들이 어떻게 만들어지고 다시 만들어지는가에 있다.”

출처: Law, John 2004. “Enacting Naturecultures: A Note from STS.” http://www.lancs.ac.uk/fass/sociology/papers/lawenacting-naturecultures.pdf: 2.

間), 그리고 마음과 마음 ‘사이’(心間)와 같은 다양한 존재들의 ‘역동적 사이(間)’에 관한 탐구에 역점을 둔다는 점에서 ‘연결망사회’라고 불리는 오늘날의 시대 상황에 적실한 관점이 아닐 수 없다. “20세기에는 완전한 패배를 당할 수밖에 없었고 어떤 의의도 없었지만, 21세기에는 어떠한 것도 타르드가 그 모든 영향력을 펼치는 것을 막지 못할 것이다.”라는 라투르의 예언이 바로 그 점을 뒷받침한다(김홍중, 2022).

5. 포스트휴먼 시대의 예표

기술적 인공물을 상징하는 기계 장치가 인간의 능력을 강화하기 위해 인간의 몸과 결합될 뿐만 아니라 유전자 조작을 통해 생명체가 복제 · 변이되고 있다. 특히 인공지능의 등장으로 지금까지 인간이 자신만의 고유한 지적 능력을 무기로 경계짓기를 해 왔던 대상으로서의 기계 장치도 인간을 방불하거나 능가하는 지적 능력을 가질 수 있음이 역력해지고 있다. 현생 인간이 아닌 새로운 인간의 출현은 인간

(human)의 형태를 지닌(-oid) 휴머노이드 로봇(Humanoid robot, 인간형 로봇)의 생성에서 명증히 드러난다.

레오나르도 다빈치(Leonardo da Vinci)는 15세기 말에 머리와 턱과 팔을 움식이는 로봇의 스케치를 남겼고, 18~19세기 유럽과 일본에서는 악기를 연주하거나 글을 쓰거나 활을 쏘는 자동인형이 만들어졌으며, 20세기에 들어서는 전기모터를 이용한 로봇이 만들어지기 시작했다. 그러나 휴머노이드 로봇의 시조로 간주되는 것은 1928년 영국에서 제작된 에릭(Eric)과 1939년 뉴욕 만국박람회에 출품된 일렉트로(Elektro)이다. 요즘 잣대로는 '깡통 로봇'에 불과한 것이었지만 당시의 세평은 "인간을 완벽하게 모방했다."는 것이었는데, 사람을 닮은 휴머노이드는 무엇까지 행할 수 있을까?

초창기 휴머노이드의 경우, 머리-몸통-팔-다리를 갖추고 직립 보행(이족 보행)을 하면서 인간이 전담하던 다양한 활동들을 대행하는 신체적 기능 확장이 핵심적 활동이었다. 휴머노이드 로봇의 가치에 일찌감치 눈뜬 나라가 일본이었다. 1980년대부터 이족 보행 로봇을 연구한 혼다는 1990년대 P 시리즈를 거쳐 2000년 아시모(Asimo)를 발표했다. 어린아이 몸집만 한 아시모는 2011년의 4세대 버전까지 이어졌는데, 걷고 달리고 공차고 악수하고 대화하는 그것은 21세기 초 10여 년간 휴머노이드 로봇 기술력의 총아임을 과시했다. 연이어 음성 인식 기술이 탑재되어 신체적 운동 기능뿐 아니라 인간과 대화하며 교감할 수 있는 소셜 로봇이 등장한다. 홍콩의 핸슨 로보틱스사가 할리우드 배우 오드리 헵번의 이미지를 본떠 개발한 소셜 휴머노이드 소피아는 노인 요양 시설의 동반자나 행사장의 상담 도우미로 활약할 것으로 기대되어 사우디아라비아는 시민권까지 주었다고 한다. 그러나 인간 행세를 하는 휴머노이드 로봇이 의인화 단계를 넘어 실제 인간이나 인격적 존재로 도약하는 결정적 계기는 신체를 넘어선 정신적 차원의 기술적 증강이 이루어지면서라고 할 수 있다.

따라서 요즘 각광받고 있는 것이 두뇌 임플란트이다. 그것은 손상되는 기억을 방지하기 위해 인간의 두뇌에 '신경 모방(neuromorphic) 칩'이라는 보조기억장치를 이식하자는 시도로부터 출발했다. 이런 조처로 기억 손상이나 치매 예방에 도움이 될 테지만, 연상작용에 개입해 원치 않은 기억이나 트라우마 같은 것을 걸러내는 일에도 기여한다는 것이다. 그러나 아직 동물실험 단계에 있어 상용화되지 않고 있는 두뇌 임플란트는 치아 임플란트 같은 것과 달리 엄청난 파문을 끼칠 것으로 예상된다. 기억은 인간의 존재를 관장하는 영역이다. 그런데 이 기억이 컴퓨터의 마이크로 칩과 연동되어 인위적인 전기 자극으로 제어당하게 된다면 어디까지 컴퓨터이고 어디까지가 인간인지 가려내기 힘든 혼란에 직면하게 된다.

요즘 우리는 인공두뇌의 접합이나 유전자 변이에 의해 강화된 능력을 지닌 인공인간의 출현을 상상하기 시작한다. 이는 생래적 인간뿐 아니라 인공적 인간까지 포괄하는 확장적 인간관을 요하는 포스트휴먼 시대의 도래를 알리는 예표가 아닐 수 없다. 인간이 가진 고유의 신체적 · 지적 능력이 인공물과 결합해 기능하게 되거나 인간의 특성을 지닌 인공물이 속출하는 코딩 휴머니즘 시대에는 "나는 생각한다. 고로 존재한다."라는 데카르트의 언명으로 각인된 사유적 존재로서의 인간 정체성이 극심한 도전에 처할 것임에 틀림없다.

2021년 4월에 뇌에 칩을 이식한 원숭이가 컴퓨터 탁구 게임을 하는 영상을 자신의 트위터와 유튜브에 공개한 일론 머스크(Elon R. Musk)는 자신이 설립한 뇌신경 과학 스타트업 뉴럴링크를 통해 2022년부터 인간의 뇌에 마이크로 칩을 이식하는 실험을 진행한다고 발표했다. 이러한 기획이 질병이나 장애 극복 등 인류의 복지에 기여하기 위해 창안된 것이라고 해도 인간 정체성에 대한 혼란을 가중시킬 것임이 분명하다. 더구나 개량화된 인간, 요컨대 '휴먼증강(human augmentation)'까지 현실화하면 어떤 일이 벌어질까?

이러한 의문을 대중적으로 촉발한 것이 2014년에 출시된 호세 파딜라(José Padilha) 감독의 영화 〈로보캅(RoboCop)〉이다. 이젠 추억으로 자리 잡은 최초의 로보캅(1987년)과 동일한 이름으로 리메이크한 이 영화는 작품성을 떠나 증강된 인간 정체성에 관한 암울한 경고장을 발한다.

주인공 알렉스 형사는 폭탄 테러로 온몸에 치명상을 입는다. 인공수족 전문가 노턴 박사가 그를 수술하여 최첨단 하이테크 슈트를 입은 모습으로 살려냈다. 슈트는 알렉스에게 기동성과 막강한 힘을 부여하지만 정신적으로도 로봇과 다름없게 만들었다. 왜냐하면 그의 인공 팔과 인공 다리가 잘 작동하기 위해서는 뇌의 전기적 자극이 완벽하게 변환되어야 했기 때문이다. 마취에서 깨어나 아이언맨 슈트 같은 자신의 몸을 보고 충격을 받은 알렉스는 노턴 박사에게 묻는다. "이 옷은 대체 뭐요?" 인공 수족 전문가인 노턴 박사는 이렇게 대답한다. "그것은 옷이 아니라, 바로 당신입니다."

절망적 상황에서도 자신을 살려내기 위해 아내가 수술에 동의했다는 사실을 알게 된 알렉스가 새롭게 변한 자신의 모습을 받아들이려는 단계에서 예상치 못한 새로운 문제가 돌출한다. 알렉스와 같은 휴먼증강은 다른 순수한 로봇에 비해 전투 능력이 떨어진다는 점이었다. 이러한 결함을 없애기 위해 노턴 박사는 알렉스에게 헬멧의 일종인 '바이저(Visor)'라는 비밀 병기를 장착하여 로봇화된 신체를 통제하게끔 한다. 바이저를 장착한 후 알렉스는 감정이 사라진 냉혈한으로 변신해 아내뿐만 아니라 아들도 그를 알아보지 못하게 된다. 능력증강을 위해 자신의 정체성을 포기하라는 트랜스휴먼적 유혹, 이는 괴테의 희곡 『파우스트』(*Faust*)에 등장하는 젊음과 쾌락을 위해 악마 메

피스토펠레스에게 영생과 복락을 위해 영혼을 파는 노학자의 선택과 본질적으로 다를 바 없다.

6. 보편적 다원주의와 정체성 위기

1) 보편적 다원주의(Universal Darwinism)

인간-비인간의 혼융으로 인한 정체성 위기는 정지된 시점에서의 국면에 한정된 문제가 아니다. 시간의 흐름을 감안한 통시적 상황에서는 그것이 보다 심각한 수준으로 지각되는데, 그 점은 진화의 대상을 생물 유기체를 넘어선 다양한 범주들로 확장한 보편적 다원주의 논지로부터 추론할 수 있다.

보편적 다원주의는 지구상에 존재하는 생명체를 대상으로 한 다윈의 진화이론을 생명체 너머로 확장하려는 사고를 뜻한다. 즉, 다윈이 제안한 유전, 변이, 선택, 적응이라는 기본 메커니즘을 심리학, 언어학, 경제학, 문화, 의학, 컴퓨터, 과학, 물리학 등이 다루는 다양한 현상들에 적용해 그 동학을 일반화된 형태의 진화로 재해석하자는 것이다.

다윈의 진화론은 생물 유기체가 전술한 세 가지 메커니즘의 반복적 과정을 통해 환경에 적응력을 높이면서 진화한다는 논지를 제시한다. 보편적 다원주의는 그러한 일련의 프로세스를 가능한 형태의 공간에서 가장 잘 적응된 형태의 패턴이 창출되고 이어지는 진화 알고리즘으로 환치하자는 것이다. 요컨대, 보편적 다원주의가 추구하는 일반화는 생물 유기체를 인식 가능한 패턴이나 시스템으로 대체하려는 것으로, 이때 다음 세 가지 요건이 동반되어야 한다. 첫째는 패턴이 즉시 사라지지 않을 만큼 충분히 생존(유지)하거나 충분히 자주 재현(복제)할 수 있어야 한다는 유선 요소, 둘째는 생존 및 번식 중에 변이(패턴의 작은 변화)가 발생해야 한다는 점, 셋째는 특정 변이체가 다른 변종보다 더 잘 생존하거나 번식하는 경향이 있도록 선택적 선호도가 있어야 한다는 점이다. 이런 요건이 주어짐으로써 패턴이나 시스템이 적응적 형태로 진화하게 된다는 것이다.

보편적 진화는 지식, 유전자, 밈, 이론, 기술, 뉴런, 항체, 단어, 컴퓨터 프로그램, 회사, 제도, 법률이나 사법 시스템, 양자 상태 및 전체 우주 등 다방면에서 논구되어 왔다. 도널드 캠벨(Donald T. Campbell)은 1950년대부터 진화 사상의 틀에 의거해 생물학 외부의 현상에 직접 적용할 수 있는 일반화된 다윈식 알고리즘을 제시한 최초의 인물로 꼽힌다(Campbell, 1990). '보편적 다윈주의'라는 용어를 만들어 낸 리처드 도킨스(Richard Dawkins)는 '유전자적 관점(gene's-eye view)'에서 태양계 외부에 존재 가능한 모든 생명체들도 지구에서의 그것과 마찬가지로 자연 선택에 의해 진화할 것이라는 담대한 가설을 추가했다(Dawkins, 1983). '생명'이 우주 어디에 있든 다윈의 역학이라고 불리는 동일한 원리에 따라 진화한다는 주장인 것이다. 한편, 철학자 대니얼 데닛(Daniel Dennett)은 『다윈의 위험한 생각』(*Darwin's Dangerous Idea*)이라는 책에서 다윈의 핵심 개념들을 생물학 이외의 지식 분야에 적용할 수 있는 일반 알고리즘으로 발전시켰다(Dennett, 2005). 그는 특히 자연 선택의 개념을 어떤 분야에서든 통용될 수 있는 보편적 내용으로 확장해 보편적 다윈주의의 활용가치를 널리 알리고자 했다. 그러나 보편적인 다윈주의에 대한 가장 포괄적 접근을 공식화한 인물은 작가 켈리(D. B. Kelley)이다. 그는 『현상의 기원』(*The Origin of Phenomena*)과 같은 책자들을 통해 자연선택이 생명을 위한 투쟁에서 선호되는 인종의 보존뿐 아니라 생존을 위한 경쟁에서 선호되는 모든 시스템의 보존을 포괄한다고 주장함으로써, 다윈주의가 생명체를 넘어 세상 만물에 두루 적용될 수 있는 보편적 사상임을 역설했다(Kelley, 2013a, 2013b).

2) 정체성 위기: 포스트휴먼 시대의 묵시록

인간-비인간의 교류와 혼융을 특징으로 하는 포스트휴먼 시대에는 인간의 존재성이 연속체의 일부로 표상하여 포스트휴먼 주체가 기술적으로 매개되고 확장된 '관계적 자아(relational self)'로 설정된다. 이때 포스트휴먼 주체의 관계적 능력은 인간 종에 한정되지 않고 인간의 형상을 하지 않은 모든 요소까지 포괄한다(브라이도티, 2015 [1954]). 특히 가속적 기술 발달로 인간과의 관계성이 급속히 강화되는 요즘은 인공적 가공물들이 인간과 동등한 자격으로 진화 과정에 대거 동참하는데, 그러한 동향의 심층적 양상은 철학자이자 예술가인 마누엘 데란다(Manuel DeLanda)의 아장스망이론을 통해 파악할 수 있다.

내부성 관계(relations of interiority)로 특징지어지는 유기적 총체(organic totalities)에 대비되는 개념인 아장스망(agencement)은 외부성 관계(relations of exteriority)를 특징으로 한다(DeLanda, 2006). 외부성 관계란 인간, 동물, 물질, 개념 등의 이종적 개체들이 일정 기간 함께 일을 할 수 있도록 정렬하는 방식이다(Müller, 2015). 아장스망은 질 들뢰즈(Gilles Deleuze)와 펠릭스 가타리(Félix Guattari)가 『천 개의 고원』(*A Thousand Plateaus*)에서 거론한 개념으로(들뢰즈 · 가타리, 2003[1980]), 데란다는 이를 영어 어셈블리지(assemblage)로 소개한 바 있다. 그런데 'assemblage'라는 영어 번역은 프랑스어 agencement에 내포된 다양한 의미 중 이질적 부분들이 상호 연결되어 하나의 전체를 형성한다는 '관계성'은 잘 포착하나, '행위능력을 창조하는 새로운 배열이나 배치'의 의미를 놓칠 위험성을 지닌 번역이라고 비판하는 학자들도 있다(Müller, 2015).

그럼에도 부분(parts)과 전체(whole)의 관계를 주제로 하는 아장스망이론은 물질의 성질과 역능에 관한 신물질주의적 사유에 관한 유효한 통찰을 제공한다. 신물질론자들은 물질의 성질은 단독으로 정의되지만 단독적 정의가 불가한 현실적 역능은 상대 물질을 필요로 한다고 본다. 즉, 역능이 상정되기 위해서는 상대 물질이 있어야 하며 이는 곧 배열 또는 배치의 문제, 교환의 문제로 이어지는데, 바로 그러한 과정에 내부성 · 외부성 관계(relations of interiority/exteriority), 창발성(emergent property), 비환원성(irreducibility), 분해가능성(decomposability)과 같은 어셈블리지이론의 핵심 개념들이 효과적으로 적용된다(DeLanda, 2006; Müller, 2015).

이들 중 가장 중심적 개념인 내부성 관계(relations of interiority)와 외부성 관계(relations of exteriority)는 어셈블리지이론이 정의하는 물질의 성질 및 역능에 상응한다. 내부성 관계는 물질이 지닌 고유한(내부적) 성질에 기반한 관계를 통해 총체를 이룬다고 보는 관점이며, 외부성 관계는 물질이 발현하는 관계적(외부적) 역능에 의한 관계를 통해 총체를 구축한다는 관점이다. 이때 관계적 역능은 상대 개체가 있을 때에만 발현되는데, 상대 개체가 무엇이냐에 따라 역능의 종류가 달라지므로 궁극적으로 물질의 성질은 환경에 관계없는 고유한 속성이 아닌 외부성에 의해 좌우된다고 말할 수 있다.

이러한 인식하에 진화의 필수 요건인 개체적 차이와 변이의 발생을 보편적 다원주의의 원리로 확장시켜 재정리하자면, "물질의 진화는 개체적 차이와 변이로부터 비롯되는데, 개체적 차이와 변이는 개체의 역능에 변화가 생기는 것으로서 환경과 상호작용하는 관계에서 무작위로 발생한다."는 결론에 이르게 된다. 이처럼 인간, 생명체, 자연, 사물 모든 것들이 동등한 물질의 자격으로 이합집산을 거듭하며 공진화하는 상황에서는 오랫동안 휴머니즘의 기치하에 절대적 우위를 향유해 온 인간이 여타 비인간적 생명체나 사물들과 마찬가지로 '평평한 존재론(flat ontology)'의 세계로 이송되어 인간 정체성이 깊은 혼돈의 늪에 빠져들 공산이 크다.

■ 참고문헌

김홍중. 2022. “21세기 사회이론의 필수통과지점: 브뤼노 라투르의 행위 이론.” 『사회와이론』 43: 7–56.

다윈, 찰스. 2019[1859]. 『종의 기원』. 장대익 옮김. 사이언스북스.

뒤르켐, 에밀. 2021[1895]. 『사회학적 방법의 규칙들』. 민혜숙 옮김. 이른비.

들뢰즈, 질 · 펠릭스 가타리. 2003[1980]. 『천 개의 고원: 자본주의와 분열증 2』. 김재인 옮김. 새물결.

라이프니츠, 빌헬름. 2010[1714]. 『형이상학 논고』. 윤선구 옮김. 아카넷.

박성관. 2010. 『종의 기원: 생명의 다양성과 인간 소멸의 자연학』. 그린비.

브라이도티, 로지. 2015[1954]. 『포스트휴먼』. 이경란 옮김. 아카넷.

이승훈. 2018. “자연 진화론의 보편적 적용 가능성에 대한 연구: 첨단 기술시대의 새로운 인공물들에 대한 논의를 중심으로.” 고려대학교 과학기술학협동과정 박사학위 논문.

타르드, 가브리엘. 2015[1893]. 『모나돌로지와 사회학: 모나돌로지에서 신모나돌로지로』. 이상률 옮김. 이책.

Bouveresse, R. 1992. *Spinoza et Leibniz*. J. Vrin.

Campbell, D. T. 1990. “Epistemological Roles for Selection Theory.” In *Evolution, Cognition, and Realism: Studies in Evolutionary Epistemology*(Collection of Essays Originated from a Conference on Evolutionary Epistemology in 1988): 1–19.

Cunning, D. 2014. *The Cambridge Companion to Descartes' Meditations*. Cambridge University Press: 277–280.

Dawkins, R. 1983. Universal Darwinism. In D. S. Bendall(ed.). *Evolution from Molecules to Man*. Cambridge University Press.

DeLanda, M. 2006. *A New Philosophy of Society: Assemblage Theory and*

Social Complexity. Continuum.

Dennett, D. 2005. *Darwin's Dangerous Idea*. Touchstone Press: 352-360.

_____. 2017. *From Bacteria to Bach and Back: The Evolution of Minds*. W. W. Norton & Company.

Dobzhansky, T. 1973. "Nothing in Biology Makes Sense Except in the Light of Evolution." *American Biology Teacher* 35(3): 125-129.

Ellul, J. 1964[1954]. *The Technological Society*. Trans. by J. Wilkinson. Knopf.

Gontier, N. 2006. "Evolutionary Epistemology." *Internet Encyclopedia of Philosophy*. http://www.iep.utm.edu/evo-epis/

Graf, F. 2009[1993]. *Greek Mythology: An Introduction*. Trans. by T. Marier. Johns Hopkins University Press.

Hettche, M. and C. Dyck. 2024. "Christian Wolff." In N. Zalta and U. Nodelman(eds.). *The Stanford Encyclopedia of Philosophy*. https://plato.stanford.edu/archives/sum2024/entries/wolff-christian/

Hodgson, G. M. 2005. "Generalizing Darwinism to Social Evolution: Some Early Attempts." *Journal of Economic Issues* 39(4): 899-914.

Kafka, Franz. 2020[1915]. *The Metamorphosis*. Trans. by D. Wyllie. EBD(E-BooksDirectory.com).

Kant, I. 2013[1781]. Critique of Pure Reason. Philosophy on the EServer, Iowa State University(eserver.org). Retrieved on 2013-01-16.

Kelley, D. B. 2013a. *The Origin of Everything via Universal Selection, or the Preservation of Favored Systems in Contention for Existence*. Woodhollow Press.

_____. 2013b. *The Origin of Phenomena*. Independently Published.

Latour, B. 1988[1984]. "The Pasteurization of France." Trans. by A. Sheridan and J. Law. Harvard University Press.

_____. 1993[1991]. *We Have Never Been Modern*. Trans. by C. Porter.

Harvard University Press.

Law, J. 1992. Notes on the Theory of Actor Network: Ordering, Strategy and Heterogeneity. Systems Practice 5: 379–393. http://dx.doi.org/10.1007/BF01059830

_____. 1999. "After ANT: Complexity, Naming and Topology." *Sociological Review* 47(1) Suppl: 1–14. https://doi.org/10.1111/j.1467-954X.1999.tb03479.x

_____. 2004. "Enacting naturecultures: A note from STS." http://www.lancs.ac.uk/fass/sociology/papers/law-enacting-naturecultures.pdf: 1–12.

_____. 2019. "Material Semiotics." www.heterogeneities.net/publications/Law2019MaterialSemiotics.pdf

Linné, C. 1806. *A General System of Nature: Through the Three Grand Kingdoms of Animals, Vegetables, and Minerals, Systematically Divided Into Their Several Classes, Orders, Genera, Species, and Varieties*. Allen and Company.

Marrero-Guillamón, I. 2015. "Monadology and ethnography: Towards a Tardian monadic." *Ethnography* 16(2): 240–261.

Mikalson, J. D. 2006. "Greek Religion: Continuity and Change in the Hellenistic Period." In G. R. Bugh(ed.). *The Cambridge Companion to the Hellenistic World*. Cambridge University Press.

Müller, M. 2015. "Assemblages and Actor-networks: Rethinking Socio-material Power, Politics and Space." *Geography Compass* 9(1): 27–41.

Rescher, N. 1991. *Leibniz's Monadology*. University of Pittsburgh Press.

제10장

새로운 생명관 정립

1. 생사의 경계
2. 생명관의 통시적 개관
3. 과학적 생명론
4. 과학적 생명론의 총체적 구도
5. 통섭적 연구를 통한 생명에 대한 인식적 지평의 확장
6. 정보적 생명론에 의한 생명관의 대통합과 후속적 파장

Designed by Freepik

1. 생사의 경계

요즘 생명 없는 것들이 생기를 얻어 살아 있는 존재처럼 행세하는 광경이 성행하고 있다. 문학작품이나 영상물 혹은 꿈이나 관념의 세계에서나 가능했던 그런 장면이 VR, MR, AR과 같은 스크린 형태의 확장현실 XR에서는 물론이요, 3차원 공간에서도 홀로그램이나 휴머노이드 등으로 풍미한다. 무생물이 생물로 탈바꿈하는 이런 모습은 전통적 생명관에 수정의 압박을 가하고 있다. 더구나 생체 연구를 통해 베일에 가려졌던 생명의 신비가 풀리고, 생명과학적 지식을 활용해 불로장생이나 생명 창출을 도모할 수 있는 수단들이 개발되어 마치 태평양과 대서양을 잇는 파나마 운하처럼 생명계와 비생명계 사이의 물고를 터주면서, 생명에 대한 새로운 인식이 신문명 시대가 풀어야 할 난제의 하나로 떠오르고 있다.

따라서 이 장에서는 물활론적 관점에서 체계론적 관점으로 이행되어 온 생명관의 시대적 흐름을 개관하고, 과학적 연구에 기반한 생명의 의미를 세포, 유전자, 진화, 대사 및 정보라는 다섯 가지 키워드를 중심으로 검토한 후, 이들 논의를 바탕으로 최근 상황에 접목해 향후 생명관이 어떻게 전개될 것인지를 추리해 보고자 한다.

2. 생명관의 통시적 개관

"생명이란 무엇이며 그것은 어떻게 유지되는 것일까?"라는 물음은 생자필멸(生者必滅), 즉 언젠가 죽음을 맞이할 유한자로서의 인류가 지구상에 태어난 때부터 제기되어 온 보편적 화두라 할 수 있다. 따라서 그에 대한 응답은 종교계나 학계를 위시한 사회 각계에서 지속적으로 시도되었는데, 이 항에서는 철학 및 과학 분야에서 개진된 생명관의 시대별 변화상을 간략히 훑어보도록 하자.

1) 물활론적 생명관(Hylozoic View of Life)

고대사회에는 자연물에도 인체에 주어진 '생명'과 같은 신비로운 무엇이 존재한다는 물활론적 관념이 성행했다. 고대인들이 남긴 유적이나 고대신앙 등으로 추정할 수 있듯, 그들은 나무나 바위 혹은 구름, 산, 바다 등과 같은 자연물도 인간처럼 정신적 요소인 정령을 지닌 살아 있는 존재로 생각했다(마이어, 2016[1997]: 40). 물활론적 생명관의 선지자는 생명체가 초자연적인 생명력에 의해 생명을 유지한다고 주장한 아리스토텔레스였다. 세계 최초의 생물학자로 불릴 만큼 많은 생물학적 저작을 남긴 아리스토텔레스는 "존엄한 생명은 신비스러운 초자연의 힘으로 이루어진다."는 진술과 함께 생물과 무생물의 차이는 물질의 구성에 의한 것이 아니라 정신(psyche)으로서의 영혼(soul)의 유무에 달린 것이라고 강조하면서, 생명의 근원인 영혼을 영양(생식) 영혼, 동물성(감성) 영혼 및 합리성(지성) 영혼으로 구분하였다(아리스토텔레스, 2001).

아리스토텔레스의 생명관은 가축 해부를 통한 지식에 근거해 인체 해부학을 정립한 클라우디오스 갈레노스(Claudius Galenus)로 전승된다. 갈레노스는 아리스토텔레스의 영혼론을 답습해 인체에는 영양 공급과 성장을 담당하는 소화계, 자연의 기운인 에너지를 주는 호흡계 및 생명의 기운인 감각과 지성을 제공하는 신경계가 병존하며, 이들은 각기 자연의 영(natural spirit), 생명의 영(vital spirit) 및 동물의 영(animal spirit)이라는 정신적 힘으로 작동한다고 주장했다. 또 이들 3계를 연결해 주는 혈액이 심장의 양쪽 부분에서 각각 다른 경로로 온몸과 폐를 순환한다고 부연한 그는 혈액 내에도 '프네우마(pneuma)'라는 영혼이 내재한다고 주장했다. 요즘 기준으로는 과학적 근거가 박약한 생기론적 생명관은 자연에 대한 과학적 이해보다 실용적 기술 발전에 관심이 높았던 고대 로마 시대를 거쳐 신학적 세계관이 지배하던 중세기까지 이어졌다.

2) 기계론적 생명관(Mechanic View of Life)

중세 말 르네상스 시대로 접어들면서 이성과 신앙이 분리되어 관찰과 실증이 중시되면서 물활론적 생명관이 기계론적 생명관으로 대체된다. 기계론적 생명관에서는 생명체가 사물의 세계에서 통용되는 법칙으로 해석되고 실험적으로 증명할 수 있는 정교한 기계로 규정된다.

생명 현상을 기계로 대별되는 죽은 물질과 같은 구성 요소와 기능을 견지한다는 인식을 토대로 하는 기계론적 생명관의 기원은 인체를 "객관적인 물리적 법칙에 따라 운동하는 기계"로 정의한 데카르트로 소급할 수 있다. 하지만 기계론적 생명관의 과학적 버전은 심장의 구조와 기능에 관한 실험과학적 연구를 통해 "심장이 펌프처럼 쉬지 않고 움직여 혈액을 순환시킨다."는 혈액순환론을 제시한 윌리엄 하비(William Harvey)에 의해 주도되었다. 하비는 인체에 필요한 혈액량을 치밀하게 측정하고 계산하여 한 시간 동안 좌심실을 거쳐 가는 혈액이 약 243kg에 달하는 엄청난 양임을 확인했다. 이는 성인 남성 체중의 거의 세 배에 해당하는 것으로, 고대 그리스의 의학자이자 철학자인 갈레노스의 주장처럼 간에서 만들어지기도 어려울 뿐더러 만들 수 있다 해도 개인이 섭취하는 음식물로 충당하기엔 불가한 양인 것이다. 따라서 하비는 인체를 심장에서 흘러나온 혈액이 전신을 돌아 다시 심장으로 돌아가는 순환기계로 상정하였다(Harvey, 2006[1628]).

하비의 이론은 당시 종교계나 과학계 등의 보수세력으로부터 맹렬히 비판받았다. 그는 자신의 견해가 옳다는 것을 입증하기 위해 여러 증거 자료를 제시했으나 반대자들을 설득하는 데 어려움을 겪었다. 다행히 그의 이론을 뒷받침하는 증거들이 축적되면서 반론이 수그러들었는데, 특히 미생물학의 아버지로 인정받는 안토니 판 레이우엔훅(Antoni Philips van Leeuwenhoek)이 현미경을 이용해 동맥과 정맥이 서로 연결되어 있음을 확인하면서 혈액순환론이 보편적 이론으로 받아들여졌다(Lane, 2015). 그것이 추후 갈릴레오 갈릴레이(Galileo Galilei), 요하네스 케플러(Johannes Kepler), 아이작 뉴턴(Isaac Newton), 헤르만 폰 헬름홀츠(Hermann L. von Helmholtz)와 같은 과학혁명을 이끈 근대 물리학자들의 연구 성과에 힘입어 생명 현상을 설명하는 정설로 자리 잡게 된다.

기계론적 생명관은 생명 현상에 대한 설명에서 초자연적 믿음을 제거하고 물리적 법칙으로 풀이할 수 있는 새로운 길을 열었다. 요컨대 그것은 생명체에 관한 관념에 독보적 영향력을 끼쳐 왔던 물활론적 생명관이 제공하지 못한 객관적이고 과학적인 근거를 제시함으로써, 생명에 대한 관점을 혁신적으로 변화시켰을 뿐 아니라 생명관의 과학화에 크게 기여했다.

3) 생기론적 생명관(Vitalistic View of Life)

기계론적 생명관은 생체의 구조나 기능을 설명하는 데는 성과를 거두었지만 핵심 사안인 생명 현상에 대해서는 적절히 응답하지 못했다고 비판받았다. 이러한 문제의식에 근거한 생기론적 생명관은 살아 있는 생명체와 죽은 사물 간의 차이점 규명이 관건임을 역설한다. 생기론자들은 생명체를 살아 있는 존재들에만 주어진 특별한 물질 상태나 힘에 해당하는 '생기력(vital force)'을 지닌 존재로 인식했다(Bechtel and Williamson, 1998). 그들은 생기력을 마치 물질계 내부에서 은밀히 작동하는 만유인력이나 열처럼 보이거나 만져지지 않지만 생명체를 지탱하는 힘을 제공하는 '생기적 유체(vital fluid)'로 간주했다.

16~19세기 생물학자들의 폭넓은 공감을 유발한 생기론적 생명관은 기계론적 생명이 결여한 생명의 발생 과정이나 생명을 유지시키는 조절 메커니즘에 관한 전체론적(holistic) 설명을 보완해 줄 것이라는 기대하에 출현하였다. 예컨대, 주위에 아무것도 없는 수정란에서 생명이 태어나 그것이 성체로 발달하는 신비스러운 탄생과 성장 과정에 대해 기계론적 생명관이 적절할 설명을 제공하지 못하기에, 생명 현상이 생기력이라는 힘에 의해 유도된다고 상정하는 생기론이 유효한 대안이라는 것이다(Birch and Cobb, 1985).

생기론자들은 물리주의에 입각한 기계론이 ① 모든 생명 과정을 물리학적 법칙으로 환원시켜 이해할 수 있다고 신봉하고, ② 살아 있는 유기체와 죽은 사물의 차이를 구분하지 못하며, ③ 동식물의 복합적·적응적 속성들을 간과하고, ④ 생명체의 전일적 특성을 외면하며, ⑤ 생명체의 목적론적 성격을 무시함으로써 생명 현상에 관한 올바른 설명을 제시하지 못한다고 공박한다. 하지만 그들이 내세우는 생기력은 실체를 파악할 수 없는 형이상학적 개념이요, 그에 의존하는 생기론적 설명체계 역시 암흑상자 같은 불가지론적 면모를 벗어나지 못해, 생명에 관한 과학적 연구가 본격화하게 된 1900년대에 들어서면서 생기론적 생명관은 급속히 퇴조하게 된다(한희진, 2010).

4) 체계론적 생명관(Systematic View of Life)

과학적 관점을 표방해 온 기계론적 생명관은 시계와 같은 정교한 기계인 생명체를 최소 단위로 나누어 살피면 전체를 파악할 수 있다는 환원론적 입장을 고수해 왔다. 하지만 그런 생각은 비생명체에 대해서만 통용될 뿐 복잡다단한 생명 현상을 설명하기에는 절대적으로 미흡하다는 각성과 함께 등장한 것이 체계론적 생명관이다. 생명은 부분들이 가지고 있지 않은 전체로서의 고유한 특성을 가지고 있는 살아 있는 체계로 봐야 한다는 것이다. 생물을 구성하는 세포가 발견되고, 세포는 다시 효소, 단백질, 아미노산 등으로 분해되고 분석되어 생명의 아주 깊은 곳까지 관찰할 수 있게 되었지만, 생명을 그렇게 작은 조각으로 나누어 들여다본들 전모를 이해할 수 없다는 자성의 산물이 체계론적 생명관이다.

체계란 단순히 함께 존재하는 요소들이 아니라 그들 간의 관계에서 보다 본질적 속성이 드러나는 통합된 전체라는 생각이 체계론의 근간을 이룬다. 생명계를 놓고 보더라도, 생명의 본질은 전체에서 창발되는 특성이지 체계를 구성하는 요소들이 지닌 속성들의 산술적 반영이나 총합(總合)이 아니라는 것이다. 오히려 그것은 부분들 간의 '조직관계', 즉 부분들이 어떻게 연결되어 있는가에 의해 좌우되는 바가 크다는 것이다(Capra and Luisi, 2014). 따라서 생명체계는 물질체계와 동역학적 측면에서 성격이 판이한 것이기도 하지만, 주변 환경과의 상호작용을 통해 생태계라는 새로운 체계를 형성한다는 점에서 복잡계의 전형으로 간주하지 않을 수 없다. 이런 생각은 생물학자이자 체계론자인 버틀란피가 생명체계를 "구조와 기능이 구성요소들 간의 동역학적 상호작용을 통해 하나의 전체로서 유지되는 복합체"라고 명시한 대목에서 여실히 드러난다(Bertalanffy, 1968).

3. 과학적 생명론

생명에 대한 과학적 이해는 생명 현상이나 살아 있는 생명체의 물리적 구조, 화학적 과정, 분자적 상호작용, 생리적 메커니즘, 발생 및 진화에 대해 탐구를 목표로 삼은 생물학의 출범과 함께 본격화했다. 즉, 생물학 발달에 힘입은 바 컸으나 물리학이나 화학 연구가 끼친 영향도 적지 않았는데, 2001년에 세포 주기조절 핵심 인자를 발견한 공로로 릴런드 하트웰(Leland H. Hartwell) 및 팀 헌트(Tim Hunt)와 노벨 생리학 · 의학상을 공동수상한 유전학자 폴 너스(Paul Nurse)는 『생명이란 무엇인가』(*What is Life: Five Great Ideas in Biology*)라는 책에서 생명을 세포, 유전자, 진화, 화학(대사) 및 정보라는 다섯 가지 키워드로 설명한다(너스, 2021[2020]).

1) 세포로서의 생명(Life as Cell)

세포는 세포질이라는 것이 세포막으로 둘러싸인 형태를 취하면서 복제, DNA 복구, 단백질 합성, 운동성 등의 기능을 수행하는 생명체의 기본 구성단위이다. 세포는 1665년 영국의 과학자 로버트 훅

(Robert Hooke)이 최초로 발견했는데, 추후 "모든 식물은 세포로 이루어져 있다."는 마티아스 슐라이덴(Matthias J. Schleiden)의 식물 세포설과 "모든 동물은 세포로 이루어져 있다."는 테오도어 슈반(Theodor Schwann)의 동물 세포설이 가세하면서 "모든 생물은 그 구조적, 기능적 단위인 세포로 구성되어 있다."는 세포설이 정립되었다(Sapp, 2003: 75–78 참조).

세포는 세포핵을 지닌 진핵세포(眞核細胞)와 세포핵을 지니지 않은 원핵세포(原核細胞)로 대별된다. 원핵세포는 진핵세포에 비해 구조가 단순하고, 크기가 작으며, 세포핵과 같은 막으로 둘러싸인 세포소기관이 없다. 원핵세포와 대비되는 진핵세포의 결정적 특징은 구획화되어 있다는 점, 즉 특정 활동이 일어나는 막으로 둘러싸인 세포소기관이 존재한다는 점이다. 원핵세포로 이루어진 세균이나 고균과 같은 원핵생물(prokaryote)은 모두 단세포 생물로 분류된다. 반면 동식물이나 균류처럼 세포핵을 지닌 세포로 이루어진 진핵생물(eukaryote)은 단세포 생물이거나 다세포 생물일 수 있다. 그러나 원핵생물이든 진핵생물이든 그들을 구성하는 모든 세포의 존립에 결정적 역할을 하는 것은 세포막이다. 겨우 분자 2개 정도의 두께에 불과한 세포막은 세포를 환경과 분리시킴으로써 세포를 질서정연한 상태로 유지시킨다(Whitman, Coleman, and Wiebe, 1998).

대부분의 세포는 여러 성장 단계를 거쳐 성장한 끝에 2개의 딸세포로 분열하며, 딸세포들도 모세포와 같은 성장 단계를 밟아 분화한다. 이러한 성장 과정의 반복을 일련의 순환 과정으로 보아, 세포의 성장 및 분열을 한 주기(cycle)로 묘사한 것이 세포 주기(cell cycle)이다. 세포 주기는 간기(interphase)와 분열기(M phase)로 구분된다. 세포 분열을 준비하는 간기는 생장기, 합성기, 성숙기로 나뉘는데, 세포는 대부분의 시간을 간기로 보내며 분열기는 간기보다 짧게 마무리된다(너스, 2021[2020]: 18).

2) 유전자로서의 생명(Life as Gene)

유전자란 유전 형질을 나타내는 원인이 되는 인자로서, 부모의 특징이 다음 세대인 자식에게 나타날 때 그러한 특징을 만들어 내는 유전 정보의 기본 단위를 말한다. 그것은 데옥시리보핵산(Deoxyribo Nucleic Acid: DNA)이라는 세포의 유전 물질로, 세포핵과 미토콘드리아 내의 염색체에 들어 있다. 정자, 난세포, 적혈구와 같은 경우를 제외한 모든 세포의 세포핵이 23쌍의 염색체를 지니고 있는데, 각종 유전자가 이들 염색체에 자리 잡고 있다.

유전자 개념은 유전학의 발전과 함께 많은 변화를 겪었다. 유전학의 창시자인 그레고어 멘델(Gregor J. Mendel)은 부모로부터 물려받는 유전적 특질이 통계적으로 예측 가능하다는 점을 밝혔다(Abbott and Fairbanks, 2016[1866] 참조). 추후 그것은 유전자라는 명칭으로 대체되었는데, 1950년대에 미생물학자 오즈월드 에이버리(Oswald Avery) 연구팀이 수행한 'Avery – MacLeod – McCarty Experiment'에 의해 유전자의 실체가 DNA임이 밝혀지면서 유전자가 생명의 실질적 단위로 인정받게 된다(Gayon, 2016; Avery, MacLeod, and McCarty, 1944).

모든 생물은 유전자에 의한 다양한 유전형질을 갖고 태어난다. 눈 색깔이나 혈액형 같은 신체적 특성은 물론이요, 특정한 유전적 질환도 유전된다. 그뿐 아니라 생명활동에 관여하는 수천 가지의 생화학 작용도 유전자를 기반으로 한다. 희귀한 경우이긴 하나, 유전자가 세포분열을 준비하는 간기 때 유전정보가 잘못 복제되어 돌연변이를 일으킴으로써 기존 형질과 상이한 새로운 유전형질을 지니고 태어나는 경우도 있다. 하지만 어떤 경우에나 해당되는 엄연한 진리는 유전자 없이는 어떠한 생명도 탄생하거나 존속할 수 없다는 점이다. 새로운 세포나 생물이 발생하고 성장하고 기능하고 번식하기 위해 필요한 것이 유전자 명령이다. 세포 내의 대부분 DNA는 정보가 없는 무작위 서열로 구성되어 있는 비부호화 DNA 서열에 속한다. 그러나 DNA 서열의 일각에 속하는 부호화 DNA인 유전자가 세포에게 특정한 단백질을 만드는 방법을 지시함으로써 세포나 전체 생명체의 행동에 결정적 영향을 끼치기에 유전자는 생명을 이해하는 열쇠로 간주되고 있다(너스, 2021[2020]).

3) 진화로서의 생명(Life as Evolution)

생명을 바라보는 인류의 시각은 1859년 찰스 다윈(Charles R. Darwin)이 펴낸『종(種)의 기원』전후로 나뉜다고들 이야기한다. 다윈은 사람을 비롯한 생명체를 창조한 것이 조물주가 아닌 자연이라는 도발적 견해를 제시해 오랜 기간 정설로 군림했던 창조설에 반기를 들었기 때문이다.

다윈의 진화론은 생명체라는 복잡한 개체와 그보다 더 복잡한 생명현상의 진화 원리를 밝힌 것으로, 핵심 내용은 크게 다음 세 가지로 요약된다. 첫째는 발생과 변이의 원리로서, 자연계의 종은 별개로 창조된 것이 아니라 변종과 마찬가지로 다른 종에서 유래한 것이며, 변종의 시작은 개체적 차이와 변이로부터 시작한다. 변이 자체에는 방향성이나 목적이 없으며, 그런 방향이나 목적을 부여하는 것은 자연선택뿐이다. 둘째는 유전의 원리로서, 모든 형질은 유전되는 것이 규칙이며, 유전되지 않은 것은 변칙이다. 또 새로운 형질이 앞으로 얼마나 유지되며 누적될지는 자연선택이 결정한다. 셋째는 자연선택의 원리로서, 유리한 변이는 보존되고 해로운 변이는 제거된다. 이러한 변화를 일으키는 원인으로는 서식지, 기온, 먹이와 같은 자연환경이 꼽혀 왔으나, 그보다 중요한 것은 생명체들 간의 상호관계이다(너스, 2021[2020]).

이상 언급된 사항 중 진화론의 궁극적 핵심이라고 판단되는 것이 자연선택설로, 그것은 다윈의 대표작 『종의 기원』의 원 제목이 *On the Origin of Species by Means of Natural Selection*이라는 사실로도 확인할 수 있다. 다윈이 자연선택론에 이르기까지는 오랜 시일과 셀 수 없을 정도의 관찰과 채집과 실험, 그리고 깊은 사유를 수반했지만 자연선택이라는 개념 자체는 매우 단순하다. 그것은 개체적 차이와 변이에 관한 다음 두 가지 조건, 즉 "생물은 변이하며 그중 일부는 자손에게 유전된다."는 조건, 그리고 생물은 살아남을 수 있는 수보다 훨씬 많은 자손을 낳는다는 조건하에 "유리한 개체적 차이 및 변이가 보존되고, 유해한 변이는 제거되는 과정"을 의미한다(다윈, 2019[1859]). 이때 '유리한'과 '유해한'이라는 수식어로부터 환경과의 상호작용을 통한 자연의 선택이라는 의미를 판독할 수 있는바, 이는 곧 인간이 삶의 주체라는 인간중심주의의의 탈피를 함축하는 획기적 진술인 것이다.

4) 대사로서의 생명(Life as Metabolism)

대사(代謝)는 생물의 세포에서 생명을 유지하기 위해 일어나는 물질의 변화, 즉 생체 내 물질의 분해나 합성에 관여하는 일련의 화학작용을 뜻한다. 생물은 대사를 통해 성장하고 번식하며 구조를 유지하면서 환경에 반응하는데, 이러한 과정에서 효소가 반응 속도를 높이거나 세포 주위의 환경이나 세포에 오는 신호에 반응하기 위해 대사를 조절하는 촉매로 역할한다.

대사는 이화작용(catabolism)과 동화작용(anabolism)으로 구분된다. 이화작용은 세포 호흡을 통하여 유기 분자를 분해하고 에너지를 얻는 반응으로, 생물이 음식을 분해하고 산화하는 과정이 포함된다. 이화작용의 정확한 특성은 생물마다 각기 다르다. 동화작용(anabolism)은 에너지를 이용하여 단백질이나 핵산과 같은 세포의 구성 성분을 합성하는 반응으로, 일반적으로 세포의 구조를 이루는 복잡한 분자는 작고 단순한 전구물질로부터 차례로 합성된다. 동화작용은 기본적으로 다음 세 단계를 거친다. 처음에는 아미노산, 단당류, 아이소프레노이드, 뉴클레오타이드와 같은 전구물질을 생산하고, 다음에는 살아 있는 세포에서 에너지를 공급하는 유기 화합물인 아데노신 삼인산(Adenosine Triphosphate: ATP)에 저장된 에너지를 이용해 전구물질을 활성이 있는 형태로 바꾼다. 마지막으로 활성화된 전구물질들을 조립해 단백질, 다당류, 지질, 핵산 등의 복잡한 분자들을 생산한다(너스, 2021[2020]).

종이 다를지라도 모든 생명체에서 일어나는 대사경로(metabolic pathway)와 그 구성 성분은 대체로 유사하다. 대사경로에서 한 화합물은 여러 단계의 반응을 거쳐 다른 화합물로 변화하고, 매 단계마다 다른 효소가 순차적으로 반응에 개입하는데, 이처럼 생명 현상을 효소를 촉매로 하는 일련의 복잡다단한 화학 반응으로 규정한다면 대사는 생명을 이해하는 핵심 요소의 하나로 꼽혀 마땅하다.

5) 정보로서의 생명(Life as Information)

현대 생물학과 정보 과학의 발전과 함께 생명 현상을 물리적 · 화학적 과정의 소산으로 바라보는 대신 정보처리 시스템으로 간주하려는 정보기반 생명론이 부각하고 있다. 그것은 생명체를 물질적 존재가 아닌 정보의 조직화된 형태로 이해하려는 입장으로, 요즘 그것은 복잡다단한 생명체의 구성 요소, 연관관계 및 기능을 밝히는 유력한 대안의 하나로 인정받고 있다. 가장 성공적 활동 영역으로 평가받고 있는 곳이 생물학(biology)과 정보학(informatics)이라는 학문 분야가 융합되어 만들어진 생물정보학(bioinformatics)이다. 애초에는 생물학 연구를 위한 컴퓨팅 기술로 시작된 생물정보학이 정보통신기술의 성장세와 맞물려 정보기반 생명과학의 첨병으로 등장, 유전자 정보의 검색에서 감염병 변이바이러스의 분석에 이르기까지 널리 활용되고 있다(너스, 2021[2020]).

수학자이자 컴퓨터 과학자인 노버트 위너(Norbert Wiener)는 1948년도 책 『사이버네틱스』(*Cybernetics: or Control and Communication in the Animal and the Machine*)에서 "17세기와 18세기 초엽이 시계의 시대이고, 18~19세기가 증기기관의 시대라면, 20세기는 커뮤니케이션과 제어의 시대"라고 언명과 함께, 체계 전체를 재조직할 수 있는 통합 이론과 방법론적 도구로서의 사이버네틱스를 제창한 바 있다(위너, 2023[1948]). 책의 부제로부터 짐작할 수 있듯, 그의 저작은 정보기반적 종합과학인 사이버네틱스가 기술공학적 시스템뿐 아니라 생물 시스템까지 적용가능하다는 점을 주지시킴으로써 정보기반 생명과학의 근거를 제공했다.

한편, 존 폰 노이만(John von Neumann)은 자기 복제 기계(self-replicating machines) 개념을 제시하며, 생명체가 정보를 저장하고 스스로 복제할 수 있는 정보 시스템으로 볼 수 있음을 강조했으며, 생물학자 리처드 도킨스(Richard Dawkins) 역시 자신의 대표작 『이기적 유전자』(*The Selfish Gene*)에서 에서 유전자를 단순한 물질적 요소로 보지 않고, 정보의 전달자로 풀이한다. 생명의 본질이 개체가 아니라 유전 정보이며, 생물은 유전 정보를 보존하고 복제하는 매개체라는 것이다

(Neumann, 1966; 도킨스, 2006[1976]).

분자생물학 연구에서 그 가치를 크게 각인시킨 정보기반 생명론은 생명체를 종전과 다른 관점으로 바라볼 수 있는 대안을 제시하여 생명 현상에 관한 인식을 일신하는 데 결정적으로 기여했다. 그것은 세포가 어떻게 형성되고, 세포가 어떻게 연결되어 생체 조직을 형성하며, 조직이 어떻게 기관을 만들고, 기관이 어떻게 협력해 기능하는 존재로 발돋움하는지를 새로운 관점으로 파악할 수 있게끔 한다. 그뿐 아니라, 정보기반 생명론은 생명체들이 종간으로 어떻게 상호작용해 생물권(biosphere)을 구축하며 외부환경에 어떤 식으로 반응해 생태계를 조성해 나가는지를 설명함으로써, 분자로부터 지구 생명권이나 생태계에 이르는 폭넓은 범역에 걸친 생명 과정의 이해를 증진시켜 왔다.

4. 과학적 생명론의 총체적 구도

지금까지 이 장에서 소개한 생명의 의미에 관한 해설은 일단 다음과 같이 축약할 수 있다. 생명체는 "생리 현상을 주관하는 세포를 기본 단위로 하는 물리적 실체로서, 생명 재생산을 담당하는 유전자라는 물질 구조물로 이루어졌으며, 자연선택을 통해 진화할 수 있는 능력의 소지자이자, 대사라는 화학반응의 산물로서, 자신과 외부세계에 관한 정보를 활용해 스스로를 조직하고 성장하고 번식하는 존재다."

그런데 상기 진술을 내용별로 재고해 보자면, 세포로서의 생명론과 유전자로서의 생명론은 구성단위에 준거한 요소적 관점(component perspective)에 속하는 것인 반면, 진화로서의 생명관 및 대사로서의 생명관은 각기 생명체의 시간적·상태적 변화에 주목하는 과정적 관점(process perspective)에 해당한다고 말할 수 있다. 한편, 처음 세 가지 생명론은 원초적으로 유기물을 탐구 대상으로 삼는 것이며, 대사로서의 생명론 역시 다단계 화학반응을 통한 유기 물질의 생성을 전제한다는 점에서 모두 물질적 생명 패러다임(materialistic life paradigm)의 범주에 귀속시킬 수 있다. 반면 생명 현상을 실체 없는 정보로 이해하고자 하는 정보적 생명론은 전술한 네 가지 생명론과 대비되는 비(非)물질적 생명 패러다임(non-materialistic life paradigm)으로 지정할 수 있다(〈표 10-1〉 참조).

| 표 10-1 | 과학적 생명론의 유형화

<table>
<tr><td>세포로서의 생명
(세포론)</td><td rowspan="2">요소적 생명론
(Component Perspective)</td><td rowspan="4">물질적 생명 패러다임
(Materialistic Life Paradigm)</td></tr>
<tr><td>유전자로서의 생명
(유전자론)</td></tr>
<tr><td>진화로서의 생명
(진화론)</td><td rowspan="2">과정적 생명론
(Process Perspective)</td></tr>
<tr><td>대사로서의 생명
(대사론)</td></tr>
<tr><td>정보로서의 생명
(정보론)</td><td>정보적 생명론
(Information Perspective)</td><td>비(非)물질적 생명 패러다임
(Non-materialistic Life Paradigm)</td></tr>
</table>

이들 생명론은 사실상 상이한 대상을 두고 벌이는 별개의 논의를 뜻하는 것이 아니라, 생명이라는 동일한 대상에 관한 상이한 접근을

의미한다. 그런데 원자나 분자가 높은 에너지 상태에서 낮은 에너지 상태로 이동할 때 만들어지는 빛을 입자설, 파동설, 물질파이론설과 같은 여러 이론들을 상보적으로 적용할 때 보다 잘 해명되어 왔듯, 상기 다섯 가지 생명론들도 상호 배타적 입장을 넘어 통섭적 연구를 통한 상보적 접근을 통해 생명에 관한 이해를 증진시키게 된다.

5. 통섭적 연구를 통한 생명에 대한 인식적 지평의 확장

1) 유전학 연구를 통한 세포 패러다임과 유전자 패러다임의 합류

세포가 생물의 구조적 기본 단위이자 기능적 기본 단위로 간주하는 세포 패러다임은 세포가 생명의 핵심적 특성을 지닌 최소의 실체임을 뜻한다. 그럼에도 세포가 눈에 보이는 생명체들과 동일한 원리로 작동한다는 생각, 다시 말해 세포가 그 자체로 살아 있는 하나의 생명체로 인식되기 시작한 것은 현미경이나 그와 연관된 기술이 개발된 18세기에 들어서면서부터이다. 세포의 존재가 확증된 이후 제기된 질문은 "새로운 세포가 어떻게 만들어지는가?"라는 문제였다. 하나의 세포가 스스로 둘로 나뉘어 번식한다는 것을 밝혀낸 병리학자 루돌프 피르호(Rudolf L. Virchow)는 세포란 기존 세포의 분열을 통해 생겨난다고 주장하면서, "모든 생명체는 생명체에서 나온다(Omne vivum ex ovo, Every living thing comes from a living thing)."라는 명언을 남겼으며, 1858년 2월에서 4월까지 베를린 병리학연구소에서 행한 강의록을 중심으로 발간한 저서 세포병리학(Cellular pathology)에서도 "모든 세포는 세포에서 나온다(Omnis cellula e cellula)."라고 밝혔다(Wikipedia 'Rudolf Virchow'에서 재인용).

세포나 생물의 재생산 문제에 관한 선각자는 1만 그루에 달하는 완두 식물의 교배 실험으로 그 형질 패턴을 분석한 그레고어 요한 멘델(Gregor Johan Mendel)임은 주지의 사실이다. 7년에 걸친 교배의 결과를 관찰한 멘델은 특정한 꽃 색깔이나 씨앗의 모양 같은 형질이 있고 없는 것들이 약 3:1이라는 독특한 산술비로 나타난다는 점과 더불어 이들은 부모 식물의 형질에 쌍으로 존재하는 물질 입자를 통해 결정된다고 주장했는데, 그가 '원소(element)'라고 지칭한 유전적 물질입자가 바로 유전자인 것이다.

세포는 분열할 때마다 세포 안의 모든 염색체에 들어 있는 유전자가 복제된 후 두 딸세포에 나뉘어 들어가므로, 세포 증식은 유전자 복제와 불가분의 관계에 있다. 새로운 세포가 태어나고 성장하고 기능하고 번식하기 위해서는 그에 필요한 유전자 명령문을 물려받아야 하므로 생명은 유전자 없이는 존속할 수 없다.

유전자 연구 초기에 드러난 단서의 하나는 세포 안에서 발견된 미세한 실처럼 보이는 구조물이었다. 1870년대에 고성능 현미경을 통해 그것을 관찰한 세포학자 발터 플레밍(Walther Flemming)은 세포 분열 준비 단계에서 미세한 실이 굵어진 후 양쪽으로 벌어지며 둘로 나뉘는 흥미로운 행동을 보인다는 사실을 남겼다. 플레밍이 목도한 미세한 실이 염색체라고 불리는 것이다(Lukács, 1981). 비슷한 시기에 기생충 선충의 발생 과정을 연구한 생물학자 에두아르 반 베네당(Edouard Van Beneden)은 갓 수정된 배아의 첫 세포에 4개의 염색체가 들어 있는 것을 현미경으로 확인했는데, 그들은 정자와 난자에서 각기 2개씩 받은 것이었다(Hamoir, 1992). 염색체 수는 종에 따라 크게 다르다. 완두는 14개이고, 인간은 46개이며, 아틀라스파란부전나비는 400개가 넘는다고 한다. 그러나 성숙하면 세포핵과 그 안에 든 유전자 모두가 없어지는 적혈구 같은 소수의 사례들을 제외한 모든 세포에는 유전자들이 온전히 갖춰져 있어, 세포가 분열할 때마다 유전자 집합 전체가 복제되어 새로 형성된 두 세포에 똑같이 나뉘어 들어가는 것이니, 바로 이 지점에서 세포론과 유전자론의 합류를 목격할 수 있다.

2) 진화유전학 연구를 통한 유전자 패러다임과 진화 패러다임의 합류

찰스 다윈이 선도한 진화생물학에 유전학이 접합된 진화유전학은 생물 집단 안에 있는 유전자 다양성에 의해 생겨나는 유전자나 유전형질의 변화가 종 분화와 진화에 미치는 영향을 탐구하는 학문이다. 데이터가 충분치 않던 과거에는 진화유전학 연구가 모델 생물에 의존하는 경우가 대부분이었으나 인간 게놈 프로젝트, 1000 유전체 프로젝트, ENCODE 프로젝트와 햅맵 프로젝트 등으로 데이터가 급증하면서 진화유전학이 유전학 연구의 유망 부문으로 떠오르고 있다.

진화생물학은 죽은 생물이 남긴 화석 등의 흔적, 살아 있는 생물의 유전자 및 형질의 유사성과 이들이 변형·퇴화한 흔적, 환경 변화에 따른 생물 다양성의 분포, 실험실 내 인위적 조건에서 배양되는 미생물의 형질 변화 등 다양한 관찰 자료로부터 생물의 진화가 어떤 경로와 과정을 통해 일어나는지를 규명하는 데 진력해 왔다. 그러나 염기서열과 같은 유전학적 데이터에 의거해 생물의 진화를 추론하는 진화유전학의 경우는 유전자 다양성에서부터 시작된 진화의 과정이 어떻게 자연환경에서 발견되는 생물 다양성으로 이어지는가를 밝히는 것을 주된 목표로 한다.

20세기에 인간 게놈 프로젝트의 완성과 함께 다양한 생명체들의 DNA 시퀀싱(Sequencing, 염기서열 파악)이 이루어져 생명체 전체의 계통수가 보다 정확해지고, 바이러스를 통한 전달체들의 이동경로가 명확히 밝혀지면서 유전체를 기반으로 한 진화생물학 연구가 본격화한다. 더구나 ENCODE 프로젝트의 발전으로 유전체 내의 유전자 이외 부분들의 기능 변화나 진화 과정에 관한 지식이 누증되어 가는 금세기에 들어서면서 진화의 속도 변화에 영향을 주는 현상들에 관한 연구가 성행 중인데, 컴퓨터 기술을 활용한 모델링 기법이 가세된 최근에는 진화의 방향에 관한 쪽으로 연구 관심이 확장되고 있다.

유전생물학에 부여된 또 한 가지 과제는 유전자의 실체 규명이었다. 오즈월드 에이버리(Oswald Avery)는 폐렴을 일으키는 세균에 관한 연구의 일환으로 유전적 형질 전환을 일으키는 물질을 규명하는 과정에서 개별 염색체들이 본질적으로 끊기지 않고 이어진 하나의 DNA 분자임을 밝힘으로써 유전자가 DNA(데옥시리보핵산, deoxyribonucleic acid)로 이루어져 있다는 결론에 도달했다(Avery, MacLeod, and McCarty, 1944). 하지만 세포론과 유전자론의 합류는 DNA 구조의 발견으로 새로운 전기를 맞이하게 된다. 윌리엄 브래그(William L. Bragg)가 이끈 캐임브리지대학교 캐번디시 연구소는 1948년부터 X선 회절을 이용해 DNA의 구조 파악에 결정적 영향을 미친 사진을 촬영해 프랜시스 크릭(Francis H. Crick)에게 보내고, 크릭은 받은 사진을 제임스 왓슨(James D. Watson)과 함께 살펴본 후 1953년 *Nature*지에 DNA가 뒤틀린 사다리 같은 형태를 이루고 있다고 발표했다(Watson and Crick, 1953). DNA는 핵염기들이 A–T, G–C와 같은 상보적 결합을 이루며 두 가닥의 사슬이 서로 꼬여 이중나선 구조로

그림 10-1 | DNA 이중나선 구조

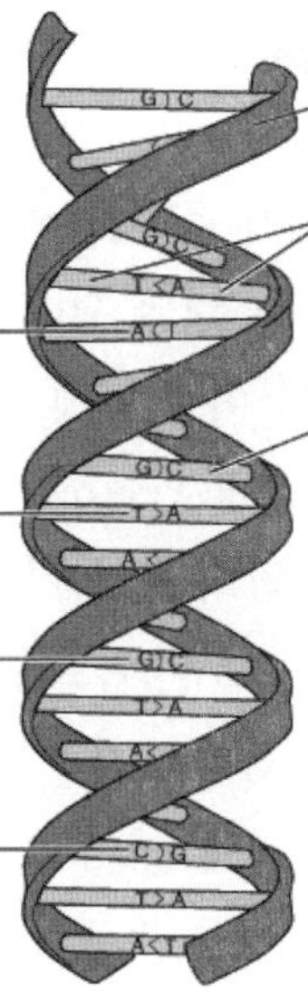

출처: "Molecular Structure of Nucleic Acids: A Structure for Deoxyribose Nucleic Acid.": Wikipedia.

되어 있는 고분자화합물이라는 것이다([그림 10-1] 참조).

DNA 나선형 사다리의 단은 아데닌, 티민, 구아닌, 시토신이라는 네 가지 염기가 쌍쌍이 연결되어 만들어지며, 이들 네 염기의 순서가 세포에 전달될 정보를 담은 유전 암호(genetic code) 역할을 한다. 1960~70년대에 유전 암호를 해독할 수 있게 되어 유전자 서열의 진술이나 해석은 물론 변형할 수 있는 길이 열림으로써 진화유전학은 학술의 장을 넘어 의료나 산업과 같은 실용의 장으로 영역을 넓혀 왔다.

3) 생화학 연구를 통한 대사 패러다임과 요소적 생명론의 합류

생물학과 화학의 경계에서 출원한 생화학(biochemistry)은 생명체 내부의 구성 성분 및 생명과 관련된 생리작용 또는 화학적 과정을 탐구하는 학문으로, 생체 분자들이 어떻게 살아 있는 세포 내 혹은 세포들 사이에서 일어나는 과정들에 관여하는가에 대한 탐구를 출발점으로 하여 생체 조직이나 기관의 구조와 기능에 대한 쪽으로 연구의 폭을 넓혀 왔다. 그것은 특히 크로마토그래피, X선 결정학, 이중 분극 간섭계, 핵자기 공명분광법, 방사성 동위원소 표지법, 전자현미경, 분자동역학 시뮬레이션과 같은 기법들이 등장한 20세기 중반부터 비약적으로 발전해 분자 수준의 대사 경로의 발견과 분석을 증진시켜 왔으며, 그 과정에서 유전자와 세포에서 정보 전달에 관여하는 유전자의 역할을 파악함으로써 분자생물학을 주요 부문의 하나로 병합했다.

한때 생명체는 무생물과 구별되는 어떤 본질적인 특성이나 물질(흔히 '생기론'으로 일컬어지는)을 지니고 있다고 추정되어 오직 생명체만이 생명을 지닌 존재를 재생산한다는 믿음이 지배적이었다. 이러한 관념은 1828년 프리드리히 뵐러(Friedrich Wöhler)가 비유기적인 합성물을 유기 분자로 전환시킨 실험실 연구를 통해 깨졌다. 생물 유기체가 생명이 없는 물질과는 완전히 다른 실체라는 믿음이 더 이상 받아들여질 수 없게 된 것이다(Rabinovich, 2020[2007]).

생물은 섭취한 영양물질을 몸 안에서 분해하고 합성하여 활동하는 데 필요한 에너지를 만들고 그 밖의 물질은 몸 밖으로 배출하는 대사(metabolism)를 통해 생명을 유지한다. 요컨대 대사란 생물의 세포에서 생명을 유지하기 위해 물질을 분해하거나 합성하는 모든 화학반응을 총칭하는 것으로, 효소가 촉매로서 반응에 관여하는 대사를 통해 생물은 성장하고 번식하며, 구조를 유지하고 환경에 반응한다.

이화작용 및 동화작용을 기축으로 한 대사는 생명계와 물질계를 이어주는 교량 역할을 수행하는데, 그런 모습은 이산화탄소나 물과 같은 무기화합물로부터 다당류나 단백질을 합성해 생명력을 지니는 자가영양생물(autotroph) 혹은 단당류나 아미노산과 같은 전구물질로부터 생육에 필요한 탄소를 얻어 보다 복잡한 물질을 합성하는 종속영양생물(heterotroph)에서 공통적으로 관찰된다. 하지만 대사는 궁극적 에너지원이 무엇이냐에 따라 다음과 같이 구분된다. 에너지원이 빛이면 광합성독립영양생물(photoautotroph)이나 광합성종속영양생물(photoheterotroph)로, 반면 무기 산화 반응으로 에너지를 충당한다면 화학독립영양생물(chemoautotroph)이나 화학종속영양생물(chemoheterotroph)로 구분된다. 그러나 이들 모두는 생명과 직접적 관련성이 없는 무기물을 살아 있는 생명체를 구성하는 유기물로 전환시키는 역할을 담당한다는 점에서 대사 패러다임과 요소적 생명론을 이어주는 연결고리라고 말할 수 있다.

4) 체계이론에 의한 물질적 생명론과 비물질적 생명론의 합류

"상호의존을 하는 부분 단위들이 통일적으로 구성되어 이루어져 있는 전체"로서 정의되는 체계(system) 개념을 기축으로 한 체계이론(system theory)은 다음과 같은 세 가지 명제—① 체계 내의 각 부분들은 외부환경과의 경계 안에서 존재하고(universal elements), ② 그들은 서로 영향을 주고받으며 연결되어 있으며(universal relationships), ③ 체계는 그것을 구성하는 개별 부분들의 속성으로 포착할 수 없는 독자적 기능을 발휘한다(universal functions).—를 기본으로 한다. 이

책 제7장에서 소개했듯, 체계 개념은 폐쇄체계에서 자연체계를 거쳐 개방체계로 진전되어 왔는데, 체계이론의 기원은 일단 열을 중심으로 한 에너지의 변환과 흐름에 관련된 원리를 규명하고자 한 19세기 열역학(熱力學, Thermodynamics)으로 소급할 수 있다.

당시 열역학계에서는 두 가지 중요한 법칙이 도출되었다. 제1법칙은 '에너지 보존법칙'으로 알려진 것으로, "어떤 물리계에 열량을 공급하면 그 물리계는 공급된 열량으로 역학적인 일을 하고 내부 에너지를 증가시킨다."는 것이다. 한편 루돌프 클라우지우스(Rudolf J. Clausius)가 "열의 동력에 관하여"라는 논문에서 제시한 제2법칙은 "열은 항상 온도가 높은 곳에서 낮은 곳으로 흐른다."는 내용으로, 자연 상태의 열은 일방향성을 견지한다는 것이다. 이때 중요한 개념으로 제기되는 것이 엔트로피(entropy)다. "역학적인 일을 할 수 없는 열량"으로 정의되는 엔트로피는 '무질서 혹은 무작위성의 정도(degree of disorder or randomness)'를 뜻하는 개념으로, 온도 차이나 농도의 불균형처럼 어떤 변화를 유발시키는 포텐셜이 사라지면서 더 이상 자발적인 변화가 일어나지 않는 상태, 요컨대 모든 것이 균일화됨으로써 더 이상 어떠한 변화도 일어나지 않는 열적 죽음(heat death) 상태를 지칭한다. 그래서 열역학 제2법칙은 엔트로피 법칙으로 불린다(Clausius, 2008[1879]).

19세기 중엽에 시간의 흐름에 따른 자연계의 변화에 주목한 통계열역학자 루트비히 볼츠만(Ludwig E. Boltzmann)은 자연이 엔트로피 법칙에 따라 무질서 상태를 지향해 나아간다고 주장한 바 있다(Boltzmann, 1866). 이러한 견해는 시간에 따라 생물계의 복잡성, 분화, 조직화가 증가한다고 주장한 다윈의 진화론과 정면으로 대립된 것이었다. 비슷한 시기에 제기된 이들 상반된 견해를 동시적으로 수용할 수 있는 해법으로 도입된 것이 비평형 열역학이다. 체계가 평형

상태에서 멀리 벗어나 있으면 평형상태로 수렴하는 대신 예측 불가능한 새로운 형태의 질서가 생성될 수 있다는 것이 비평형 열역학의 핵심이다(Pokrovskii, 2020). 생명체가 수정되어 탄생하고 성장하는 비가역적 과정은 어느 한 순간도 평형을 이루지 않으며 변해 가는 것으로서, 열역학 체계에서 생명의 과정과 진화가 예외적 현상이 아니라는 주장을 뒷받침해 주는 사고가 비평형 열역학인 것이다.

일리야 프리고진(Ilya Prigogine)은 자기조직화 개념을 도입해 열적 죽음으로 치닫는다는 평형 열역학의 암울한 예언에 도전장을 던졌다. 질서에서 무질서를 지향하는 경향보다 혼돈에서 질서를 드러내는 것이 생명계나 비생명계에 동시적으로 나타나는 일반적 현상이라는 비평형 동역학을 개진했다. 평형에서 멀리 떨어진 불안정한 비평형상태에서는 평형 영역학이 더 이상 적용되지 않아 변화에 대한 예측이 용이하지 않다는 것이다. 프리고진은 그러한 변화의 성격을 '요동(fluctuation)'이라는 개념으로 설명한다. 역동적인 유체의 소용돌이가 요동이고, 태풍의 행로도 요동이며, 천체의 운행 또한 요동인 동시에, 나비의 날갯짓, 철새의 군무, 인간의 행동 등 생명계 현상들 모두가 요동의 전형이라는 것이다(Nicolis and Prigogine, 1977).

프리고진이 상정하는 체계는 환경과 물질, 에너지 혹은 정보와 같은 자원을 교환하면서 공급된 자원을 전량 소비하지 않고 일부를 비축해 자기조직화를 통해 보다 정교하고 안정적인 질서를 창발하는 개방적 복잡계이다. 그런데 복잡성이 강화되는 개방체계에는 생명체나 기계와 같은 생명 없는 사물은 물론이요, 생명이 깃들 터전조차 없는 정보와 같은 비(非)물질적인 것들까지 체계론적 생명관(systematic view of life)이라는 플랫폼에서 상접하게 된다.

6. 정보적 생명론에 의한 생명관의 대통합과 후속적 파장

폴 너스(Paul Nurse)의 진술과 같이, 지금까지 생물이나 생명 현상을 탐구해 온 과학자들은 생명의 의미를 주로 세포, 유전자, 진화, 대사, 정보라는 다섯 가지 차원에서 규명해 왔다. 하지만 이들 차원은 궁극적으로 생명에 대한 상이한 인식이 아니라 생명이라는 동일한 탐구 대상에 관한 상이한 접근을 지시하는 것임을 다시금 상기할 필요가 있다. 그로부터 생명은 세포론, 유전자론, 진화론, 대사론 및 정보론으로 이해될 수 있으며, 또 그들의 상보성을 전제로 한 통섭적 접근으로 보다 잘 규명될 수 있었던 것이다. 이때 가장 주목해야 할 사항은 생명이 깃들어 있지 않은 정보를 생명의 세계로 끌어들이는 정보적 생명론의 증폭적 파급력이다.

생명론의 통섭적 확장은 일단 앞서 거론한 생명에 대한 다섯 가지의 과학적 접근들의 향방을 통해 감지할 수 있다. 기본적으로 통섭은 다음과 같은 수순으로 전개되어 왔다고 본다. 세포론은 그보다 미세한 수준인 유전자를 생명의 기본 단위로 인식하는 유전자론에 포섭되며, 요소적 생명론은 과정적 생명론으로 포섭되는 식으로. 한편, 정보라는 비물질적 존재를 생명계의 구성 인자로 간주하는 정보적 생명론은 세포-유전자-진화대사론으로 이어지는 물질적 생명론들과는 계보를 달리하는 탈물질적 생명관의 위치를 점유해 왔다. 그런데 AI 기능이 장착된 만물이 생동하는 세계에서 자유롭게 이합집산하며 인간과 비인간, 생명체와 사물의 경계가 소거되는 신문명 시대에 들어서면서 후발주자인 정보적 생명론은 생명 개념을 유기물이라는 물질적 인식 틀에서 해방시키는 생명관의 탈물질화를 추동함으로써, 오랫

그림 10-2 | 정보적 생명론의 외연적 확장

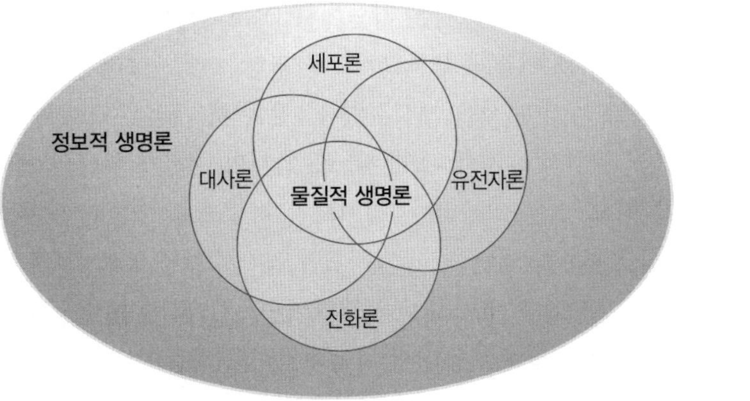

동안 물질론의 족쇄에 갇혀 온 생명론의 인식적 지평을 [그림 10-2]와 같이 확장시켜 가고 있다.

"나중 된 자로서 먼저 되고 먼저 된 자로서 나중 되리라(마태복음 20:16)."는 성경 구절을 연상시키는 정보적 생명관의 역류적 확장에는 앞서 언급한 노버트 위너(Norbert Wiener)의 사이버네틱스나 세포의 자기복제 능력에 관한 존 폰 노이만(John von Neumann)의 컴퓨터과학적 해석은 물론이요, 클로드 섀넌(Claude Shannon)의 정보이론이 맹아적 역할을 했다는 점에 대해서는 이론의 여지가 없다. 그러한 성과에 의해 생물과 무생물의 작동 방식이 모두 정보의 소통이라는 통일적 과정으로 이해될 수 있는 기틀이 마련된 셈이다. 이런 생각이 생명을 분자 수준에서 바라보려는 분자생물학과 조우해 "생명이란 무엇이며, 생사의 경계는 무엇인가?"라는 기본적인 생물학적 물음들을 되묻는 지경에 이르게 된 것인데, 그 단적 계기로 꼽히는 것이 1957년 9월 런던대학에서 개최된 실험생물학 학회에서 분자생물학자 프란시스 크릭(Francis Crick)이 행한 "단백질 합성(Protein Synthesis)"이라는 주제의 특별 강연이다. 1953년 제임스 왓슨(James D. Watson)과 함께 DNA의 구조를 밝힌 크릭은 강연에서 DNA 이중나선 구조가 유전자가 지닌 정보를 어떻게 생물학적으로 저장, 발현, 그리고 전달시킬지에 관한 두 가지 가설을 제시하였다. 첫 번째 가설은 DNA를 이루는 염기들의 선형적 순서에 관한 것, 즉 염기의 순서가 하나의 생물학적 정보를 담고 있는 코드라는 '염기서열 가설(code sequence hypothesis)'이다. DNA가 지닌 A, T, G, C의 염기서열이 유전정보를 지니고 있으며, 이 정보가 세포 내에서 발현되면서 모든 생명 현상들의 기반을 이루는 기능적인 단백질이 만들어질 것이라는 추정으로, 1차원적 염기서열의 선형적 순서가 3차원적 생명의 세계의 질서를 구성한다는 크릭의 주장은 대부분의 화학자와 생물학자들이 3차원적 분자의 구조를 통해 생명 현상을 설명하고자 한 당시로서는 실로 놀라운 견해였다. 두 번째 가설은 DNA로부터 RNA, 그리고 단백질로 유전정보가 전달되면서 생명 현상을 관장하는 수많은 단백질들이 만들어진다는 것이다. 흔히 생물학의 '중심원리(central dogma)'라고 불리는 이 가설은 세포 내에서 유전정보의 전달을 매개하는 tRNA의 존재를 예측한 것으로 추후 실험을 통해 그 존재가 밝혀졌는데, 유전정보를 바탕으로 생명 현상을 이해하려는 새로운 분자생물학 이론을 제시한 상기 두 가설은 생명 패러다임의 탈물질화를 추동하는 정보적 생명론 형성에 결정적으로 기여한 것으로 평가되고 있다(박민아 · 이두갑 · 이상욱, 2025: 211–217).

연이어 칠레 산티아고 학파의 움베르토 마투라나(Humberto Maturana)와 프란시스코 바렐라(Francisco J. Varela)는 생명 현상이 물질의 속성에 따르는 것이 아니라 구성 분자들이 상호작용을 통해 자기 자신을 만드는 자동생성 체계의 구축 여부에 달려 있다는 담대한 결론, 요컨대 '생명=자동생산성(autopoiesis)'이라는 진술을 이끌어 냄으로써 생명론의 탈물질화에 힘을 보탠다(Maturana and Valela, 1980). 그 결과, 생명 현상을 정보 시스템으로 이해하는 비물적적 생명 패러다임이 분자생물학을 넘어 발생학, 생리학, 신경과학, 진화생물학, 분자유전학 등 생물학 전반으로 확장, 기존의 물질적 생명 패러다임을 정보적 방식으로 재주조(Reframing)하려는 경향이 강화되고 있다.

이처럼 정보적 관점에서 생명이 다시 쓰이는 단계에 주체적 판단이나 행위 능력을 발휘하는 AGI가 개입하게 되면 기존 생명계는 과거와 비교할 수 없는 엄청난 혼란에 직면할 것임이 분명하다. 생명과학적 지식이나 기술을 기반으로 한 유전자 조작, 이종 장기이식, 생명체 복제 및 생체 합성 등에서의 혁혁한 성과들이 인류 사회를 회복하기 힘든 위험에 빠뜨릴 악과(惡果)로 반전될 가능성이 농후할 뿐 아니라, 생자-사자-사물 간의 괴기한 각축에 대한 사전적 예방이나 대응에 대한 해법도 다양한 방식으로 표출될 것이기 때문이다.

■ 참고문헌

김동광. 2023. 『생명은 어떻게 정보가 되었는가: '정보로서의 생명' 개념의 등장과 생명의 분자화, 그리고 신자유주의』. 궁리출판.

너스, 폴. 2021[2020]. 『생명이란 무엇인가: 5단계로 이해하는 생물학』. 이한음 옮김. 까치.

다윈, 찰스. 2019[1859]. 『종의 기원』. 장대익 옮김. 사이언스북스.

도킨스, 리처드. 2006[1976]. 『이기적 유전자』. 홍영남 옮김. 을유문화사.

마이어, 에른스트. 2016[1997]. 『이것이 생물학이다』. 최재천 외 옮김. 바다출판사.

박민아 · 이두갑 · 이상욱. 2025. 『과학의 결정적 순간들: 그날 이후 세계는 어제와 같지 않았다』. 바다출판사.

아리스토텔레스. 2001. 『영원에 관하여』. 유원기 역주. 궁리.

위너, 노버트. 2023[1948]. 『사이버네틱스: 동물과 기계의 제어와 커뮤니케이션』. 김재영 옮김. 읻다.

한희진. 2010. "폴-조제프 바르테즈(1734~1806)의 생기론." 『의사학』 19(1): 157-188.

Abbott, S. and D. Fairbanks. 2016[1866]. "Experiments on Plant Hybrids by Gregor Mendel." *Genetics* 204: 407-422.

Avery, O., C. M. MacLeod, and M. McCarty. 1944. "Studies on the Chemical Nature of the Substance Inducing Transformation of Pneumococcal Types: Induction of Transformation by a Deoxyribonucleic Acid Fraction Isolated from Pneumococcus Type III." *Journal of Experimental Medicine* 79(2): 137-158.

Bechtel, W. and R. Williamson. 1998. "Vitalism." In E. Craig(ed.). *Routledge Encyclopedia of Philosophy*. Routledge.

Bertalanffy, L. 1968. *General System Theory: Foundations, Development, Applications*. George Braziller.

Birch, C. and J. B. Cobb. 1985. *The Liberation of Life: From the Cell to the Community*. CUP Archive: 76–78.

Boltzmann, l. 1866. "Über die Mechanische Bedeutung des Zweiten Hauptsatzes der Wärmetheorie." *Wiener Berichte* 53: 195 – 220.

Capra, F. and P. L. Luisi. 2014. *The Systems View of Life: A Unifying Vision*. Cambridge University Press.

Clausius, R. J. 2008[1879]. *The Mechanical Theory Of Heat*. Trans. by W. R. Browne. Kessinger Publishing.

Gayon, J. 2016. "From Mendel to Epigenetics: History of Genetics." *Comptes Rendus Biologies* 339(7/8): 225 – 230.

Hamoir, G. 1992. "The Discovery of Meiosis by E. Van Beneden: A Breakthrough in the Morphological Phase of Heredity." *Int. J. Dev. Biol.* 36(1): 9 – 15.

Harvey, W. 2006[1628]. *The Circulation of the Blood*. Cosimo, Inc.

Lane, N. 2015. "The Unseen World: Reflections on Leeuwenhoek(1677) 'Concerning Little Animals.'" *Philosophical Transactions: Biological Sciences* 370(1666): 1–10. http://www.jstor.org/stable/24498771.

Lukács, D. 1981. "Walter Flemming, Discoverer of Chromatin and Mitotic Cell Division." *Orvosi Hetilap* 122(6): 349 – 50.

Maturana, H. and F. Varela. 1980. *Autopoiesis and Cognition: The Realization of the Living*. Reidel.

Neumann, J. V. 1966. *Theory Of Self-reproducing Automata*. University of Illinois Press.

Nicolis, G. and I. Prigogine. 1977. *Self-Organization in Nonequilibrium Systems: From Dissipative Structures to Order through Fluctuations*. Wiley.

Pokrovskii, V. 2020. *Thermodynamics of Complex Systems: Principles and Applications*. IOP Publishing.

Rabinovich, D. 2020[2007]. "Wöhler's Masterpiece." *Chemistry International* 29(5). September–October 2007. Retrieved 18 May 2020.

Sapp, J. 2003. *Genesis: The Evolution of Biology*. Oxford University Press: 75–78.

Schrödinger, E. 1944. *What is Life?*. Cambridge University Press,

Watson, J. and F. Crick. 1953. "Molecular Structure of Nucleic Acids: A Structure for Deoxyribose Nucleic Acid." *Nature* 171(4356): 737–738.

Whitman, W., D. Coleman, and W. Wiebe. 1998. "Prokaryotes: The Unseen Majority." *Proceedings of the National Academy of Sciences of the United States of America* 95(12): 6578–6583.

제11장

현실원리를 넘어 환상원리로

1. 현실원리의 퇴조
2. 탈실재화의 사회문화적 배경
3. 상상계의 재발견
4. 대안으로서의 환상원리
5. 환상원리의 변경에서: 상상력(想像力)과 파상력(破像力)의 뫼비우스적 접합

Designed by Freepik

1. 현실원리의 퇴조

정신분석학의 창시자 지그문트 프로이트(Sigmund Freud)는 즉각적 즐거움을 찾는 쾌락원리(pleasure principle) 대신 장기적 보상을 추구하는 '현실원리(reality principle)'를 문명화의 정신적 동인으로 지목한 바 있다. 여름 철 내내 노래하며 즐기던 베짱이가 추운 겨울을 대비해 열심히 일한 개미에게 도움을 청하는 이솝 우화를 연상시키는 주장인 것이다. 그러던 현실원리가 내재적 욕구 실현을 중시하는 현대사회로 접어들면서 영향력을 상실하고 있다. 따라서 대안적 원리에 관한 탐색이 학계 안팎에서 진행되어 왔는데, 개중에는 쾌락원리로의 퇴행을 점치는 견해가 있는가 하면 쾌락원리도 현실원리도 아닌 새로운 행위원리의 출현이 예상되기도 한다.

여가 욕구의 확산이나 유흥산업의 팽창 등으로 짐작할 수 있듯, 오랫동안 현실원리에 압도되어 무의식세계에 침잠해 있던 쾌락원리가 재기할 것이라는 가설이 성립될 조짐이 없는 것이 아니다. TV를 앞세운 매스미디어 시대를 맞아 정치, 언론, 교육은 물론 종교까지 놀이처럼 연예화하는 쾌락주의가 만연할 것이라는 닐 포스트먼(Neil Postman)의 예고가 익히 알려진 사례에 속한다(Postman, 1985). 더구나 인터넷이나 유튜브와 같이 TV를 능가하는 뉴미디어 체제가 등장함으로써 삶의 터전에서 자신의 주관적 욕구를 충족시키고자 하는 쾌락원리가 창궐할 것이라는 가정을 배제할 수 없다.

하지만 사이버공간의 내재적 속성들은 그 같은 일방적 전망이 아닌 새로운 행위원리의 출현을 예고한다. 우리의 활동 무대인 현실세계가 기능적으로 연동된 다중적 형태로 재편되고 있기 때문이다. 지금까지 현실은 주로 개인 내면세계의 외부에 존재하면서 그에게 영향을 끼치는 외재적 · 객관적 실재로 인식되어 왔다. 하지만 모사적 현실의 대두와 함께 현실세계가 다중화하면서 종전의 현실원리나 그 대항 명제인 쾌락원리 모두를 뛰어넘는 제3의 행위원리가 출현할 것이라는 전망이 보다 유력시되고 있다.

2. 탈실재화의 사회문화적 배경

1) 실재성의 소멸

수년 전 한국 사회에 '폐인'이란 말이 성행한 적이 있다. 인기 텔레비전 드라마의 애청자 중에 해당 프로그램 홈페이지에 자신의 심정, 소감, 바람 등을 격정적으로 토로하는 사람들이 생겨나기 시작했다. 그들은 스스로를 폐인으로 자처하며 방영되는 드라마의 세세한 부분에 대해 자신의 소견을 토로하고 다른 시청자들과 의견을 나누면서 자기와 다른 생각을 갖거나 자신이 미워하는 인물을 좋아하는 사람들과 격론을 벌이고, 심지어 드라마의 내용이나 결말을 자기가 원하는 쪽으로 바꾸라고 요구하기까지 했다. 드라마 속의 삶이 자신이 원하는 대로 이루어지기를 열망했기 때문이다. 이 같은 행태는 실재세계에 대한 변조적 의지를 반영하는 단서가 아닐 수 없는데, 유사한 경향은 '회빙환(회생, 빙의, 환생)'을 주제로 하는 영상물을 선호하는 최근의 시청자 동향을 통해서도 감지할 수 있다.

이러한 추이로 인해 요즘은 실재와 연관이 없는 이미지들이 도처에서 횡행하는 모사의 전성시대로 치닫고 있다. 실재로부터의 이탈 현상으로 간주할 수 있는 그러한 상황을 마르크스주의 문화평론가 프레드릭 제임슨(Fredric Jameson)은 "모사물이 대거 생산되는 '초국적 자본주의(transnational capitalism)' 시대의 문화적 모순"으로 진단했고, 기호학자 움베르토 에코((Umberto Eco)도 그 같은 기호의 범람 상태에서는 "디즈니랜드가 왁스박물관보다 더 어필한 것"이라는 촌평을 남겼다(Jameson, 1991; Eco, 1986[1973]). 후자는 우리가 보는 것이 실재를 복제한 것임을 주지시키려는 것인 반면, 전자는 마술적 울타리 안에서 복제된 허상을 있을 법한 환상으로 오인시키는 현상을 지적한 것이다. 탈근대 이론가 장 보드리야르(Jean Baudrillard)는 거기서 한 걸음 더 나아가 디즈니랜드에 그 이상의 의미가 숨겨져 있다고 말한다.

> 디즈니랜드는 〈실제의〉 나라, 〈실제의〉 미국 전체가 디즈니랜드라는 사실을 감추기 위하여 거기 있다(마치 감옥이 사회 전체가 그 평범한 어디서고 감옥이라는 사실을 감추기 위하여 거기 있는 것과 약간 유사하게). 디즈니랜드는 다른 세상을 사실이라고 믿게 하기 위하여 상상적 세계로 제시된다. 그런데 사실은 그를 감싸고 있는 로스앤젤레스 전체와 미국도 더 이상 실재가 아니고 파생실재와 시뮬라시옹 질서에 속한다. 더 이상 사실성의 거짓 재현 문제(이데올로기)가 아니고, 실재가 더 이상 실재가 아니라는 사실을 숨기고, 따라서 사실성의 원칙을 구하기 위한 문제이다.

출처: 보드리야르, 장. 2012[1981]. 『시뮬라시옹』. 하태환 옮김. 민음사: 40-41.

더구나 인터넷, 월드와이드웹, 가상현실, 온라인 3D 게임 등 새로운 미디어 기술들이 일상생활에 깊숙이 침투함으로써 이들이 생산해 내는 모사물을 통하지 않고는 삶을 지탱할 수 없는 단계에 도달한 지금 우리는 모사의 전성 시대에 어떻게 반응하고 있는가?

마셜 맥루언(Marshall McLuhan, 1964)은 앞으로 미디어 기술이 막강한 소통적 역능에 힘입어 우리 삶이 풍성해질 것이라고 낙관적으로 예단한 바 있다. 하지만 보드리야르는 그와 상반된 견해를 표한다. 그는 대중매체가 대중통제의 효과적 장치일 뿐 소통 행위를 개선해 주지 못할 것으로 본다. 실제로 초기 저작에서 보드리야르는 전송장치를 없애고, 혁명적 행동을 통해 미디어 테크놀로지의 세계를 파괴하며, 면 대 면 대화를 되찾자는 등의 급진적 저항책을 제시했다(Baudrillard, 1983[1978]). 하지만 이후 그는 모사에 전적으로 무관심하라는 허무주의적 입장으로 물러선다(Baudrillard, 1990[1983]). 반면 정규전에 대응한 일종의 게릴라 전술을 대안으로 제안한 에코는 미시적 저항의 가능성에 기대를 건다. 혁명가들은 자신의 전복적 메시지를 확산시키기 위해 풀뿌리 텔레비전 프로그래밍을 활용할 수 있다는 것이다(Eco, 1986[1973]). 이러한 다양한 입장에도 불구하고 한 가지 분명한 점은 이제 모사로서 표상되는 비실재가 실재를 방불케 하는 실재성 소멸의 시대로 들어서고 있다는 사실이다. 모사에 대한 저항은 새로운 모사의 생산을 요구하는바, 이는 곧 재귀 과정을 통해 모사적 세계가 날로 공고화할 것임을 시사한다.

2) 시간의 동렬화(Synchronization)

우리는 지금 매스미디어에서 상호작용적 디지털 미디어로의 이행을 목도하고 있다. 디지털 기술은 공간뿐만 아니라 시간까지 압축한다(Harvey, 1989). 스마트폰, 이메일, 메신저, PDA 등 거의 우리 몸의 일부가 되다시피 한 전자장비들과 함께 우리는 일주일 24시간 내

내 전 지구적 정보 네트워크에 '꽂혀(plugged in)' 산다. 스마트폰 벨소리는 끊임없이 우리의 직접적 대화를 방해한다. 속도도 이제 더 이상 물리적 수송 수단에 의한 지리적 거리의 이동에 한정되지 않는다. 오히려 속도는 광속도로 움직이는 실시간 데이터 전송과 동일시된다. '즉각(instantaneity)' 또는 '즉시(immediacy)'로 대변되는 실시간 테크놀로지(real-time technology)는 현실세계의 마찰을 소거하고 있다. 전자상거래는 생산자와 소비자의 거리를 와해시키며, 언제, 어디서, 어떤 것이든 소비자가 구매할 수 있는 실시간 소비로 즉각적 만족(instant gratification)을 약속한다.

실시간, 즉 절대 속도에 숙달되는 것은 이제 생존과 직결되는 것으로, 선택이 아니라 필수라는 구호가 사방에서 풍미한다. 시간이 돈으로 환산되고, 시테크에 관한 서적들이 양산되고 있다. 하이테크 마케팅 전문기업인 맥케나그룹 회장 리지스 맥케나(Regis McKenna)는 *Real Time*이란 책에서 이러한 시간관을 실감나게 진술한다.

> "시간이 완전히 사라져 공간이 말랑말랑해진 세계를 상상해 보라. 욕구나 욕망과 충족 사이의 간격도 영으로 떨어진 세계를. 거리가 접속에 걸리는 시간인 백만분의 1초와 똑같은 세계를 … 오늘날 거의 모든 테크놀로지가 정보를 얻고 사용하는 데, 배우는 데, 결정을 내리는 데, 행위를 시작하는 데, 자원을 배치하는 데, 혁신하는 데 걸리는 시간을 제로로 압축하는 것에 초점을 맞추고 있다. 그래서 자극과 반응이 동시화함으로써 우리는 실시간으로 살아가게 된다."

출전: McKenna, Regis. 1997. *Real Time: Preparing for the Age of the Never Satisfied Customer*. Harvard Business Review Press: 3–4.

이렇듯 실시간은 한편으로는 우리에게 새로운 기회를 마련해 주지만 다른 한편으로 또 다른 형태의 왜곡을 안겨다 준다. 실시간에 의해 지배되는 현재는 결국 과거와 미래에 대한 우리의 시각까지 소환할 것을 요구하며, 그럼으로써 기존의 크로노스(Chronos) 형태인 객관적 시간이 카이로스(Kairos) 형태의 주관적 시간으로 대체된다.

3) 초공간 미디어의 확산

인터넷이 제공하는 사이버스페이스는 더 이상 윌리엄 깁슨(William F. Gibson)의 1984년도 SF 소설 『뉴로맨서』(*Neuromancer*)에 묘사된 허구적 '매트릭스'에 그치지 않는다. 한때 유행했던 린든랩(Linden Lab)의 '세컨드 라이프(Second Life)'나 최근의 메타버스 같은 사례를 통해 직시할 수 있듯, 인터넷을 기반으로 한 가상세계는 더 이상 허상이 아닌 우리 일상의 일부가 되어 가고 있다.

이때 주목을 요하는 점은 그간 책, 라디오, 텔레비전, 전화 등 다양한 미디어가 등장했건만 미디어에 '공간(space)'이란 말이 붙게 된 것은 인터넷이 생겨난 이후라는 사실이다. 이 공간은 물리적 공간은 아니다. 그래서 '사이버'라는 말이 부착된 것이다. 피처폰 시절만 해도 우리는 그것을 들고 어디로 가지 않는 한 새로운 공간을 체험할 수 없었다. 하지만 전화기에 인터넷이 장착된 스마트폰의 확산과 더불어 공간과 운동의 은유가 완결 단계에 이르게 된다(Nunes, 1995).

인터넷과 관련된 공간적 개념을 우리는 도처에서 찾아볼 수 있다. 1983년도에 미 백악관이 국가 정보화 사업을 추진하면서 캐치프레이즈로 내세운 것이 "정보 초고속도로(Information Superhighway)"였다. 그것은 고속도로가 물리적 이동의 변혁을 촉진해 국토를 바꾸었듯, 정보 고속도로가 가상의 경관을 바꾸어 사회를 변혁시키리라는 기대감의 발로라 할 수 있다.

사이버스페이스가 공간적 개념인 고속도로가 될 수 있는 것은 그 안에서 속도와 운동과 방향의 전환이 가능하기 때문이다. 물론 이때의 속도, 운동, 방향은 물리적 고속도로에서의 그것과는 달리 가상적 지형(virtual topography)에서 성립하는 것이다. 우리는 인터넷을 '항해(navigate)'하거나 '여행(travel)'하며, '주소(address)'를 가진 '처소(site)'를 '방문(invite)'한다. 또 사이버스페이스는 명실상부한 '세계'이며, 우리는 그 세계를 '탐험(explore)'한다. 사이버스페이스의 태동기의 주역인 사이버 선구자들의 외침에는 거친 미지의 땅을 선점하려는 대륙 팽창기의 개척자들을 연상케 하는 어휘들이 많이 발견된다. '전자개척재단(Electronic Frontier Foundation: EEF)'이라는 명칭이 단적 사례의 하나라고 하겠다(Woolley, 1992).

4) 생활세계의 가상화

초공간적 미디어를 기반으로 한 인터넷 세계에서는 교제, 놀이, 정보 교환, 거래 등 사람들 간의 다양한 상호작용이 이루어진다. 하지만 사이버공간이 물리적 공간과 구별되는 한 그곳 행위자들의 상호작용 양식과 정체성 형성 방식은 실재 현실에서의 그것과 다를 수밖에 없다.

첫째, 사이버공간은 물리적 공간의 제약이 해소된 실시간 공간이다. 사이버공간이 시공간상의 제약과 장애를 소거한다는 사실은 많은 기술주의론자들을 유토피아적 기대감에 부풀게 한 동시에, 인간을 실시간의 노예로 복속시켜 인간성 상실을 부추길 것이라는 부정적 예견을 불러일으키기도 한다. 하지만 메신저나 채팅과 같은 실시간 커뮤니케이션 도구, 게시판, 블로그 혹은 SNS와 같은 새로운 소통양식이 적절히 활용된다면 사회화에 기여할 몫이 그들에게 대거 할양될 것으로 본다.

둘째, 유튜브 같은 동영상 UCC가 폭증하기 시작한 최근 이전까지 사이버 커뮤니케이션은 주로 문자 중심의 커뮤니케이션에 머물러 왔다. 문자는 실시간 커뮤니케이션과 원천적으로 잘 어울릴 수 있는 것은 아니다. 타이핑 속도의 한계가 즉각적 반응의 장애요소로 작용하기 때문이다. 따라서 실제적으로는 비동시적 커뮤니케이션이 사이버 공간에서 성행하는데, 게시판 문화가 바로 그 전형이라고 할 수 있다. 이때 주목을 요하는 점은 게시판의 일방향성을 극복하기 위한 여러 장치들, 예컨대 게시물에 대한 댓글, 또 그 댓글에 대한 댓글, 또 블로그에서 서로 다른 곳에 있는 게시물들을 서로 잇는 트랙백, 사이월드의 촌수 맺기 등이 그간 사이버공간의 가상화에 크게 기여했다는 사실이다.

셋째, 사이버공간은 본질적으로 신체 없는 익명적 주체의 활동무대로 간주할 수 있다. 신체 없음과 익명성은 양날의 칼이다. 그것은 한편으로 신체의 굴레를 끊고 사이버공간을 활보할 수 있는 자유를 제공하나 다른 한편 사이버공간의 형성에 치명타를 끼칠 수 있다. 신체 없는 익명적 주체의 정체성은 본질적으로 비역사적일 수밖에 없다. 몸에는 삶의 역사가 기록된다. 어릴 적의 상처, 베인 자국, 눈가의 기미, 여드름, 사지의 절단, 귀걸이, 코걸이, 꿰맨 자리, 수술 자국 그리고 그 몸을 가리고 치장하는 많은 의복과 액세서리 등이 그 몸의 정체성을 형성한다. 하지만 그러한 몸이 사라진다면, 게다가 쉽게 부활되고, 끝없이 선택가능하고, 변형가능하고, 죽을 수 있는 주체라면 그런 주체가 사회적 관계와 교감을 형성하는 주체로서의 역할을 온전히 수행할 수 있을까? 이런 주체들이 사회를 형성하려면 이들이 주위 사람들에게 스스럼없이 '타자(the other)'가 될 수 있어야 하는데, 그들이 과연 자연스럽게 타인화할 수 있을까? 더구나 갱신의 유혹 속에서 과연 타자로서 자신의 소명을 다할 수 있을 것인가? 이처럼 많은 의문에도 불구하고 그러한 익명의 주체들이 서로 어울려 살아가야 할 미래의 삶은 서로 간의 공통적 지각이 면제된 비실재적 현실을 지향할 것임이 분명하다.

비실재적 세계에 사는 사람들은 사회적 인습에 덜 구애받으며 낯선 사람들과 서슴없이 접속할 수 있다. 남/여, 어른/아이, 흑/백/황인, 부자/빈자, 지배자/피지배자의 구분에 대한 시각적 단서가 없기 때문에 참여자들은 주저 없이 자신을 표현하며 관계를 트거나 유지할 수 있다. 특히 비실재적 공간에서는 개인이 자신의 모습을 바라보는 순간부터 작동하는 자의식에 얽매이지 않고 자신의 정체성을 임의로 조정할 수 있는바, 이는 사실상 ID 이외의 전면적 백지상태에서 타자와의 자유로운 소통을 허용하는 가상세계 특유의 효과가 아닐 수 없다.

3. 상상계의 재발견

근대적 합리주의는 자유로운 상상을 지향하는 정신 활동들을 합리적 이성의 방해물로 여겨 기피하거나 억압해 왔다. 그러나 상상의 힘을 역설한 과학철학자 가스통 바슐라르(Gaston L. Bachelard)는 상상력을 "인간 본연의 주된 권능"이라고 천명했고, 상상력의 범역을 인간의 정신활동 무대 전반으로 확장해 '상상계의 인류학'을 구축한 질베르 뒤랑(Gilbert Durand) 역시 상상계를 "진정한 인간 행동양식의 원동력"으로 중시한다(Bachelard, 1969[1960]; 뒤랑, 2022[1960]). 더구나 디지털화의 촉진으로 시공간 제약이 소거되고 자유로운 결합을 허용하거나 권장하는 혼융적 사고가 확산되어 가는 최근에는 개인 정신세계의 심부에 위치한 상상계의 역할이 돋보이고 있다.

모순어법일지 모르지만, 사이버공간은 공간 개념이 사상된 '공간 없는 공간(spaceless space)'이다. 인터넷은 거리, 간격, 분리 개념을 내파(內破, implosion)하는 '초잠재적 점(hyperpotential point)'으로 공간을 붕괴시키며, 그에 따라 삶의 현장에서 "주체는 시공간적 맥락으로부터 끊임없이 반복적으로 피납된다(Virilio, 1991: 101)." 따라서 사이버공간에서는 세상이 나를 중심으로 구성되는데, 이 같은 새로운 상황을 보드리야르는 진정한 의미의 항해는 주어지지 않고, 단지 자신의 주변 영역 내에서 원환운동을 반복하는 사람들의 끊임없는 여정만이 존재하는 '궤도의 시대(orbital era)'로 규정한다(Nunes, 1995).

사이버공간은 물리적 공간의 제약성을 극복함으로써 자체적 권력을 획득한다. 때문에 그것은 모든 지형적 문제들을 해결해버리겠다고 위협하는 '최후의 운송체(the last vehicle)'로 기능한다(Virilio, 1989). 사이버공간에서의 운동, 속도, 행로는 물리적 공간에서의 운동, 속도, 행로에 위협을 가한다. 이러한 위협은 어떤 경우에는 치명타를, 다른 경우에는 형태나 성격의 근본적 변화를 초래할 것이나, 궁극적으로 지역을 물리적으로 돌아다니는 능력보다 비물리적으로 여행하는 것에 큰 가치를 부여한다. 네트는 '플랫폼'을 만들어 사업을 하는 '장소'가 되어 가고, 기업들은 이러한 네트에 앞다퉈 참여한다. 물리적 공간을 극복해 온 기존의 탁월한 운송 수단들이었던 기차, 자동차, 비행기 등도 이러한 비물리적 공간의 출현에서 비롯된 공간 질서의 재편에 새롭게 적응하지 않을 수 없다.

물론 사이버공간의 출현이 모든 물리적 운송 수단의 소멸이나 축소를 야기하는 것은 아니다. 택배가 번성하는 최근 현황이 바로 그 점을 실증한다. 하지만 디지털 시대의 운송수단은 그 근본적 의미를 크게 달리할 수밖에 없다. 지금까지 운송수단의 주요 대상은 신체였다면 궤도의 시대의 그것은 정신이라고 할 수 있다. 즉, 여태까지의 실공간은 '가야 할' 물리적 이동의 공간이었다면 앞으로의 그것은 생각하고 꿈꾸는 '상상의 세계'로 변모할 전망이다.

4. 대안으로서의 환상원리

현실원리와 친화력을 지니는 근대적 사유양식이 배태될 수 있었던 본원적 계기는 '탈주술화(disenchantment)'라는 개념으로 축약할 수 있는 과학적 인과성의 확립이었다. 근대적 합리성에 기반한 기계론적 세계관에 의해 복잡하고 예측불가한 신비의 세계가 계산되고 예측할 수 있는 세계의 모습으로 재현되었으며, 나아가 그것이 새로운 시간관 · 공간관 · 물질관과 결합해 생각이나 생활에 영향력을 확장함으로써 세계가 절대 권력이나 우상들로부터 풀려나는 탈주술화를 추동했다(Weber, 1993[1920]).

이성에 근거한 객관적 진리만이 인류의 발전에 공헌할 수 있다는 사고방식, 즉 근대적 합리성에 기반한 사고방식은 인간의 정신활동에서 중요한 위치를 점하는 상상적 요소들로 이루어진 감성세계를 합리화의 방해물로 단죄함으로써 자신을 속박하는 결과를 자초해 모든 문제를 도구적 합리성에 기반한 기술적 방법으로 해결하도록 강요했던 것이다.

그러나 고도 정보사회에서는 창의적 상상력이 소중한 능력으로 인정되어 이성적 활동조차 환상적 요소를 중시하는 상상적 활동하에 귀속시키자는 반작용이 발동하면서, 상상력에 기반한 환상원리(fantasy principle)가 새로운 행동원리로 부상하고 있다. 상상력의 소산인 창의성과 독창성이 이성의 종속물 내지 방해물이라는 인식이 약화되면서 '꿈을 현실로 전환시키는' 환상이 개인의 주관적 의식세계를 넘어 사회체계를 구성하는 새로운 역능을 행사할 것으로 기대되고 있다.

> 기호화되는 사물보다 기호 자체가, 원본보다 복사가, 실재보다 환상이, 본질보다 외관이 선호되는 현시대에는 오직 환상만이 신성한 것이고 진실은 속된 것이 되어 가고 있다. 아니, 오히려 진리가 감소되고 환상이 증가하는 정도에 비례해 신성성이 고양됨으로써, 최고도의 환상이 최고도의 신성성을 발휘한다.

출처: Feuerbach, Ludwig, 1843. "Preface to the Second Edition." *The Essence of Christianity*.(http://marxists.org/reference/archive/feuerbach/works/essence/ec00.htm); 드보르, 기. 2014[1967]. 『스펙타클의 사회』. 유재홍 옮김. 울력: 11에서 재인용.

이렇게 진술한 사람이 근 한 세기 반 이전에 마르크스와 엥겔스에게 유물론적 아이디어를 제공한 루트비히 포이어바흐(Ludwig Andreas von Feuerbach)라는 사실이 놀랍다. 이는 모든 것이 역전된 세계에서는 참된 것이 허위적인 것의 계기로 나타난다는 부조리를 지적한 것으로, 환상문학가 로지 잭슨(Rosie Jackson) 역시 환상성은 보이지 않는 것을 보이도록 하는 것, 즉 말해질 수 없는 것을 표현하는 문제를 중시한다고 주장한다(잭슨, 2001[1986]). 이런 연유로 시공간

재구성이 보다 활발히 촉진되는 고도 정보사회에서 환상원리가 현실원리보다 우선시되는 관념적 전복이 용이할 것으로 여겨진다. 즉, 최첨단 정보통신기반기술이 확산되는 최근에는 누구든 디지털 세계에서 서로 손쉽게 접속하고 협력할 기회를 쉽게 향유할 수 있는바, 개인의 주체적 욕망을 적극적으로 반영할 수 있는 환상원리의 실현장으로 기능할 수 있는 인터넷 접속공간의 확산과 더불어 상상을 현실화하는 환상적 행위 경향이 실세계나 가상세계 모두에서 고조될 것으로 본다.

요즘 사람들은 왜 틈만 나면 일상을 벗어나 관광길에 나서는 것일까? 예컨대 로마나 아테네 등과 같은 도시를 방문하는 관광객들은 찬란했던 옛 도시의 환영을 체험하고자 모여든다. 환상추구적 동기는 동시대적인 환상을 열망하는 크루즈 여행객이나 보다 간편히 환상욕구를 충족하기를 원하는 영화 관람객들로부터도 유추할 수 있는데, 엄청난 환상원리의 잠재적 수요는 〈반지의 제왕〉, 〈나니아 연대기〉 및 〈해리 포터 시리즈〉와 같은 판타지물에 대한 높은 관심, 자체가 환상적 사고의 결실인 애니메이션의 대중적 인기, 혹은 〈스타크래프트〉나 〈바람의 나라〉 등과 같은 온라인 게임물의 확산 등에서 감지할 수 있다. 이러한 환상추구적 행위는 주로 다음과 같은 세 가지 양식으로 구현되곤 한다.

1) 서사적 양식(Narrative Mode)

현실계의 작동 원리가 인과성이라면 환상계의 그것은 무엇이라고 할 수 있을까? 환상은 절망을 넘어선 새로운 희망을 제공하는 데 주된 기능이 있다. 거기에는 턱없는 망상에서 위대한 착상에 이르는 다양한 스펙트럼이 존재하는데, 공통적인 것은 그들이 이야기라는 서사적 형태로 표출된다는 점이다. 아리스토텔레스는 『시학』에서 “이야기를 한다는 것은 미메시스(mimesis, 플롯짜기)를 통해 삶의 피륙을 재조직하는 행위”라고 말했다. 실제로 저널리스트이자 소설가인 매직리얼리스트 가브리엘 가르시아 마르케스(Gabriel José de la Concordia García Márquez)는 그의 자전적 글 『이야기를 위해 살다』에서 서사적 욕구란 ‘호모 파불라토르(Homo Fabulator, 이야기하는 인간)’가 지닌 기본적 욕망의 하나라고 밝히면서(마르케스, 2007[2002]), 자신의 내면세계에서 요동치던 서사적 충동을 『백년 동안의 고독』(*Cien años de soledad*)(2005[1967])과 같은 웅대한 걸작으로 작품화한 바 있다. 물론 그는 이야기하고자 하는 서사적 욕망만으로 세계적 작가의 반열에 오른 것이 아니다. 남독한 서적들, 오가며 스친 사람들, 영감과 사유의 원천이 되었던 문우들, 종군기자로서의 다양한 체험, 반정부활동 이력, 살인과 폭력이 일상적 해결책인 조국 콜롬비아 등이 세계적 작가로 성장하는 데 기여했다고 한다. 하지만 마르케스는 자서전에서 삶을 이야기로 바꾸기 위해서는 “사실 같지 않은 사실을 만들어 다른 사람은 물론이요, 자신마저 믿어버리게 하는 상상의 모험”을 감행하려는 결단이 필수적이라고 역설한다.

이야기란 작가들에게만 있는 것이 아니라 범부의 세계에서도 얼마든지 존재한다. 화자는 자신의 흔적을 알리기 위해 이야기한다. 이야기함으로써 삶의 의미나 가치를 깨우칠 수 있기 때문이다. 따라서 삶은 곧 이야기라고 말할 수 있다. 이야기는 소설로만 형상화하는 것이 아니라 노래, 신화, 몸짓 등 다양한 방식으로 표출된다. 개그맨의 치솟는 인기로 짐작할 수 있듯, 연예나 오락 세계에서 이야기를 잘 엮어대는 사람이 우대되고, 식당, 자동차, 오토바이, 운동화 등 서비스 업종이나 공산품들마저 이야기 경쟁에 몰두한다. 이미지를 형상화할 수 있는 서사성이 과학적 인과성을 대신한 상상력의 기축으로 대두하는 이런 상황에서 환상원리가 근대적 현실원리를 대신할 수 있는 대안적 행위원리로서의 입지를 공고화할 것이 분명한데, 환상의 거소로 간주되는 사이버스페이스의 출현이 그러한 경향을 촉진시킬 것임은 두말할 나위가 없다.

2) 치장적 양식(Glossing Mode)

좋은 연극은 좋은 대사만으로 이루어지는 것이 아니다. 대본 이외에 배우, 무대장치, 설치물들이 있어야 하듯, 환상은 플롯에 해당하는 서사 이외의 요소들을 동시적으로 필요로 한다. 그런데 이들 서사외적 요소들은 플롯이 지향하는 내용을 보강할 수 있도록 치장되어야 환상적 효과를 배가할 수 있다. 따라서 현실적 삶을 초월한 환상적 낭만을 지향하는 심향이 급속히 확산됨에 따라 환상적 효과를 증식시키기 위한 각종 치장이 성행할 것으로 예상된다. 그러한 조짐은 의식주 기본생활의 측면에서 나타나는 호화 의상, 호화 식단, 호화 인테리어 등은 물론이고 실용적 가치가 적은 캐릭터 산업이나 이벤트 산업의 성행에서도 간파할 수 있다.

생활세계의 '미학화(aesthetization)'로 지칭할 수 있는 이러한 경향은 팬시 문구에서 행사장에 이르는 우리 생활 다방면에서 찾아볼 수 있으나, 치장의 극단적 모습은 '장관'이라고 번역되는 스펙터클을 향한 현대인의 열광적 반응에서 극적으로 드러난다. 엄청나게 반박 불가한 것으로 현현하는 스펙터클은 "겉으로 보이는 것은 좋은 것이며, 좋은 것은 겉으로 드러나게 되어 있음"을 시사한다. 즉 스펙터클은 아무런 응답을 요하지 않는 외양의 독점에 의해 사람들에게 수동적 수용을 요구하는데, 그것은 오늘날 상품에 부착되는 필수불가결한 장식물, 나아가 증가하는 이미지 대상들을 직접 생산해 내는 선진 경제로 구현되기까지 한다(드보르, 2014[1967]). 그중에도 '셀럽'으로 불리는 인지도 높은 유명인들(celebrities)은 생동하는 인간 스펙터클의 전형으로 드러난다. 영화배우나 탤런트처럼 자신을 표출하기 위해 존재하는 모조적 삶의 전문가들인 연예계 스타들의 일거수일투족에 대한 대중적 열광은 치장에 의한 '순종의 일반법칙'이 얼마나 강력한 것인가를 실증한다.

3) 변형적 양식(Transforming Mode)

대중가요 제목에까지 등장했던 "바꿔" 열풍은 현실적 질곡에 대한 반작용으로 날로 각광받고 있는데, 그러한 경향은 개성적 삶의 추구가 새로운 생활가치나 생활원리로 확산되는 경향에 비례해 가속화할 전망이다. 따라서 현존하는 모든 사물, 행태, 사고, 신념, 윤리, 가치관 등은 기존한다는 이유로 거센 변화의 압력을 회피할 수 없어, 앞으로 리모델링이나 리세팅 같은 틀 바꾸기를 지향하는 각종 변형이 참신, 편익, 실리 심지어 친환경 등의 명목하에 성행할 소지가 높다.

전통적으로 변형의 대상은 '객체'로 통칭되는 외적 사물이나 환경을 지칭하는 것이 일반이었다. 하지만 외적 변형이 널리 일상화되고 있는 근자에 들어서면서 변형은 객체 아닌 주체, 혹은 남 아닌 나를 변모시키자는 방향으로까지 확산되고 있다. 과거에는 태도나 성격이 "많이 변했다."라는 언사는 대체적으로 긍정적 의미보다는 부정적 의미를 수반하는 경우가 많았다. 하지만 변화무쌍하고 유연한 행태가 오히려 환영받는 오늘날에는 시점이나 상황에 부응하는 변모가 크게 요구되어, 사회적 역할 기대에 영합하는 임기응변이 오히려 바람직한 생활윤리로 환대되는 실정이다. 따라서 연극학적 접근의 창시자 어빙 고프만(Erving Goffman)이 강조한 생활무대 전경(front stage)에서의 인

상관리(impression management) 기법은 고객만족 · 고객감동을 위한 감정노동을 요하는 직업 부문에는 물론이요, 일상생활 전면으로 적용 영역을 넓혀 가고 있는 실정이다(Goffman, 1959[1956]; Hochshild, 1983).

주체의 변형은 신체를 소재로 한 변신(metamorphosis)에서 절정을 이룬다. 호주의 행위예술가이자 사이보그 철학자인 스텔락(Stelarc)은 다음과 같이 말한다. "나는 기술을 통해서 신체의 능력을 확장하려고 한다. 수백만 년간의 자연적 선택을 통해서 몇몇 신체 조직이 발전한다는 다윈 식의 진화가 종말을 맞이했다는 점을 보여주려는 것이다"(예술의전당 디자인미술관, 2006). 이런 발언은 인공 보철물이나 보조기 등을 통해 인간의 몸과 기계를 결합하고자 한 종전의 시도들과 일치하는 것이라 아니할 수 없다.

그러나 디지털 혁명은 신체의 존재 양식에 생각보다 훨씬 통렬한 충격을 기하고 있다. 디지털 기술은 우리 몸을 확장, 변형, 복제할 뿐

그림 11-1 | 패트리샤 피치니니(Patricia Piccinini)의 작품들

아니라 대체시키기까지 하면서 실체로서의 몸과 비실체로서의 몸 간의 경계를 깨뜨리고 있다. 예컨대 오스트리아의 아방가르드 아티스트 패트리샤 피치니니(Patricia Piccinini)는 실리콘과 플라스틱으로 동물과 인간의 중간 존재, 혹은 사이버 기술과 인간의 조합과 같은 작품을 통해 인간과 동식물 혹은 인간과 사물이 병존하며 진화하는 기술사회의 미래를 보여 주고자 하는데([그림 11-1] 참조), 이 같은 그들의 시도는 생물학자들이 염색체와 유전자를 찾아내고 식별하는 방법을 개발해 유전자를 변형하거나 접목하는 길을 열어가면서 차츰 구현 가능한 현실로 받아들여지고 있다.

5. 환상원리의 변경에서: 상상력(想像力)과 파상력(破像力)의 뫼비우스적 접합

정보홍수나 정보과다 등으로 표현되는 정보과잉 상태, 여기에 문자 텍스트를 넘어 시청각 이미지까지 가세된 자극과잉 시대로 접어들면 주체적 세계관이 함몰되면서 사람들은 급기야 환상에 대한 기대마저 유실하게 될는지 모른다. 요컨대, 상상력이 더 이상 새로운 삶을 추구하는 환상으로 승화시킬 수 없는 위기에 봉착할 개연성을 상정치 않을 수 없다.

상상력 위기 시대에 상상력을 쇄신할 수 있는 새로운 정신적 능력으로 환상력을 보강할 수 있는 것이 파상력(破像力)이다. 파상력은 이미지를 만드는(form) 능력에 역행하는 이미지 '분해(deform)' 기능을 수행하는 인식적 역능을 뜻하는 것으로, 이는 "부재하는 대상을 현존시키려는 힘인 상상력에 대비되는, 현존하는 대상의 환각성을 깨닫는 힘"으로 규정된다(김홍중, 2016).

파상력에 관한 착상은 "상상력 회복의 작업은 파괴로부터 시작하여 파괴의 결과인 폐허를 생산하고 그 폐허에 다시 질서를 부여하는 재구성 과정으로 종결된다."고 말한 발터 벤야민(Walter Benjamin)으로 소급할 수 있다(Benjamin, 1931). 이때 폐허는 기존 체계에 의해 감금되거나 유폐된 질료의 부스러기를 해방시켜 새로운 결합을 추동하는 기원으로 인식되며, 범람하는 자극들로부터 생성되는 새로운 이미지는 구상적(具象的) 힘으로서의 상상력과 소산적(消散的) 힘으로서의 파상력이 안팎에서 동시적으로 작동하는 뫼비우스적 접합 과정의 소산으로 이해된다.

『공기와 꿈』이라는 저작에서 바슐라르도 상상력의 정수는 이미지를 형성하는 능력을 넘어선 이미지 변형의 능력임을 역설한 바 있다. 이러한 주장을 개진하기 위해 그는 이미지를 '지각적 이미지'와 '창조적 이미지'로 구분하면서, 창조적 이미지를 창조적 상상력의 결과물로 설정한다. 반면 지각 실재를 초월하지 못한 채 기존 이미지의 복제에 연연하는 재현적 상상력은 창조적 이미지를 조형하지 못한다는 것으로(홍명희, 2005), 이때 요청되는 것이 바로 파상적 상상력이다.

파상적 상상력은 쳇바퀴 같이 반복되는 일상세계에 창조적 변형의 가능성을 제공하는데, 그것을 절실히 요청하는 곳이 노동세계다. 최종 산물에 대한 이미지를 연상하며 이루어지는 인간의 노동활동은 노동 주체의 상상력에 의해 이루어짐이 당연하다. 그러나 산업화는 노동의 몽상적 기반을 퇴화시켜 상상력 빈혈증 인간을 양산해 냈다. 따라서 현대인들은 자발적 상상력에 의해 자신이 필요로 하는 이미지를 생성해 내는 대신 손쉽게 주어지는 외부 이미지에 의존함으로써 창조적 이미지의 화석화를 조장해 왔다(박기현, 2004).

창조적 상상력에 대한 요청은 노동 외적 영역에서도 확인할 수 있다. 유명 문학작품을 원작으로 하는 문예영화라고 불리는 것은 문자 텍스트의 영상적 이미지화이며, 〈레미제라블〉이나 〈호두까기 인형〉 같은 무대 공연 역시 원전인 문자 텍스트를 장르 변환을 통해 이미지화한 것으로, 모두 형상적 상상력의 산물로 간주할 수 있다. 그런데 밀레의 작품 "만종"의 제목을 알고 있는 이들은 그림 앞에 설 때 귓가에 교회 종소리의 환청이 들려올지 모른다. 이러한 비(非)시각적 상상은 이전에 자신이 듣거나 배운 지식에서 유래한 것으로서, 바슐라르(Gaston L. Bachelard)는 그것을 문화적 콤플렉스의 결과라고 풀이한다. 주입식 학습으로 조성되는 문화 콤플렉스는 개인의 자유로운 사고를 저해하는 방해물이기에, 그는 문화 콤플렉스를 극복하는 방안의 일환으로 깨어 있으면서 꾸는 꿈인 몽상(rêverie)을 제안한다(바슐라르, 2007[1960]).

자면서 꾸는 꿈(dream)과 깨어 있으면서 꾸는 꿈(day dream)인 몽상 간에는 소정의 격차가 엄존한다. 자면서 꾸는 꿈의 주체는 인지적 균형을 상실한 망상가에 불과한 반면, 깨어 있는 상태에서 꿈꿀 수 있는 몽상가는 온전한 정신의 사색가라는 것이다. 망상의 심연으로 빠져들지 않는 환상의 세계에서는 형상을 구축하려는 상상력과 주어진 형상을 해체하려는 파상력과의 변증법적 접합에 의한 이미지의 창조적 재구성이 가능하다. 요컨대 몽상을 통해 새로운 이미지를 구축할 수 있는 창조적 상상력은 파상력과의 합류를 통해 '와해적 상상력(disruptive imagination)'으로 발돋움할 수 있다. 이렇듯 환상원리는 현실원리가 퇴조하는 시대에 새로운 이미지를 창출할 수 있는 창조적 상상력으로 호전될 수 있는 것이다.

세계의 기본 질서나 의미를 숙고하면서 세상을 새로이 구상할 수 있는 창조적 상상력은 나와 타자, 개인과 사회, 인간과 자연, 인류와 우주 간의 내밀한 관계를 재조명하며 인간 존재의 근원을 원천적으로 되돌아보게 한다. 따라서 기존 현실을 해체적으로 재고해 풍진 세상을 살 만한 가치를 지닌 곳으로 격상시켜 주는 와해적 상상력은 파상적 폐허에 새로운 질서를 부여하는 창조적 상상의 토대로 간주될 만하다.

■ 참고문헌

김홍중. 2016. 『사회학적 파상력』. 문학동네.

뒤랑, 질베르. 2022[1960]. 『상상계의 인류학적 구조들』. 진형준 옮김. 문학동네.

드보르, 기. 2014[1967]. 『스펙타클의 사회』. 유재홍 옮김. 울력.

마르케스, 가브리엘 가르시아. 2005[1967]. 『백년 동안의 고독』. 안정효 옮김. 문학사상.

_____. 2007[2002]. 『이야기하기 위해 살다』. 조구호 옮김. 민음사.

바슐라르, 가스통. 2007[1960]. 『몽상의 시학』. 김웅권 옮김. 동문선.

박기현. 2004. 『프랑스 문화와 상상력』. 살림출판사.

보드리야르, 장. 2012[1981]. 『시뮬라시옹』. 하태환 옮김. 민음사.

예술의 전당 디자인미술관. 2006. 〈기계의 꿈, 자동인형에서 로봇까지〉 전시목록.

옌센, 롤프. 2005[1999]. 『드림소사이어티』. 서정환 옮김. 리드리드출판.

잭슨, 로즈메리. 2001[1986]. 『환상성: 전복의 문학』. 서강여성문화연구회 옮김. 문학동네.

홍명희. 2005. 『상상력과 가스통 바슐라르』. 살림출판사.

Bachelard, G. 1969[1960]. *The Poetics of Reverie: Childhood, Language, and the Cosmos*. Trans. by D. S. Russell. Beacon Press.

Baudrillard, J. 1983[1978]. *In the Shadows of the Silent Majorities … or the End of the Social and Other Essays*. Trans. by P. Foss, P. Patton, and J. Johnston. Semiotext(e).

_____. 1990[1983]. *Fatal Strategies*. Trans. by P. Beitchman and W. G. Niesluchowski. Semiotext(e).

Benjamin, W. 1931. "Le Caractére Destructeur." R. Rochlitz. Trans. in *Quvres II*. Gallimard.

Eco. U. 1986[1973]. *Faith in Fakes: Travels in Hyperreality*. Trans. by W. Weaver. Harcourt.

Feuerbach, L. 1843. "Preface to the Second Edition." *The Essence of Christianity*.(http://marxists.org/reference/archive/feuerbach/works/essence/ec00.htm)

Gibson, W. 1984. *Neuromancer*. Ace Books.

Goffman. E. 1959[1956]. *The Presentation of Self in Everyday Life*. Doubleday.

Harvey, D. 1989. *The Condition of Postmodernity: An Enquiry into the Origins of Cultural Change*. Blackwell.

Hochshild, A. 1983. *The Managed Heart: Commercialization of Human Feeling*.

Jameson, F. 1991. *Postmodernism, or, the Cultural Logic of Late Capitalism*. Duke University Press.

McKenna, R. 1997. *Real Time: Preparing for the Age of the Never Satisfied Customer*. Harvard Business Review Press.

McLuhan, M. 1964. *Understanding Media: The Extensions of Man*. McGraw Hill.

Nunes, M. 1995. "Jean Baudrillard in Cyberspace: Internet, Virtuality, and Postmodernity." *Style* 29(2): 314–327.

Postman, N. 1985. *Amusing Ourselves to Death: Public Discourse in the Age of Show Business*. Viking Press.

Virilio, P. 1989. *War and Cinema: The Logistics of Perception*. Verso.

______. 1991. *The Aesthetics of Disappearance*. Semiotext(e).

Weber, M. 1993[1920]. *The Sociology of Religion*. Trans. by E. Fischoff. Beacon Press.

Woolley, B. 1992. *Virtual Worlds: A Journey in Hype and Hyperreality*. Blackwell.

제12장

결론: 대안적 사회 담론의 모색

1. 새로운 사회론의 요청
2. AI 문명 시대의 미래에 관한 논의들
3. 포스트소셜사회론(Postsocial Social Theory: PSST)을 향하여
4. 후기(後記)

Designed by Freepik

1. 새로운 사회론의 요청

역사학자 에드워드 카(Edward H. Carr)는 『역사란 무엇인가』(*What is History?*)라는 저서에서 "역사란 과거와 현재의 끊임없는 대화"라는 명언을 남겼다(카, 2015[1961]). 그러나 인류가 탄생한 시기부터 21세기 초반에 이르는 오랜 세월 동안 존속해 온 것과는 판이한 미래가 쏜살같이 다가오는 현시점에는 '현재와 미래의 대화'를 통해 미래 사회의 성격과 동학을 탐지하는 선제적 통찰에 역사의식 못지않은 가치를 부여해야 할 듯하다.

새로운 시대적 기류를 일찌감치 통찰한 선각자는 카린 크노르-세티나(Karin Knorr-Cetina)이다. 오랫동안 과학지식의 형성 과정과 생성된 과학지식의 사회적 효과에 관한 연구를 수행해 온 크노르-세티나는 사회과학이 상정해 온 사회적 원리나 전망이 와해되어 가는 현실을 직시하면서 새로운 사회질서를 파악하기 위한 '포스트소셜사회론'을 제기했다. 포스트소셜사회론의 기저에는 세상 만물의 교류를 조장하는 소통혁명으로 인간과 외계, 혹은 문화와 자연을 별개의 범주로 인식하고자 했던 근대적 이분법의 해체가 자리한다. 사물이 인간관계의 동반자나 매개자로 참여하거나 생활환경에 접목되어 인류의 활동무대로 여겨졌던 사회세계에 여타 생명체나 사물이 대거 침습하는 상황에 직면해, 인간중심주의적 시야에서 배제되어 왔던 비인간 존재자들을 인간 수준으로 끌어올려 세상 만물을 대등하게 취급해야 한다는 것이다(Knorr-Cetina, 2005).

이러한 논지는 인간과 비인간 사이의 비대칭적 구분을 지양하여 인간 아닌 존재들에 전례 없는 행위능력(agency)을 부여하는 행위자연결망이론(actor-network theory: ANT) 연구가들이 개진해 온 주장과 다를 바 없다(Ritzer and Stepnisky, 2005: xxxi). ANT 이전의 사회과학은 인간계와 물질계를 별개로 인식한 후 사회체계의 구조나 변화를 인간계에 귀속시키고자 했다. 이에 반해 브뤼노 라투르(Bruno Latour), 미셸 칼롱(Michel Callon) 및 존 로(John Law) 등 ANT 이론가들은 사회 변동이 항상 물질계와의 관련성하에서 이루어지는 것이어서 사회과학 연구는 인간계와 물질계의 공변 관계에 주목해야 한다고 역설해 왔다.

그들의 학술적 기획은 수 세기 동안 근대성 논리에 의해 보호받아 온 과학지식의 객관성과 보편성을 해체하는 작업에서 시작해, 과학적 사실은 인간적 이해관계와 비인간적 기술이 협상과 결합을 통해 일체로 작동하는 과정에서 구성되는 것이라는 주장을 거쳐, 물질계를 대변하는 자연과 인간 활동의 소산인 문화 사이의 존재론적 차이를 거부하는 수순을 밟아 왔다. 특히 라투르는 자연과 사회의 밀접한 상호 연결에 대한 정교하고 섬세한 탐색을 통해 양자는 결코 분리된 영역이었던 적이 없고 언제나 인간 및 비인간 요소들의 하이브리드 연결망으로 뒤얽혀 존속해 왔음을 강조했다(Latour, 1993[1991]). 구성요소들이 맺는 관계만 주시해 온 과거 이론들과 달리 이종적 개체들의 결합 방식에 관한 기본 원리의 추궁이라는 원대한 목표를 지향해 온 ANT는 '사회이론의 물질적 전회(material turn)'에 앞장섬으로써, 어셈블리지이론(assemblage theory), 신유물론(Neo-materialism), 사변적 실재론(speculative realism), 객체지향존재론(object-oriented ontology) 등 '사회적 객관론(social objectology)'으로 통칭되는 이론들을 견인해 왔다(Katerny, 2012; 이준석 · 김연철, 2019).

일찍부터 사이버네틱 시대에 인간/동물, 유기체/기계, 물질/비물질 사이의 경계가 허물어져 온갖 이종들이 결합하고 공진화하는 과정에 주목해 사이보그 연구를 선도해 온 도나 해러웨이(Donna J. Haraway)도 "세상에는 인간과 인간의 상호작용뿐 아니라 인간과 다양한 비인간들의 복잡하고 역동적이며 협력적인 얽힘이 포함된다."는 논급과 함께, 인간-비인간이 어우러져 '함께-세계 만들기(worlding-with)'에 동참하는 '공생(sympoiesis)'을 신사회 담론의 요체로 제시한 바 있다. 바람, 물. 햇빛, 흙, 보이지 않는 수많은 종류의 미생물, 또 주변을 오가는 또 다른 생명체들과 어울려 생존해 가는 초목처럼 인간의 삶도 타 생명체나 사물과 같은 비인간 존재들과 더불어 살아가는 공생적 존재에 다름없다는 것이다(해러웨이, 2021[2016]).

이러한 해러웨이의 주장 역시 포스트소셜 논지와 맞닿는 것이나, 새로운 사회질서에 합당한 대안적 연구 패러다임으로서의 포스트소셜 사회론을 보다 적극적으로 개진한 학자는 존 어리(John Urry)이다. 어리는 『사회를 넘어선 사회학』(*Sociology Beyond Societies*)이라는 저서에서 오랫동안 사회학이 견지해 온 기본 가정들이 크게 도전받는 오늘날 새로운 사회연구의 기틀이 마련되어야 한다고 역설한다. 현존 인류의 지위를 위협하는 혁명적 신기술들이 인간, 자연, 사물, 정보, 이미지 등의 복합적 상호작용에 직간접적으로 관여해 지대한 충격을 가하고 그로 인한 쓰나미급 후폭풍이 가세해 사회체계가 파국에 이른 현장에 새로운 사회의 태기가 감돌고 있으므로, 신생 사회의 탐구를 위한 대안적 접근이 절실하다는 것이다. 어리는 인간의 능력이 비인간적 구성요소의 그것과 임의로 뒤섞이는 포스트소셜 시대의 사회적 독법은 인간 능력만 앞세우는 행위자 노선을 거부하는 것에서 출발해야 함을 강조한다(어리, 2012[2000]). 이러한 입장 역시 인간-비인간 존재들 간의 접변에 역점을 부여하는 크노르-세티나나 해러웨이의 주장과 본질적으로 다를 바 없다.

생활 무대로서의 현실, 행위 주체로서의 인간 및 내면적 의식세계가 동시적으로 바뀌는 요즘 시대는 가히 '삼중적 전환기(Triple Transition Period)'라 불릴 만하다. 6000여 년 인류 문명사의 어느 시점에도 이러한 3대 층위의 변혁이 한꺼번에 진행된 적이 없다. 농업혁명이나 산업혁명은 우리의 외적 생활 여건을 전면적으로 혁신한 인류사의 획기적 사태로 치부되는 반면, 도덕적 종교가 속출한 '축의 시대(Achsenzeit, Axial Age)'나 17~18세기 계몽시대는 내면적 정신세계의 변화가 수반된 시기로 각인되고 있다. 하지만 현실이 바뀌고, 사람도 바뀌며, 생각마저 크게 변모하는 현 단계에서는 재편 수준을 넘어선 '재탄생(rebirth)', 심지어 모든 것들이 새로 시작된다는 창개(創開)로 불릴 만한 사회체계의 전면적 개조가 진행 중이다. 필자는 '마디(node)중심 시대'에서 '연결(link)중심 시대'로의 이행을 추동한 소통혁명이 그러한 문명 대전환의 결정적 계기였음을 3장 전반부에서 상론한 바 있는데, 포스트소셜 담론에 참여한 대부분의 학자들은 새로운 세상의 도래를 알리는 신세계 교향곡의 서주를 탄주하되 돌변하는 세상 전모를 아우르는 교향악의 진수를 아직 온전히 들려주지 못하고 있는 듯하다. 그들의 인식적 한계를 일단 ANT론이 강조하는 행위자(actor)와 연결망(network) 개념에 준거해 되짚어 보도록 하자.

"특정 행위를 수행하는 실체들"로 정의되는 ANT의 행위자에 인간과 비인간 모두가 포함된다는 점은 앞에서 수차례 밝힌 바 있다. 이때 행위자는 인간/비인간과 같은 범주나 형상에 의해 정의되는 것이 아니라 행위 능력을 지닌 존재론적 실체로 사회 활동에 관여하는 모든 참여자로 인식된다. 예컨대 실험실의 실험기구, 그래프, 설계도, 물질의 입자, 바이러스, 동물 등도 유효한 역할을 수행하는 한 인간과 동일한 행위자 반열에 오를 수 있다(Latour, 2005). 한편, 연결망은 "그 성격이 아직 미결정된 실체들 사이의 비구체화된 관계들의 집합"으로 규정되는바(Callon, 1993), 행위자와 연결망은 서로를 지속적으로 재규정하며 개념적 정당성을 확보해 나아간다. 즉, 한 행위자의 행위능력이란 연결망에 가입된 여타 행위자들과의 상호작용을 통한 '관계적 효과'로 이해된다. 그러므로 행위의 궁극적 주역은 행위자가 아니라 관계로서의 연결망이라고 말할 수 있다. 요컨대, 행위자연결망이론에서 최종적 방점은 행위자가 아닌 연결망에 주어진다.

연결이 시대적 징표가 되어 가는 증좌는 인터넷 통신망에 의존한 스마트폰의 일상화, 원격학습, 온라인 뱅킹, 재택근무 등 다양한 측면에서 포착할 수 있다. 그 점은 신문명 시대의 최대 화두인 AI의 학습능력이 연결망 체제에 근거한 것이라는 사실로도 뒷받침된다. 그럼에도 크노르-세티나는 "이종적 개체들의 혼재 현상"을 강조하는 데 골몰하고 어리 역시 인간-비인간의 대칭적 역할 규명에 천착함으로써 탈인간중심적(de-anthropocentric) 포만감에서 헤어나지 못하고 있다(Knorr-Cetina, 1997; 어리, 2012[2000]). 연결망보다 행위자 쪽을 우대하는 요소주의적 유제를 내려놓지 못하고 있는 것이다.

요소주의를 넘어선 관계에 대한 관심 이동의 단초는 일단 마디에 해당하는 단위나 거점보다 연결의 중요성을 역설한 연결망이론가들의 논지에서 명료히 드러난다. 연결망 개념을 사회과학계에 확산시켜 준 선도적 학자가 마누엘 카스텔(Manuel Castells)이다. 그는 관계의 중요성이 우리 시대에 국한된 것이 아닌 통시대적 현상이되, 정보통신혁명 이후의 접속 시대에 접어들어 본격화했다고 말한다(카스텔, 2003[1996]). 그래서 종전에 즐겨 쓰인 '정보사회'나 '지식(기반)사회'와 같은 용어들이 '네트워크 사회'로 대체되어야 한다고 주장한다. 정보나 지식은 어느 시대를 막론하고 생산력, 권력, 부, 기회 등 사회 모든 측면에서 중요한 역할을 담당해 왔지만, 정보통신기술을 근간으로 한 연결망이 사회관계의 밀도를 증폭시켜 제반 인간 활동이나 경험세계에 주도적 영향을 행사하게 되었기에 그렇다는 것이다(김남옥 · 박수호, 2015). 이러한 인식은 자연 및 사물과의 관계에 관한 문제를 화두로 모노하(物派) 화풍을 독창적으로 정착시킨 이우환의 '관계항(Relatum)'이라는 작품 시리즈로부터도 직관할 수 있는데(박연규, 2020), 학문세계나 예술세계에서 공히 드러나는 이 같은 현상은 포스트소셜사회 담론이 요소보다 관계에 치중해야 함을 각성시켜 준다. 챗GPT와 같은 대화형 인공지능이 새로운 소통 주체로 각광받는 신문명 시대가 펼쳐지는 지금 시점은 세상 모든 존재가 소통에 동참하는 보편적 소통 원리에 입각한 새로운 사회론이 정립되어야 할 때인 것이다.

2. AI 문명 시대의 미래에 관한 논의들

1) 통제론(Control Thesis)

AI가 나오기 이전까지 세상의 주역은 사유의 존재(homo sapiens)로서 만물의 영장으로 인정받은 인류였다. 그러므로 생각하는 기계로서의 AI가 출현하면서 최초로 제기된 쟁점이 "인류가 사유 능력을 강화해 가는 인공지능을 제어할 수 있을 것인가?"라는 통제의 문제였다. 그런 의문을 최초로 제기한 인물은 19세기 영국의 수학자, 공학자이자 철학자로서 입출력, 기억, 연산제어 기능을 갖춘 현대적 컴퓨터 개념을 창안한 찰스 배비지(Charles Babbage, 1835)였다. 분업을 통한 생산성 향상을 18~19세기 산업혁명의 최대 성과로 인식한 배비지는 새로운 기계를 활용한 통제력 강화가 생산성 증대의 관건임을 직감했다. 이 같은 통찰을 정보화 시대에 적용한 학자가 『통제혁명』(*The Control Revolution*)의 저자 제임스 베니거(James R. Beniger, 1986)이다. 정보사회의 출현을 산업화 시대의 통제력 위기의 산물로 인식한 베니거는 정보사회의 기축인 정보기술의 발전을 자연이나 사물에 대한 통제력 강화를 향한 인류의 끈질긴 집념의 소산임을 밝혔다.

추후 마르크스주의 정치경제학자들은 기술사회적 혁신을 수반한 그러한 과정이 이윤확충을 위한 확대재생산을 목표로 하는 자본의 힘에 추동된 것으로 풀이해 왔다. 반면 기술중심주의자들은 그것을 기술 자체의 역능에 의한 결과로 치부한다. 이처럼 상이한 해석에도 불구하고, 주체적 사고 역량을 지닌 AI의 등장과 함께 그것이 인간의 통제권을 벗어나 독자적으로 판단하고 행동하는 자율적 존재가 되어갈 것이라는 견해가 날로 유력시되고 있다. 이때 사람과 AI의 관계는 단순한 인간-기계의 관계에 그치지 않고 기계 배후에 위치한 자본가나 권력 집단 같은 세력에 의해 정교화될 것으로 예상되나, 궁극적 전망은 낙관론과 비관론으로 갈리고 있다.

낙관론자들은 인간이 그에 대한 억제력을 지속적으로 행사할 수 있으리라 확신한다. 반면 인류가 더 이상 역사의 주역으로 행세하지 못할 것이라는 비관론자들은 가속적으로 발달하는 인공지능이 머지않아 인간지능(Human Intelligence: HI) 수준을 넘어서는 특이점에 도달할 것으로 예측한다(Boden, 2016; Hoffmann, 2022). 인간과 AI 간의 각축은 아이작 아시모프(Isaac Asimov)의 SF소설 『바이센테니얼 맨』(*Bicentennial Man*)을 크리스 콜럼버스(Christopher J. Columbus) 감독이 영화로 작품화한 1999년경부터 세간에 널리 알려진 바 있다. 그것은 제작사의 실수로 인간과 유사하되 창의성 면에서 오히려 인간을 능가하는 로봇이 인간과 사랑에 빠져 인간이 되려는 꿈을 이루게 되나, 인간으로서의 자유와 권리를 인정받는 대신 영생을 포기함으로써 죽음을 감수한다는 '기계의 인간화'를 주제로 한 영상물이다. 그런데 요즘 엄청난 팬덤 몰이로 광고시장의 주역으로 떠오르는 가상인간(Virtual Human) 인플루언서들이 속출할 뿐 아니라 가상인간과 사랑에 빠져 결혼하는 사태까지 알려지고 있는 만큼, 통제 불능의 인공지능을 소지한 '인공인간(Artificial Human)의 특이점(AH singularity)'이 현실화하는 시기가 임박했다는 항간의 가설을 더 이상 외면할 수 없다고 본다.

2) 공조론(Collaboration Thesis)

거대사(big history) 저술가 유발 하라리(Yuval N. Harari)는 어린이와 청소년을 위한 인류 이야기 『멈출 수 없는 우리 1: 인간은 지구를 어떻게 지배했을까』에서 생물학적으로 약하기 이를 데 없는 호모 사피엔스가 지구의 지배자로 군림하게 된 것은 "상상을 통해 이야기를 만들어 낼 수 있는 서사 창출력 때문"이라고 말한다(하라리, 2023b [2022]). 이러한 인식을 분수령으로 AI 시대의 미래에 관한 논점이 HI와 AI 간의 경쟁이나 우위권 쟁탈에서 양자의 차이나 장단점에 관한 이슈로 옮겨 가고 있다. 그 결과, "인간이나 AI냐?"라는 양자택일의 전망 대신 AI가 HI보다 잘할 수 있는 것이 무엇이며 첨단 AI를 동원해도 달성할 수 없는 HI 특유의 역능이 무엇인가를 면밀히 살펴 양자 간의 협업적 상생을 모색하자는 공조의 길로 관심이 이동하고 있다.

지금까지 HI와 AI 간의 역능을 비교할 때 널리 쓰인 방안은 인공지능을 구동시킨 후 그것이 인간의 지능과 어떻게 구분되는가를 식별하는 작업, 즉 양자의 기능적 차이점과 유사점을 점검하자는 것이었다(최경석, 2020). 격리된 장소에 인공지능을 가둬 놓고 대화하며 그것이 인간인지 아닌지를 판단하는 튜링 테스트가 가장 고전적 사례에 해당하는데, 요즘 챗GPT가 튜링 테스트를 통과했다는 소식이 들려오는 만큼, 자연지능에 비해 뒤지지 않는다고 기대되는 AI의 역능을 입증할 수 있는 사례 몇 가지를 훑어보도록 하자.

AI의 위력을 이야기할 때 지금까지 자주 거론되어 온 것이 생명을 위협하는 질병 예방이나 관리에 대한 뛰어난 효능이다. 인류를 병마의 위협으로부터 구출하는 구원자의 모습에서 AI의 위력을 최고조로 감지할 수 있는데, 일차적으로 떠오르는 것이 코로나 백신 개발 과정이다. 코로나19가 확산되기 시작한 2020년 1월 백신 개발에 착수한 미국 제약사 모더나는 당해 12월 제품 사용 허가를 받았다. 통상 10년 정도 걸리는 백신 개발을 11.4개월로 앞당겼다는데, 전례 없는 속도로 백신을 개발하게 된 배후에 AI가 있었다는 것이다. 또 글로벌 제약사 아스트라제네카가 2024년 9월에 공개한 'MILTON'은 영국인 50만 명의 유전정보 등이 담긴 'UK바이오뱅크'의 생체 데이터를 학습, 주요 질환 3,213개 중 1,091개는 의사와 유사한 수준의 정확도로 예측했고 당뇨병 등 121개의 질병에 대해서는 100%에 가까운 예측 정확도를 보였다고 한다. 그뿐만 아니라 AI가 디자인한 크리스퍼(CRISPR) 유전자 편집 기술은 유전자치료제, 분자육종, 합성생물학, 정밀생물학 분야에 크게 기여할 것으로 기대되어 정부에서도 적극 지원하고 있다(유지한, 2023; 박지민, 2025; 최지원, 2025).

그런데 AI는 보건의료 분야뿐 아니라 근로세계를 위시한 우리 생활 전반에서도 큰 위력을 발하고 있다. 힘들고 어려운 일을 손쉽게 처리할 수 있게 하고, 최적화된 교육체제를 조성해 학습 효과를 증진하며, 수요자 욕구를 감안한 맞춤형 제품이나 서비스로 일상에 편익을 주고, 소통 기회를 확충해 사회관계를 폭넓고 다채롭게 하는 등 AI는 인류의 삶을 풍요롭게 하는 데 다각도로 활용되고 있다.

이렇듯 기술적 개량과 보강된 데이터에 힘입어 자체적 기능을 날로 향상시켜 왔음에도 불구하고, AI는 허위 정보나 엉뚱한 답변을 제공한다고 비판받기도 한다. AI를 인류가 고안한 가장 위대한 발명품으로 내세우는 오픈AI CEO 샘 올트먼(Samuel H. Altman)조차 그릇된 정보의 위험성 때문에 궁극적으로 AI보다 HI 쪽을 더 신뢰한다는 견해를 피력한 바 있다(Altman, Brockman, and Sutskever, 2023). 대용량 언어 모형을 기반으로 한 생성형 AI 챗GPT의 경우, 명령어를 입력하면 통계적으로 높은 확률로 부상하는 단어들을 연결해 응답하도록 설계되어 있다. 이처럼 질의나 요청에 거침없이 응하는 생성형 AI의 응답은 정확성(accuracy)과 유창성(fluency)을 절충한 확률론적 답변이어서, '환각(hallucination)'이라고 불리는 오류로부터 결코 자유롭지 못하다.

최근 정보통신공학 원로학자 이병기 교수가 학술원 회보에 AI의 문제점들을 비전문인들도 이해할 수 있게끔 간결하게 소개한 바 있다. 이들 문제점은 일차적으로 사람들에 의해 초래되는 인위적인 것과 AI 시스템 자체로부터 파생하는 기술적인 것으로 대별할 수 있는데, 보다 구체적으로는 개발자, 유저, 알고리즘 및 데이터라는 네 가지 범주로 나눌 수 있다고 본다. 그뿐만 아니라, 그들은 우발적인 것과 일률적인 것, 의도적인 것과 아닌 것 … 등등으로도 분류할 수 있지만, 여기서는 AI의 문제점들을 그릇된 내용을 문제 삼는 세 가지 오류 및 기술사회적 기대치에 미치지 못하는 일곱 가지 한계(결점)로 구분한 '3오7결(三誤七缺)' 모형으로 종합한 후 세부적 설명을 부연코자 한다([그림 12-1] 참조).

그림 12-1 | AI의 문제점들을 종합한 '3오7결(三誤七缺)' 모형

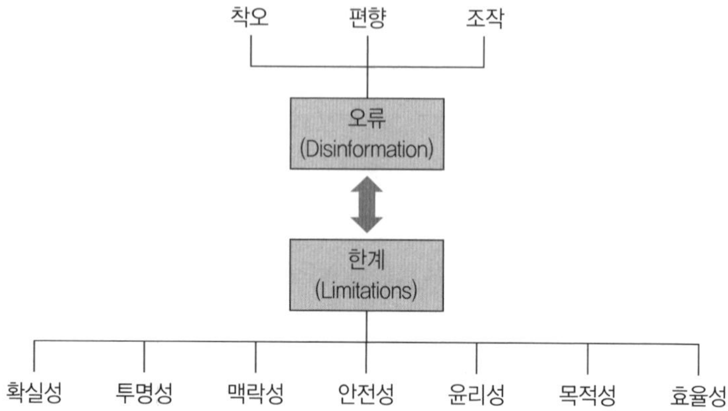

(1) 세 가지 오류

① 착오(Mistake): AI가 범하는 착오는 정도에 따라 경미한 것에서부터 심각한 것에 이르기까지 폭넓게 나타날 수 있다. 또 그것은 조잡한 데이터에서 유래하는 무작위적인 것과 왜곡한 데이터나 알고리즘의 한계로 인한 체계적인 것으로 구분할 수도 있다. 예외가 있을 수 있으나, 대체적으로 상쇄 효과를 기대할 수 있는 무작위적인 착오보다 체계적 착오가 심각한 대형 오류를 범할 공산이 크다.

② 편향(Bias): 체계적 오차의 전형에 속하는 편향적 응답 역시 데이터와 알고리즘이라는 두 가지 원천에서 파생한다. 우선, 이해 및 추론의 근거가 되는 훈련 데이터가 편중적 경향을 띠고 있으면 그로부터 얻어진 답변 역시 편향적일 수밖에 없다. 편향적 답변은 기계학습 알고리즘으로부터도 출원할 수 있다. 대표적인 것이 자동화된 연산처리를 이용한 포스트프로덕션(다양한 자료들을 재조합하여 결과물을 속성으로 만들어 내는)이나

오토GPT(실수를 스스로 수정하는 '자율반복(autonomous iterations)' 기능과 별도 메모리 및 다기능성을 추가함으로써, 사용자가 목표를 정해 주면 이를 달성하기 위해 사람이 일일이 프롬프트로 지시하지 않아도 알아서 학습하고 해법을 찾아 주는 AI챗봇 등으로 주류적 관점이 과잉 대변되는 경우이다.

③ 조작(Manipulation): 앞서 언급한 착오나 편견에는 누군가에 의해 기획된 의도적인 것과 그렇지 않은 비의도적인 것 모두가 포함된다. 그러나 사전 기획된 조작은 전적으로 의도된 오류로 귀속된다. 조작된 오류는 착오나 편향과 마찬가지로 데이터 및 알고리즘에서 공히 찾아볼 수 있는데, 그 배후적 동기로는 기술적 효능을 앞세우는 기술주의를 위시해 수익 확충, 국가 지배 혹은 파당적 이해를 추구하는 상업주의, 국가주의, 분파주의 등이 꼽히곤 한다.

(2) 일곱 가지 한계

① 확실성(Certainty): 생성형 GPT는 어떤 경우든 명령어에 대한 답변을 제공한다. 이따금 버거운 질문에 소극적으로 반응하기도 하나, 입력 방식을 바꿔 주면 곧바로 응답한다. 대단히 충직하고 신통한 기구가 아닐 수 없다. 그러나 AI의 전천후 응답 능력이나 질문 방식에 따라 답변을 달리한다는 사실은 곧 AI가 확정된 답에 연연치 않는다는 점을 시사한다. 확률 함수에 의한 개연성의 세계에서는 확답이 아닌 여러 유형의 근사해(近似解)만 존재하기 때문이다. 현재의 생성형 AI로부터는 유일무이한 정답을 애초부터 기대할 수 없다.

② 투명성(Transparency): 기존 AI 시스템, 특히 딥러닝을 사용하

는 대규모 AI 모델은 작동 과정이 불투명해 그에 대한 온전한 이해나 설명이 원천적으로 불가능하다. 즉, 기호주의 전통이 연결주의 전통에게 주도권을 내준 이후부터 AI는 논리 체계에 대한 고려를 등한시하여 논리적 명증성을 유실함으로써 투명성 한계를 자초하는 경향이 역력하다.

③ 맥락성(Contextuality): 텍스트 번역 작업에서 선연히 드러나듯, AI 작동 방식은 맥락에 대한 인식이 불충분할 때가 많다. 그 점은 특히 상징성 높은 표현에 대한 이해나 추론 과정에서 자주 드러난다. 맥락을 잘못 짚어 초래되는 엉뚱한 오답은 왕왕 할루시네이션(환각)으로 통칭되어 왔다. 하지만 할류시네이션에는 착각으로 인한 단순 오류뿐 아니라 용의주도한 기획에 의한 재맥락화(recontextualization)의 산물과 같은 의도적인 것들도 포함된다.

④ 안전성(Security): AI가 단지 위험의 근거지를 넘어 위험을 산출하거나 조장하는 정보괴물이라는 논제의 핵심을 이루는 안전성 문제는 신체적 손상과의 관련성하에서 빈번히 거론되어 왔다. 가장 보편적 사례가 첨단 미사일이나 드론과 같은 AI 살상무기이다. 하지만 최근 정신적 측면에 끼치는 AI의 위협, 예컨대 전두엽 퇴화로 인한 무력감이나 중독증 같은 정신적 위험이 신체적 손상의 경우 못지않은 심각한 쟁점으로 추가되고 있다.

⑤ 윤리성(Ethics): 경험주의 철학자 존 로크(John Locke)는 내감(internal sense)을 통해 자신을 비판적으로 응시할 수 있는 성찰적 존재로서의 인간만이 인격을 지니며, 인격적 행위 주체로서의 인간만이 자기 잘못에 대한 자책감이나 윤리 의식을 갖게 된다고 주장한 바 있다(로크, 2011[1689]). 그의 견해를 받

아들인다면, 아직은 자의식을 갖춘 인격체에 도달하지 못한 인공지능으로부터는 오류에 대한 책임은 물론이요, 귀책의 준거 기준이 되는 진정성이나 정직성 같은 도덕적 자질을 기대하기 어렵다고 본다. 예컨대, 주어진 질문에 대한 최적의 응답을 추출하고자 하는 AI에게는 어떠한 조건이나 결과에 상관없이 무조건적으로 행해야 하는 도덕적 철칙인 정언명령 같은 것을 요구할 수 없다.

⑥ 목적성(Purposiveness): AI는 목적성이라는 측면에서 HI의 경우와 크게 대비된다. 인간의 상상력에는 돼지 꿈꾸고 복권 당첨을 기대하는 세속적 상상, 영생을 추구하고자 하는 종교적 상상, 하늘을 나는 기구를 고안하려는 공학적 상상, 완벽의 미를 지향하는 예술적 상상 등 인간 존재의 목표(telos)와 연루된 것들이 파다하다. 그에 반해 인공지능의 사유 세계에서는 아리스토텔레스가 "모든 운동의 원인"으로 설정한 목적인(目的因)이 원천적으로 배제되어 있다. 따라서 "주어진 과업이 진행되는 중간 단계에서는 AI가 높은 기량을 발휘할 수 있겠지만, 바람직한 가치의 설정과 실현이 이루어지는 시작과 끝 부분은 궁극적으로 사람이 감당해야 할 몫"이라는 견해가 아직은 지배적이다(UNESCO, 2023).

⑦ 효율성(Efficiency): 딥러닝과 트랜스포머 구조를 사용하는 고성능 AI는 규모가 엄청날뿐더러 계산집약적이다. 따라서 컴퓨팅 비용이 많이 들고 상당량의 메모리와 프로세서를 필요로 한다. 그뿐만 아니라 높은 컴퓨팅 파워와 오랜 훈련 기간을 요한다. 따라서 요즘 가장 많이 거론되는 것이 금전적 비용과 에너지 문제이다. 요행히 대규모 훈련 데이터로부터의 학습에 의존해 작업에 임하는 현행 AI 모델은 분야를 제한하면 학습

능력을 크게 향상시킬 수 있어, 효율성 한계는 여타 한계들에 비해 개선이 용이할 것이라고 본다.

이상 논급한 총 열 가지 문제점들은 전체적으로 연결주의 접근이 주도하는 오늘날의 AI가 추구하는 확률적 답변 생성 방식에 기인한 것이라고 본다. 현행 AI 모델은 이전 맥락에 기반해 다음 토큰이 될 가능성이 확률적으로 가장 높은 토큰으로 답변을 구성하도록 설정되어 있는데, 이때 가장 치명적 문제점은 사전 준비된 학습 데이터를 기반으로 답변을 마련하는 과정에서 빚어지는 '강인공지능 계통오차(AGI systematic error)'라 할 수 있다.

이들 문제점은 아직은 그들에 대한 보완 능력을 지니고 있다고 판단되는 HI와의 상호 협력을 통해 결함이나 미비점을 지양하자는 상생 논리에 힘을 보태, 요즘 인간과 AI의 공조론이 오랫동안 주도적 태제로 존속해 온 통제 패러다임의 대체제로 기대되고 있다. 이런 활동을 주도해 온 대표적 인물이 미국 UC 버클리 Center for Human-Compatible Artificial Intelligence를 이끌고 있는 스튜어트 러셀(Stuart J. Russell) 교수이다. 1995년도에 발간된 후 지금까지 네 차례 증보판이 출간되어 AI 바이블이라고 불리는 책 *Artificial Intelligence: A Modern Approach*의 주저자인 러셀은 인공지능이 학습을 통해 얻은 사고방식은 인간의 가치관과 어긋날 가능성이 있지만, 인간과 보완적 관계를 구축해 자체의 반응을 유연하게 수정함으로써 정형화된 목표나 주어진 프로토콜에 맹종하지 않고 인류의 복지 향상에 동참하는 길을 열어갈 수 있다고 말한다. 따라서 그는 인간과 기계를 동떨어진 범주로 인식하는 이분법적 사고의 극복이 인간 지능과 인공지능의 상보성을 담보하는 선결 과제라고 역설한다(러셀, 2021[2019]).

3) 정렬론(Alignment Thesis)

지난날의 인류 역사는 미분화 상태에 놓여 있던 활동이나 지식이 분화나 전문화 과정을 거쳐 잘게 나뉘어 온 '분화의 시기(period of differentiation)'로 총괄할 수 있다. 그러나 금세기에 들어서면서 과거 수천 년간 세상의 변화를 주도해 온 분화의 힘이 융합적 힘으로 대체되는 새로운 추세가 현시되고 있다. 이러한 '융합적 전회(convergent turn)'는 모든 형태의 정보를 이원적 분류체계로 입력 · 전환 · 축적 · 처리 · 산출하는 디지털 기술력에 힘입은 바 크다. 시각이나 청각 등 이종(異種)의 감각을 아우르는 다양한 정보를 디지털 형태로 전환해 수용 · 관리 · 송출할 수 있는 디지털 기술의 접속적 기능이 통신기술과 접목되어 미디어 세계의 변혁을 불러일으키고, 그러한 융합 효과가 경제 · 정치 · 사회 · 문화 · 의식 부문으로 파급됨으로써 경제체제, 권력구조, 사회관계, 생활양식 및 정신세계의 변혁이 수반되고 있다(김문조, 2013). 이처럼 모든 것들이 융합적으로 개편되어가는 융합문명기에는 인간과 기계 역시 융합이라는 대세를 빗겨갈 수 없다.

전산학자, 심리학자 및 산업공학자들이 주도한 HCI(Human-Computer Interaction) 연구로 세간에 알려지기 시작한 자연지능(Human Intelligence: HI)과 인공지능의 융합은 인간처럼 생각하고 느끼며 행동하는 지능형 가공물의 생성을 조장하는 AI의 개발과 함께 뇌-컴퓨터 인터페이스(Brain-Computer Interface: BCI), 정신-기계 인터페이스(Mind-Machine Interface: MMI), 뇌-기계 인터페이스(Brain-Machine Interface: BMI), 네트워크 통신 인터페이스(Network Communication Interface: NCI) 등으로 구현되고 있다(Oshida, 2022).

이런 상황에서 첨단 기술을 활용한 여타 생명체나 사물들도 독자적 행위능력을 지닌 행위주체로 간주하려는 신유물론(new materialism)이나 사변적 실재론(speculative realism)이 영향력을 강화해 인간/비인간 행위자를 동등하게 취급해야 한다는 '비인간적 전환(non-human turn)'을 부추기고 있다(Grusin, 2015). 궁극적으로 인간과 사물의 대칭성을 전제로 하는 이들은 생성형 챗GPT의 등장 이후 소구력을 증진해 HI와 AI 간의 주도권 쟁투를 본령으로 하는 통제론은 물론이요, 양자의 차이로부터 접점을 모색하려는 공조론조차 무의미한 논의(moot argument)로 끌어내리고 있다. 통제론 및 공조론 모두를 넘어서고자 하는 이 같은 사고는 인간의 자연지능과 인간에 의해 개발된 인공지능이 상호 분리할 수 없는 형태로 착종되어 있으므로 새로운 사태에 대한 이해나 위기 극복을 위한 해법을 '성립 불가'라는 불가지(agnosticism)의 심연으로 밀어넣고 있다.

기호주의 학자들이 개발한 지난날의 인공지능은 훈련 데이터에 의한 적부 판단으로부터 해답을 추구해 가는 판별 인공지능이었다. 그러나 챗GPT 같은 최근의 생성형 인공지능은 자료화된 정보나 패턴을 통계적으로 인식하고 확률적 조합을 통해 자체적으로 답안을 작성해 내는 생성적 역능을 행사한다. 더구나 종전의 검색창은 입력된 정보가 요구하는 답변을 찾아주는 선에서 그쳤으나 생성형 AI는 스스로 생각한 답을 제시함으로써 유발 하라리가 인간 고유의 능력으로 간주한 독자적 상상의 주관자, 즉 "검색을 넘어선 사색의 주체"로 발돋움하고 있다. 이처럼 생성형 AI가 장착된 기구는 자연지능의 주인인 인간 못지않은 자의적 역능을 발휘할 수 있어, 주체적 인간과 객체적 사물이라는 이원론을 전제로 한 통제론이나 공조론 모두를 무력화시킬 수 있다. 인간 본연의 두뇌와 전자두뇌가 유기적으로 결합되어 어디까지가 인간이고 어디부터가 기계인지를 나누는 경계가 내파될 때 예상되는 이 같은 난감한 국면은 "인간 및 비인간을 포함한 세상 모든 것들이 지속적으로 변화하는 상호 관계 속에 존재함"을 핵심 테제로

하는 행위자연결망이론(actor-network theory: ANT)의 주도자 라투르(Latour, 1993[1991])가 "살인을 하는 것은 총이 아니고, 사람도 아닌, 총을 든 사람 즉 인간-기계의 하이브리드(혼종)"라는 대목에서 명증히 식별된다(박경렬, 2023).

불가지성은 인공지능이 고도화함에 따라 증폭될 소지가 크다. 일반 인공지능 AGI는 한정된 영역에서의 문제 해결능력을 지닌 인공지능 ANI가 인간의 두뇌처럼 범용적 사유 능력을 발휘하는 단계로 발전한 것을 뜻한다. AGI의 사고력 증진은 환영해 마땅하다. 하지만 다양한 상황에 대한 범용성 증진은 긍정적 효과뿐 아니라 부정적 효과를 겸비한 양날의 칼임을 명기할 필요가 있다. "인식은 존재의 산물"이라는 지식사회학의 고전적 명제에 따르면 맥락으로부터 자유로운 지식이란 존재할 수 없다. 일례로, 달나라의 계수나무 아래서 떡방아 찧는다는 옥토끼 설화는 달에는 생명체가 없다고 천명한 기존 과학계에서는 성립 불가한 얘기다. 이는 곧 AI의 범용성이 커질수록 '타당성 구조(relevance structure)'를 달리하는 맥락에서 도출된 응답들이 진실성 공방에 휘말릴 개연성이 커질 것임을 시사한다.

2018년 11월 중국 남방과학기술대학 허젠쿠이(賀建奎) 교수가 배아에서 유전자 가위(크리스퍼-카스9)를 이용해 인체면역결핍바이러스에 면역력을 갖도록 하는 유전자 편집 아이를 탄생시켰다고 공표하자 이듬해 3월 세계 생명공학계가 연구중단을 선언한 적이 있다. 그러자 많은 세계 과학자들이 국제학술지 『네이처』를 통해 정자 · 난자 같은 인간 생식세포와 수정란을 이용한 유전자 편집 기술의 임상 적용을 잠정적으로 중단하자는 '모라토리엄 선언'을 촉구한 바 있는데(신선미, 2019), 유사한 움직임이 최근 인공지능 분야에서 활발히 제기되고 있다. 예컨대, 미국의 비영리단체 'AI안전센터'는 2023년 5월 30일 "AI로 인한 인간 멸종 위험을 줄이는 것은 전염병이나 핵전쟁 같은 다른 지구적 규모의 위험과 함께 전 세계적인 우선순위로 다뤄져야 한다."는 성명을 발표한 바 있다(이병기, 2024). 인지심리학자이자 컴퓨터 과학자인 제프리 힌튼(Geoffrey E. Hinton)을 위시한 AI 연구개발의 선도자들도 적극 동조하는 그러한 반응은 입력된 학습 텍스트에 근거한 답변을 마련하는 과정에서 빚어지는 강인공지능의 반지성적 행태에 대한 우려의 소산인 것이다.

이처럼 난망한 상황에서 한때 우리 시선을 사로잡았던 것이 HI와 AI의 결합을 내세운 울리히 리히텐탈러(Ulrich Lichtenthaler, 2020)의 통합지능(integrated intellignece) 담론이다. 그런데 지능에 대한 깊은 통찰을 결여한 채 양자의 강점을 선별적으로 활용하자는 그의 논지는 전술한 공조론과 흡사한 절충적 견해에 불과하다는 평가로 크게 주목받지 못했을 뿐 아니라 2012년에 제기된 출간물 부정사건으로 학계로부터 외면당하게 된다. 하지만 AI의 위력이 기하급수적으로 고조되는 최근에 HI에는 기계지능인 AI의 개념적 지능 이외의 생기적 지능(animate intelligence)이 깃들어 있다는 가정에 의거해 AI-HI 복합지능의 가능성을 주장하는 융합적 진화론에 관심이 쏠리고 있다.

AHI 복합지능론자들은 자연지능 HI에는 1972년 노벨 생리의학상 수상자인 생물학자 제럴드 에델만(Gerald Edelman)이 원초적-이차적 의식(primary-secondary consciousness), 신경과학자 안토니오 다마지오(Antonio Damasio)가 핵심적-확장적 의식(core-extended consciousness), 인지심리학자들의 직관적-분석적 의식(intuitive-analytic consciousness), 그리고 긍정심리학자 대니얼 카너만(Daniel Kahneman)이 자신의 베스트셀러 저작의 제명으로 뽑은 『빠르고-느리게 생각하기』(*thinking fast and slow*)로 구분하는 양대 요소가 뒤얽혀 있다고(entangled) 본다. 그에 반해 수리적 사고에 근거한 기계지능 AI에는 개념적, 이차적, 확장적, 분석적, 느린 생각의 범주로 일관되어 있다는 것이다(Lent, 2021). 따라서 AI가 특이점을 넘어 초지능(ultra-intelligence)으로 발전한 후에도 잔류하게 될 불가지의 장막을 걷어내기 위해서는 대항적 범주의 속성을 함유한 HI와의 융합이 불가피하다는 것이 HAI 복합지능 담론의 요지인 것이다.

이 같은 복합지능적 상황까지를 고려해 러셀 교수를 위시한 AI 최고 전문가들이 요즘 새로이 주시하는 개념이 '정렬(alignment)'이다. 아마도 우리 일상생활에서 가장 친숙하게 쓰이는 정렬 관련어는 '휠 얼라인먼트(wheel alignment)'일 것이다. 휠 얼라인먼트란 자동차 바퀴, 특히 전면 주행 시 선도적 역할을 담당하는 앞바퀴들이 서로 엇나가지 않고 잘 굴러갈 수 있게끔 위치, 방향, 밸런스를 조절하는 작업을 말하는데, 정렬을 거쳐 조화롭게 운행하는 한 쌍의 앞바퀴는 마치 새의 양 날개 같이 일체적으로 작동하는 HAI에 견줄 만하다.

그렇더라도 사실상 이 대목까지는 공조론과 정렬론의 차이를 크게 식별할 수 없다. 하지만 "결정에 대한 책임을 누가 떠맡을 것이냐?"라는 결과에 대한 책임을 문제 삼는 지점에서 공조론과 정렬론이 행보를 달리하게 된다. 전자의 경우 개발자나 사용자인 인간에게 책임을 물을 것인가 AI라는 기계에 책임을 전가할 것인가에 관한 입장이나 대응이 분분할 것으로 예상된다. 따라서 HI-AI 복합지능을 장착한 기구나 봇들이 증가할 미래 사회에서 귀책 문제가 감당하기 힘든 미궁에 빠져들 것이 자명하다. 반면, 그런 상황에서 HAI라는 일체화된 복합지능론을 전제로 하는 정렬론은 공조론을 대신한 대안적 담론의 초석이 될 수 있을 것으로 본다. 올 2025년 3월 초 파리에서 제3차 인공지능 정상회의 공식 학술행사의 일환인 IASEAI(The International Association for Safe and Ethial AI) 창립총회에서 500여 명 전문학자들이 'Alignment'를 최대 화두로 제기한 것도 바로 공조를 넘어선 융합적 지능의 필요성을 반영한 것이라고 본다.

3. 포스트소셜사회론(Postsocial Social Theory: PSST)을 향하여

전술한 담론들은 AI를 신문명 사회의 총아로 받아들이자는 기본 입장은 공유하나, HI-AI 관계에 대해서는 상이한 견해를 피력한다. 그런데 AI의 위력이 지식정보의 세계를 넘어 사회 전역으로 급속히 파급되어 가는 최근의 정황을 감안한다면, 기존의 지능 담론은 보다 포괄적 사회 담론으로 확충되는 것이 바람직하다고 본다.

이 책 〈제Ⅰ부: 미래 사회의 문명론적 조망〉에서는 미래 사회 연구를 위한 서설에 이어, AI 기술을 기반으로 한 소통혁명으로 전대미문의 문명사적 대전환기에 돌입한 인류 사회가 탈현실 · 탈인간 · 탈진정화라는 동학을 거쳐 '포스트소셜사회 조건(postsocial condition)'을 구축하는 과정을 상론하였다. 한편 〈제Ⅱ부: 포스트소셜사회의 도전 과제와 대응〉에서는 공고화하는 포스트소셜사회에서 불거질 도전 과제 및 응전 방안을 종합적으로 논의했다. 그 결과, 사회는 신체적 · 정신적 혼성체들이 다중적 현실세계에서 검증 불가한 견해들을 주고받으며 살아가는 혼미한 상태를 지향하고 있음을 밝힐 수 있었다. 또 '탈정형화'라는 키워드로 갈음한 수 있는 새로운 여건하에서 실재적 현실, 인간 정체성, 물질적 생명관 및 현실 원리에 대한 회의가 심화될 것으로 예상하였다. 이 같은 전망에 감안한다면, 지금까지 AI와 HI 간의 비교나 양자의 관계성에 천착해 온 미래 담론을 사회체계 전체를 아우르는 '포스트소셜사회론(Postsocial Social Theory: PSST)'으로 발전시키는 것은 희망 사항을 넘어선 필수적 과업이라고 판단된다.

1) PSST의 이론적 배경 및 논리체계

모든 사회 담론은 기본적으로 등장 시기의 배경적 특성 및 논리체계에 의해 내용이 갖춰지곤 한다. 포스트소셜사회론의 경우 앞으로 공고화하게 될 신문명 사회에 대한 전망이 이론적 배경의 근간을 이룬다. 한편, 사회이론가 앨빈 굴드너(Alvin W. Gouldner)가 『서구사회학 위기』(*The Coming Crisis of Western Sociology*)에서 '내적 구성물(inner component)'이라고 지칭한 바 있는 논리체계는 이론이 어떠한 논법으로 구축되는가라는 구성적 측면과 직결된 사안인 것이다(Gouldner, 1970). 따라서 등장 배경 및 논리체계라는 두 가지 측면을 중심으로 PSST에 담아야 할 내용을 타진해 보도록 하자.

(1) 이론적 배경

1995년에 발간된 『디지털이다』(원제는 *Being Digital*)'라는 책에서 니콜라스 네그로폰테(Nicholas Negroponte)는 다음과 같이 진술한다. "인터페이스에 대한 나의 꿈은 사람 같은 컴퓨터를 만드는 것"이라고(Negroponte, 1995). 한편 "최근의 AI 발전은 세상을 바꿀 가장 획기적 혁신"이라고 단언한 빌 게이츠(Bill Gates, 2023)는 "지금까지의 AI는 읽고 쓸 수 있었지만 그 내용을 바꾸지는 못했다. 그러나 챗GPT와 같은 생성형 AI는 읽기와 쓰기 작업의 최적화에 관여함으로써 미증유의 영향력을 행사할 것"이라고 예견한다. 즉, 게이츠가 세상을 바꿀 궁극적 주역으로 명시하고자 한 것은 생성형 AI로서, 그의 언명은 기계가 현생 인류와 대화를 주고받는 유사 인간, 말하자면 인간과 진배없는 존재로 변모할 것임을 함축한다. 따라서 사람 같은 컴퓨터의 등장을 학수고대한 네그로폰테의 바람이 근 40년이 경과한 요즘 실현되고 있다.

이는 종전에 객체라는 범주로 귀속되던 사물로서의 기계가 인간처럼 주체화하고 있음을 시사하는 것이다. 즉, 인격화하는 기계가 사람을 방불케 하는 사고력과 언술 능력을 지니게 되고 거기에 신체 기능이 보강된 휴모노이드 로봇 등으로 행동 능력까지 갖춤으로써 "생각과 말과 행위(cogitatione, verbo et opere, verbo et opere; thoughts, words and actions)"라는 기도문 구절에 등장하는 인간 활동의 모든 범역에서 주체적 역능을 행사하는 새로운 종족의 탄생, 요컨대 비자연적이자 비인간적인 '인공 인류(artificial humanity: AH)'의 등장이 현실화할 조짐이다. 이런 사태는 현생 인류와 신인류로서의 기계와의 대화를 조장하는 선에 그치지 않고 다음과 같은 후속적 사태를 야기할 것으로 본다. 즉, 비인간적 존재들도 인격화하여 주체성을 행사하는 단계에 이르러 인간은 물론이요, 인간 아닌 존재들도 인간과 같은 주체의 자격으로 서로 통교하면서 '상호주관성(inter-subjectivity)'을 창발하게 될 것이다.

현상학적 사회학(phenomenological sociology)을 발전시킨 피터 버거(Peter Berger)가 제시한 개념인 상호주관성(intersubjectivity)은 "개인이 남과 어울리는 사회적 교섭 과정에서 자신의 경험과 타자의 경험이 교차하며 공유되거나 확장되는 주관적 사고나 감정의 총화"로 알려져 있다(Leeming, Marlan and Madden, 2009: 882-886). 상호주관성은 지금까지 주로 현상학자나 개인들 간의 상호작용에 관심을 집중해 온 미시 사회학자들이 애호해 온 개념이지만, 그것은 HI와 AI의 주체적 교류가 본격화하는 생성형 AI시대에 이르러 '인간-인공지능 상호주관성(HAI Inter-subjectivity)'이라는 새로운 경지로 이어질 것으로 예상된다.

이때 인간지능과 인공지능의 합작이라는 소재는 인간과 기계의 관계성에 한정된 것이 아니어서 복잡성과 심각성을 더할 것으로 본다. 구래의 디지털 전환(Digital Transformation: DX)이 인공지능 전환(Artificial Intelligence Transformation: AX)으로 비약하는 새로운 문명 단계에서 벌어지는 사태를 인간–기계 간의 문제로 바라보고자 하지만, 기계 배후에서 암약하는 인간의 활약을 간과함으로써 문제를 인간 대 기계의 관계로 축소시킬 과오를 자초할 수 있다(카플란, 2017[2016]; 김성도, 2022). 이러한 인지적 한계를 초극하기 위해서는 생성형 챗GPT 알고리즘 혹은 그것을 통해 얻어진 서사나 이미지가 거대자본, 국가권력 혹은 다양한 이해집단들의 부족주의 등에 침윤될 위험성을 논의 과정에서 적극 고려해야 할 것이다.

(2) 논리체계

이론이 개념과 개념과의 논리적 연관관계임을 상기할 때, 포스트소셜사회론의 정립 과정에서 맞닥뜨리게 될 궁극적 논점은 인류사회의 미래에 관한 사회과학적 통찰을 AI를 통해 얻어지는 그것과 어떤 식으로 접목할 것인가라는 보다 큰 틀에서의 정렬의 문제로 귀착된다고 본다. “특정 대상이나 현상을 설명하거나 이해하기 위한 일반화한 명제의 체계”로 정의되어 온 이론을 창출하는 일은 지금까지 사태를 추상적으로 인식할 수 있는 능력을 갖춘 존재인 인류에게 독점적으로 주어진 전유물이었다. 따라서 포스트소셜사회론도 의당 인간 두뇌작용의 산물로 간주할 수 있지만, 화자(話者)이자 논자(論者)로서의 AI가 인간 못지않은 주체적 역량을 발양하기 시작하는 요즘 들어서는 문자 · 소리 · 이미지 등 다양한 양식으로 생성되는 AI발(發) 담론을 더 이상 외면하거나 묵과할 수 없다.

아리스토텔레스 시절에서 근자에 이르는 실로 긴 기간에 이론화 과정을 주도한 추론 방식은 귀납적 · 연역적 추리였다. 전자는 특정한 것으로부터 일반적인 것, 구체적인 것에서 추상적인 것을 압출하는 방법이요, 후자는 참이라고 생각되는 명제로부터 특수한 명제, 혹은 추상적 명제로부터 구체적 명제를 추출하는 방안으로 알려져 있다. 자연과학에서 사회과학까지 망라한 모든 과학이론을 구축하는 과정에서 상향식 절차와 하향식 절차에 해당하는 이들을 겸용하는 것이 일반이었다. 그러나 기본적으로 대형언어모델(Large Language Model: LLM)에 의존하는 생성형 인공지능의 경우는 '유사성(Resemblance)' 원리라는 새로운 논법을 따르는 것이기에 생성된 지식체계에 관한 문제점들이 따르게 된다.

딥러닝 알고리즘과 통계 모형을 통해 자연어 처리를 하는 데 널리 쓰이는 LLM은 대규모 언어데이터를 학습해 텍스트의 구조나 문법, 포함된 단어의 의미나 그에 내포된 다른 의미들을 이해하고 생성하는 장치이다. LLM을 활용한 생성형 AI는 주어진 텍스트 내 말뭉치(corpus) 간의 의미론적 유사성에 의거해 새로운 텍스트를 산출한다. 유사성 논리는 사물의 본질이 이성으로 식별할 수 있다는 계몽주의적 사고 전통을 벗어나 인식의 모호성과 상대성을 수용하는 언어게임에서 새로운 사유의 길을 모색하고자 한 철학자 루드비히 비트겐슈타인(Ludwig J. Wittgenstein)의 후기 저작 『철학적 탐구』에서 제시한 '가족유사성(family resemblance)' 개념에서 뿌리를 찾을 수 있다.

초기 연구에서 비트겐슈타인은 세상사를 다음 세 가지 영역—① 과학적 탐구의 대상, ② 언어로 표현할 수 있는 대상, ③ 언어로 표현할 수 없는 대상—으로 구분했다. 연이어 철학은 둘째 영역, 즉 언어로 표현할 수 있는 대상에 한정되어야 한다고 주장한 그는 언어를 세계를 반영하는 그림이라는 그림이론을 제시했다. 이처럼 세계를 반영하는 언어의 구조는 세계의 구조와 상응하기에, 존재, 믿음, 사랑, 도덕, 아름다움 등 언어로 표현할 수 없는 것들에 대해 철학자는 침묵해야 한다고 말했다(비트겐슈타인, 2020[1922]). 그러던 비트겐슈타인이 후년에 이르러 자신의 초기 이론을 초월한 언어에 대한 새로운 입장을 밝혔다. 모든 언어를 아우르는 보편적 특징은 없지만, 각개 언어들은 가족유사성을 지님으로써 언어라고 불릴 자격을 갖추게 된다는 것이다(비트겐슈타인, 2019[1953]).

가족유사성의 사전적 의미는 가족 구성원들 사이에 존재하는 유사한 성질을 말한다. 예컨대 부부 A와 B 그리고 그들 사이의 자녀 C와 D가 있을 때, A와 C는 코가 닮았고, B와 C는 눈이 닮았으며, C와 D는 귀가 닮았다면 모두가 공통되는 특징은 없지만 교차적 유사성 때문에 그들을 가족으로 인식할 수 있다는 것이 가족유사성 개념의 골자다. 이러한 논리에 의하면 사람이나 사물에 대한 단일한 본질이 부정되는 대신, 만사가 유사성이 서로 중복되고 교차하는 복잡한 연결망 안에서 다양한 문법적 규칙을 받는 역동적 존재로 표상된다.

20세기 철학자 비트겐슈타인의 착상이 100여 년이 경과된 요즘 들어와 다시 주목받게 된 것은 사전 학습된 초대형 딥러닝 모형을 활용해 방대한 양의 데이터를 순식간에 처리하는 AI 덕분이라 아니할 수 없다(키신저 · 슈밋 · 허튼로커, 2023[2021]). 방대한 데이터세트를 읽고 그 속에서 자주 붙어 나오는 유사한 단어들을 그룹화한다거나 특정 이미지에 자주 나타나는 특징들을 그룹화하는 유형과 패턴을 사전 학습을 통해 익힌 AI가 새로운 현상이나 현실을 인식케 함으로써, 생각하는 존재로서의 인류는 이제 사유 활동의 많은 부분을 AI에게 위임할 수 있게 된 것이다. 바로 이 대목에서 사전에 쉽사리 인지되지 않은 난제들이 현현(顯現)한다.

2) 포스트소셜사회의 보다 큰 난제들

20세기에 탈콧 파슨스(Talcott Parsons)와 함께 기능주의 사회학을 이끌어 온 로버트 머튼(Robert K. Merton)은 사회 활동의 결과에 해당하는 사회적 기능을 사전에 애초에 의도하거나 목표로 삼은 명시적 기능(manifest function), 그리고 사전에 지각하지 못하거나 기대치 않은 잠재적 기능(latent function)으로 나눈 바 있다(Merton, 1967). 보건의료 서비스의 향상이 국민 건강을 증진시켜 사람들을 오래 살게 했다는 점은 명시적 기능의 하나에 속하는 반면, 인구 과잉, 일자리 부족, 고령화, 복지 재정의 악화와 같은 문제는 사전에 생각지 못한 잠재적 기능에 해당한다는 것이다. 우리 활동의 대부분은 잘해 보려는 동기에서 출원한 것인 만큼, 명시적 기능은 사회에 보탬이 되는 순기능(eufunction)을 발휘하는 것이 일반적이다. 반면 사전에 예상치 못한 잠재적 기능은 뜻밖의 부작용인 역기능(dysfunction)을 초래할 경우가 있다. 머튼이 사회학이라는 학문의 가장 큰 소임을 '잠재적 역기능(latent dysfunction)'의 색출과 대응에 있다고 역설한 것은 그 때문이다.

제2장 말미에서 필자는 AI 문명 시대에 드러날 것으로 예상되는 난제를 인간 축출, 사생활 개입, 정보 장애, 정보 왜곡 및 정보 괴물이라는 다섯 가지 유형으로 구분해 소개한 바 있다. 하지만 이들은 인간 소외, 사생활 침해, 정보 격차, 허위 정보 및 정보 재해라는 기존 정보사회의 문제점들이 기술적 자율성이 강화된 AI의 발달과 함께 외연될 것으로 전망되는 예상 가능한 문제점들이라는 점에서 명시적 형태의 역기능에 귀속시킬 수 있다고 본다. 그러나 AI 문명사회에는 잠재적 역기능으로 분류할 수 있는 다음과 같은 의도치 않은 초대형 난제들이 잠복해 있다.

첫째, 중복적 현실이 일상적 삶에 정착하여 상이한 현실에 부응한 생활 논리나 생활 양식의 분화가 수반됨으로써 현실관의 편차가 커질 것으로 예상된다. "사람들이 주어진 상황을 현실로 정의한다면, 그 상황은 결과적으로도 현실이 된다(If men define situations as real, they are real in their consequences)." 이는 상징적 상호작용주의론자의 한 사람인 사회학자 윌리엄 아이작 토마스(William I. Thomas)가 동료 사회학자인 아내 도로시 스웨인 토마스(Dorothy S. Thomas)와 함께 '토마스 정리(Thomas Theorem)'로 공식화한 이론으로(Thomas and Thomas, 1928: 571-572), 개인의 행동은 객관적으로 올바른 해석에 의해서가 아니라 주어진 상황에 대한 주관적 인식에 의해 좌우된다는 주장이다.

오랫동안 실세계라는 단칸방에 칩거하던 사람들이 AI 문명 시대를 맞아 기능적 현존감을 더해 가는 가상세계의 방들이 들어찬 다중현실의 저택으로 이주하고 나면 이 방 저 방 넘나들며 다양한 현실을 체험할 것이다. 이 같은 상황을 주관적으로 정의하면서 새로운 현실관을 습득하게 될 때, 복수적 현실을 살아갈 그들은 종전까지 따르던 지배적 가치규범이 신종 가치규범과 뒤섞이는 의식적 혼란에 처하는 '디지털 아노미' 상태에 이를 것으로 본다.

그뿐 아니라, 다양한 형태의 행위 주체가 다중적 현실세계를 넘나들며 자의적으로 생성한 메시지를 거침없이 주고받는 난장적 소통 상황은 사회적 합의를 이룰 수 있는 소통질서의 기반을 와해시킴으로써 개별적 견해를 공적 여론으로 전환시키는 공론장(public sphere) 위기를 초래할 공산이 크다. 왜곡된 의사소통으로 인한 공론장 위기는 SNS와 같은 협송(narrowcasting) 미디어의 확산에 따른 욕구의 개인화, 전자적 감시나 추적 기능의 보강으로 인한 개인 자율성의 제한, 조회수 물신주의로 인한 추수적(追隨的) 성향의 강화와 같은 디지털 민주주의(digitocracy)의 저해 요소로 이해되곤 한다. 그러나 생성형 AI의 등장 이후 매체(medium)가 행위자(actor)로 발돋움해 소통의 '도구에서 동반자로(from tool to pal)' 변모되는 신문명 시대에는 '알고크러시(algocracy)'에 의한 여론 왜곡으로 민주적 통치성이나 통치 질서가 저해될 위험성이 고조된다. 알고크러시의 위협은 의도적인 경우도 있고 아닌 경우도 있다. 영리주의, 국가주의 혹은 파당주의 등으로 인한 정보 여과(filter bubble)나 추천 알고리즘으로 생각이 비슷한 사람들끼리만 어울리게 하는 정보의 편향화가 의도적 위협인 전자에 해당한다. 반면 자동화된 연산처리 절차로 다양한 자료들을 엮어 결과물을 뚝딱 만들어 내는 포스트프로덕션으로 주류적 견해가 과잉 대변되는 경우는 비의도적인 기계적 산물로 간주할 수 있다. 창의적 대안 창출을 가로막는 이 같은 위험성은 공론장 질서를 넘어 통치성 위기로까지 연결되는 문제로서, 일부 학자들은 그것을 최근 지구촌 전역에서 널리 관망되는 민주주의 퇴행(democratic backsliding) 현상과 연결짓기도 한다(Haggard and Kaufman, 2021).

둘째, 인간–비인간 접합이 활성화하는 신문명 시대에 다양한 유형의 사이보그로 혼성화하는 개인은 자신이 정녕 누구인가라는 정체성 위기를 유적(類的) 수준에서 체감하게 된다. 그뿐 아니라, 사회 각처에서 인력 수요가 감축되는 무인화 경향으로 정체성 위기는 '휴먼 디플레이션(human deflation)' 현상이라는 존재론적 위기로 이어질 것으로 보인다. 자신의 가치를 입증할 만한 역량을 발휘할 수 없는 잉여인간들이 폐기물처럼 쌓여 가는 생활 현장에서 퇴출되지 않고 살아가려면 그들은 무엇으로 존재 이유를 밝힐 수 있겠는가? 현생 인간의 실존적 가치에 관한 문제는 신체적 · 인지적 · 정감적 · 체감적 · 영성적 기능들을 보강해 가는 증강인들이 속출할 신문명 시대에 불거질 심각한 쟁점이라고 여겨지는데, HI를 뛰어넘는 AI들끼리 서로 소통하여 초인공지능적 집단지성을 발휘하는 단계에 이르면 현생 인간은 퇴출을 넘어 절멸의 위기에 봉착하게 될 비극적 사태마저 배제할 수 없다.

셋째, AI 문명화가 진행되는 포스트소셜사회에서는 생명과 무생명의 경계가 희석되면서 생사관에 대한 파문이 초래될 가능성이 엿보이기도 한다. 최근까지 생명 연구는 살아 있는 존재의 생명을 연장하거나 복원하는 생존 문제에 주력해 왔다. 그러나 자동생산적 역능을 발휘하는 물질들도 생명으로 받아들이는 정보적 생명관의 확장과 함께 생명체와 사물과의 접합 혹은 무생물에 생명을 불어넣는 작업이 촉진될 AI 문명시대에 생명은 어떤 경우 혹은 어떤 희생을 무릅쓰고라도 지켜야 할 절대적 가치를 견지하기 어려울 것으로 보인다. 타고난 신체(inborn body)와 이물질(foreign body), 생명과 무생명, 생과 사가 단절 상태를 벗어나 삶의 세계와 죽음의 세계의 회통 가능성이 엿보일 때, 죽음은 차츰 청천벽력 같은 절대적 기피 범주가 아니라 여건, 시기, 방법 등을 감안한 선택 사항으로 자리바꿈할 수 있으리라 본다. 더구나 최첨단 기술에 의한 신체적 · 정신적 재현 가능성을 확신한다면, 필멸의 생명체들은 사멸의 두려움 대신 따뜻한 봄날 피어나는 다년생 식물 같은 회생의 희망과 함께 더불어 살아가는 길도 모색할 수 있으리라 본다. 그럴 경우 사망학(Tanatology)에 대한 관심이 확산되어 '행복한 죽음'이 '행복한 삶' 못지않게 의미 있는 이슈로 떠오르면서 새로운 사회인구학적 변화를 이끌 수 있으리라 기대되기까지 한다.

넷째, 연결주의를 주축으로 한 최근의 생성형 AI는 확률적 모형(stochastic model)을 기반으로 한다. 결정론적 모형(deterministic model)에 대비되는 확률적 모형에는 오차항이 포함되는바, 확률 모형이 적용되는 추계적 세계에서는 확정적 지식관이 개연적 지식관에 궐

위를 이양함으로써 최적성 원리에 의거한 답변들이 해답으로 제시된다. 요컨대, 확답(確答)이 근사해(近似解)라는 생성 가능한 답으로 대체되는 것이다. 과학에는 하나의 정답이 존재하나, 공학에는 다수의 해결 방안이 가능하다고 회자되어 왔다. 여러 가지 해결 방안 중 가장 적합한 것을 채택하는 과정을 최적화(optimization)라 하는데, 최근 인공지능 분야에서 많은 양의 데이터를 빠른 속도로 처리하기 위한 최적화 알고리즘이 핵심적 기술이 되어 가고 있다. "아름다움에 정답이 있나요? 세상은 늘 기준이 바뀌는데"라는 광고 문구와 같이, 추세는 바야흐로 확고부동한 정답을 골라내는 확증의 시대(Age of Confirmation)에서 가까운 답을 가려내는 최적의 시대(Age of Optimization)로 이행하고 있다. 이러한 경향은 세상을 인식하는 방식에까지 영향을 끼쳐 상상과 현실, 모사와 진본, 허구와 진실, 위장과 본심의 경계를 이완시키고 있다. 그 결과 사실, 진실, 진심, 진리의 가치를 외면한 그럴싸한 언설, 이미지 혹은 행태가 우리를 끝도 시작도 없는 영원한 의혹의 미로로 유인하고 있다.

끝으로, 귀납연역 논법에 의거한 전통적 지식 생산이 유사성 논리로 대체되면서 상징적 표현이나 표상이 제한되거나 사장될 여지가 높다는 점도 AI 문명 시대의 의도치 않은 한계로 추가할 수 있다. 이는 함축적 언어 사용이라는 공통점에도 불구하고 드러내는 비유(소설)와 상징(시)의 의미론적 차이를 드러내는 다음과 같은 일화적 시작(詩作)을 통해 파악할 수 있다.

〈시인과 소설가〉

어느 날 거나하게 취한 김동리가
서정주를 찾아가서
시를 한 편 썼다고 했다
시인은 뱁새눈을 뜨고 쳐다봤다
어디 한번 보세나
시인은 턱을 괴고 눈을 감았다
꽃이 피면 벙어리도 우는 것을……
다 읊기도 전에
시인은 무릎을 탁 쳤다
기가 막히다! 절창이네 그랴!
꽃이 피면 벙어리도 운단 말이제?
소설가가 헛기침을 했다
'꽃이 피면'이 아니라, '꼬집히면'이라네!

시인은 마늘쫑처럼 꼬부장하니 웃었다
꼬집히면 벙어리도 운다고?
예끼! 이사람! 소설이나 쓰소
대추알처럼 취한 소설가가
상고머리를 갸우뚱했다
와? 시가 안 됐노?

출처: 오탁번. 2014. 시집 『시집보내다』에 수록된 〈시인과 소설가〉 일부. 문학수첩.

표현하고자 하는 대상을 다른 대상에 빗대어 수사하는 비유는 양자 사이의 유사성을 근거로 하는 것인 반면, 상징은 감각적 대상이 본원적 의미와는 다른 다양한 의미를 드러내는 언어의 다의적(polysemic) 기능에 크게 의존한다. '내 마음은 호수요.'라든가 '호랑이 선생님' 같은 언표는 안정감과 엄격함이라는 보편적 유사성을 고리로 한 은유적 표현인 반면, '빛과 소금'이나 '국화와 칼' 같은 언표는 기독교 교리나 일본 문화에 대한 이해가 닿는 맥락에서나 연상 가능한 상징성 높은 표현인 것이다. 가족유사성 원리를 기초로 하는 AI는 '악의 꽃(Les Fleurs du Mal)'이라든가 '소리 없는 아우성'과 같은 상징적 언표의 구사나 이해에 상대적으로 취약하다. 즉 '꽃이 피면 우는 벙어리' 같은 고도의 상징적 시어는 학습 데이터를 엄청나게 보강하거나 극도로 정교한 입력 방식을 채택하지 않는 한 상동성 원리에 준해 은유의 유곡(幽谷)을 맴도는 생성적 AI의 손길이 닿지 않는 변방에 사장될 개연성이 높다.

4. 후기(後記)

AI의 영향이 객관적 세계 및 주관적 세계는 물론이요 우리 심신에까지 전면적으로 파급되는 문명사적 빅뱅 시기에 새로 등장하는 포스트소셜사회는 고정성 아닌 유동성, 확정성 아닌 불확정성, 정태성 아닌 역동성을 촉구하는 '높은 자유도(high degree of freedom)'를 구가한다. 이런 정황은 점진적 진화와 동떨어진 질적 변이로 간주할 수 있는데, 그 진폭에 심도까지 고려한다면 통상적 변이를 훌쩍 넘어선 새로운 문명세계의 창생을 상정치 않을 수 없다. 더구나 AI가 자신을 창조한 인류와 더불어 역사를 이끌어 갈 주체로 동참하는 신문명 시대는 기존 현실, 인간, 생명 및 진실에 관한 새로운 인식과 대응을 요하는 인류사의 가장 급진적 시기로 기록될 것임에 틀림없다. 유일무이한 것이라 생각해 온 현실이 이리저리 넘나들 수 있는 여러 갈래로 분장(分場)되어 "내가 어디에 있는가(Where am I)?"라는 생활 현장에 대한 물음을 제기하고, 인간의 사물화 및 사물의 인간화라는 양방향 교류가 촉진되는 상황에서 "나는 누구인가(Who am I)?"라는 자아 정체성을 거듭 확인하며, "생명이란 무엇인가(What is life)?"라는 생존 여부를 탐지하면서, "그게 진짜냐(Is it true)?"라는 진실성/진성성을 되물으며 살아야 하는 현 시점은 1932년 올더스 헉슬리(Aldous Huxley)가 과학문명이 극도로 발달한 600년 이후의 미래 사회를 지칭한 '담대한 신세계(The Brave New World)'의 수준을 능가하는 '가공할 최신세계(Incredible Brand-new World)'가 예기되는 신문명 시대의 초입인 것이다.

변혁의 양상이 그리 예상되는 만큼 포스트소셜사회(PSS)라는 새 술을 담아내야 할 새로운 부대로서의 포스트소셜사회론(PSST)이 절실한 시기라고 본다. 앞선 7장 3항에서 이러한 신문명 사회적 특징을 비정질성 개념으로 응축한 바 있다. 따라서 새로운 시대 상황을 진단하기 위한 PSST 역시 결정성보다 유연성, 확실성보다 개연성, 일률성보다 소산성을 전제로 구성되어야 할 것이다. 그 때문에 진술 양식이 설명(explanation)에서 해명(account), 해명에서 해설(interpretation)로 비화해 체계성을 갖추기가 용이치 않을는지 모른다. 그럼에도 이론의 종언은 우리가 몸담고 사는 세계에 대한 지적 갈망의 포기인 동시에 파국적 질서의 극복이라는 실천적 대의에 역행하는 것이기에, 포스트소셜사회를 과학적으로 규명하기 위한 이론화 작업은 지속해야 할 과업임에 틀림없다.

PSST의 구축이 갈급한 또 하나의 이유는 요즘 사회세계와 학술세계 간의 간극이 날로 확대되는 추세에 있다고 여겨지기 때문이다.

사회과학 침체의 결정적 요인의 하나로 꼽히는 이 같은 불일치 현상은 무엇보다 가속적 사회 변화에 따르지 못하는 학계의 뒤처진 행보 때문이라 판단된다. 더구나 코로나 팬데믹 사태를 계기로 디지털 전환이 가속화하여 사회체계가 날로 가변화 · 경량화 · 단명화되어 가는 근자의 추세까지 감안한다면, 급변하는 현실세계와의 격차를 좁힐 수 있는 새로운 지적 통찰과 방안을 모색하는 일은 화급한 시대적 정명임이 분명하다. 장대한 시각으로 AI 문명시대의 미래를 조망하고 그에 근거해 다가오는 새로운 사회체계의 특성과 대응 방향을 선제적으로 포착해 보고자 한 이 책이 AI의 기술적 충격뿐 아니라 사회적 파장까지를 포괄한 확충적 논의를 통해 시대 변화에 뒤진 사회과학의 '지적 지체(intellectual lag)'를 경감하는 데 보탬이 되었으면 한다.

■ 참고문헌

김남옥 · 박수호. 2015. “정보시대의 진지한 탐색자, 마누엘 카스텔의 네트워크 사회학.” 김문조 외. 『오늘의 사회이론가들』. 한울: 112-156.

김문조. 2013. 『융합문명론: 분석의 시대에서 종합의 시대로』. 나남.

김성도. 2022. “서사인간학: 인공지능 시대의 탈서사성에 대한 성찰.” 김상환 외. 『일꾼과 이야기꾼: 서사적 주체』. 이학사: 205-242.

러셀, 스튜어트. 2021[2019]. 『어떻게 인간과 공존하는 인공지능을 만들 것인가: AI와 통제 문제』. 이한음 옮김. 김영사.

러셀, 스튜어트 · 피터 노빅. 2021[2020]. 『인공지능: 현대적 접근방식 1권』. 제4판. 류광 옮김. 제이펍.

로크, 존. 2011[1689]. 『인간지성론』. 추영현 옮김. 동서문화사.

박경렬. 2023. “우리는 AI를 사용할 준비가 되어 있는가.”(중앙일보. 2023.03.13.).

박지민. 2025. “혈액 · 유전자 정보로 암 · 치매 등 1000가지 ‘AI 닥터’가 발병 예측.”(조선일보. 2025.01.17.).

박연규. 2020. “이우환 〈관계항〉의 윤리적 변용.” 『시민인문학』 38: 87-117.

비트겐슈타인, 루트비히. 2019[1953]. 『철학적 탐구』. 개정판. 이영철 옮김. 책세상.

______. 2020[1922]. 『논리-철학 논고』. 이영철 옮김. 책세상.

신선미. 2019. “7개국 학자들 ‘정자 · 난자 · 배아 유전자편집 임상 멈춰야’.”(연합뉴스. 2019.03.14.).

어리, 존. 2012[2000]. 『사회를 넘어선 사회학』. 윤여일 옮김. Humanist.

오탁번. 2014. “시인과 소설가.” 『시집보내다』. 문학수첩.

유지한. 2023. “10년 걸리던 백신을 1년만에… AI 의료혁명.”(조선일보. 2023.02.07.).

이병기. 2024. “인공지능(AI)은 어떻게 작동하는가? (3): 도전과 한계.” 대한민국학술원통신 377: 2-12.

이준석 · 김연철. 2019. "사회이론의 물질적 전회(Material Turn): 신유물론(New Materialism), 그리고 행위자-네트워크 이론(ANT)과 객체지향존재론(○○○)." 『사회와 이론』 35: 7-53.

최경석. 2020. "인공지능이 인간 같은 행위자가 될 수 있나?" 『생명윤리』 21(1): 71-85.

최지원. 2025. "AI 유전자 편집기, 생물학적 로봇…올해 바이오 10대 유망기술 발표."(동아일보. 2025.01.20.).

카, 에드워드. 2015[1961]. 『역사란 무엇인가』. 김택현 옮김. 까치.

카스텔, 마누엘. 2003[1996]. 『네트워크 사회의 도래』. 김묵한 · 박행웅 · 오은주 옮김. 한울.

카플란, 제리. 2017[2016]. 『인공지능의 미래』, 신동숙 옮김. 한스미디어.

키신저, 헨리 · 에릭 슈밋 · 대니얼 허튼로커. 2023[2021]. 『AI 이후의 세계』. 윌북.

하라리, 유발. 2023b[2022]. 『멈출 수 없는 우리 1 : 인간은 지구를 어떻게 지배했을까』. 김명주 옮김. 주니어김영사.

해러웨이, 도나. 2021[2016]. 『트러블과 함께하기』. 최유미 옮김. 마농지.

Altman, S., G. Brockman, and I. Sutskever. 2023. "Governance of Superintelligence." https://openai.com/blog/governance-of-superintelligence

Asimov, I. 1976. *The Bicentennial Man*. Doubleday.

Babbage, C. 1835. *On the Economy of Machinery and Manufactures*. 4th ed. Charles Knight.

Beniger, J. 1986. *The Control Revolution: Technological and Economic Origins of Information Society*. Harvard University Press.

Boden, M. 2016. *AI: Its Nature and Future*. Oxford University Press.

Callon, M. 1993. "Variety and Irreversibility in Networks of Technique Conception and Adoption." In D. Foray and C. Freemann(eds.).

Technology and the Wealth of Nations: Dynamics of Constructed Advantage. Pinter.

Gates, B. 2023. "The Age of AI Has Begun: Artificial Intelligence Is as Revolutionary as Mobile Phones and the Internet."(2023.03.21.). *GatesNotes: The Blog of Bill Gates*. https://www.gatesnotes.com/The-Age-of-AI-Has-Begun

Gouldner, A. 1970. *The Coming Crisis of Western Sociology*. Basic Books.

Grusin, R.(ed.). 2015. *The Nonhuman Turn*. University of Minnesota Press.

Haggard, S and R. Kaufman. 2021. *Backsliding: Democratic Regress in the Contemporary World*. Cambridge University Press.

Hoffmann, H. 2022. "A Philosophical View on Singularity and Strong AI." *AI & Society* 38(4): 1697–1714.

Katerny, I. 2012. "Social Objectology: Prolegomena to the Classification of Social Objects." *Reports from IV RSS All-Russian Sociological Congress:* 79–90. http://www.ssa-rss.ru/files/File/congress2012/part1.pdf

Knorr-Cetina, K. 1997. "Sociality with Objects: Social Relations in Postsocial Knowledge Societies." *Theory, Culture & Society* 14(4): 1–30.

______. 2005. "Postsocial." In G. Ritzer(ed.). *Encyclopedia of Social Theory,* Volume II. Sage: 585–590.

Latour, B. 1993[1991]. *We Have Never Been Modern*. Trans. by C. Porter. Harvard University Press.

______. 2005. *Reassembling the Social: An Introduction to Actor-Network-Theory*. Oxford University Press.

Leeming, D., S. Marlan, and K. Madden(eds.). 2009. *Encyclopedia of Psychology and Religion*. Springer: 882–886.

Lent, J. 2021. *The Web of Meaning: Integrating Science and Traditional*

Wisdom to Find our Place. New Society Publishers.

Lichtenthaler, U. 2020. *Integrated Intelligence: Combining Human and Artificial Intelligence for Competitive Advantage*. Campus Verlag.

Merton, R. K. 1967. *On Theoretical Sociology*. Free Press.

Negroponte, N. 1995. *Being Digital*. Knopf.

Oshida, Y. 2022. *Artificial Intelligence for Medicine: People, Society, Pharmaceuticals, and Medical Materials*. Walter de Gruyter GmbH: 1–17.

Ritzer, G. and J. Stepnisky. 2005. *Sociological Theory*. 9th ed. McGraw-Hill.

Thomas, W. I. and D. S. Thomas. 1928. *The Child in America: Behavior Problems and Programs*. Alfred A. Knopf.

UNESCO. 2023. "Artificial Intelligence: Examples of Ethical Dilemmas." https://www.unesco.org/en/artificial-intelligence/recommendation-ethics/cases

■ 전체 참고문헌

강정한 외. 2013. 『현대사회학이론: 패러다임적 구도와 전환』. 다산출판사.

구본권. 2020. "포스트휴먼과 포스트 트루스: 탈진실 현상은 왜 문제일까." 고등과학원(KIAS). HORIZON(2020.06.02.).

김남옥. 2016. 『마누엘 카스텔』. 커뮤니케이션북스.

김남옥 · 김문조. 2013. "고도 기술시대의 몸(1): 기술융합의 신체적 파장." 『사회사상과 문화』 28: 233-265.

______. 2014. "고도 기술시대의 몸(2): 포스트휴먼 신체론." 『사회사상과 문화』 29: 257-284.

김남옥 · 박수호. 2015. "정보시대의 진지한 탐색자, 마누엘 카스텔의 네트워크 사회학." 김문조 외. 『오늘의 사회이론가들』. 한울: 112-156.

김동광. 2023. 『생명은 어떻게 정보가 되었는가: '정보로서의 생명' 개념의 등장과 생명의 분자화, 그리고 신자유주의』. 궁리출판.

김문조. 1999. 『과학기술과 한국사회의 미래』. 고려대학교출판부.

______. 2003. "복잡계 패러다임의 특성과 전망." 『과학기술학연구』 3(2): 1-27.

______. 2010. "미래연구 방법으로서의 동향학." 『사회과학논집』 41(1): 31-48.

______. 2013. 『융합문명론: 분석의 시대에서 종합의 시대로』. 나남.

______. 2017. "제4차 산업혁명의 함의와 전망." 『과학과 기술』 575: 2-3.

______. 2019. 『기술과 사회의 공진화: 정보사회의 행로와 전망』. NIA연구보고서 미래2030. 제2권. 한국정보화진흥원.

______. 2020a. "AI 시대의 디지털 격차." 『지역사회학』 21(1): 59-88.

______. 2020b. "포스트 코로나 시대, 사회적 전망과 과제." 『학술원논문집』 59(2): 295-334.

______. 2023. "지능정보화와 새로운 문명 시대의 도래." 『사회사상과 문화』 26(2): 55-91.

김문조 · 김종길. 2002. "정보격차(Digital Divide)의 이론적 · 정책적 재고." 『한

국사회학』 36(4): 123-155.
김문조 외. 2019. 『빅데이터를 통해 본 2030년대 한국사회』. 홍디자인.
김문조 · 유승호 · 정의준. 2013. "뉴미디어와 현실의 사회적 재구성: 생활세계론적 접근." 『담론201』 16(1): 33-60.
김상균. 2020. 『메타버스: 디지털 지구, 뜨는 것들의 세상』. 플랜비디자인.
김상범. 2024. "노벨물리학상 받은 제프리 힌튼 'AI 가중치, 핵분열 물질과도 같아' 경고."(경향신문. 2024.10.30.).
김성도. 2022. "서사인간학: 인공지능 시대의 탈서사성에 대한 성찰." 김상환 외. 『일꾼과 이야기꾼: 서사적 주체』. 이학사: 205-242.
김성동. 2017. 『테야르 드 샤르댕』. 커뮤니케이션북스.
김연철 · 이준석. 2016. "행위자-연결망 이론(ANT)과 사변적 실재론(SR)의 접점." 『사회와 이론』 28: 105-152.
김홍중. 2016. 『사회학적 파상력』. 문학동네.
______. 2022. "21세기 사회이론의 필수통과지점: 브뤼노 라투르의 행위 이론." 『사회와이론』 43: 7-56.
김환석. 2017. "코스모폴리틱스(Cosmopolitics)와 기술사회의 민주주의." 『사회과학연구』 30(1): 1-18.
너스, 폴. 2021[2020]. 『생명이란 무엇인가: 5단계로 이해하는 생물학』. 이한음 옮김. 까치.
니체, 프리드리히. 2001[1873]. "비도덕적 의미에서의 진리와 거짓에 관하여." 『유고(1870~1873)』. 니체 전집 3권. 이진우 옮김. 책세상,
다윈, 찰스. 2019[1859]. 『종의 기원』. 장대익 옮김. 사이언스북스.
데리다, 자크. 1996[1967]. 『그라마톨로지』. 김성도 옮김. 민음사.
도킨스, 리처드. 2006[1976]. 『이기적 유전자』. 홍영남 옮김. 을유문화사.
뒤랑, 질베르. 2022[1960]. 『상상계의 인류학적 구조들』. 진형준 옮김. 문학동네.
뒤르켐, 에밀. 2021[1895]. 『사회학적 방법의 규칙들』. 민혜숙 옮김. 이른비.
드보르, 기. 2014[1967]. 『스펙타클의 사회』. 유재홍 옮김. 울력.
들뢰즈, 질 · 펠릭스 가타리. 2003[1980]. 『천 개의 고원: 자본주의와 분열증 2』. 김재인 옮김. 새물결.

라이프니츠, 빌헬름. 2010[1714]. 『형이상학 논고』. 윤선구 옮김. 아카넷.
라투르, 브뤼노 · 스티브 울가. 2019[1979]. 『실험실 생활: 과학적 사실의 구성』. 이상원 옮김. 한울아카데미.
러셀, 스튜어트. 2021[2019]. 『어떻게 인간과 공존하는 인공지능을 만들 것인가: AI와 통제 문제』. 이한음 옮김. 김영사.
러셀, 스튜어트 · 피터 노빅. 2021[2020]. 『인공지능 1: 현대적 접근방식』. 제4판. 류광 옮김. 제이펍.
로크, 존. 2011[1689]. 『인간지성론』. 추영현 옮김. 동서문화사.
루만, 니클라스. 2007[1984]. 『사회체계이론1』. 박여성 옮김. 한길사.
르페브르, 앙리. 2011[1974]. 『공간의 생산』. 양영란 옮김. 에코리브르.
리오타르, 장-프랑수아. 1999[1979]. 『포스트모던의 조건』. 유정완 외 옮김. 민음사.
리프킨, 제러미. 2001[2000]. 『소유의 종말』. 이희재 옮김. 민음사.
마르케스, 가브리엘 가르시아. 2005[1967]. 『백년 동안의 고독』. 안정효 옮김. 문학사상.
______. 2007[2002]. 『이야기하기 위해 살다』. 조구호 옮김. 민음사.
마르크스, 카를. 2005[1867]. 『자본론 I』. 김수행 옮김. 비봉출판사.
마쓰오 유타카(松尾豊). 2019[2015]. 『인공지능과 딥러닝』. 박기원 옮김. 동아엠앤비.
마이어, 에른스트. 2016[1997]. 『이것이 생물학이다』. 최재천 외 옮김. 바다출판사.
맥루언, 마셜. 2019[1964]. 『미디어의 이해: 인간의 연장』. 김성기 · 이한우 옮김. 민음사.
멈포드, 루이스. 2013[1934]. 『기술과 문명』. 문종만 옮김. 책세상.
미치코 카쿠타니(角谷美智子). 2020. 『진실 따위는 중요하지 않다: 거짓과 혐오는 어떻게 일상이 되었나』. 김영선 옮김, 돌베개.
바슐라르, 가스통. 2007[1960]. 『몽상의 시학』. 김웅권 옮김. 동문선.
박경렬. 2023. “우리는 AI를 사용할 준비가 되어 있는가.”(중앙일보. 2023.03.13.).

박근태. 2025. “프린터로 찍고 사람 세포 넣어 만든 로봇 손.”(조선일보. 2025. 02.15.).

박기현. 2004.『프랑스 문화와 상상력』. 살림출판사.

박민아 · 이두갑 · 이상욱. 2025.『과학의 결정적 순간들: 그날 이후 세계는 어제와 같지 않았다』. 바다출판사.

박성관. 2010.『종의 기원: 생명의 다양성과 인간 소멸의 자연학』. 그린비.

박연규. 2020. “이우환 〈관계항〉의 윤리적 변용.”『시민인문학』38: 87–117.

박영은. 2013. “트랜스휴머니즘(Transhumanism) 사상의 철학적 근원에 대한 고찰.”『노어노문학』25(1): 115–142.

박인찬. 2017. “사물의 시대에 오신 것을 환영함: 포스트휴머니즘의 새 접근.”『현대영미소설』24(2): 183–202.

박지민. 2025. “혈액 · 유전자 정보로 암 · 치매 등 1000가지 ‘AI 닥터’가 발병 예측.”(조선일보. 2025.01.17.).

베이컨, 프란시스. 2016[1620].『신기관』. 진석용 옮김. 한길사.

벤야민, 발터. 2007[1935].『기술복제시대의 예술작품/사진의 작은 역사 외』. 최성만 옮김. 길.

벨, 다니엘. 2006[1973].『탈산업사회의 도래』. 김원동 · 박형신 옮김. 아카넷.

보드리야르, 장. 1992[1970].『소비의 사회: 그 신화와 구조』. 이상률 옮김. 문예출판사.

______. 1995[1972].『기호의 정치경제학 비판』. 이규현 옮김. 문학과지성사.

______. 2012[1981].『시뮬라시옹』. 하태환 옮김. 민음사.

보스트롬, 닉. 2017[2014].『슈퍼인텔리전스: 경로, 위험, 전략』. 조성진 옮김. 까치.

볼츠, 노르베르트. 2000[1993].『구텐베르크-은하계의 끝에서: 새로운 커뮤니케이션 상황들』. 윤종석 옮김. 문학과지성사.

브라이도티, 로지. 2015[1954].『포스트휴먼』. 이경란 옮김. 아카넷.

브레이버만, 해리. 1989[1974].『노동과 독점자본』. 이한주 · 강남훈 옮김. 까치.

브린욜프슨, 에릭 · 앤드루 맥아피. 2014[2014].『제2의 기계 시대: 인간과 기계의 공생이 시작된다』. 이한음 옮김. 청림출판.

비릴리오, 폴. 2004[1977]. 『속도와 정치: 공간의 정치학에서 시간의 정치학으로』. 이재원 옮김. 그린비.
비트겐슈타인, 루트비히. 2019[1953]. 『철학적 탐구』. 개정판. 이영철 옮김. 책세상.
______. 2020[1922]. 『논리-철학 논고』. 이영철 옮김. 책세상
생텍쥐페리, 앙투안. 2015[1943]. 『어린 왕자』. 김미성 옮김. 인디고(글담).
서키, 클레이. 2008[2008]. 『끌리고 쏠리고 들끓다: 새로운 사회와 대중의 탄생』. 송연석 옮김. 갤리온.
슈뢰딩거, 에르빈. 2021[1944]. 『생명이란 무엇인가』. 서인석 · 황상익 옮김. 한울.
신상규. 2014. 『호모 사피엔스의 미래: 포스트휴먼과 트랜스휴머니즘』. 아카넷.
신선미. 2019. "7개국 학자들 '정자 · 난자 · 배아 유전자편집 임상 멈춰야'."(연합뉴스. 2019.03.14.).
아리스토텔레스. 1975. 『시학』. 손명현 옮김. 박영사: 9장.
______. 2001. 『영원에 관하여』. 유원기 역주. 궁리.
아이디, 돈. 2013[2003]. 『테크놀로지의 몸』. 이희은 옮김. 텍스트.
아탈리, 자크. 1999[1998]. 『21세기 사전』. 편혜원 · 정혜원 옮김. 중앙m&b.
______. 2005[2003]. 『호모 노마드: 유목하는 인간』. 이효숙 옮김. 웅진닷컴.
어리, 존. 2012[2000]. 『사회를 넘어선 사회학』. 윤여일 옮김. Humanist.
______. 2016[2007]. 『모빌리티』. 커뮤니케이션북스.
예술의 전당 디자인미술관. 2006. 〈기계의 꿈, 자동인형에서 로봇까지〉. 전시목록.
옌센, 롤프. 2005[1999]. 『드림소사이어티』. 서정환 옮김. 리드리드출판.
오로라. 2024. "'나도 의심한다 고로 존재한다' 생각하는 AI 출현: 세계적 AI 석학 요슈아 벤지오 교수 인터뷰."(조선일보. 2024.01.01.).
오탁번. 2014. "시인과 소설가." 『시집보내다』. 문학수첩.
위너, 노버트. 2023[1948]. 『사이버네틱스: 동물과 기계의 제어와 커뮤니케이션』. 김재영 옮김. 읻다.
유지한. 2023. "10년 걸리던 백신을 1년만에… AI 의료혁명."(조선일보. 2023.

02.07.).
이경란. 2017. “포스트휴먼 시대의 포스트휴먼 담론들.”『문학동네』 23(2): 1-17.
이병기. 2024. “인공지능(AI)은 어떻게 작동하는가? (3): 도전과 한계.” 대한민국학술원통신 377: 2-12.
이상원. 2011. “사실의 산출과 실험실 공간.”『철학사상』 40: 207-238.
이수진. 2013. “포스트휴머니즘적 상상력과 문학적 재현.” 이화인문과학 편.『인간과 포스트휴머니즘』. 이화여자대학교출판부: 271-294.
이승훈. 2018. “자연 진화론의 보편적 적용 가능성에 대한 연구: 첨단 기술시대의 새로운 인공물들에 대한 논의를 중심으로.” 고려대학교 과학기술학협동과정 박사학위 논문.
이종관. 2012. “테크노퓨처리즘과 네오휴머니즘의 대결, 그리고 그 화해를 향하여: 트랜스 휴머니즘, 인공생명, 하이데거를 중심으로.”『철학과 현상학 연구』 59: 5-49.
이준석 · 김연철. 2019. “사회이론의 물질적 전회(Material Turn): 신유물론(New Materialism), 그리고 행위자-네트워크 이론(ANT)과 객체지향존재론(○○○).”『사회와 이론』 35: 7-53.
이혜진. 2025. “사람처럼 팔다리 휘적… 인공근육 1000개 장착한 로봇 보니.”(조선일보. 2025. 02.24.).
임백준. 2024.『AI 트루스』. 한빛미디어.
임석원. 2013. “비판적 포스트휴머니즘의 기획: 배타적인 인간중심주의 극복.” 이화인문과학원(편).『인간과 포스트휴머니즘』. 이화여자대학교출판부: 61-82.
잭슨, 로즈메리. 2001[1986].『환상성: 전복의 문학』. 서강여성문화연구회 옮김. 문학동네.
전방욱. 2019.『크리스퍼 베이비: 유전자 변형 인간의 탄생』. 이상북스.
정보통신정책연구원. 2014.『포스트 휴먼(Post-Human)시대 기술과 인간의 상호작용에 대한 인문사회 학제간 연구』. 미래창조과학부.
제임슨, 프레드릭. 2022[1991].『포스트모더니즘, 혹은 후기자본주의 문화 논리』.

임경규 옮김. 문학과지성사.

주보프, 쇼샤나. 2021[2019]. 『감시 자본주의 시대: 권력의 새로운 개척지에서 벌어지는 인류의 미래를 위한 투쟁』. 김보영 옮김. 문학사상.

최경석. 2020. “인공지능이 인간 같은 행위자가 될 수 있나?” 『생명윤리』 21(1): 71-85.

최선희. 2023. “사람보다 더 사람 같네!” 『톱클래스』. 2023년 08월호(2023.7.25.). https://topclass.chosun.com/news/articlePrint.html?idxno=32060

최지원. 2025. “AI 유전자 편집기, 생물학적 로봇…올해 바이오 10대 유망기술 발표.”(동아일보. 2025.01.20.).

카, 에드워드. 2015[1961]. 『역사란 무엇인가』. 김택현 옮김. 까치.

카스텔, 마누엘. 2003[1996]. 『네트워크 사회의 도래』. 김묵한 · 박행웅 · 오은주 옮김. 한울.

카프라, 프리초프. 1998[1996]. 『생명의 그물: 살아 있는 시스템들에 대한 새로운 과학적 이해』. 김용정 · 김동광 옮김. 범양사.

카플란, 제리. 2017[2016]. 『인공지능의 미래』. 신동숙 옮김. 한스미디어.

커즈와일, 레이. 2007[2005]. 『특이점이 온다: 기술이 인간을 초월하는 순간』. 김명남 · 장시형 옮김. 김영사.

켈리, 케빈. 2017[2017]. 『인에비터블: 미래의 정체』. 이한음 옮김. 청림출판.

콘, 에두아르도. 2018[2013]. 『숲은 생각한다: 숲의 눈으로 인간을 보다』. 차은정 옮김. 사월의책.

쿤, 토마스. 2002[1962]. 『과학혁명의 구조』. 김명자 옮김. 까치.

키신저, 헨리 · 에릭 슈밋 · 대니얼 허튼로커. 2023[2021]. 『AI 이후의 세계』. 윌북.

타르드, 가브리엘. 2015[1893]. 『모나돌로지와 사회학』. 이상률 옮김. 이책.

터섹, 로버트. 2019[2014]. 『증발』. 김익현 옮김. 커뮤니케이션북스.

토마스, 쿤. 2013[1962]. 『과학혁명의 구조』. 김명자 · 홍성욱 옮김. 까치.

파묵, 오르한. 2006[1998]. 『내 이름은 빨강』. 이난아 옮김. 민음사.

포스트먼, 닐. 2009[1992]. 『죽도록 즐기기』. 홍윤선 옮김. 굿인포메이션.

폴라니, 칼. 2009[1944]. 『거대한 전환: 우리 시대의 정치 · 경제적 기원』. 홍기빈 옮김. 길.

프리고진, 일리야 · 이사벨 스텐저스. 2011[1984]. 『혼돈으로부터의 질서: 인간과 자연의 새로운 대화』. 신국조 옮김. 자유아카데미.

하라리, 유발. 2017[2016]. 『호모 데우스: 미래의 역사』. 김영주 옮김. 김영사.

______. 2018[2018]. 『21세기를 위한 21가지 제언』. 전병근 옮김. 김영사.

______. 2023a[2011]. 『사피엔스(양장 특별판)』. 조현욱 옮김. 김영사.

______. 2023b[2022]. 『멈출 수 없는 우리 1 : 인간은 지구를 어떻게 지배했을까』. 김명주 옮김. 주니어김영사.

______. 2024[2024]. 『넥서스: 석기시대부터 AI까지, 정보 네트워크로 보는 인류 역사』. 김영주 옮김. 김영사.

하비, 데이비드. 1994[1990]. 『포스트모더니티의 조건』. 구동회 · 박영민 옮김. 한울.

하원규 · 최민석 · 김수민. 2013. 『만물지능인터넷 패러다임과 미래창조 IT 신전략』. 정보통신산업진흥원.

하트, 마이클 · 안토니오 네그리. 2008[2005]. 『다중: 제국이 지배하는 시대의 전쟁과 민주주의』. 조정환 · 정남영 옮김. 세종서적.

한병철. 2015[2014]. 『심리정치: 신자유주의의 통치술』. 김태환 옮김. 문학과지성사.

______. 2023[2021]. 『정보의 지배: 디지털화와 민주주의의 위기』. 전대호 옮김. 김영사.

한전숙 · 차인석. 1980. 『현대의 철학 I : 실존주의 · 현상학 · 비판이론』. 서울: 서울대학교출판부.

한혜원. 2010. 『디지털 시대의 신인류 호모 나랜스』. 살림출판사.

한희진. 2010. "폴-조제프 바르테즈(1734~1806)의 생기론." 『의사학』 19(1): 157-188.

해러웨이, 도나. 2021[2016]. 『트러블과 함께하기』. 최유미 옮김. 마농지.

헤어브레히터, 슈테판. 2012[2012]. 『포스트휴머니즘: 인간 이후의 인간에 관한 문화철학적 담론』. 김연순 · 김응주 옮김. 성균관대학교출판부.

헤일스, 캐서린. 2013[1999]. 『우리는 어떻게 포스트휴먼이 되었는가: 사이버네틱스와 문학, 정보 과학의 신체들』. 허진 옮김. 열린책들.

홍명희. 2005.『상상력과 가스통 바슐라르』. 살림출판사.

황규락. 2025. "가상세계서 로봇 설계부터 데이터 학습, 훈련까지 자동화."(조선일보. 2025.02.26.).

황용석 · 권오성. 2017. "가짜뉴스의 개념화와 규제수단에 관한 연구: 인터넷서비스사업자의 자율규제를 중심으로."『언론과 법』16(1): 53-101.

황주성 외. 2009.『디지털 컨버전스 기반 미래연구(I) 총괄보고서』. 정보통신정책연구원.

Abbott, S. and D. Fairbanks. 2016[1866]. "Experiments on Plant Hybrids by Gregor Mendel." *Genetics* 204: 407-422.

Aligica, P. 2004. "The Challenge of the Future and the Institutionalization of Interdisciplinarity: Notes on Herman Kahn's Legacy." *Futures* 36(1): 67-83.

Altman, S., G. Brockman, and I. Sutskever. 2023. "Governance of Superintelligence." https://openai.com/blog/governance-of-superintelligence

Andrejevic, M. and K. Gates. 2014. "Big Data Surveillance: Introduction." *Surveillance & Society* 12(2): 185-196.

Arendt, H. 1972[1971]. "Lying in Politics: Reflections on The Pentagon Papers." In H. Arendt. *Crises of the Republic: Lying in Politics; Civil Disobedience; On Violence; Thoughts on Politics and Revolution*. Harcourt.

Arrighi, G. 1993. *The Long Twentieth Century: Money, Power and the Origins of Our Times*. Verso.

Arthur, W. B. 1994. *Increasing Returns and Path Dependence in the Economy*. University of Michigan Press.

Ashby, W. R. 1947. "Principles of the Self-Organizing Dynamic System." *Journal of General Psychology* 37: 125-128.

Asimov, I. 1976. *The Bicentennial Man*. Doubleday.

Avery, O., C. M. MacLeod, and M. McCarty. 1944. "Studies on the Chemical Nature of the Substance Inducing Transformation of Pneumococcal Types: Induction of Transformation by a Deoxyribonucleic Acid Fraction Isolated from Pneumococcus Type III." *Journal of Experimental Medicine* 79(2): 137 - 158.

Babbage, C. 1835. *On the Economy of Machinery and Manufactures*. 4th ed. Charles Knight.

Bachelard, G. 1969[1960]. *The Poetics of Reverie: Childhood, Language, and the Cosmos*. Trans. by D. S. Russell. Beacon Press.

Badmington, N. 2003. "Theorizing Postmodernism." *Cultural Critique* 53: 10–27.

Baggini, J. 2022. "What Can Philosophy Add to the Post–truth Crisis?" *Times Literary Supplement(TLS)*. Retrieved 2022–01–26.

Barthes, R. 1972[1957]. *Mythologies*. Trans. by A. Lavers. Vintage.

Bateson, G. 1979. *Mind and Nature: A Necessary Unity*. Dutton.

Baudrillard, J. 1983[1978]. *In the Shadows of the Silent Majorities … or the End of the Social and Other Essays*. Trans. by P. Foss, P. Patton, and J. Johnston. Semiotext(e).

______. 1990[1983]. *Fatal Strategies*. Trans. by P. Beitchman and W. G. Niesluchowski. Semiotext(e).

Bauman, Z. 2005. *Liquid Life*. Polity.

Bechtel, W. and R. Williamson. 1998. "Vitalism." In E. Craig(ed.). *Routledge Encyclopedia of Philosophy*. Routledge.

Beck, U. 1992[1986]. *Risk Society: Towards a New Modernity*. Sage.

Beck, U. and E. Beck-Gernsheim. 2002. *Individualization: Institutionalized Individualism and its Social and Political Consequences*, Sage.

Bell, W. 1998. "Making People Responsible: The Possible, the Probable, and the Preferable." *American Behavioral Scientist* 32(3): 323–339.

Beniger, J. 1986. *The Control Revolution: Technological and Economic Origins of Information Society*. Harvard University Press.

Benjamin, W. 1931. "Le caractére destructeur," Trans. by R. Rochlitz. In *Quvres II*. Gallimard.

Berman, M. 2010. *All That Is Solid Melts Into Air*. Verso.

Bertalanffy, L. 1968. *General System Theory: Essays on Its Foundation and Development*. George Braziller.

Best, S. and D. Kellner. 1991. *Postmodern Theory*. Guilford Press.

Bhabha, H. 1995. "Cultural Diversity and Cultural Differences." In B. Ashcroft, G. Griffiths, and H. Tiffin(eds.). *The Post-colonial Studies Reader*. Routledge: 206–209.

Birch, C. and J. B. Cobb. 1985. *The Liberation of Life: From the Cell to the Community*. CUP Archive: 76–78.

Boden, M. 2016. *AI: Its Nature and Future*. Oxford University Press.

Boltzmann, l. 1866. "Über die Mechanische Bedeutung des Zweiten Hauptsatzes der Wärmetheorie." *Wiener Berichte* 53: 195 – 220.

Bostrom, N. 2005. "The Transhumanist FAQ: A General Introduction." Available from: http://Nickbostrom.com/. [January 2, 2019].

Bottomore, T. *et al.*(eds.). 1983. *A Dictionary of Marxist Thought*. Blackwell.

Bouveresse, R. 1992. *Spinoza et Leibniz*. J. Vrin.

Braudel, F. 1960. "History and the Social Sciences: The Long Duration." *Political Research, Organization and Design* 3(6): 3–13.

Bryant, L., N. Srnicek, and G. Harman. 2011. *The Speculative Turn: Continental Materialism and Realism*. re.press.

Brynjolfsson, E. and A. McAfee. 2014. *The Second Machine Age: Work, Progress, and Prosperity in a Time of Brilliant Technologies*. W. W. Norton & Company.

Buckley, W. 1967. *Sociology and Modern Systems Theory*. Prentice–Hall.

Callon, M. 1993. "Variety and Irreversibility in Networks of Technique Conception and Adoption." In D. Foray and C. Freemann(eds.). *Technology and the Wealth of Nations: Dynamics of Constructed Advantage*. Pinter.

_____. 2003. *Do Economists Make Markets?: On the Performativity of Economics*. Princeton University Press.

Callon, M. and J. Law. 1988. "Engineering and Sociology in a Military Aircraft Project: A Network Analysis of Technological Change." *Social Problems* 35(3): 284–297.

Camp, L. J. 2000. *Trust and Risk in Internet Commerce*. MIT Press.

Campbell, D. T. 1990. "Epistemological Roles for Selection Theory." In *Evolution, Cognition, and Realism: Studies in Evolutionary Epistemology*(Collection of Essays Originated from a Conference on Evolutionary Epistemology in 1988): 1 – 19.

Candy, S. 2010. *The Ftures of Everyday Life: Politics and the Design of Experiential Scenarios*(PhD. Dissertation). Department of Political Science University of Hawaii at Manoa.

Capra, F. 1982. *The Turning Point: Science, Society, and the Rising Culture*. Bantam Books.

Capra, F. and P. L. Luisi. 2014. *The Systems View of Life: A Unifying Vision*. Cambridge University Press.

Castells, M. 1996. *The Rise of the Network Society. The Information Age: Economy, Society and Culture*. Vol. I. Blackwell.

_____. 1997. *The Power of Identity, The Information Age: Economy, Society and Culture*. Vol. II. Blackwell.

_____. 1998. *End of Millennium, The Information Age: Economy, Society and Culture*. Vol. III. Blackwell.

_____. 2001. *The Internet Galaxy: Reflections on the Internet, Business and Society*. Oxford University Press.

_____. 2009. *Communication Power*. Oxford University Press.

Clausius, R. J. 2008[1879]. *The Mechanical Theory Of Heat*. Trans. by W. R. Browne. Kessinger Publishing.

Cohen, J. L. and A. Arato. 1992. *Civil Society and Political Theory*. MIT Press.

Coole, D. and S. Frost. 2010. *New Materialisms: Ontology, Agency, and Politics*. Duke University Press.

Cunning, D. 2014. *The Cambridge Companion to Descartes' Meditations*. Cambridge University Press: 277–280.

Cutcliffe, S. 2000. *Ideas, Machines, and Human Values: An Introduction to Science, Technology, and Society Studies*. Rowman & Littlefield Publishers.

Cutcliffe, S. and C. Mitcham(eds.). 2001. *Visions of StS: Contextualizing Science, Technology, and Society Studies*. State University of New York Press.

Davies, P. 2004. "Multiverse Cosmological Models." *Modern Physics Letter* A19: 727–744.

Dawkins, R. 1983. "Universal Darwinism." In D. S. Bendall(ed.). *Evolution from Molecules to Man*. Cambridge University Press.

Deane-Drummond, C. 2006. *Pierre Teilhard De Chardin on People & Planet*. Routledge.

DeLanda, M. 2006. *A New Philosophy of Society: Assemblage Theory and Social Complexity*. Continuum.

_____. 2015. "The New Materiality." *Architectural Design* 85(5): 16–21.

Delfanti, A. and A. Arvidsson. 2019. *Introduction to Digital Media*. John Wiley & Sons, Inc.

Dennett, D. 2005, *Darwin's Dangerous Idea*. Touchstone Press: 352–360.

_____. 2017. *From Bacteria to Bach and Back: The Evolution of Minds*. W.

W. Norton & Company.

Derrida, L. 1978. *Cogito and the History of Madness. From Writing and Difference*. Trans. by A. Bass. Routledge.

Descola, P. 1994. *In the Society of Nature: A Native Ecology in Amazonia*. Trans. by N. Scott. Cambridge University Press.

______. 2013. *Beyond Nature and Culture*. Trans. by J. Lloyd. University of Chicago Press.

______. 2019[1986]. *La Nature Domestique: Symbolisme et Praxis Dans L'écologie des Achuar*. Maison des Sciences de l'Homme.

Dixon, P. 2007. *Futurewise: The Six Faces of Global Change*. IPS-Profile Books.

Dobzhansky, T. 1973. "Nothing in Biology Makes Sense Except in the Light of Evolution." *American Biology Teacher* 35(3): 125 - 129.

Dolphijn, R. and I. Tuin. 2012. *New Materialism: Interviews & Cartographies*. Open Humanities Press.

Eco, U. 1986[1973]. *Faith in Fakes: Travels in Hyperreality*. Trans. by W. Weaver. Harcourt.

The Editors of Time-Life Books. 1990[1986]. 『컴퓨터의 세계: 인공지능』. 한국일보 타임-라이프 편집부 옮김. 한국일보 타임-라이프.

Ellul, J. 1964[1954]. *The Technological Society*. Trans. by J. Wilkinson. Knopf.

Enzensberger, H. M. 1993. *Aussichten auf den Bürgerkrieg*. Suhrkamp.

Ferrando, F. 2013. "Posthumanism, Transhumanism, Antihumanism, Metahumanism, and New Materialisms: Differences and Relations."(PDF). ISSN 1932-1066. Retrieved 2014-03-14.

Feuerbach, L. 1843. "Preface to the Second Edition." *The Essence of Christianity*. http://marxists.org/reference/archive/feuerbach/works/essence/ec00.htm

Fidler, R. 1997. *Mediamorphosis: Understanding New Media*. Pine Forge

Press.

Foerster, H. V. 1960. "On Self-organizing Systems and Their Environments." In M. C. Yovits and S. Cameron(eds.). *Self-organizing Systems*. Pergamon Press.

Foerster, H. V. and G. Zopf(eds.). 1962. *Principles of Self-Organization*. Pergamon.

Funtowicz, S. and J Ravetz. 1993. "Science for the Post-normal Age." *Futures* 25(7): 739-755.

Gad, C. and C. Jensen. 2019. "On the Consequences of post-ANT." *Science, Technology & Human Values* 35(1): 55-80.

Gates, B. 2023. "The Age of AI Has Begun: Artificial Intelligence Is as Revolutionary as Mobile Phones and the Internet."(2023.03.21.). *GatesNotes: The Blog of Bill Gates*. https://www.gatesnotes.com/The-Age-of-AI-Has-Begun

Gayon, J. 2016. "From Mendel to Epigenetics: History of Genetics." *Comptes Rendus Biologies* 339(7/8): 225-230.

Gendron, B. 1977. *Technology and The Human Condition*. St. Martin's.

Geniusas, S. 2020. "'Multiple Realities' Revisited: James and Schutz." *Human Studies* 43: 545-565.

Gibson, W. 1984. *Neuromancer*. Ace Books.

Giddens, A. 1984. *The Constitution of Society*. University of California Press,

Gillmor, D. 2004. *We the Media: Grassroots Journalism By the People, For the People*. O'Reilly Media.

Gleick. J. 1987. *Chaos: Making a New Science*. Penguin Books.

Goffman, E. 1959[1956]. *The Presentation of Self in Everyday Life*. Doubleday.

Gontier, N. 2006. "Evolutionary Epistemology." *Internet Encyclopedia of Philosophy*. http://www.iep.utm.edu/evo-epis/

Goodfellow, I. *et al.* 2014. "Generative Adversarial Nets." In *Advances in Neural Information Processing Systems 27*(NIPS 2014 Proceedings).

Gordon, T. and O. Helmer. 1964. *Report on a Long Range Forecasting Study*. R−2982. RAND.

Gouldner, A. 1970. *The Coming Crisis of Western Sociology*. Basic Books.

Graf, F. 2009[1993]. *Greek Mythology: An Introduction*. Trans. by T. Marier. Johns Hopkins University Press.

Graham, E. 2014. "Post/Human Conditions." *Theology & Sexuality* 10(2): 10−32.

Grusin, R.(ed.). 2015. *The Nonhuman Turn*. University of Minnesota Press.

Haggard, S and R. Kaufman. 2021. *Backsliding: Democratic Regress in the Contemporary World*. Cambridge University Press.

Hamoir, G. 1992. "The Discovery of Meiosis by E. Van Beneden: A Breakthrough in the Morphological Phase of Heredity." *Int. J. Dev. Biol* 36(1): 9 - 15.

Haraway, D. 1991. "A Cyborg Manifesto: Science, Technology, and Socialist−feminism in the Late Twentieth Century." In D. Haraway. *Simians, Cyborgs and Women: The Reinvention of Nature*. Routledge: 149−181.

______. 2007. *When Species Meet*. University of Minnesota Press.

Harman, G. 2009. *Prince of Networks: Bruno Latour and Metaphysics*. re.press.

______. 2011. "The Road to Objects." *Continent* 3(1): 171−179.

______. 2018. *Object-Oriented Ontology: A New Theory of Everything*. Penguin books.

Harvey, D. 1989. *The Condition of Postmodernity: An Enquiry into the Origins of Cultural Change*. Blackwell.

Harvey, W. 2006[1628]. *The Circulation of the Blood*. Cosimo, Inc.

Heidegger, M. 1982[1959]. *On the Way to Language*. HarperOne.

_____. 1993[1949]. "The Question Concerning Technology." In D. F. Krell(ed.). *Basic Writings: Martin Heidegger*. 2nd ed. Harper Collins.

Herbrechter, S. 2013. *Posthumanism: A Critical Analysis*. Bloomsbury.

Hettche, M. and C. Dyck. 2024. "Christian Wolff." In N. Zalta and U. Nodelman(eds.). *The Stanford Encyclopedia of Philosophy*. https://plato.stanford.edu/archives/sum2024/entries/wolff-christian/

Hochshild, A. 1983. *The Managed Heart: Commercialization of Human Feeling*. University of California Press.

Hodgson, G. M. 2005. "Generalizing Darwinism to Social Evolution: Some Early Attempts." *Journal of Economic Issues* 39(4): 899-914.

Hoffman, B. 2024. "Automation Bias: What It Is and How to Overcome It." *Forbes*(2024.03.10.).

Hoffmann, H. 2022. "A Philosophical View on Singularity and Strong AI." *AI & Society* 38(4): 1697-1714.

Husserl, E. 1931[1913]. *Ideas: A General Introduction to Pure Phenomenology*. Trans. by B. Gibson. Allen and Unwin.

_____. 1965[1910]. "Philosophy as Rigorous Science." In *Phenomenology and the Crisis of Philosophy*. Trans. and Ed. by Q. Lauer. Harper & Row.

Inayatullah, S. 2002. *Questioning the Future: Futures Studies, Action Learning and Organizational Transformation*. Tamkang University Press.

Inglehart, R. 1977. *The Silent Revolution: Changing Values and Political Styles among Western Publics*. Princeton University Press.

James, W. 1983[1890]. *The Principles of Psychology*. Harvard University Press, Inc.

_____. 1996. *Pluralistic Universe*. Intro. by H. S. Levinson. University of Nebraska Press.

Jameson, F. 1991. *Postmodernism, or, the Cultural Logic of Late Capitalism*. Duke University Press.

Kafka, Franz. 2020[1915]. *The Metamorphosis*. Trans. by D. Wyllie. EBD (E-BooksDirectory.com).

Kant, I. 2013[1781]. "Critique of Pure Reason." Philosophy on the EServer, Iowa State University(eserver.org). Retrieved on 2013-01-16.

Katerny, I. 2012. "Social Objectology: Prolegomena to the Classification of Social Objects." *Reports from IV RSS All-Russian Sociological Congress*: 79-90. http://www.ssa-rss.ru/files/File/congress2012/part1.pdf

Kauffman, S. 1993. *The Origin of Order*. Oxford University Press.

Kelley, D. B. 2013a. *The Origin of Everything via Universal Selection, or the Preservation of Favored Systems in Contention for Existence*. Woodhollow Press.

______. 2013b. *The Origin of Phenomena*. Independently Published.

Kellner, D. 1989. *Jean Baudrillard: From Marxism to Postmodernism and Beyond*. Stanford University Press.

Kerr, C. *et al.* 1962. *Industrialism and Industrial Man: The Problems of Labor and Management in Economic Growth*. Heinemann.

Knorr-Cetina, K. 1997. "Sociality with Objects: Social Relations in Postsocial Knowledge Societies." *Theory, Culture & Society* 14(4): 1-30.

______. 2005. "Postsocial." In G. Ritzer(ed.). *Encyclopedia of Social Theory*. Volume II. Sage: 585-590.

Kurzweil, Ray. 2024. *The Singularity Is Nearer: When We Merge with AI*. Viking.

Lane, N. 2015. "The Unseen World: Reflections on Leeuwenhoek(1677) 'Concerning Little Animals.'" *Philosophical Transactions: Biological*

Sciences 370(1666): 1-10. http://www.jstor.org/stable/24498771

Lasch, C. 1979. *The Culture of Narcissism: American Life in an Age of Diminishing Expectations*. W. W. Norton.

Lash, S. 2007. "Power after Hegemony: Cultural Studies in Mutation." *Theory, Culture & Society* 24(3): 55-78.

Latour, B. 1987. *Science in Action: How to Follow Scientist and Engineers Through Society*. Harvard University Press.

_____. 1988[1984]. "*The Pasteurization of France*." Trans by A. Sheridan and J. Law. Harvard University Press.

_____. 1992. "Where Are the Missing Masses? The Sociology of a Few Mundane Artifacts." In W. Bijker and J. Law(eds.). *Shaping Technology/Building Society*. MIT Press.

_____. 1993[1991]. *We Have Never Been Modern*. Trans. by C. Porter. Harvard University Press.

_____. 2005. *Reassembling the Social: An Introduction to Actor-Network-Theory*. Oxford University Press.

Law, A. 2015. *Simulation Modeling and Analysis*. 5th ed. McGraw-Hill.

Law, J. 1992. "Notes on the Theory of Actor Network: Ordering, Strategy and Heterogeneity." *Systems Practice* 5: 379-393. http://dx.doi.org/10.1007/BF01059830

_____. 1999. "After ANT: Complexity, Naming and Topology." *Sociological Review* 47(1) Suppl: 1-14. https://doi.org/10.1111/j.1467-954X.1999.tb03479.x

_____. 2004. "Enacting Naturecultures: A Note from STS." http://www.lancs.ac.uk/fass/sociology/papers/law-enacting-naturecultures.pdf

_____. 2019. "Material Semiotics." www.heterogeneities.net/publications/Law2019MaterialSemiotics.pdf

Leeming, D., S. Marlan, and K. Madden(eds.). 2009. *Encyclopedia of Psychology and Religion*. Springer: 882-886.

Lenski, G. and J. Lenski. 1974. *Human Societies*. McGraw-Hill.

Lent, J. 2021. *The Web of Meaning: Integrating Science and Traditional Wisdom to Find our Place*. New Society Publishers.

Levitt, G. M. 2000. *The Turk, Chess Automaton*. McFarland Publishing.

Lichtenthaler, U. 2020. *Integrated Intelligence: Combining Human and Artificial Intelligence for Competitive Advantage*. Campus Verlag.

Linné, C. 1806. *A General System of Nature: Through the Three Grand Kingdoms of Animals, Vegetables, and Minerals, Systematically Divided Into Their Several Classes, Orders, Genera, Species, and Varieties*. Allen and Company.

Lorenz, E. 1963. "Deterministic Nonperiodic Flow." *Journal of the Atmosphic Sciences* 20(2): 130-141.

Lovelock, J. 1979. *Gaia*. Oxford University Press.

Lowrie, I. 2015. "Corporeal and Incorporeal Machines." Available from: https://lareviewofbooks.org/article/corporeal-and-incorporeal-machines-new-materialism/#! [3 Jan. 2019]

Lukács, D. 1981. "Walter Flemming, Discoverer of Chromatin and Mitotic Cell Division." *Orvosi Hetilap* 122(6): 349-50.

Mann, S. and H. Niedzviecki. 2001. *Digital Destiny and Human Possibility in the Age of the Wearable Computer*. Random House.

Marrero-Guillamón, I. 2015. Monadology and ethnography: Towards a Tardian monadic. *Ethnography* 16(2): 240-261.

Marx, K. 1964[1844]. *Economic and Philosophic Manuscripts of 1844*. Trans. by M. Milligan. Progress.

______. 2021[1847]. *The Poverty of Philosophy*. Foreign Languages Press.

Marx, K. and F. Engels. 1964[1848]. *The Communist Manifesto*. Washington Square Press.

Maturana, H. and F. Varela. 1980. *Autopoiesis and Cognition: The Realization of the Living*. Reidel.

McCulloch, W. and W. Pitts. 1943. "A Logical Calculus of the Ideas Imminent in Nervous Activity." *Bulletin of Mathematical Biophysics* 5: 115–133.

McKenna, R. 1997. *Real Time: Preparing for the Age of the Never Satisfied Customer*. Harvard Business Review Press.

McLuhan, M. 1964. *Understanding Media: The Extensions of Man*. McGraw Hill.

Meillassoux, Q. 2008. *After Finitude: An Essay on the Necessity of Contingency*. Bloomsbury.

Merton, R. K. 1967. *On Theoretical Sociology*. Free Press.

Meyer, J., J. Boli-Bennett, and C. Chase-Dunn. 1975. "Convergence and Divergence in Development." *Annual Review of Sociology* 1: 223–246.

Mikalson, J. D. 2006, "Greek Religion: Continuity and Change in the Hellenistic Period." In G. R. Bugh(ed.). *The Cambridge Companion to the Hellenistic World*. Cambridge University Press.

Müller, M. 2015. "Assemblages and Actor–networks: Rethinking Socio–material Power, Politics and Space." *Geography Compass* 9(1): 27–41.

Negroponte, N. 1995. *Being Digital*. Knopf.

Neumann, J. V. 1966. *Theory Of Self-reproducing Automata*. University of Illinois Press.

Nicolis, G. and I. Prigogine. 1977. *Self-Organization in Nonequilibrium Systems: From Dissipative Structures to Order through Fluctuations*. Wiley.

Nunes, M. 1995. "Jean Baudrillard in Cyberspace: Internet, Virtuality, and Postmodernity." *Style* 29(2): 314–327.

OECD. 2018. *OECD Science, Technology and Innovation Outlook 2018: Adapting to Technological and Societal Disruption*. OECD Publishing.

Ogburn, W. F. 1922. *Social Change with Respect to Culture and Original Nature*. B.W. Huebsch, Inc.

Oshida, Y. 2022. *Artificial Intelligence for Medicine: People, Society, Pharmaceuticals, and Medical Materials*. Berlin/Boston: Walter de Gruyter GmbH: 1−17.

Overland, I. 2019. "The Geopolitics of Renewable Energy: Debunking Four Emerging Myths." *Energy Research & Social Science* 49: 36−40.

Pariser, E. 2011. *The Filter Bubble: What the Internet Is Hiding from You*. Penguin Press.

Philbeck, T. 2013. "Posthumanist Selfhood: Challenges to Being a Conglomerate." *Trans-Humanities Journal* 6(1): 121−134.

Pinch, T. J. and W. E. Bijker. 1984. "The Social Construction of Facts and Artefacts: Or How the Sociology of Science and the Sociology of Technology Might Benefit Each Other." *Social Studies of Science* 14(3): 399−441.

Piore, M. and C. F. Sabel. 1984. *The Second Industrial Divide: Possibilities for Prosperity*. Basic Books.

Pister, K. 2001. "Smart Dust: Communicating with a Cubic−millimeter Computer." *Computer* 34(1): 44−51.

Pokrovskii, V. 2020. *Thermodynamics of Complex Systems: Principles and Applications*. IOP Publishing.

Popper, K. 2002[1935]. *The Logic of Scientific Discovery*(Revised). Routledge.

Postman, N. 1985. *Amusing Ourselves to Death: Public Discourse in the Age of Show Business*. Viking Press.

Prigogine, I. 1977. "Time, Structure and Fluctuations." Nobel Lecture, 8 December, 1977. https://www.nobelprize.org/uploads/2018/06/prigogine−lecture.pdf

Puglisi, M. 2001. "The Study of the Futures: An Overview of Futures Studies Methodologies." In D. Camarda and L. Grassini(eds.). *Interdependency Between Agriculture and Urbanization: Conflicts on*

Sustainable Use of Soil and Water. CIHEAM: 439–463.

Rabinovich, D. 2020[2007]. "Wöhler's Masterpiece." *Chemistry International* 29(5). September–October 2007. Retrieved 18 May 2020.

Ravetz, J. 1999. "What is Post–Normal Science." *Futures* 31: 647 – 653.

Raymond, E. S. 1999. "Homesteading the Noosphere." In E. S. Raymond. *The Cathedral and the Bazaar: Musings on Linux and Open Source by an Accidental Revolutionary*. O'Reilly Media: 65–111.

Rescher, N. 1991. *Leibniz's Monadology*. University of Pittsburgh Press.

Rheingold, H. 1994. *The Virtual Community: Homesteading on the Electronic Frontier*. Perennial.

Rice, R. *et al.* 1984. *The New Media: Communication, Research, and Technology*. Sage.

Richards, R. J. 2002. *The Romantic Conception of Life: Science and Philosophy in the Age of Goethe*. University of Chicago Press.

Riesman, D., N. Glazer, and R. Denney. 2020[1961]. *The Lonely Crowd: A Study of the Changing American Character*. Yale University Press.

Ritzer, G. and J. Stepnisky. 2005. *Sociological Theory*. 9th ed. McGraw–Hill.

Rozbicki, J.(ed.). 2015. *Perspectives on Interculturality: The Construction of Meaning in Relationships of Difference*. Palgrave.

Ryan, S. 2014. *Garments of Paradise: Wearable Discourse in the Digital Age*. MIT Press.

Sahlins, M. 2013. "Foreword." In P. Descola. *Beyond Nature and Culture*. Trans. by J. Lloyd. University of Chicago Press.

Salmon, C. 2017. *Storytelling: Bewitching the Modern Mind*. Verso.

Sapp, J. 2003. *Genesis: The Evolution of Biology*. Oxford University Press.

Savage Minds. 2014. "On Taking Ontological Turns." *Savage Minds*. 25 January 2014. Retrieved 26 March 2019.

Schrödinger, E. 1944. *What is Life?*. Cambridge University Press.

Schulze, G. 1992. *Erlebnisgesellschaft: Kultursoziologie der Gegenwart*. Campus Verlag.

Schutz, A. 1945. "On Multiple Realities." *Philosophy and Phenomenological Research* (5): 533-576.

______. 1962. *Collected Papers I: The Problem of Social Reality*. M. Natanson(ed.). Martinus Nijhof.

______. 1970. *On Phenomenology and Social Relations*. Intro. by H. Wagner. University of Chicago Press.

Schwab, K. 2016. *The Fourth Industrial Revolution*. World Economic Forum.

Scott. R. 1998. *Organizations: Rational, Natural and Open Systems*, Prentice-Hall.

Seidman, S. 1991. "The End of Sociological Theory: The Postmodern Hope." *Sociological Theory* 9(2): 131-146.

Shaviro, S. 2011. "The Actual Volcano: Whitehead, Harman, and the Problem of Relations." In L. Bryant, N. Srnicek and G. Harman(eds.). *The Speculative Turn: Continental Materialism and Realism*. re.press.

______. 2014. *The Universe of Things: On Speculative Realism*. University of Minnesota Press.

______. 2015. "Speculative Realism-a primer." *Terremoto 2*. Available from: http://terremoto.mx/article/speculative-realism-a-premer/[3 Jan. 2019].

Sheikh, H., C. Prins, and E. Schrijvers. 2023[2021]. *Mission AI: The New System Technology*. Springer(Open Access).

Shimeall, T. *et al.* 2002, *Models of Information Security Trend Analysis*. CERT Coordination Center.

Sokal, A. D. 1996. "Transgressing the Boundaries: Towards a Transformative Hermeneutics of Quantum Gravity." *Social Text* 46/47: 217-252.

_____. 2008. *Beyond the Hoax: Science, Philosophy and Culture*. Oxford University Press.

Sokal, A. D. and J. Bricmont. 1998[1997]. *Intellectual Impostures*. Profile Books.

Strydom, P. 2002. *Risk, Environment and Society: Ongoing Debates, Current Issues and Future Prospects*. Open University Press.

Sunstein, C. 2001. *Echo Chambers: Bush V. Gore, Impreachment, and Beyond*. Princeton University Press.

Taylor, C. 1991. *The Ethics of Authenticity*. Harvard University Press.

Tegmark, M. 2017. *Life 3.0: Being Human in the Age of Artificial Intelligence*. Knopf.

Thomas, W. I. and D. S. Thomas. 1928. *The Child in America: Behavior Problems and Programs*. Alfred A. Knopf.

Thompson, P. and D. O'Doherty. 2009. "Perspectives on Labor Precess Theory." In M. Alvesson, T. Bridgman, and H. Willmott(eds.). *The Oxford Handbook of Critical Management Studies*. Oxford University Press: 99–122.

Toffler, A. 1980. *The Third Wave*. Bantam Books.

Turck, J. 1921. *Origin of Modern Calculating Machines: A Chronicle of the Evolution of the Principles that Form the Generic Make Up of the Modern Calculating Machine*. University of Michigan Library.

Turing, A. M. 1950. "Computing Machinery and Intelligence." *Mind* 49: 433–460.

Turkle, S. 2011. *Alone Together*. Basic Books.

UNESCO. 2023. "Artificial Intelligence: Examples of Ethical Dilemmas." https://www.unesco.org/en/artificial-intelligence/recommendation-ethics/cases.

Vakoch, D. and D. Matthew(eds.). 2015. *The Drake Equation: Estimating the Prevalence of Extraterrestrial Life Through the Ages*. Cambridge

University Press.

Veblen, T. 1899. *The Theory of the Leisure Class: An Economic Study of Institutions*. Macmillan.

Virilio, P. 1989. *War and Cinema: The Logistics of Perception*. Verso.

______. 1991. *The Aesthetics of Disappearance*. Semiotext(e).

Voros, J. 2017 "The Futures Cone, Use and History." *The Voroscope* (February 24). https://thevoroscope.com/2017/02/24/the-futures-cone-use-and-history/

Wang, J. 2017. "Symbolism vs. Connectionism: A Closing Gap in Artificial Intelligence." In *Jieshu's Blog*. Living in the Multiverse.

Watson, J. and F. Crick. 1953. "Molecular Structure of Nucleic Acids: A Structure for Deoxyribose Nucleic Acid." *Nature* 171(4356): 737–738.

Weber, M. 1993[1920]. *The Sociology of Religion*. Trans. by E. Fischoff. Beacon Press.

Whitman, W., D. Coleman, and W. Wiebe. 1998. "Prokaryotes: The Unseen Majority." *Proceedings of the National Academy of Sciences of the United States of America* 95(12): 6578–6583.

Wiener, N. 1950. *The Human Use of Human Beings*. Riverside Press.

Wolfe, C. 2010. *Why is Posthumanism?*. University of California Press.

Woolgar, S. 1991. "The Turn to Technology in Social Studies of Science." *Science, Technology, & Human Values* 16(1): 20–50.

Woolley, B. 1992. *Virtual Worlds: A Journey in Hype and Hyperreality*. Blackwell.

Žižek, S. 2010. *Living in the End Times*. Verso.

Zwicky, F. 1969. *Discovery, Invention, Research: Through the Morphological Approach*. Macmillian.

■ 찾아보기

ㄴ

ㄷ

ㅂ

ㅅ

ㅇ

ㅈ

ㅍ

■ 인명 찾아보기

ㄹ

ㅅ

ㅇ

■ 책 제목 찾아보기

[저자소개]

김문조(金文朝) 고려대학교 명예교수

1982년부터 2015년까지 고려대학교 문과대학 사회학과에 재직한 저자는 노동/사회불평등/과학기술/문화/현대사상 등에 관한 연구를 수행해 왔다. 한국산업노동학회, 한국이론사회학회, 한국과학기술학회, 한국사회학회, 동아시아사회학회 회장 및 강원대학교 석좌교수를 역임하였고, 나라정책연구원, LG종합기술원 커뮤니카토피아연구소, 한국연구재단 인문사회연구본부, 국민대통합위원회 갈등관리포럼에서 책임자로 일했다. 저서로는『과학기술과 한국사회의 미래』(1999),『한국사회의 양극화』(2008),『융합문명론』(2013), *IT and the Shaping of New Social Order*(2019),『한국사회통합론』(2019) 등이 있다. 제18회 과학기술도서상(저술부문), 고려대교우회 제정 제1회 학술상(인문사회부문), 제63회 서울특별시문화상(인문과학분야), 제65회 대한민국학술원상(사회과학부문)을 수상하였다.

e-mail: muncho@korea.ac.kr

포스트소셜사회론–AI 문명 시대의 미래–

2025년 5월 5일 제1판 1쇄 인쇄
2025년 5월 10일 제1판 1쇄 발행

저 자 김 문 조
발행인 강 희 일 · 박 은 자
발행처 **다 산 출 판 사**
서울특별시 마포구 대흥로 6길 8
등 록 1979. 6. 5. 제 3–86 호(윤)
전 화 717–3661
F A X 716–9945

저자와의 협의에 의해 인지첨부를 생략합니다.

정가 30,000원

파본은 바꾸어 드립니다.

본서의 무단전재 및 복제행위는 저작권법 136조 1항에 의거, 5년 이하의 징역 또는 5,000만원 이하의 벌금에 처하거나 이를 병과할 수 있다.

http://www.dasanbooks.co.kr
ISBN 978-89-7110-676-1 93330